Ghassemi-Tabar/Leo

AGB im Gewerberaummietrecht

AGB
im Gewerberaummietrecht

von

Nima Ghassemi-Tabar

Rechtsanwalt

und

Dr. Ulrich Leo

Rechtsanwalt

Verlag C. H. Beck München 2011

Verlag C. H. Beck im Internet:
beck.de

ISBN 978 3 406 61304 3

© 2011 Verlag C. H. Beck oHG
Wilhelmstraße 9, 80801 München
Druck und Bindung: Nomos Verlagsgesellschaft
In den Lissen 12, 76547 Sinzheim

Satz: Druckerei C. H. Beck, Nördlingen

Gedruckt auf säurefreiem, alterungsbeständigem Papier
(hergestellt aus chlorfrei gebleichtem Zellstoff)

Vorwort

Das Gewerberaummietrecht hat sich in den vergangenen Jahrzehnten zu einer Spezialmaterie entwickelt. Hiervon zeugt nicht zuletzt die steigende Zahl der Spezialveröffentlichungen. Das Recht der allgemeinen Geschäftsbedingungen (AGB) hat in diesem Bereich erst nach und nach die Beachtung erhalten, die sie für sich beanspruchen kann. Bedeutung und Auswirkung von Begriffen wie „kundenfeindlichste Auslegung", „Verbot der geltungserhaltenden Reduktion" oder „überraschende Klausel" werden erst nach und nach deutlich. Der Bundesgerichtshof hat etwa im Jahr 2005 begonnen, die §§ 305 ff. BGB nachdrücklich auf formularvertragliche Gewerberaummietverträge anzuwenden. Die Bedeutung dieser Rechtsprechung wird allzu häufig unterschätzt. Grund hierfür sind die häufig irrigen Vorstellungen über das vermeintliche Vorliegen von Individualverträgen. Nur selten wird erkannt, dass die meisten Mietverträge zumindest im Ansatz ganz oder in großen Teilen als AGB zu behandeln sind.

In weiten Teilbereichen haben weder Rechtsprechung, noch Literatur die Dogmatik und Bedeutung der §§ 305 ff. BGB für Gewerberaummietverträge bisher durchdrungen. Das vorliegende Werk soll hierzu einen kleinen Beitrag liefern, indem es eine Bestandsaufnahme für die Gewerberaummiete zu vermitteln versucht, auf widersprüchliche Entscheidungen hinweist und mögliche Entwicklungstendenzen aufzeigt.

Im Allgemeinen Teil folgen Erläuterungen zum generellen Verständnis und Wirkungsweise der §§ 305 ff. BGB. Der Allgemeine Teil ist so konzipiert, dass er als Einführung in das AGB – Recht benutzt werden kann. Gleichzeitig bietet er die Möglichkeit, gezielt Einzelprobleme (z. B. „bluepencil-Theorie") zu klären. Der besondere Teil bietet eine Auflistung typischer Regelungsbereiche und AGB-Klauseln für den Bereich der Gewerberaummiete. In beiden Teilen wird versucht, dem Praktiker in erster Linie den Stand der aktuellen obergerichtlichen Rechtsprechung zu vermitteln. Abweichende Auffassungen in der Literatur und die der Autoren werden ggf. im Nachgang zur Erläuterung der Rechtsprechung dargestellt.

Nima Ghassemi-Tabar/Dr. Ulrich Leo

Essen/Hamburg/Köln,
im Sommer 2011

Inhaltsübersicht

Inhaltsverzeichnis

Abkürzungsverzeichnis

a. E.	am Ende
a. A.	andere(r) Ansicht
a. a. O.	am angegebenen Ort
a. F.	alte Fassung
a. M.	andere(r) Meinung
abl.	ablehnend
Abs.	Absatz
Abschn.	Abschnitt
abw.	abweichend
AFB	Allgemeine Bedingungen für die Feuerversicherung
AG	Amtsgericht; Aktiengesellschaft
AGB	Allgemeine Geschäftsbedingungen
AGBG	Gesetz zur Regelung des Rechts der Allgemeinen Geschäftsbedingungen (AGB-Gesetz) i. d. F. der Bek. v. 29. 6. 2000 (BGBl. I S. 946) in der bis zum 31. 12. 2001 geltenden Fassung
AHB	Allgemeine Versicherungsbedingungen für die Haftpflichtversicherung
AktG	Aktiengesetz v. 6. 9. 1965 (BGBl. I S. 1089)
allg.	allgemein
allg. M.	allgemeine Meinung
Alt.	Alternative
AMB	Allgemeine Versicherungsbedingungen für Mietverlustschäden
amtl.	amtlich
AnfG	Gesetz über die Anfechtung von Rechtshandlungen eines Schuldners außerhalb des Insolvenzverfahrens (Anfechtungsgesetz – AnfG) v. 5. 10. 1994 (BGBl. I S. 2911)
Anh.	Anhang
Anl.	Anlage
Anm.	Anmerkung
AnwBl.	Anwaltsblatt
AO	Abgabenordnung (AO) i. d. F. der Bek. v. 1. 10. 2002 (BGBl. I S. 3866, ber. 2003 I S. 61)
ApoG	Gesetz über das Apothekenwesen (Apothekengesetz – ApoG) i. d. F. der Bek. v. 15. 10. 1980 (BGBl. I S. 1993)
Art.	Artikel
AStB	Allgemeine Bedingungen für die Sturmversicherung
Aufl.	Auflage
ausf.	ausführlich
AWB	Allgemeine Bedingungen für die Leitungswasserversicherung
BauGB	Baugesetzbuch (BauGB) i. d. F. der Bek. v. 23. 9. 2004 (BGBl. I S. 2414)

BayObLG	Bayerisches Oberstes Landesgericht
BayObLGZ	Entscheidungen des Bayerischen Obersten Landesgerichts in Zivilsachen
BB	Betriebs-Berater
Bd.	Band
Begr.	Begründung
Beil.	Beilage
Bek.	Bekanntmachung
ber.	berichtigt
Beschl.	Beschluss
Bespr.	Besprechung
betr.	betreffend
BetrKV	Verordnung über die Aufstellung von Betriebskosten (Betriebskostenverordnung – BetrKV) v. 25. 11. 2003 (BGBl. I S. 2346)
BGB	Bürgerliches Gesetzbuch (BGB) i. d. F. der Bek. v. 2. 1. 2002 (BGBl. I S. 42, ber. S. 2909 und 2003 I S. 783)
BGBl.	Bundesgesetzblatt
BGH	Bundesgerichtshof
BGHR	BGH-Report
BGHSt	Entscheidungen des Bundesgerichtshofs in Strafsachen (Amtliche Sammlung)
BGHZ	Entscheidungen des Bundesgerichtshofs in Zivilsachen (Amtliche Sammlung)
Bl.	Blatt
bspw.	beispielsweise
Buchst.	Buchstabe
BVerfG	Bundesverfassungsgericht
BVerfGE	Entscheidungen des Bundesverfassungsgerichts (Amtliche Sammlung)
BVerwG	Bundesverwaltungsgericht
BVerwGE	Entscheidungen des Bundesverwaltungsgerichts (Amtliche Sammlung)
bzgl.	bezüglich
bzw.	beziehungsweise
c. i. c.	culpa in contrahendo
d. h.	das heißt
DB	Der Betrieb
dens.	denselben
ders.	derselbe
dgl.	dergleichen
dies.	dieselbe(n)
diff.	differenzierend
Diss.	Dissertation
DJ	Deutsche Justiz
DJZ	Deutsche Juristenzeitung
Dok.	Dokument
DWW	Deutsche Wohnungswirtschaft
e. G.	eingetragene Genossenschaft
e. V.	eingetragener Verein
ebd.	ebenda

ECB	Extended Coverage-Bedingungen
EGBGB	Einführungsgesetz zum Bürgerlichen Gesetzbuche i. d. F. der Bek. v. 21. 9. 1994 (BGBl. I S. 2492, ber. 1997 I S. 1061)
Einf.	Einführung
Einl.	Einleitung
einschl.	einschließlich
entspr.	entsprechend
ErbbauRG	Gesetz über das Erbbaurecht (Erbbaurechtsgesetz – ErbbauRG) v. 15. 1. 1919 (RGBl. S. 72, ber. S. 122)
ErbbauVO	Erbbaurechtsverordnung (Titel geänd., siehe jetzt ErbbauRG)
Erl.	Erläuterung
EStG	Einkommensteuergesetz (EStG) i. d. F. der Bek. v. 8. 10. 2009 (BGBl. I S. 3366)
etc.	et cetera
evtl.	eventuell
EWiR	Entscheidungen zum Wirtschaftsrecht
f.	folgende
ff.	fortfolgende
Fn.	Fußnote
FS	Festschrift
G	Gesetz
GastG	Gaststättengesetz i. d. F. der Bek. v. 20. 11. 1998 (BGBl. I S. 3418)
GBl.	Gesetzblatt
GbR	Gesellschaft bürgerlichen Rechts
GE	Das Grundeigentum
geänd.	geändert
GG	Grundgesetz für die Bundesrepublik Deutschland v. 23. 5. 1949 (BGBl. S. 1)
gg.	gegen
ggf.	gegebenenfalls
GmbH	Gesellschaft mit beschränkter Haftung
GmbHG	Gesetz betreffend die Gesellschaften mit beschränkter Haftung (GmbHG) i. d. F. der Bek. v. 20. 5. 1898 (RGBl. S. 846)
GoA	Geschäftsführung ohne Auftrag
grds.	grundsätzlich
GRUR	Gewerblicher Rechtsschutz und Urheberrecht
GuT	Gewerbemiete und Teileigentum
GVG	Gerichtsverfassungsgesetz (GVG) i. d. F. der Bek. v. 9. 5. 1975 (BGBl. I S. 1077)
GVGA	Geschäftsanweisung für Gerichtsvollzieher
h. A.	herrschende Ansicht
h. L.	herrschende Lehre
h. M.	herrschende Meinung
Halbs.	Halbsatz
HeizkostenV	Verordnung über die verbrauchsabhängige Abrechnung der Heiz- und Warmwasserkosten (Verordnung über Heizkostenabrechnung – HeizkostenV) i. d. F. der Bek. v. 5. 10. 2009 (BGBl. I S. 3250)

HGB	Handelsgesetzbuch v. 10. 5. 1897 (RGBl. S. 219)
Hrsg.	Herausgeber
hrsgg.	herausgegeben
i. d. F.	in der Fassung
i. d. R.	in der Regel
i. E.	im Ergebnis
i. e. S.	im engeren Sinne
i. H. d.	in Höhe der/des
i. H. v.	in Höhe von
i. L.	in Liquidation
i. R. d.	im Rahmen der/des
i. S.	im Sinne
i. S. d.	im Sinne der/des
i. S. v.	im Sinne von
i. V. m.	in Verbindung mit
i. w. S.	im weiteren Sinne
IMR	Immobilien- und Mietrecht
insbes.	insbesondere
InsO	Insolvenzordnung (InsO) v. 5. 10. 1994 (BGBl. I S. 2866)
JA	Juristische Arbeitsblätter
JR	Juristische Rundschau
Jura	Jura
JurBüro	Das juristische Büro
JurRdsch	Juristische Rundschau
JuS	Juristische Schulung
JW	Juristische Wochenschrift
JZ	Juristenzeitung
Kap.	Kapitel
KG	Kammergericht; Kommanditgesellschaft
Komm.	Kommission
krit.	kritisch
LAG	Landesarbeitsgericht
LG	Landgericht
Lit.	Literatur
LM	Lindenmaier-Möhring, Nachschlagewerk des Bundesgerichtshofs
Ls.	Leitsatz
m.	mit
m. w. N.	mit weiteren Nachweisen
MDR	Monatsschrift für Deutsches Recht
MietRÄndG	Mietrechtsänderungsgesetz
MietRB	Miet-Rechts-Berater
Mio.	Million
Mrd.	Milliarde
MüKo	Münchener Kommentar zum Bürgerlichen Gesetzbuch
MwSt.	Mehrwertsteuer
n. F.	neue Fassung
NJOZ	Neue Juristische Online-Zeitschrift

NJW	Neue Juristische Wochenschrift
NJW-MietR	NJW-Entscheidungsdienst Mietrecht (bis 1997)
NJW-RR	NJW-Rechtsprechungs-Report Zivilrecht
Nr(n).	Nummer(n)
NVwZ	Neue Zeitschrift für Verwaltungsrecht
NZI	Neue Zeitschrift für Insolvenz und Sanierung
NZM	Neue Zeitschrift für Miet- und Wohnungsrecht
o.	oben
o. g.	oben genannt
obj.	objektiv
OHG	Offene Handelsgesellschaft
OLG	Oberlandesgericht
OLGR	OLGReport
OLGZ	Entscheidungen der Oberlandesgericht in Zivilsachen
PartGG	Gesetz über Partnerschaftsgesellschaften Angehöriger Freier Berufe (Partnerschaftsgesellschaftsgesetz – PartGG) v. 25. 7. 1994 (BGBl. I S. 1744)
PrKlG	Gesetz über das Verbot der Verwendung von Preisklauseln bei der Bestimmung von Geldschulden (Preisklauselgesetz) v. 7. 9. 2007 (BGBl. I S. 2264)
pVV	positive Vertragsverletzung
Reg.	Regierung; Register
RegE	Regierungsentwurf
Rdnr.	Randnummer
Rspr.	Rechtsprechung
S.	Seite
Slg.	Sammlung
sog.	so genannt
Sp.	Spalte
st. Rspr.	ständige Rechtsprechung
StGB	Strafgesetzbuch (StGB) i. d. F. der Bek. v. 13. 11. 1998 (BGBl. I S. 3322)
StPO	Strafprozessordnung (StPO) i. d. F. der Bek. v. 7. 4. 1987 (BGBl. I S. 1074, ber. S. 1319)
str.	streitig
subj.	subjektiv
u.	und; unten
u. a.	unter anderem; und andere
u. U.	unter Umständen
UmwG	Umwandlungsgesetz (UmwG) v. 28. 10. 1994 (BGBl. I S. 3210, ber. 1995 I S. 428)
Urt.	Urteil
UStG	Umsatzsteuergesetz (UStG) i. d. F. der Bek. v. 21. 2. 2005 (BGBl. I S. 386)
usw.	und so weiter
UWG	Gesetz gegen den unlauteren Wettbewerb (UWG) i. d. F. der Bek. v. 3. 3. 2010 (BGBl. I S. 254)

Literaturverzeichnis

1. Kommentare/Lehrbücher/Handbücher

Bamberger/Roth/
Bearbeiter .... Beck'scher Online-Kommentar, Stand 1. 3. 2011,
Edition 19

Baumbach/Lauterbach/
Albers/Hartmann .... ZPO, 69. Auflage 2011
Baumbach/Hopt .... Handelsgesetzbuch, 34. Auflage 2010
Baumgärtel/Bearbeiter ..... Handbuch der Beweislast, BGB Schuldrecht
AT, 3. Auflage 2008
Bieber/Eupen .... Mietrecht in Einkaufszentren und anderen
Spezialimmobilien
Bieber/Ingendoh/
Bearbeiter .... AnwaltFormulare Geschäftsraummiete, 2007
Blank/Börstinghaus/
Bearbeiter .... Miete Kommentar, 3. Auflage 2008
Bub/Treier/Bearbeiter ...... Handbuch der Geschäfts- und Wohnraum-
miete, 3. Auflage 1999
Elzer/Riecke/Bearbeiter ... Mietrechtskommentar, 2009
Erman/Bearbeiter .... BGB Kommentar, 12. Auflage 2008
Fritz .... Gewerberaummietrecht, 4. Auflage 2005
v. Westphalen/Bearbeiter Vertragsrecht und AGB-Klauselwerke,
27. Auflage 2010
Grooterhorst/Becker/
Dreyer/Törnig/Bearbeiter Immobilien-Asset-Management
Hannemann/Wiegner .... Münchener Anwaltshandbuch Mietrecht,
3. Auflage 2010
Herrlein/Kandelhard/
Bearbeiter .... Mietrecht Kommentar, 3. Auflage 2007
Hk-ZPO/Bearbeiter .... Saenger, Zivilprozessordnung, 4. Auflage 2011
Jauernig/Bearbeiter .... Bürgerliches Gesetzbuch, 13. Auflage 2009
Kinne/Schach/Bieber/
Bearbeiter .... Miet- und Mietprozessrecht, 6. Auflage 2011
Langenberg .... Betriebskostenrecht der Wohn- und Gewerbe-
raummiete, 5. Auflage 2009
Langenberg .... Schönheitsreparaturen Instandsetzung und
Rückbau, 4. Auflage 2011
Leo/Ghassemi-Tabar .... Aktuelle Rechtsprechung zur Gewerberaum-
miete, 2. Auflage 2011
Lindner-Figura/Opreé/
Stellmann/Bearbeiter .... Geschäftsraummiete, 2. Auflage 2008
Lützenkirchen/
Bearbeiter .... Anwalts-Handbuch Mietrecht, 4. Auflage 2010
MünchKommBGB/
Bearbeiter .... Band 1, 5. Auflage 2006
MünchKommBGB/
Bearbeiter .... Band 2, 5. Auflage 2007

MünchKommBGB/
Bearbeiter ....   Band 5, 5. Auflage 2009
MünchKommZPO/
Bearbeiter ....   Band 1, 3. Auflage 2008
Bearbeiter in Münchener
Vertragshandbuch ....   Band 5: Bürgerliches Recht I, 6. Auflage 2008
Musielak/*Bearbeiter* ....   ZPO Kommentar, 8. Auflage 2011
Neuhaus ....   Handbuch der Geschäftsraummiete, 4. Auflage
                                          2011
Palandt/*Bearbeiter* ....   BGB Kommentar, 70. Auflage 2011
Prütting/Gehrlein
Bearbeiter ....   ZPO Kommentar, 2. Auflage 2010
PWW/*Bearbeiter* ....   BGB Kommentar, 6. Auflage 2011
Schmid ....   Handbuch der Mietnebenkosten, 11. Auflage
                                          2009
Schmid/*Bearbeiter* ....   Fachanwaltskommentar Mietrecht, 2. Auflage
                                          2009
Schmidt-Futterer/
Bearbeiter ....   Mietrecht, 10. Auflage 2011
Schultz ....   Gewerberaummiete, 3. Auflage 2007
Soergel/*Bearbeiter* ....   Kommentar zum Bürgerlichen Gesetzbuch,
                                          Band 3, Schuldrecht II, 12. Auflage 1991
Staudinger/*Bearbeiter* ......   BGB – Buch 2: Recht der Schuldverhältnisse,
                                          §§ 305–310; UKlaG, 2006
Staudinger/*Bearbeiter* ......   BGB – Buch 2: Recht der Schuldverhältnisse,
                                          §§ 535–562 d; HeizkostenV; BetrKV,
                                          Mietrecht 1, 2011
Sternel ....   Mietrecht aktuell, 4. Auflage 2009
Stoffels ....   AGB-Recht, 2. Auflage 2009
Bearbeiter in Tank/
Baumgarten/Kutz ....   Gewerberaummiete, 2011
Thomas/Putzo/
Bearbeiter ....   ZPO, 32. Auflage 2011
Bearbeiter in Ulmer/
Brandner/Hensen ....   AGB-Recht Kommentar, 11. Auflage 2011
Wolf/Eckert/Ball ....   Handbuch des gewerblichen Miet-, Pacht- und
                                          Leasingrechts, 10. Auflage 2009
Wolf/Lindacher/
Pfeiffer/*Bearbeiter* ....   AGB-Recht Kommentar, 5. Auflage 2009
Zöller/*Bearbeiter* ....   Zivilprozessordnung, 28. Auflage 2010

2. Aufsätze:

Ahlt, Übertragbarkeit der Rechtsprechung des VIII. Zivilsenats des Bundesgerichtshofs auf Gewerberaummietverträge – Minderungsausschluß, Betriebskosten, Flächenabweichungen, Schönheitsreparaturen, GuT 2005, 47; *Aufderhaar/Jaeger*, Probleme der Wahrung des Schriftformerfordernisses bei gewerblichen Mietverträgen im Lichte der Rechtsprechung des Bundesgerichtshofs, ZfIR 2010, 117; *Berger*, Für eine Reform des AGB-Rechts im Unternehmerverkehr, NJW 2010, 465; *Berger*, Abschied von der Privatautonomie im unternehmerischen Rechtsverkehr?, ZIP 2006, 2149; *Böttcher/Menzel*, Übergabeabhängige Laufzeiten in Mietverträgen: Nicht nur ein Schriftformproblem!?, NZM 2006, 287; *Borzutzki-Pasing*, Klauselkontrolle in der Gewerberaummiete, NZM 2004, 161; *Bub/Bernhard*, Die Rechtsprechung des BGH zur

„Nutzerwechselgebühr" und ihre Auswirkungen auf die Abrechnungspraxis von Ableseunternehmen und Wohnungsvermietern, NZM 2008, 513; *Bub*, Gewerberaummietvertrag und AGB-Gesetz, NZM 1998, 789; *Dauner-Lieb/ Axer*, Quo vadis AGB-Kontrolle im unternehmerischen Geschäftsverkehr?, ZIP 2010, 309; *Disput*, „Change of Control"-Klauseln im gewerblichen Mietvertrag, NZM 2008, 305; *Dose*, Gewerberaummiete: Grenzen der Abwälzung der Instandhaltungspflicht, NZM 2009, 381; *Emmerich*, Starre Schönheitsreparaturfristen und kein Ende II, NZM 2009, 16; *Fischer*, Die Bürgschaft auf erstes Anfordern als formularmäßige Mietsicherheit, NZM 2003, 497; *Fuder*, Verlängerung und Hemmung der kurzen mietrechtlichen Verjährungsfrist nach der Schuldrechtsmodernisierung, NZM 2004, 851; *Gerber*, Überraschende Regelungen im neuen Preisklauselgesetz, Ein Zwischenruf anlässlich des „Bürokratieabbaus" in der gewerblichen Miete und zu den Implikationen der §§ 305 ff. BGB, NZM 2008, 152; *Graf von Westphalen*, Stellen vs. Aushandeln von AGB-Klauseln im unternehmerischen Geschäftsverkehr – der BGH weist die Lösung, ZIP 2010, 1110; *Graf von Westphalen*, Wider einen Reformbedarf beim AGB-Recht im Unternehmerverkehr, NJW 2009, 2977; *Graf von Westphalen*, 30 Jahre AGB-Recht – Eine Erfolgsbilanz, ZIP 2007, 149; *Hamann*, Die Betriebspflicht des Mieters bei Geschäftsraummietverhältnissen, ZMR 2001, 581; *Hau*, Die Schadensersatzhaftung des Mieters und ihre vertragliche Erweiterung, NZM 2006, 561; *Heinrichs*, Das neue AGB-Recht und seine Bedeutung für das Mietverhältnis, NZM 2003, 6; *Hensen*, Die Auswirkungen des AGB-Gesetzes auf den kaufmännischen Verkehr, NJW 1987, 1986; *Hinz*, Pauschale Abwälzung von Betriebskosten und Schönheitsreparaturen im Lichte des neuen Schuldrechts, ZMR 2003, 77; *Horst*, Europäisierter Zahlungsverkehr und Erklärungswert geleisteter Zahlungen im Mietrecht, NZM 2011, 337; *Jacobs*, Haftung der (studentischen) Wohngemeinschaft nach Anerkennung der Rechtsfähigkeit der Außen-GbR, NZM 2008, 111; *Jendrek*, Die Betriebspflicht im Gewerberaummietvertrag, NZM 2000, 526; *Joachim*, Vom „Kreuz" mit der AGB-Gestaltung im Shopping-Centermietvertrag, Das Beispiel von Öffnungszeiten-Vorgaben, NZM 2008, 316; *Kappus*, Abgrenzung von Individual- und Formularverträgen, Möglichkeiten und Grenzen der Mietvertragsgestaltung, NZM 2010, 529; *Kraemer*, Die Gesellschaft bürgerlichen Rechts als Partei gewerblicher Mietverträge, NZM 2002, 465; *Kraemer*, Kaution und Mietbürgschaft nach der Mietrechtsreform, NZM 2001, 737; *Kreikenbohm/Niederstetter*, Qualifizierte Schriftformklauseln in Mietverträgen, NZM 2009, 406; *Lehmann-Richter*, Vertraglicher Ausschluss der Haftung des veräußernden Vermieters nach §§ 566 f. BGB, MietRB 2009, 267; *Lenkatis/Löwisch*, Zur Inhaltskontrolle von AGB im unternehmerischen Geschäftsverkehr: Ein Plädoyer für eine dogmatische Korrektur, ZIP 2009, 441; *Leo/Ghassemi-Tabar*, Haftungs- und Minderungsausschluss im Gewerberaummietrecht, Zulässigkeit der Klauseln und alternative Vertragsgestaltung, NZM 2010, 568; *Leo/Ghassemi-Tabar*, Konkurrenzschutz in der Gewerberaummiete, NZM 2009, 337; *Leo*, Die bürgengleiche Schadenshaftung des Vermieters im Veräußerungsfalle, Eine vergessene Haftungsfalle im Gewerberaummietrecht, NZM 2006, 244; *Leo/Schmitz*, Die Bürgschaft – ein bedingt taugliches Sicherungsmittel in der Gewerberaummiete, NZM 2007, 387; *Linder-Figura/Leonhard*, Aktuelle Rechtsprechung zum gewerblichen Mietrecht, DStR 2009, 1037; *Lindner-Figura*, Im aktuellen Überblick: Schriftform von Geschäftsraummietverträgen, NZM 2007, 705; *Lindner-Figura*, Die Werbegemeinschaft in Einkaufszentren, NZM 1999, 738; *Lindner-Figura*, Besonderheiten bei der Vereinbarung einer Umsatzmiete, NZM 1999, 492; *Lützenkirchen*, Indexierung von Kleinreparaturen, MietRB 2004, 23; *Mielke*, Änderung der Kontrollverhältnisse bei dem Vertragspartner:

Zulässigkeit von Change of Control-Klauseln im deutschen Recht, DB 2004, 2515; *Miethaner*, AGB oder Individualvereinbarung – gesetzliche Schlüsselstelle „im Einzelnen ausgehandelt", NJW 2010, 3121; *Neuhaus*, Terrorversicherung und mietrechtliches Wirtschaftlichkeitsangebot, NZM 2011, 65; *Neuhaus*, Indexklauseln in gewerblichen Mietverträgen – Kernprobleme des neuen Preisklauselgesetzes, MDR 2010, 848; *Neuhaus*, Die Bürgschaft als Mietsicherheit im gewerblichen Mietrecht, GuT 2003, 163; *Rabe*, Die Auswirkungen des AGB-Gesetzes auf den kaufmännischen Verkehr, NJW 1987, 1978; *Scheer-Hennings/Quast*, OLG Rostock: Kündigung trotz Nachholungsklausel!, ZMR 2009, 180; *Scheffler*, Zur Verlängerung der kurzen Verjährungsfrist des § 548 Abs. 1 BGB in Mietverträgen, insbesondere in AGB des Vermieters, ZMR 2008, 512; *Schlemminger/Tachezy*, Alles unter „Dach und Fach"? – Zur Verteilung der Instandhaltungs- und Instandsetzungspflichten in Gewerbemietverträgen, NZM 2001, 416; *Schmid*, Die Auslegung von Mietvertragsklauseln nach § 305 c Abs. 2 BGB, MietRB 2010, 178; *Schmidt*, Die Haftung für die Verwendung unwirksamer Allgemeiner Geschäftsbedingungen, WuM 2010, 191; *Schulz*, Stolperstein Wertsicherung, NZM 2008, 425; *Schweitzer*, Rechtsfolgen der Unzulässigkeit von Wertsicherungsklauseln in gewerblichen Mietverträgen – Überlegungen zu § 8 PrKlG, ZfIR 2009, 689; *Sontheimer*, Die Umsatzsteuer bei Gewerbeimmobilien als Problem der Vertragsgestaltung, NJW 1997, 693; *Stobbe/Tachezy*, Mietvertragsgestaltung im Einkaufszentrum: Betriebspflicht nebst Sortimentsbindung und Konkurrenzschutzausschluss?, NZM 2002, 557; *Stoffels*, Vermieter und Mieter als Verwender Allgemeiner Geschäftsbedingungen, WuM 2011, 268; *Streyl*, Mietermehrheiten, NZM 2011, 377; *Streyl*, Alles vergeblich? Zur Rettung von Formverstößen durch qualifizierte Schriftformklauseln, NZM 2009, 261; *Timme/Hülk*, Schriftformmangel trotz Schriftformheilungsklausel?, NZM 2008, 764; *Törnig*, Minderungs- und Aufrechnungsverbots-AGB im Gewerberaummietvertrag, NZM 2009, 847; *Wichert*, Entschärfung des § 550 BGB durch Vertragsgestaltung: Anspruch auf Nachholung der Schriftform, ZMR 2006, 257.

3. Festschriften:

Theorie und Praxis des Miet- und Wohnungseigentumsrechts, Festschrift für Hubert Blank zum 65. Geburtstag, 2006 (zitiert: *Bearbeiter* in FS Blank)

I. Teil. Die allgemeine AGB-Kontrolle nach den §§ 305 ff. BGB

A. Einleitung

Spätestens seit dem Jahr 2005 ist zu beobachten, dass der **BGH**[1] und **1** ihm nachfolgend die Instnzrechtsprechung[2] die §§ 305 ff. BGB zunehmend strenger auf Formularmietverträge/Allgemeine Geschäftsbedingungen anwendet. Das **Transparenzgebot** des § 307 Abs. 1 Satz 2 BGB,[3] die **Unklarheitenregel** des § 305 c Abs. 2 BGB[4] und das **Verbot der unangemessenen Benachteiligung** des § 307 Abs. 1 Satz 1 BGB haben in der täglichen Praxis des Gewerberaummietrechts ein deutlich höheres Gewicht erlangt.[5]

Es stellt sich weiterhin die Frage, ob trotz manch gegenteiliger Aussage[6] nach und nach der **Schutz des Gewerberaummieters** vor belastenden **2** Allgemeinen Geschäftsbedingungen (AGB) **dem des Wohnraummieters angeglichen** wird.[7] Wo die Grenzlinien im Einzelnen verlaufen ist alles andere als eindeutig geklärt. Das Risiko bei Verwendung unwirksamer Klauseln vor allen Dingen für Vermieter ist angesichts der über § 306 Abs. 2 BGB drohenden Geltung des sehr mieterfreundlichen dispositiven Mietrechts des BGB nicht zu unterschätzen.[8]

B. Funktion von AGB/Schutzzweck der §§ 305 ff. BGB

Die meisten Geschäftsraumietverträge enthalten AGB, d. h. ein unter **3** Umständen wesentlicher Teil des Vertrages wird nicht von den Parteien

---

[1] BGH (XII ZR 158/01) NZM 2005, 863 = NJW-RR 2006, 84; BGH (XII ZR 121/04) BeckRS 2007, 01 185 = ZMR 2007, 187; BGH (XII ZR 147/50) NZM 2008, 522 = NJW 2008, 2254; BGH (XII ZR 62/06) NZM 2008, 609 = NJW 2008, 2497.

[2] Vgl. etwa: KG (8 U 177/08) NJOZ 2010, 149.

[3] Vgl. BGH (XII ZR 158/01) NZM 2005, 863 = NJW-RR 2006, 84; BGH (XII ZR 109/08) NZM 2010, 123 = NJW 2010, 671; *Schultz* S. 19; kritisch zur Rechtsprechung des BGH: *Joachim* NZM 2008, 316.

[4] Vgl. etwa: BGH (XII ZR 121/04) BeckRS 2007, 01 185 = ZMR 2007, 187; BGH (XII ZR 147/50) NZM 2008, 522 = NJW 2008, 2254; BGH (XII ZR 62/06) NZM 2008, 609 = NJW 2008, 2497; *Dose* NZM 2009, 381 (383).

[5] Kritisch zur Entwicklung: *Emmerich* NZM 2009, 16.

[6] BGH (XII ZR 13/05) NZM 2007, 516 = NJW 2007, 2176.

[7] In diese Richtung weist u. a.: BGH (XII ZR 308/02) NZM 2005, 504 = NJW 2005, 2006; vgl. aber nunmehr BGH (XII ZR 171/08) NZM 2010, 705 = NJW 2010, 3708.

[8] Vgl. hierzu a. *Kappus* NZM 2010, 529 (531).

gemeinsam, sondern von einer Vertragspartei, dem sogenannten „Verwender" im Sinne von § 305 Abs. 1 S. 1 BGB, allein und einseitig bestimmt. Hierdurch werden Zeit – für das mühsame Aushandeln der einzelnen Vertragsregelungen – und damit Kosten gespart. Auch die Vertragsabwicklung kann – abweichend von den gesetzlichen Regelungen – vereinfacht und standardisiert werden. Solche **Rationalisierungsgesichtspunkte** bilden eine grundlegende und zulässige **Funktion von AGB.**[9]

4   Daneben kommt AGB die Funktion zu, die von den Parteien getroffenen **Individualabreden auszufüllen und zu ergänzen.** Ferner können den Besonderheiten des Vertrages entsprechende rechtliche und wirtschaftliche Fragen, die gesetzlich nicht oder nicht ausreichend geregelt sind, einem vertraglichen Regelwerk unterstellt werden. Schließlich bilden **Freizeichnungsklauseln** und **Haftungsausschlüsse** einen Kernbestandteil von AGB. Durch sie kann der Verwender – freilich in den Grenzen der Angemessenheit – sein Schadensrisiko kalkulierbarer gestalten bzw. auf den Vertragspartner verlagern.

5   Ihrem **Schutzzweck** entsprechend, eine einseitige Ausnutzung der Vertragsgestaltungsfreiheit durch den Verwender und eine daraus folgende unangemessene Benachteiligung des Vertragspartners zu verhindern,[10] unterwerfen die §§ 305 ff. BGB Allgemeine Geschäftsbedingungen einer strengen, über §§ 134, 138 BGB hinausgehenden richterlichen Inhaltskontrolle, die zudem durch eine mitunter restriktive Rechtsprechung verschärft wird. Das Verbot der unangemessenen Benachteiligung des Vertragspartners in AGB (vgl. § 307 Abs. 1 BGB) bildet damit eine immanente Schranke der Vertragsfreiheit.

C. Begriff der AGB

6   **Voraussetzung der AGB-Kontrolle** nach den §§ 305 ff. BGB ist, dass es sich bei der Vertragsregelung um eine Allgemeine Geschäftsbedingung – in Abgrenzung zur Individualabrede – handelt und diese Vertragsbestandteil geworden ist. Prüfungsgegenstand ist dabei nicht der Gesamtvertrag, sondern stets (nur) die einzelne zur Beurteilung stehende Vertragsklausel.[11] Das Vorliegen von AGB wird mit anderen Worten nicht pauschal, sondern **Vertragsbestimmung für Vertragsbestimmung** geprüft. Auch wenn häufig große Teile eines Mietvertrags als AGB anzusehen sind, ist es ohne weiteres denkbar, dass lediglich einige wenige oder nur eine einzelne Bestimmung in einem ansonsten individuell ausgehandelten (Miet-)Vertrag als AGB einzustufen sind, wenn und weil die Vor-

---

[9] BGH (XII ZR 271/94) NJW 1996, 988.
[10] BGH (V ZR 105/02) NZM 2003, 252 (254) = NJW 2003, 888; BGH (IV ZR 197/75) NJW 1977, 624 (625).
[11] BGH (V ZR 6/97) NJW 1998, 2600 = MDR 1998, 825.

aussetzungen des § 305 Abs. 1 S. 1 BGB vorliegen.[12] Es ist daher in aller Regel sprachlich ungenau von einem Formularmietvertrag zu sprechen. Besser ist es von formularvertraglichen Bestimmungen zu sprechen. Nach der **Legaldefinition** des § 305 Abs. 1 S. 1 **BGB** werden unter All- **7** gemeinen Geschäftsbedingungen alle für eine Vielzahl von Verträgen vorformulierte Vertragsbedingungen, die eine Vertragspartei (Verwender) der anderen Vertragspartei bei Abschluss eines Vertrages stellt, verstanden. Entsprechend dem allgemeinen Grundsatz, dass (auch) bei der Auslegung von Gesetzen dem Sinn und Zweck des Gesetzes besondere Bedeutung zukommt,[13] hat die Auslegung der gesetzlichen Merkmale des AGB-Begriffs stets unter Berücksichtigung des dargestellten Schutzzwecks der AGB-rechtlichen Vorschriften (Verhinderung der Ausnutzung der Vertragsgestaltungsfreiheit durch den Verwender) zu erfolgen.

I. Das Merkmal „Vertragsbedingungen"

Der Begriff der AGB setzt gemäß § 305 Abs. 1 S. 1 BGB zunächst eine **8** „Vertragsbedingung" voraus, d.h. eine Bestimmung, die den Vertragsinhalt gestalten, ihn regeln soll.[14] Die Regelung muss nach ihrem objektiven Wortlaut beim Vertragspartner den Eindruck hervorrufen, sie solle – im Gegensatz zu bloßen Empfehlungen, Hinweisen oder Bitten – Rechte und Pflichten der Parteien begründen und daher **regelnden Charakter** besitzen.[15] Erfasst werden auch so genannte **Vertragsabschlussklauseln**, die den **9** eigentlichen Vertragsschluss selbst regeln und hierbei vom gesetzlichen Regelungsmodell der §§ 145 ff. BGB abweichen[16] (Beispiel: Bestimmung einer Annahmefrist von sechs Wochen[17]). Schließlich finden die §§ 305 ff. BGB auch auf (vorformulierte) Vertragsbestimmungen Anwendung, die für den Vertragspartner erkennbar (nur) die vorvertraglichen Beziehungen der Parteien regeln sollen.[18]

II. Das Merkmal „vorformuliert"

Fall 1:   **10**
Vermieter V lässt regelmäßig bei Vertragsabschluss die in seinem Formularmietvertrag vorhandene Schönheitsreparaturklausel mit wei-

---

[12] BGH (VII ZR 318/95) BGHZ 75, 15 (21) = NJW 1997, 135; BGH (V ZR 191/76) NJW 1979, 2387.
[13] BGH (II ZR 71/50) BGHZ 2, 176 (184); BGH (II ZR 30/51) BGHZ 3, 82 (84); BGH (VI 162/52) BGHZ 13, 28 (30).
[14] BGH (XI ZR 154/04) BGHZ 162, 294 = NJW 2005, 1645 (1646) = ZIP 2005, 798.
[15] BGH (VIII ZR 221/95) BGHZ 133, 184 = NJW 1996, 2574 (2575) m.w.N.
[16] OLG Düsseldorf (21 U 68/04) NJW 2005, 1515 m.w.N.
[17] Vgl. zur Wirksamkeit entsprechender Klauseln unten unter II. Teil Rdnr. 114 f.
[18] BGH (VIII ZR 221/95) BGHZ 133, 184 = NJW 1996, 2574 (2575).

chen Fristen vom Mieter handschriftlich streichen und durch eine Regelung ersetzen, die die Übernahme der laufenden Schönheitsreparaturen und eine Endrenovierung vorsieht. Diese formuliert er jeweils sprachlich etwas anders, um schon den Anschein von vorformulierten Vertragsbedingungen auszuschalten.
Auch mit M schließt er einen solchen Vertrag. Nach Beendigung des Mietverhältniseses verlangt V eine Durchführung der Endrenovierung. M ist renovierungsunwillig und vertritt die Auffassung, es handele sich bei der Endrenovierungsverpflichtung um unwirksame AGB im Sinne des § 305 Abs. 1 BGB. Er sei daher zu einer Endrenovierung nicht verpflichtet. Zu Recht?

11   Die Vertragsbedingungen müssen „vorformuliert" sein, d.h. sie müssen **zeitlich vor Abschluss des Vertrages fertig formuliert** feststehen, um in künftige Verträge einbezogen zu werden.[19] Es kann sich um vorformulierte Textbausteine handeln, die im Einzelfall auf den Vertrag zugeschnitten zusammengesetzt werden oder um eine einzelne vorformulierte Klausel, die in einen (Individual-)Mietvertrag einbezogen wird.[20]

12   Der Begriff der AGB verlangt trotz der Formulierung in § 305 Abs. 1 S. 1 BGB **keine Schriftform** der vorformulierten Regelung.[21] Daher ist die Form der Speicherung der vorformulierten Vertragsbedingungen für ihre Eigenschaft als AGB ohne Belang. So fallen auch vorformulierte, lediglich im Gedächtnis des Verwenders oder als Textbaustein im PC gespeicherte Vertragsbedingungen unter den Anwendungsbereich der §§ 305 ff. BGB. Entsprechendes gilt für Vertragsbedingungen, die aus einem Formularbuch etc. entnommen werden.

13   **Praxistipp:** Vorformuliert sind damit ggf. auch die Klauseln, die ein Anwalt in seinem „Hinterkopf" gespeichert hat, um sie bei Vertragsverhandlungen immer wieder zu verwenden.

14   Die Qualifizierung als „vorformuliert" setzt schließlich nicht voraus, dass die Formulierung der Klausel in jedem Verwendungsfall exakt gleich ist. Entscheidend ist, dass der – ggf. durch Auslegung zu ermittelnde – materielle Regelungsgehalt in jedem Verwendungsfall der Gleiche ist[22] (**„Inhalts-, nicht Wortgleichheit ist gefordert."**[23]). Ansonsten wäre es für den Verwender ein Leichtes, mit etwas Formulierungsgeschick die Inhaltskontrolle durch Ausschalten des Merkmals „vorformuliert" auszuhebeln.

---

[19] MünchKommBGB/*Basedow* § 305 Rdnr. 13.
[20] Erman/*Roloff* § 305 Rdnr. 9.
[21] BGH (VIII ZR 204/98) NJW 1999, 2180 f.
[22] OLG Düsseldorf (10 U 46/03) NJOZ 2004, 35; PWW/*Berger* § 305 Rdnr. 4 mit Verweis auf BGH (VIII ZR 269/98) NJW 2000, 1110; *Stoffels* Rdnr. 120.
[23] Jauernig/*Stadler* § 305 b Rdnr. 5.

Lösung zu Fall 1:   15

Die Kombination einer Abwälzung der laufenden Schönheitsreparaturen[24] mit einer Endrenovierungsverpflichtung verstößt nach der
Rechtsprechung des BGH (BGH (XII ZR 308/02) NZM 2005, 504 =
NJW 2005, 2006) gegen § 307 BGB und ist gemäß § 306 BGB unwirksam. V würde daher mit seinem Endrenovierungsbegehren das Nachsehen haben, wenn es sich bei den von ihm gewählten Vertragsformu-
lierungen um allgemeine Geschäftsbedingungen handelt. Maßgeblich
für das Vorliegen allgemeiner Geschäftsbedingungen ist unter anderem das Vorformulieren. Die Form der Speicherung ist in diesem
Zusammenhang irrelevant. Es reicht aus, wenn sie im Kopf des Verwenders gespeichert sind. Auch die im Einzelfall abweichende Formulierung der Klausel ändert an dem AGB-Charakter der Regelung
nichts, wenn die Identität der sachlichen Regelung erhalten bleibt.

III. Das Merkmal „für eine Vielzahl von Verträgen"

Fall 2:   16

V hat mit einen Mustermietvertrag entworfen, den er zukünftig für
alle seine 5 Gewerbeobjekte verwenden will. Den ersten derartigen
Mietvertrag schließt er mit M ab. Weitere Vermietungen auf Grundlage seines Musters unterbleiben, da er seine 4 weiteren Objekte verkauft. Es kommt im Ladenlokal des M aufgrund eines Kurzschlusses
eines bereits bei Vertragsschluss schadhaften Kabels zu einem Brand.
V wird von M auf Schadensersatz in Höhe von unstreitigen 20 000,00 €
in Anspruch genommen. V beruft sich auf seine im Mietvertrag vorhandene Klausel, nach der er nur im Falle von Vorsatz und grober Fahrlässigkeit auf Schadensersatz in Anspruch genommen werden kann.
Hat dies Aussicht auf Erfolg?

Die Vertragsbedingungen müssen für eine Vielzahl von Verträgen,   17
d.h. für eine mehrfache Verwendung vorgesehen sein, damit sie als AGB
qualifiziert werden können. Die Klausel darf nicht nur für einen bestimmten Vertrag entworfen worden sein. Es ist jedoch nicht erforderlich,
dass sie für eine unbestimmte Vielzahl von Verträgen vorgesehen ist. Die
untere Grenze liegt nach der Rechtsprechung des **BGH**[25] bei **beabsichtig-
ter dreimaliger Verwendung**. Voraussetzung für den AGB-Charakter ist
dabei nicht, dass die Klauseln tatsächlich wiederholt verwendet worden
sind; entscheidend ist allein, dass der Verwender bzw. der Gestalter der
Klausel im Zeitpunkt des Vertragsschlusses bzw. der Formulierung die

---

[24] Vgl. zur Wirksamkeit der Abwälzung von Schönheitsreparaturen in AGB unten unter II. Teil Rdnr. 362 ff.
[25] BGH (VII ZR 388/00) NZM 2002, 35 = NJW 2002, 138.

Absicht der Mehrfachverwendung hatte.[26] Entsprechende Klauseln sind bereits im ersten Anwendungsfall als AGB einzustufen.[27]

18   Es ist nicht notwendig aber ggf. ausreichend, dass der jeweilige Verwender die Klausel wiederholt verwenden möchte. Wurde die Klausel zur wiederholten Verwendung etwa bei Gestaltung eines Vertragsmusters durch einen Verband etc. vorformuliert und benutzt ein Dritter die Klausel nur ein Mal, ist sie gleichwohl für eine Vielzahl von Fällen im Sinne des § 305 BGB vorformuliert.[28]

19   Nicht notwendig ist ferner, dass die AGB gegenüber verschiedenen Vertragsparteien verwendet werden sollen.[29] Es liegen deshalb bereits dann AGB i.S.d. §§ 305 ff. BGB vor, wenn die Regelungen für drei **Mietverträge mit demselben Vertragspartner** vorgesehen sind.[30] Allerdings kann nicht allein aus der Tatsache, dass mehrere Verträge (z.B. für unterschiedliche Mietobjekte) zwischen denselben Vertragsparteien im Wesentlichen gleichlautende Vertragsbedingungen enthalten, auf das Vorliegen von AGB geschlossen werden. Denn es liegen keine AGB vor, wenn die Parteien nicht nur für ein Mietobjekt, sondern für eine Vielzahl von Mietobjekten die Vertragsbedingungen im Einzelnen ausgehandelt und sie sodann für alle Verträge vereinbart haben.[31]

---

20   **Lösung zu Fall 2:**

Wie der VIII. Zivilsenat des BGH (BGH (VIII ARZ 1/01) NZM 2002, 116 = NJW 2002, 673) entschieden hat, verstoßen formularvertragliche Haftungsbegrenzungsklauseln, die die Haftung des Vermieters auf Vorsatz und grobe Fahrlässigkeit begrenzen, gegen § 307 BGB und sind unwirksam. V könnte sich daher nur mit Aussicht auf Erfolg auf die Klausel berufen, wenn es sich nicht um allgemeine Geschäftsbedingungen handelt. Dies ist jedoch nicht der Fall; es handelt sich um AGB. Zwar hat V diese Regelung nur ein einziges Mal verwandt. Die Regelungen waren aber für eine Vielzahl von Fällen vorformuliert worden und sind bereits im ersten Verwendungsfall AGB.

IV. Das Merkmal „stellt"

---

21   **Fall 3:**

M betreibt eine Handelskette für Jeans. Er schließt seine Verträge grundsätzlich nur auf Grundlage des für ihn entwickelten Musters ab.

---

[26] BGH (VII ZR 53/99) NJW 2000, 2988 (2989); BGH (VII ZR 487/99) NJW-RR 2002, 13 (14).
[27] Palandt/*Heinrichs* § 305 Rdnr. 9.
[28] BGH (VIII ZR 67/09) BGHZ 184, 259 = NJW 2010, 1131.
[29] BGH (VII ZR 31/03) NJW 2004, 1454.
[30] KG (8 U 128/05) NZM 2007, 41 f.
[31] OLG Brandenburg (3 U 88/10) BeckRS 2011, 11591.

So auch im Einkaufscenter des V. Auf Verlangen des V werden die ständig verwandten besonderen Center-Bedingungen des V Vertragsbestandteil. Später kommt es zu einem Streit über die Wirksamkeit der in den Center-Bedingungen des V enthaltenen Betriebspflichtvereinbarung. V ist der Auffassung, die Regelungen der §§ 305 ff. BGB seien nicht zu seinen Lasten anzuwenden. Denn schließlich sei der Mietvertrag auf Grundlage des Musters des M abgeschlossen worden. Trifft die Auffassung des V zu?

Die Vertragsbedingungen müssen von einer Partei „gestellt" worden, **22** d. h. **einseitig festgelegt und ihre Einbeziehung in den Vertrag von der Gegenseite** – durch Unterbreitung eines konkreten (einseitigen) Einbeziehungsvorschlages – **abverlangt** worden sein.[32] Das Merkmal „stellen" hat die Funktion, die Vertragspartei zu bestimmen, die Verwender der AGB ist.

Die Bestimmung des Verwenders ist von entscheidender Bedeutung, **23** weil die Vorschriften über die **AGB-Kontrolle nur zu Lasten aber nie zu Gunsten des Verwenders** greifen.[33] Insbesondere kann nur eine unangemessene Benachteiligung der Verwendergegenseite – wie bereits der Wortlaut des § 307 Abs. 1 S. 1 BGB ergibt – zur Unwirksamkeit einer AGB-Klausel führen. Hingegen kann sich der Verwender nicht auf die Unwirksamkeit von ihm gestellter AGB berufen.

Grundsätzlich kann nur „Verwender" sein, wer auch Partei des unter **24** Einbeziehung der AGB geschlossenen oder zu schließenden (Miet-)Vertrages ist oder werden soll.[34] Hingegen muss die Verwenderpartei die Vertragsbedingungen nicht selbst entworfen haben.[35] Sind die Bedingungen **von einem Dritten vorformuliert**, ist für die Anwendbarkeit der §§ 305 ff. BGB maßgebend, ob eine der Vertragsparteien sich die Bedingungen als von ihr gestellt zurechnen lassen muss.[36] Für die Zurechnung wird darauf abgestellt, auf wessen Initiative der verwendete Formularvertrag in die Verhandlungen der Parteien eingebracht worden ist und wer seine Verwendung zum Vertragsschluss verlangt hat.[37] Hat

---

[32] Vgl. BGH (V ZR 82/81) BGHZ 83, 56 = NJW 1982, 1035; ähnlich: Münch-KommBGB/*Basedow* § 305 Rdnr. 21: „Einseitige Auferlegung".

[33] BGH (IX ZR 79/97) NJW 1998, 2280; *Fuchs* in Ulmer/Brandner/Hensen, Vorb. v. § 307 Rdnr. 53.

[34] Vgl. BGH (VIII ZR 239/89) NJW 1991, 36 (39); vgl. zur Ausnahme BGH (VII ZR 139/80) NJW 1981, 2351: Danach kann derjenige, der von ihm selbst vorformulierte AGB als Vertreter eines anderen in den Verkehr bringt, Verwender der AGB zumindest dann sein, wenn er ein eigenes Interesse daran hat, dass die AGB den von ihm vermittelten Verträgen zugrunde gelegt werden.

[35] Lindner-Figura/Oprée/Stellmann/*Lindner-Figura* Kap. 7 Rdnr. 22.

[36] BGH (VIII ZR 67/09) BGHZ 184, 259 = NJW 2010, 1131; BGH (VII ZR 116/93) BGHZ 126, 326 = NJW 1994, 2825 (2826) m. w. N.

[37] BGH (VIII ZR 67/09) BGHZ 184, 259 = NJW 2010, 1131; vgl. auch BGH (IV ZR 74/08) NJW-RR 2010, 39: Verwender allgemeiner Geschäftsbedingungen ist derjenige, auf dessen Veranlassung die Einbeziehung der vorformulierten Bedingungen in den Vertrag zurückgeht.

etwa eine der Parteien einen **Rechtsanwalt/Notar**[38] mit der Gestaltung des Vertragstextes beauftragt und dieser unter einseitiger Berücksichtigung der Interessen des Auftraggebers das Vertragsformular entworfen, so ist die beauftragende Partei Verwender.[39] Formuliert der Rechtsanwalt/Notar als unparteiischer Dritter den Vertragstext und können beide Parteien den Vertragsinhalt beeinflussen, hat keine der Parteien den Vertragstext gestellt und es liegen keine AGB vor.[40] Gleiches gilt, wenn die Parteien unabhängig voneinander die Einziehung derselben Regelung verlangen; auch dann ist die Regelung nicht einseitig gestellt.[41]

25   Nach Ansicht des **BGH**[42] und der herrschenden Meinung in der Literatur[43] ist keinesfalls allein aus dem Inhalt von AGB auf die Verwendereigenschaft zu schließen und jeweils derjenige Vertragspartner als Verwender anzusehen, den die einzelne Klausel begünstigt. Auch kann nicht allein aus der wirtschaftlichen Überlegenheit einer Partei auf ihre Verwendereigenschaft geschlossen werden. Verwender im Sinne des § 305 Abs. 1 S. 1 BGB kann vielmehr auch eine Vertragspartei sein, die der anderen weder wirtschaftlich noch sonst überlegen ist.[44]

26   Hinsichtlich ein und derselben Klausel kann **stets nur eine Vertragspartei Verwender** sein. Dies gilt jedoch nicht zwingend hinsichtlich des gesamten Vertrages. Bringen beide Vertragsparteien jeweils bestimmte Klauseln in die Vertragsverhandlungen ein und wird aus diesen der Vertrag gebildet, ist ggf. die jeweilige Vertragspartei Verwender der von ihr gestellten Klauseln.[45]

27   **Praxistipp:** Bei beidseitiger Einbringung von Klauseln wird man jeweils sehr genau zu prüfen haben, ob es sich noch um AGB handelt oder ob zumindest einzelne Klauseln im Wege des wechselseitigen Geben und Nehmens in den Vertrag aufgenommen wurden, damit u. U. ausgehandelt wurden und nicht mehr als AGB anzusehen sind.

---

[38] In diesem Zusammenhang ist darauf hinzuweisen, dass die notarielle Form eines Vertrages der Anwendbarkeit der §§ 305 ff. BGB nicht entgegensteht (vgl. *Stoffels*, Rdnr. 136).

[39] BGH (VII ZR 388/00) NZM 2002, 35 = NJW 2002, 138; BGH (VII ZR 204/90) BGHZ 118, 229 (239) = NJW 1992, 2160 (2162).

[40] Vgl. *Stoffels* Rdnr. 135.

[41] PWW/*Berger* § 305 Rdnr. 6; *Stoffels* Rdnr. 144; vgl. auch *Graf v. Westphalen* ZIP 2010, 1110 f.: Einigen sich die Parteien auf die Einbeziehung der AGB eines Dritten, dann liegt kein „Stellen" im Sinne des § 305 Abs. 1 S. 1 BGB vor.

[42] BGH (VIII ZR 67/09) BGHZ 184, 259 = NJW 2010, 1131 (1132); BGH (XII ZR 172/94) BGHZ 130, 50 (57) = NJW 1995, 2034; enthält der Vertag fast ausschließlich einseitig belastende Regelungen, so kann allerdings der erste Anschein dafür sprechen, dass sie von dem begünstigten Vertragspartner gestellt worden ist (vgl. BGHZ 118, 229, 240).

[43] Vgl. allein *Stoffels* WuM 2011, 268 (270, 271); a. A.: MünchKommBGB/*Basedow* § 307 Rdnr. 27.

[44] BGH (VIII ZR 67/09) BGHZ 184, 259 = NJW 2010, 1131 (1132) m. w. N.

[45] Erman/*Roloff* § 305 Rdnr. 12.

Unter Umständen muss daher jede Vertragsbestimmung gesondert **28** daraufhin untersucht werden, von welcher Seite ihre Einbeziehung verlangt worden ist.[46]

Praxistipp: Derartige Prüfungen sind im Nachhinein zumeist nur **29** möglich, wenn der Gang der Vertragsverhandlungen detailliert dokumentiert wurde und diese Unterlagen ggf. auch Jahre nach Vertragsbeginn noch zur Verfügung stehen.

Die Verwendereigenschaft einer Vertragspartei wird nicht dadurch be- **30** rührt, dass sie vom Vertragspartner darum gebeten wurde, einen Vertragsentwurf zu erstellen und dieser vorformulierte Klauseln enthält. Denn selbst wenn in der **Bitte um Erstellung eines Vertragsentwurfs** ein (konkludentes) Einverständnis mit der Stellung von AGB durch die Gegenseite liegen sollte, so ist ein solches Einverständnis für die Qualifizierung des Vertragserstellers als Verwender unerheblich.[47]

Praxistipp: Entgegen dem ersten Anschein empfiehlt es sich in aller **31** Regel nicht, den Vertragspartner zur Vorlage eines Vertragsentwurfs zu bitten, um ihn in die Verwenderposition zu bringen. Denn er wird ein für ihn besonders günstiges Formular vorlegen und man gerät in eine sehr schwierige Verhandlungsposition, da man nunmehr versuchen muss, umfangreich aus dem erbetenen Formular Klauseln zu streichen oder zumindest zu ändern.

Ein Stellen von Vertragsbedingungen liegt nach Auffassung des **BGH**[48] **32** auch dann nicht vor, wenn beide Vertragsparteien die Möglichkeit haben, einen frei ausgewählten Formularvertrag in die Verhandlungen einzubringen und sodann eines der Formulartexte übernommen wird, ohne dass eine Seite hierdurch besonders bevorzugt oder benachteiligt werden soll. Denn der letztlich verwendete Formularvertrag wird in derartigen Fällen nicht unter Inanspruchnahme einseitiger Gestaltungsmacht zur Vertragsgrundlage erhoben und damit nicht im Sinne des § 305 Abs. 1 S. 1 BGB „gestellt".

Lösung zu Fall 3: **33**
Die Auffassung des V trifft nicht zu. Die Frage des Vorliegens von allgemeinen Geschäftsbedingungen und der Verwendereigenschaft wird regelmäßig Klausel für Klausel geprüft. Haben beide Vertragsparteien vorformulierte Vertragsbedingungen im Sinne des § 305 BGB in den Vertrag eingebracht, ist der jeweils Einbringende für die von ihm eingebrachten Klauseln als Verwender anzusehen. Eine Kontrolle nach Maßgabe der §§ 305 f. BGB findet sodann zu seinen Lasten statt.

---

[46] *Stoffels* WuM 2011, 268 (271).
[47] Vgl. Erman/*Roloff* § 305 Rdnr. 12.
[48] BGH (VIII ZR 67/09) BGHZ 184, 259 = NJW 2010, 1131 (1132).

V. Ergänzungs- oder ausfüllungsbedürftige Leerstellen

34   Enthält eine Vertragsklausel ergänzungs- oder ausfüllungsbedürftige Leerstellen, die eine Ergänzung durch den Vertragspartner vorsehen, ist bezüglich der AGB-Eigenschaft der jeweiligen Regelung **zu unterscheiden:**

35   Handelt es sich um **notwendige, unselbständige Ergänzungen**, die den sachlichen Gehalt der Regelung nicht beeinflussen (z. B. Datum, Kontodaten oder Namen der Vertragspartner), wird der Charakter der Klausel als AGB nicht in Frage gestellt.[49]

36   Enthält die Leerstelle in einer Klausel einen **selbständigen, den Vertragsinhalt (mit-)bestimmenden Punkt** und wird die Unwirksamkeit der Klausel gerade wegen der Ergänzung angezweifelt, so muss gesondert geprüft werden, ob die Voraussetzungen des § 305 Abs. 1, S. 1 BGB auch in Bezug auf die Ergänzung vorliegen.[50] Für die Einordnung der Klausel als AGB ist in diesen Fällen entscheidend, ob dem Vertragspartner eine echte Möglichkeit gegeben wurde, im Rahmen einer freien Entscheidungsfindung und nicht von konkreten Vorgaben des Verwenders beeinflusst, die offene Stelle eigenständig auszufüllen.[51] Wird die Ergänzung individuell ausgehandelt oder vom Vertragspartner nach seiner freien Entscheidung ausgefüllt, liegt keine AGB-Klausel vor,[52] weil der Verwender insoweit nicht einseitig von seiner Gestaltungsmacht Gebrauch macht.

37   Etwas anderes gilt, wenn dem Vertragspartner **nur rein formell die Möglichkeit zur Vertragsmitbestimmung** gegeben wird, dieser aber letztlich keine freie Entscheidung hat. Enthält die Klausel etwa neben dem Freiraum einen vom Verwender vorformulierten Vorschlag, handelt es sich trotz der dem Vertragspartner formal eingeräumten Möglichkeit zur Vertragsmitbestimmung um eine AGB-Klausel, wenn der vorformulierte Vorschlag suggestiven Charakter hat, etwa durch die Gestaltung des Formulars im Vordergrund steht und die andere Wahlmöglichkeit überlagert.[53] Gleiches gilt, wenn dem Vertragspartner durch sonstige **Einflussnahme des Verwenders** oder seiner Vertreter eine bestimmte Ausfüllungsalternative vorgegeben bzw. nahegelegt wird. Denn im Hinblick auf den Schutzzweck der AGB-Vorschriften macht es keinen Unterschied, ob der Verwender die Vertragsbedingungen in schriftlicher Form

---

[49] BGH (VIII ZR 269/98) BGHZ 143, 103 = NJW 2000, 1110 (1111); BGH (IX ZR 255/97) NJW 1998, 2815; BGH (X ZR 135/95) NJW 1998, 1066 (1067); BGH (IV ZR 16/95) NJW 1996, 1676 (1677); BGH (XI ZR 77/91) NJW 1992, 503 f.; BGH (V ZR 174/86) NJW 1988, 558 f.

[50] MünchKommBGB/*Basedow* § 305 Rdnr. 16.

[51] Vgl. BGH (VIII ZR 204/98) BGHZ 141, 108 = NJW 1999, 2180 (2181); *Stoffels* Rdnr. 125.

[52] BGH (VIII ZR 27/04) NZM 2005, 419 = NJW 2005, 1574; BGH (X ZR 135/95) NJW 1998, 1066 (1067).

[53] BGH (IV ZR 16/95) NJW 1996, 1676 (1677); BGH (IV ZR 60/96) NJW-RR 1997, 1000; Jauernig/*Stadler* § 305 Rdnr. 10.

vorbereitet oder ob er bzw. seine Vertreter sie zum Zwecke künftiger wiederholter Einbeziehung in den Vertragstext im Kopf haben.[54] Der Schluss auf den vorformulierten Charakter handschriftlicher Ergänzungen liegt insbesondere dann nahe, wenn der Verwender das Formular üblicherweise oder gegenüber einer Mehrzahl von Vertragspartnern in gleicher Weise ausfüllen lässt.[55]

VI. Form, Umfang, Schriftart

Gemäß § 305 Abs. 1, S. 2 BGB ist es für die Einordnung von Vertrags- **38** klauseln als AGB **ohne Belang, welche Form der Vertrag hat**, welchen Umfang die zu beurteilenden Bestimmungen haben und in welcher Schriftart sie verfasst sind. Die AGB können in einem am Computer vervollständigten Muster bestehen oder vom Vertrag äußerlich getrennt, auf der Rückseite des Vertrages abgedruckt oder in den Vertragstext integriert sein. Auch ein **notariell beurkundeter Vertrag** kann als Formularvertrag anzusehen sein, wenn er die geschilderten Eigenheiten von AGB aufweist.[56] Das Gesetz stellt klar, dass das Vorliegen von AGB nicht nach Maßgabe formaler, sondern materieller, am Schutzzweck der §§ 305 ff. BGB orientierter Kriterien, zu beurteilen ist.

VII. Beweislast für das Vorliegen von AGB

1. Grundsatz

Fall 4:   **39**
  Im Prozess zwischen V und M wird über die Wirksamkeit einer Endrenovierungsklausel im Mietvertrag gestritten. Zwischen den Parteien ist streitig, wer das Vertragsformular gestellt hat. Das Gericht konnte sich bei der von ihm durchgeführten Beweisaufnahme weder von der Richtigkeit der Darstellung des V, noch der des M mit hinreichender Sicherheit überzeugen.
  Wie hat das Gericht nunmehr zu entscheiden?

Nach allgemeiner Auffassung[57] hat grundsätzlich derjenige das Vorlie- **40** gen einer vorformulierten AGB-Klausel darzulegen und ggf. zu beweisen, **der sich auf den Schutz der §§ 305 ff. BGB, d. h. auf die Nichteinbeziehung oder Unwirksamkeit einer Vertragsregelung nach diesen**

---

[54] BGH (IVa ZR 6/86) NJW 1988, 410.
[55] BGH (VIII ZR 204/98) BGHZ 141, 108 = NJW 1999, 2180 (2181).
[56] BGH (V ZR 82/81) BGHZ 83, 56 = NJW 1982, 1035.
[57] BGH (VII ZR 487/99) NJW-RR 2002, 13 (14); BGH (VII ZR 204/90) BGHZ 118, 229 (238) = NJW 1992, 2160 (2162); Wolf/Lindacher/Pfeiffer/*Pfeiffer* § 305 Rdnr. 58; *Ulmer/Habersack* in Ulmer/Brandner/Hensen § 305 Rdnr. 60; *Stoffels* WuM 2011, 268 (271).

Vorschriften beruft, also der Vertragspartner des Verwenders. Dies entspricht den vom BGH in ständiger Rechtsprechung[58] vertretenen allgemeinen Darlegungs- und Beweislastregeln.[59] Danach trifft die Partei, die einen Anspruch geltend macht (Gläubiger) – unabhängig davon, in welcher Parteirolle sie sich befindet – die Beweislast für die anspruchsbegründenden Tatsachen. Der in Anspruch genommene (Schuldner) muss hingegen die anspruchshindernden, -vernichtenden und -hemmenden Tatsachen behaupten und beweisen.

41   Bezogen auf das Vorliegen von AGB bedeutet dies: Macht eine Vertragspartei einen (vertraglichen) Anspruch geltend und beruft sich auf eine Regelung des Mietvertrages, aus der sich der Anspruch ergibt, so ist sie ihrer Beweislast mit Vorlage des (Miet-)Vertrages, der die fragliche Regelung enthält, nachgekommen.[60] Wendet die Gegenseite ein, die streitgegenständliche Vertragsregelung sei vom Anspruchssteller „gestellt" und aufgrund ihres überraschenden Charakters nicht wirksam in den Mietvertrag einbezogen (§ 305c Abs. 1 BGB) oder wegen unangemessener Benachteiligung unwirksam (§ 307 BGB), so hat sie – wie bei Berufung des in Anspruch genommenen Vertragspartners auf die Unwirksamkeit einer Vertragsregelung wegen Verstoßes gegen ein gesetzliches Verbot (§ 134 BGB) oder die guten Sitten (§ 138 BGB)[61] – das Vorliegen einer von der Gegenseite vorformulierten AGB-Regelung als Voraussetzung der Anwendbarkeit der §§ 305 ff. BGB nachzuweisen.

---

42 | **Lösung zu Fall 4:**
Es hat eine Entscheidung nach Beweislastgrundsätzen zu erfolgen. Hier hat der M, der von der Endrenovierungsklausel betroffen ist, die Beweislast für die ihm günstige Behauptung, es handele sich um AGB. Das non liquet geht zu seinen Lasten (vgl. BGH (VII ZR 204/90) NJW 1992, 2160). M wird den Prozess daher verlieren.

---

2. Beweiserleichterungen

43 | **Fall 5:**
V GmbH und M GmbH verhandeln über den Abschluss eines Mietvertrages. Den Vertragsentwurf übersendet V und erklärt, M habe die

---

[58] BGH (VI ZR 74/92) NJW 1993, 1716 (1717); BGH (II ZR 190/89) BGHZ 113, 222 = NJW 1991, 1052 (1053); BGH (IVb ZR 44/88) NJW 1989, 1728 (1729); vgl. auch MünchKommZPO/*Prütting* § 286 Rdnr. 111; Prütting/Gehrlein/*Laumen* § 286 Rdnr. 52.

[59] Die subjektive Beweislast (auch Beweisführungslast genannt) ist die den Parteien obliegende echte Last, durch eigenes Tätigwerden den Beweis der streitigen Tatsache zu führen, um den Prozessverlust zu vermeiden (MünchKommZPO/*Prütting* § 286 Rdnr. 98 m.w.N.).

[60] Steht der Wortlaut der vertraglichen Regelung außer Streit, ist nicht einmal die Vorlage des Mietvertrages erforderlich.

[61] Vgl. dazu BGH (III ZR 88/81) NJW 1983, 2018 (2019).

Wahl, den Vertrag in der vorliegenden Fassung zu unterzeichnen oder aber vom Vertragsabschluss Abstand zu nehmen. Der Vertrag enthält einige Klauseln unter anderem zur Instandhaltung und Instandsetzung, die als allgemeine Geschäftsbedingungen unwirksam sind. Des Weiteren findet sich im Vertrag eine Klausel, nach der sich mehrere Mieter wechselseitig zur Entgegennahme von Willenserklärungen des Vermieters bevollmächtigen.

Es kommt zwischen den Parteien zum Streit über die Kostentragungspflicht für eine Instandsetzungsmaßnahme. In dem Prozess vertreten Sie die M GmbH. Es lässt sich für Sie nicht an Hand von außerhalb der Urkunde liegenden Umständen klären, ob V den Vertrag in weiteren Fällen verwandt, es sich um ein gängiges Muster oder um einen einmalig erstellten und verwandten Vertrag handelt.

Sehen Sie trotzdem eine Chance, sich mit Erfolg auf den AGB-Charakter der Instandhaltungs- und Instandsetzungsnorm des Vertrages zu berufen?

Die beweisbelastete Verwendergegenseite kann sich zum Nachweis **44** des Vorliegens eines Formularvertrages u.U. mit einem Hinweis auf die äußere Form des Klauselwerks begnügen, wenn und weil ihr eine Beweiserleichterung nach den Grundsätzen über den **„Anscheinsbeweis"** (auch „Beweis des ersten Anscheins" oder „prima-facie-Beweis" genannt) zugute kommt.

Die gewohnheitsrechtlich anerkannten[62] Grundsätze über den An- **45** scheinsbeweis greifen bei von **Typizität geprägten Lebenssachverhalten** ein, d.h. in Fällen, in denen ein bestimmter Sachverhalt feststeht, der nach allgemeiner Lebenserfahrung auf eine bestimmte Ursache oder auf einen bestimmten Ablauf als maßgeblich für den Eintritt eines bestimmten Erfolgs hinweist.[63] Dabei bedeutet Typizität nicht, dass die Ursächlichkeit einer bestimmten Tatsache für einen bestimmten Erfolg bei allen Sachverhalten dieser Fallgruppe notwendig immer vorhanden ist; sie muss aber so häufig gegeben sein, dass die Wahrscheinlichkeit eines solchen Falls sehr groß ist.[64]

Bei der Bewertung des Sachverhalts als typisch sind alle bekannten **46** Umstände einzubeziehen.[65] Liegt ein typischer Sachverhalt vor, der die Annahme eines Anscheinsbeweises rechtfertigt, führt dies **nicht** zu einer **Umkehr der Darlegungs- und Beweislast.**[66] Vielmehr hat die Gegenseite, die einen atypischen Geschehensablauf behauptet, den Anschein durch

---

[62] OLG Celle (9 U 43/96) NJW-RR 1997, 533 = MDR 1996, 1248; *Baumbach/Lauterbach/Albers/Hartmann* Anh. § 286 Rdnr. 15; Musielak/*Foerste* § 286 Rdnr. 24; Zöller/*Greger* § 284 Rdnr. 29; Prütting/Gehrlein/*Laumen* § 286 Rdnr. 25.
[63] BGH (VI ZR 33/09) NJW 2010, 1072; BGH (VIII ZR 283/05) NJW 2006, 2262 (2263); BGH (II ZR 293/99) NJW 2001, 1140 (1141).
[64] BGH (VIII ZR 283/05) NJW 2006, 2262 (2263) m.w.N. zur Rechtsprechung.
[65] BGH (II ZR 293/99) NJW 2001, 1140.
[66] BGH (I ZR 210/84) NJW 1987, 2876 (2877).

einen vereinfachten Gegenbeweis zu erschüttern, indem sie Tatsachen vorträgt und (voll) beweist, aus denen sich die ernsthafte Möglichkeit eines von der Lebenserfahrung abweichenden Geschehensablaufs ergibt.[67]

47   Auch bei der Beurteilung des Vorliegens eines Formularvertrages (oder einer einzelnen AGB-Klausel[68]) zieht die Rechtsprechung die dargelegten Grundsätze über den Anscheinsbeweis heran, wenn eine typische Fallkonstellation vorliegt. Bei einem Vertragswerk, das nach seinem Inhalt sowie seiner äußeren Gestaltung aller Lebenserfahrung nach auf eine Vorformulierung und standarisierte Verwendung schließen lässt, spricht ein Beweis des ersten Anscheins für einen „gestellten" Formular(miet-)vertrag, der der AGB-Kontrolle nach Maßgabe der §§ 305 ff. BGB unterliegt.[69] Dies ist insbesondere dann anzunehmen, wenn die Vertragsklauseln aus einer **Vielzahl von formelhaften Wendungen** zur Regelung der in Geschäftsraummietverhältnissen typischen konfliktgefährdeten Sachverhalte bestehen und **nicht auf die individuelle Vertragssituation abgestimmt** sind[70] und/oder wenn sie **fast ausschließlich den Vertragspartner belastende Regelungen** enthalten.[71] Ein weiteres Indiz für die beabsichtigte Mehrfachverwendung soll sein, dass es sich bei der Vertragspartei, der die Einbeziehung unstreitig oder typischerweise zuzurechnen ist, um einen **professionellen Marktteilnehmer** handelt.[72] Dieser äußere Anschein eines für eine mehrfache Verwendung entworfenen Vertrages wird nicht dadurch in Frage gestellt, dass einzelne Teile des Vertrages individuell ausgehandelt worden sind.[73] Andererseits kann es an einem Anschein für eine Mehrfachverwendung fehlen, wenn (einzelne) formelhafte Klauseln in eine individuelle Gestaltung des Vertrages eingebettet sind.[74]

48   **Praxistipp:** Häufig finden sich in Formularverträgen verräterische Regelungen, die auf den AGB-Charakter hinweisen. So kann z.B. eine Klausel, nach der sich mehrere Mieter wechselseitig bevollmächtigen,

---

[67] BGH (VI ZR 239/89) NJW 1991, 230 (231); BGH (I ZR 210/84) NJW 1987, 2876 (2877); BGH (VI ZR 15/77) NJW 1978, 2032 (2033).

[68] Vgl. OLG Rostock (6 U 130/03) NJW 2006, 304 (305).

[69] Vgl. BGH (VII ZR 212/07) NJW 2009, 3717 = ZfBR 2010, 48; BGH (VIII ZR 269/98) BGHZ 143, 103 = NJW 2000, 1110 (1111); BGH (VII ZR 204/90) BGHZ 118, 229 (238) = NJW 1992, 2160 (2162); BAG (8 AZR 973/06) NZA 2008, 170 (171) = NJW 2008, 458; OLG Rostock (6 U 130/03) NJW 2006, 304 (305); OLG Brandenburg (7 U 16/99) BeckRS 30154088.

[70] BGH (VII ZR 53/03) BGHZ 157, 102 = NJW 2004, 502 (503) = MDR 2004, 442; BGH (VII ZR 212/07) NJW 2009, 3717 = ZfBR 2010, 48; vgl. auch BGH (VII ZR 31/03) NJW 2004, 1454 (1455): Wenn der Vertrag „erkennbar auf einem Muster beruht."

[71] BGH (VII ZR 53/03) BGHZ 157, 102 = NJW 2004, 502 (503) = MDR 2004, 442.

[72] *Stoffels* Rdnr. 150 a.E.; vgl. auch BGH (IX ZR 140/98) NJW 1999, 1105 (1106).

[73] BGH (VII ZR 53/03) BGHZ 157, 102 = NJW 2004, 502 (503) = MDR 2004, 442; BGH (VII ZR 204/90) BGHZ 118, 229 (238) = NJW 1992, 2160 (2162).

[74] BGH (VII ZR 53/03) BGHZ 157, 102 = NJW 2004, 502 = MDR 2004, 442.

nur schwerlich individualvertraglich ausgehandelt sein, wenn Mieter eine Gesellschaft in der Rechtsform der GmbH oder der AG etc. ist.

Lösung zu Fall 5:   49

Zwar trägt die Verwendergegenseite grundsätzlich die Beweislast für das Vorliegen von AGB. Handelt es sich jedoch nach der äußeren Gestaltung oder nach dem Inhalt um einen Vertrag, der typischerweise zur Mehrfachverwendung vorgesehen ist, spricht der Beweis des ersten Anscheins für das Vorliegen eines Formularvertrages (vgl. BGH (VIII ZR 269/98) NJW 2000, 1110). Vorliegend ist die für eine GmbH als Mieterin irrelevante Vollmachtsklausel verräterisch und weist auf AGB hin. Auf dieser Grundlage kann man wohlmöglich eine streitige Auseinandersetzung wagen, wenn M bereit ist, die verbleibenden Restrisiken zu tragen.

D. Abgrenzung zur Individualvereinbarung (§ 305 Abs. 1 S. 3 BGB)

Gemäß § 305 Abs. 1 S. 3 BGB liegen allgemeine Geschäftsbedingungen   50 nicht vor, soweit die Vertragsbedingungen zwischen den Parteien im Einzelnen ausgehandelt sind.

I. Funktion der Norm

Vor dem Hintergrund, dass nach § 305 Abs. 1 S. 1 BGB Vertragsbedin- 51 gungen, die *nicht* für eine Vielzahl von Verträgen vorformuliert sind, ohnehin nicht vom Anwendungsbereich der §§ 305 ff. BGB erfasst werden und § 305 b BGB individuellen Vertragsabreden ausdrücklich den Vorrang vor allgemeinen Geschäftsbedingungen einräumt, stellt sich die Frage nach der Funktion des § 305 Abs. 1 S. 3 BGB.

Diese besteht vor allem darin, die Vertragsbedingungen aus dem An- 52 wendungsbereich der §§ 305 ff. BGB herauszunehmen, die an sich die Merkmale des § 305 Abs. 1 S. 1 BGB erfüllen, die also nach Entstehung und äußerem Erscheinungsbild „Allgemeine Geschäftsbedingungen" sind, weil sie mit der Absicht der Mehrfachverwendung vorformuliert und einseitig von der einen Vertragspartei in die Vertragsverhandlungen eingebracht worden sind, aber **trotz individueller Verhandlungen über ihren Inhalt unverändert dem Vertrag zugrunde gelegt** wurden.[75] Eine ursprünglich für eine Vielzahl von Verträgen vorformulierte Regelung kann im Laufe der Verhandlungen den Charakter einer Individualvereinbarung annehmen, denn die Annahme einer Individualvereinbarung

---

[75] BGH (IV ZR 197/75) NJW 1977, 624 (625) zu § 1 Abs. 2 AGBG.

als Ergebnis eines „Aushandelns" im Sinne des § 305 Abs. 1 S. 3 BGB setzt nicht notwendig voraus, dass der Vertragspartner auf den Inhalt der vom Vertragspartner eingebrachten Regelung tatsächlich Einfluss genommen hat.[76]

II. Aushandeln im Sinne des § 305 Abs. 1 S. 3 BGB

1. Allgemeines

53   Entscheidendes Kriterium für das Vorliegen von AGB – in Abgrenzung zur Individualvereinbarung – ist regelmäßig, ob die streitgegenständliche Vertragsbedingung im Einzelnen „ausgehandelt" worden ist. Die Frage des Aushandelns einer Vertragsregelung gemäß § 305 Abs. 1 S. 3 BGB stellt somit die **Eingangsschwelle für die strenge AGB-rechtliche Kontrolle** dar.

54   Häufig werden in einem ursprünglich (reinen) Formularmietvertrag einzelne Klauseln durch Aushandeln den Charakter einer Individualvereinbarung annehmen und umgekehrt einzelne AGB-Klauseln in einen ansonsten individualvertraglich verhandelten Vertrag eingebettet. Entsprechend dem Gesetzeswortlaut, wonach Vertragsbedingungen als Individualabreden anzusehen sind, „soweit" (!) sie zwischen den Vertragsparteien im Einzelnen ausgehandelt sind, ist daher grundsätzlich **für jede einzelne Klausel gesondert festzustellen**, ob die Voraussetzungen des § 305 Abs. 1, S. 3 BGB vorliegen oder nicht.[77]

55   Enthält eine Vertragsbestimmung mehrere selbständige Regelungen, so ist ggf. für jede einzelne Regelung gesondert zu prüfen, ob sie im Einzelnen ausgehandelt worden ist. Wird etwa in einer aus zwei Bestimmungen bestehenden Klausel – möglicherweise nach ausgiebigen Verhandlungen – auf Wunsch des Vertragspartners eine Regelung weggestrichen, bedeutet dies nicht ohne weiteres, dass die verbliebene Bestimmung zu einer Individualvereinbarung geworden ist.[78] Hier neigt der für Gewerberaummietverhältnisse zuständige **XII. Zivilsenat des BGH**[79] mitunter zu **relativer Großzügigkeit bei der Annahme von Individualvereinbarungen.** Der Senat ist etwa bei zwei getrennten Paragraphen eines Mietvertrags bezüglich der Schönheitsreparaturen einerseits und den Bestimmungen zum Teppichboden andererseits bezüglich beider Regelungen von Individualvereinbarungen ausgegangen, obwohl *nur* die Regelung zum Teppichboden auf Wunsch des Mieters geändert worden war.[80] Auch in der Literatur wird teilweise vertreten, das Aushandeln einzelner Vertragsbedingungen könne auf sachlich zusammengehö-

---

[76] BGH (IV ZR 197/75) NJW 1977, 624 (625).
[77] Jauernig/*Stadler* § 305 Rdnr. 9.
[78] BGH (XII ZR 5/06) BeckRS 2008, 11 746 = GuT 2008, 339.
[79] BGH (XII ZR 200/06) NZM 2009, 397 = NJW-RR 2009, 947.
[80] BGH (XII ZR 200/06) NZM 2009, 397 = NJW-RR 2009, 947; zustimmend: *Dose* NZM 2009, 381 (383).

rende Regelungen oder den ganzen Vertrag „ausstrahlen" und eine erweiterte Anwendung des § 305 Abs. 1, S. 3 BGB rechtfertigen.[81]

Praxistipp: Ob sich diese Tendenz verfestigen wird, ein Aushandeln **56** hinsichtlich des gesamten Regelungsbereichs anzunehmen, wenn sich eine individuelle Abrede nur bezüglich einer einzelnen Regelung aus diesem Regelungsbereich feststellen lässt, bleibt **angesichts gegenläufiger Entscheidungen**[82] abzuwarten. Derzeit sind jedenfalls **klare Prognosen,** inwieweit die Gerichte bei Aushandeln einzelner Regelungen eine Ausstrahlungswirkung auf (sachlich zusammenhängende) Klauseln annehmen, **kaum möglich.**

2. Begriff des „Aushandelns"/Abgrenzung zum „Verhandeln"

Fall 6: **57**

V verhandelt mit M über den Abschluss eines Mietvertrags. In einem ersten Schritt sendet V dem M 3 unterschiedliche Formularverträge zur Auswahl zu. Nachdem M sich für eines der Exemplare entschieden hat, kreuzt er in mehreren Paragraphen dort vorgesehene Alternativen als jeweilige Auswahl an. Hinsichtlich der Rückbauverpflichtung bei Vertragsende kann M nach der Erläuterung im Begleitschreiben des Vermieters zwischen der im Vertrag vorgesehenen Regelung und der gesetzlichen Regelung wählen. Im Laufe des Vertragsverhältnisses kommt es zum einen zum Streit über eine der von M angekreuzten Alternativen und zum anderen über die im Vertrag vorgesehene Rückbauverpflichtung. V ist der Auffassung, die §§ 305 ff. BGB seien nicht anwendbar. Denn schon aufgrund der Auswahl des Vertragsformulars, des Ankreuzens der Alternativen und der Wahlmöglichkeit zwischen der im Vertrag vorgesehenen Regelung und dem Gesetz lägen Individualvereinbarungen vor.

Trifft dies zu?

Fall 7: **58**

Das ständig von V verwendete Mietvertragsformular für sein Einkaufscenter (Ekz) enthält folgende Klausel:

„Das Geschäftslokal ist im Rahmen der gesetzlichen Bestimmungen über die Ladenschlusszeiten an allen Verkaufstagen mindestens solange offen zu halten, wie die überwiegende Anzahl aller Mieter ihre Geschäfte offen hält. Der Mieter hat das Recht, die gesetzlichen Ladenöffnungszeiten voll auszuschöpfen. Dem Vermieter bleibt die abschließende Festlegung der Ladenöffnungszeiten vorbehalten."

Der letzte Satz der Regelung wird im Rahmen der Vertragsgespräche auf Wunsch des Mieters M gestrichen. In den weiteren Mietver-

---

[81] Palandt/*Grüneberg* § 305 Rdnr. 22.
[82] BGH (XII ZR 5/06) BeckRS 2008, 11 746 = GuT 2008, 339.

trägen hat sich V das Recht vorbehalten, die Ladenöffnungszeiten für die einzelnen Mieter vorzugeben. Dies hat im Rahmen der Vertragsverhandlungen mit M diesem nicht offen gelegen.

Ein Jahr nach Abschluss des Mietvertrages mit M verlängert V die Öffnungszeiten mit allen anderen Mietern des Objektes Samstag bis 20.00 Uhr. Er fordert auch von M eine entsprechende Öffnung, da die Mehrheit der Mieter bis zu diesem Zeitpunkt geöffnet habe.

M hat mittlerweile davon erfahren, dass der V de facto die Öffnungszeiten der anderen Mieter bestimmen kann. Er beruft sich daher auf die Unwirksamkeit der Betriebspflichtregelung in seinem Mietvertrag, da sie gegen das Transparenzgebot des § 307 Abs. 1 Satz 2 BGB verstößt. V ist der Meinung, vorliegend seien die §§ 305 f. BGB nicht anwendbar, da die Klausel ausgehandelt sei. Zu Recht?

59 Nach ständiger Rechtsprechung des **BGH**[83] setzt ein **„Aushandeln"** i.S.d. § 305 Abs. 1, S. 3 BGB **mehr als bloßes „Verhandeln"** voraus. Der Verwender muss den „gesetzesfremden" Kerngehalt, d.h. die den wesentlichen Inhalt der gesetzlichen Regelung ändernden oder ergänzenden Bestimmungen der betroffenen Klausel, ernsthaft zur Disposition stellen und dem Vertragspartner Gestaltungsfreiheit zur Wahrung seiner Interessen einräumen; der Vertragspartner muss die reale Möglichkeit erhalten, den Inhalt der Vertragsbestimmungen zu beeinflussen.[84] Eine **allgemein geäußerte Bereitschaft**, Vertragsklauseln auf Aufforderung des Vertragspartners zu ändern, soll nicht ausreichen.[85]

60 Allein die geschilderte reale **inhaltliche Gestaltungsmöglichkeit der Verwendergegenseite** ist das entscheidende Kriterium für ein „Aushandeln". Dagegen ist die bloße Erläuterung der vom dispositiven Gesetzestext abweichenden Regelungen für die Abgrenzung zwischen AGB und Individualvereinbarung unbeachtlich.[86] Es liegt deshalb kein Aushandeln vor, wenn und weil die Parteien die einzelnen Vertragsbedingungen durchgesprochen haben,[87] der Verwender den Inhalt seiner Vertragsbedingungen erläutert oder erörtert und diese den Vorstellungen des Vertragspartners entsprechen.[88] Denn hierdurch allein gibt er noch nicht zu erkennen, dass er auch eine aktive Einflussnahme des Vertragspartners auf deren Inhalt akzeptieren würde. Auch das bloße Verlesen des Vertragstextes und die sich daran anschließende etwaige **Belehrung durch**

---

[83] BGH (III ZR 437/04) NJW 2005, 2543 (2544); BGH (VII ZR 56/04) NJW-RR 2005, 1040; BGH (VIII ZR 269/98) BGHZ 143, 103 = NJW 2000, 1110 (1111); BGH (V ZR 6/97) NJW 1998, 2600 (2601); BGH (VII ZR 128/91) NJW 1992, 2759 (2760); BGH (VIII ZR 84/87) BGHZ 104, 232 = NJW 1988, 2465 (2466).

[84] So auch: OLG Rostock (3 U 287/08) NZM 2010, 42 = NJW-RR 2010, 442.

[85] BGH (VII ZR 56/04) NJW-RR 2005, 1040; *Kappus* NZM 2010, 529 (536, 537).

[86] *Ulmer/Habersack* in Ulmer/Brandner/Hensen § 305 Rdnr. 49; *Kappus* NZM 2010, 529.

[87] BGH (X ZR 114/93) BeckRS 1995, 31 061 319 = WM 1995, 1455 (1456).

[88] BGH (IV a ZR 6/86) NJW 1988, 410 (411) = DNotZ 1988, 305.

den Notar genügen für ein Aushandeln im Sinne des § 305 Abs. 1 S. 3 BGB nicht.[89]

Ebenso wenig ausreichend ist die bloße **Wahlfreiheit des Vertrags-** **61** **partners**, entweder den Vertrag zu den bekannten, vom anderen Teil vorformulierten Bedingungen abzuschließen oder aber vom Vertragsschluss ganz abzusehen.[90] Kein „Aushandeln" liegt ferner vor, wenn der Verwender dem Vertragspartner mehrere Vertragsentwürfe zur Auswahl zusendet.[91] Gleiches gilt, wenn der Vertragspartner zwischen mehreren, vom Verwender im Vertrag vorformulierten Alternativen (z. B. durch Ankreuzen oder Streichen) entscheiden kann und dies auch tut.[92] Denn durch die Einräumung eines Wahlrechts zwischen abschließend vorformulierten Regelungen stellt der Verwender den Inhalt der Bestimmungen nicht ernsthaft zur Disposition und räumt dem Vertragspartner keine Gestaltungsfreiheit ein. Kein Aushandeln soll vorliegen, wenn die Verwendergegenseite zwischen den vorgelegten AGB und dem dispositiven Gesetzesrecht wählen kann, da ihm keine Möglichkeit des Aushandelns geboten werde.[93]

In aller Regel wird sich die ernsthaft geäußerte Bereitschaft des Ver- **62** wenders, vom Vertragspartner gewünschte Veränderungen vorzunehmen auch in erkennbaren **Änderungen des vorformulierten Textes** niederschlagen.[94] Wird der Wortlaut einer schriftlich vorgelegten Klausel im Verlauf der Vertragsverhandlungen geändert, so liegt die Annahme nahe, dass sie insoweit ausgehandelt wurde und es sich somit um eine Individualabrede handelt.[95] Nach der Rechtsprechung des BGH[96] genügt „eine Änderung lediglich in der Formulierung, nicht aber im wesentlichen Inhalt" einer vorformulierten Klausel für die Annahme eines Aushandelns allein nicht aus. Sind allerdings nachträgliche Änderungen im vorformulierten Vertragstext eingefügt worden, kann darin nach Ansicht des **XII. Zivilsenats des BGH**[97] ein Indiz für ein Aushandeln zu sehen sein (s. u.).

Ein „Aushandeln" im Sinne des § 305 Abs. 1, S. 3 BGB erfordert jedoch **63** nicht zwingend, dass die von dem Verwender vorformulierte Bestim-

---

[89] BGH (V ZR 82/81) BGHZ 83, 56 = NJW 1982, 1035; BGH (VII ZR 308/77) BGHZ 74, 204 (209) = NJW 1979, 1406.

[90] BGH (IV ZR 197/75) NJW 1977, 624 f.

[91] BGH (X ZR 114/93) BeckRS 1995, 31 061 319 = WM 1995, 1455 (1456).

[92] BGH (XI ZR 77/91) NJW 1992, 503 f.; BGH (IV ZR 16/95) NJW 1996, 1676; BGH (VIII ZR 67/09) BGHZ 184, 259 = NJW 2010, 1131 (1133); OLG München (29 U 2509/02) NJW-RR 2003, 1286; Bamberger/Roth/*Becker* § 305 Rdnr. 19; vgl. aber auch BGH (V ZR 220/02) NZM 2003, 292 (293) = NJW 2003, 1313 (1314).

[93] *Kappus* NZM 2010, 529 (536) m. w. N.

[94] BGH (VIII ZR 269/98) BGHZ 143, 103 = NJW 2000, 1110 (1111).

[95] *Graf v. Westphalen* ZIP 2010, 1110 (1112) mit Hinweis auf BGH, NJW 2000, 1110 = ZIP 2000, 314: In den Änderungen gegenüber dem vorformulierten Text manifestiere sich die eigene – autonome – Vertragsgestaltungsfreiheit des Vertragspartners des Verwenders.

[96] BGH (X ZR 114/93) BeckRS 1995, 31 061 319 = WM 1995, 1455 (1456).

[97] BGH (XII ZR 129/90) NJW 1992, 2283 (2285).

mung tatsächlich abgeändert oder ergänzt wird.[98] Unter besonderen Umständen können Vertragsbedingungen auch dann als Ergebnis eines „Aushandelns" gewertet werden, wenn sie **unverändert – d.h. ohne sichtbare Änderung oder Ergänzung – in der vom Verwender vorformulierten Form im Vertrag aufgenommen** werden.[99] Voraussetzung ist, dass die Einbeziehung der unveränderten Klausel sich als das Ergebnis einer freien Entscheidung des Vertragspartners des Verwenders darstellt. Der Verwender muss seine Klausel zur Disposition stellen und der Vertragspartner die Gelegenheit erhalten, alternativ eigene inhaltlich abweichend Textvorschläge mit der effektiven Möglichkeit ihrer Durchsetzung in die Verhandlungen einzubringen.[100] Wird der ursprüngliche Entwurf bei Vorliegen dieser Voraussetzungen nach gründlichem Verhandeln beibehalten, weil der Vertragspartner von ihrer sachlichen Notwendigkeit überzeugt ist, liegt keine AGB-Klausel vor.[101] In diesem Zusammenhang sollen alle Besonderheiten des Einzelfalls wie z.B. intellektuelle Fähigkeiten des Vertragspartners, dessen berufliche Position, ein bestehendes Machtgefälle etc. zu berücksichtigen sein.[102]

64   **Praxistipp:** Es ist daher in der Regel nicht möglich, bei einem ernsthaften Angebot zum Aushandeln des Vertrages bzw. einzelner Klauseln den AGB-Charakter und damit die Anwendung der §§ 305 f. BGB dadurch zu erhalten, dass der Vertragstext widerspruchslos unterzeichnet wird.[103]

---

65 | **Lösung zu Fall 6:**
Leider befindet sich V dreimal im Irrtum:
1. Das Übersenden mehrerer vorformulierter Vertragsentwürfe, zwischen denen der Mieter wählen kann, führt nicht zu einem Aushandeln im Sinne des § 305 BGB (vgl. BGH, Urteil vom 18. 5. 1995 – X ZR 114/93, WM 1995, 1455).
2. Auch die Wahlmöglichkeit zwischen mehreren vorformulierten Varianten führt nicht zu einer Individualvereinbarung (vgl. BGH, Urteil vom 3. 12. 1991 – XI ZR 77/91, NJW 1992, 503).
3. Auch die Auswahl zwischen einer vorformulierten Regelung und der gesetzlichen Regelung soll nicht ausreichen, um zu einer Individualvereinbarung zu gelangen, da dem Verwendungsgegner keine Möglichkeit gegeben wird, auf den Inhalt des Vertrages Einfluss zu nehmen (vgl. *Kappus* NZM 2010, 529, 536, linke Spalte, m. w. N.).

---

[98] BGH (VII ZR 316/81) BGHZ 84, 109 (111) = NJW 1982, 2309.
[99] BGH (IV ZR 197/75) NJW 1977, 624; OLG Rostock (3 U 287/08) NZM 2010, 42 = NJW-RR 2010, 442.
[100] BGH (VIII ZR 67/09) BGHZ 184, 259 = NJW 2010, 1131 (1133) m. w. N.
[101] BGH (IV a ZR 6/86) NJW 1988, 410 (411); BGH (VIII ZR 269/98) BGHZ 143, 103 = NJW 2000, 1110 (1112).
[102] Palandt/*Grüneberg* § 305 BGB Rdnr. 20.
[103] Vgl. auch *Kappus* NZM 2010, 529 (536).

Lösung zu Fall 7:   **66**

§ 305 Abs. 1 Satz 3 hält ausdrücklich fest, dass allgemeine Geschäftsbedingungen nicht vorliegen, soweit Vertragsbedingungen zwischen den Vertragsparteien im Einzelnen ausgehandelt sind. Der Bundesgerichtshof (BGH (XII ZR 5/06) BeckRS 2008, 11746 = GuT 2008, 339) hat entschieden, dass die Streichung einer Teilregelung nicht zwangsläufig dazu führt, dass der bestehen bleibende Rest der Vertragsbestimmung als Individualvereinbarung anzusehen ist. Dies sei bei der hier vorliegenden Betriebspflichtklausel sogar fern liegend. Es handelt sich daher bei der umstrittenen Regelung um AGB.

Im konkreten Fall hat der Bundesgerichtshof auch einen Verstoß gegen das Transparenzgebot[104] angenommen, da der Einfluss des Vermieters auf die Ladenöffnungszeiten der anderen Mieter verschleiert worden ist.

3. Geringere Anforderungen an das Aushandeln im unternehmerischen Verkehr?

In der **Literatur**[105] mehren sich die Stimmen, die im unternehmerischen **67** Verkehr („business-to-business", „b2b") **geringere Anforderungen an das Aushandeln** stellen wollen als bei Verträgen mit Verbrauchern („business-to-consumer", „b2c"). Die strengen Anforderungen des BGH an das „Aushandeln" von Vertragsbedingungen im Sinne von § 305 Abs. 1 S. 3 BGB ließen sich im unternehmerischen Verkehr kaum erfüllen und zwängen den unternehmerischen Verwender dazu, die gesamten Vertragsverhandlungen ausführlich zu protokollieren, um im Streitfall ein „Aushandeln" nachweisen zu können.[106]

Der BGH stelle unter **Missachtung des in § 310 Abs. 1 BGB** enthalte- **68** nen gesetzlichen Gebots zur Differenzierung zwischen der AGB-Verwendung gegenüber Unternehmern und Verbrauchern im unternehmerischen Geschäftsverkehr zu hohe Anforderungen an das Aushandeln mit der Folge, dass viele im kaufmännischen Verkehr übliche Haftungsbegrenzungs- und Freizeichnungsklauseln in der Rechtsprechung als AGB qualifiziert und damit als unwirksam angesehen werden.[107]

Die überaus strenge Rechtsprechung des BGH zum Aushandeln sei durch eine dem Verkehr zwischen Unternehmern angepasste **großzügigere Verständnisweise** auszutauschen,[108] um u.a. den Unternehmern ausreichend Spielräume für privatautonomes Verhalten zu geben, die

---

[104] Vgl. zum Transparenzgebot unten unter I. Teil Rdnr. 372 ff.

[105] Palandt/*Grüneberg* § 305 Rdnr. 22; PWW/*Berger* § 305 Rdnr. 13; *Berger* NJW 2010, 465; *ders.* ZIP 2006, 2149; a.A.: *Graf v. Westphalen* ZIP 2007, 149 u. ZIP 2010, 1110; Jauernig/*Stadler* § 305 Rdnr. 9.

[106] *Berger* ZIP 2006, 2149, 2152 m.w.N.

[107] *Berger* NJW 2010, 465; *ders.* ZIP 2006, 2149 (2152).

[108] *Dauner-Lieb/Axer* ZIP 2010, 309 f.; *Berger* NJW 2010, 465 f.; *Rabe* NJW 1987, 1978 (1979).

angesichts sich schnell ändernder Erfordernisse der globalen Wirtschaft unverzichtbar seien.[109] Gegebenenfalls müsse der Gesetzgeber hier auf die fehlende Umsetzung durch klarstellende Ergänzungen der §§ 305 f. BGB reagieren.[110]

69 Wie gering die **Anforderungen im Einzelnen** nach dieser Auffassung sein dürfen, um ein Aushandeln anzunehmen und damit die Vorschriften über die Inhaltskontrolle „auszuschalten", wird **differenziert gesehen.** Nach **verbreiteter Ansicht** soll für das „Aushandeln" im kaufmännischen Verkehr genügen, dass der Verwender dem anderen Teil angemessene Verhandlungsmöglichkeiten einräume und die Verwendergegenseite von dieser ihm eingeräumten Möglichkeit, auf die inhaltliche Gestaltung der Klausel einzuwirken, in der konkreten Verhandlungssituation Gebrauch machen und seine Rechte mit zumutbarem Aufwand selbst wahrnehmen könne.[111] Bestehe zwischen den Parteien kein Machtgefälle, müsse für § 305 Abs. 1 S. 3 BGB das (bloße) Verhandeln genügen.[112]

70 **Demgegenüber** wird darauf verwiesen, dass der **Begriff des Aushandelns streng ausgelegt** werden müsse. Nur so sei gewährleistet, dass der Verwendergegenseite ein Mindestmaß an Vertragsfreiheit verbleibe.[113] Die bisherige Rechtsprechung sei Ausdruck eines sehr feinsinnig vom Gesetzgeber austarierten Sozialmodells, das nicht verändert werden sollte.[114]

III. Beweislast

71 | **Fall 8:**
V ist die ständigen Schwierigkeiten mit formularvertraglichen Bestimmungen leid. Er fügt daher seinem Vertragsformular eine Regelung bei, nach der der Mieter bestätigt, dass die Klauseln im Einzelnen ausgehandelt sind.
Ändert dies etwas an der Rechtslage?

72 Steht eine Vorformulierung einer Klausel für eine Vielzahl von Fällen fest, hat der Verwender ein Aushandeln darzulegen und zu beweisen.[115] Ein **Indiz** für ein Aushandeln kann nach Ansicht des für Gewerberaum-

---

[109] *Lenkatis/Löwisch* ZIP 2009, 441 (443).

[110] *Berger* NJW 2010, 465 f.

[111] Vgl. Palandt/*Heinrichs* § 305 Rdnr. 22; Lindner-Figura/Oprée/Stellmann/ *Lindner-Figura* Kap. 7 Rdnr. 29.

[112] PWW/*Berger* § 305 Rdnr. 13.

[113] *Graf v. Westphalen* NJW 2009, 2977 (2981); vgl. auch Jauernig/*Stadler* § 305 Rdnr. 9.

[114] *Graf v. Westphalen* NJW 2009, 2977 (2981).

[115] BGH (V ZR 220/02) BGHZ 153, 148 (152); BGH (V ZR 82/81) BGHZ 83, 56 (58); OLG Brandenburg (7 U 16/99) BeckRS 30154088

mietverhältnisse zuständigen **XII.** **Zivilsenats des BGH**[116] darin zu sehen sein, dass im vorformulierten Vertragstext **nachträgliche** (hand- oder maschinenschriftliche) **Änderungen** vorgenommen worden sind. Je deutlicher sich aus dem äußeren Bild der Vertragsurkunde ergibt, dass tatsächliche Verhandlungen bezüglich der einzelnen Klausel(n) stattgefunden haben und zu Änderungen bzw. Ergänzungen des Wortlauts geführt haben, desto leichter wird dieser Beweis von dem Verwender zu führen sein. Wurde die vorformulierte Regelung hingegen in den Vertragsverhandlungen nicht abgeändert, dürfte sich der Nachweis einer Individualvereinbarung als „schwieriges Unterfangen"[117] für die Verwenderseite darstellen.

Praxistipp: Um ein Aushandeln von Vertragsbestimmungen im Streit- **73** fall beweisen zu können, ist eine sorgfältige, schriftliche Dokumentation des Gangs der Vertragsverhandlung und deren Aufbewahrung während der gesamten Vertragslaufzeit und gewisse Zeit darüber hinaus zwingend erforderlich. Auf die Akten der bei Vertragsschluss tätigen Berater wird man häufig nicht zurückgreifen können, da u. a. Rechtsanwälte nur für eine relativ begrenzte Zeit verpflichtet sind, ihre Akten nach Beendigung des Mandats aufzubewahren. Hierauf hat der Berater bereits bei Beginn des Mandats hinzuweisen.

Eine vom Vertragspartner unterschriebene Erklärung, es werde bestä- **74** tigt, dass die Vertragsbedingungen im Einzelnen ausgehandelt worden seien, hat keine Beweiskraft.[118] Gleiches gilt für formularmäßige **Bestätigungsklauseln** mit dem Inhalt, die Vertragsbedingungen seien im Einzelnen ausgehandelt worden. Sie sind wegen Verstoßes gegen § 307 Abs. 1 S. 1 BGB unwirksam, weil sie die Beweislast zu Lasten der Verwendergegenseite ändern.[119] Hierbei wird regelmäßig auch der Rechtsgedanke des § 309 Nr. 12 BGB herangezogen,[120] der auch im unternehmerischen Verkehr gelten soll.[121·122]

Noch **nicht abschließend geklärt** ist die Frage, ob und inwieweit einer **75** Bestätigungsklausel Beweiswirkung zukommt, wenn der Verwender nachweist, sie sei **individuell ausgehandelt** worden.

Teilweise[123] wird vertreten, eine entsprechende Individualvereinba- **76** rung reiche zum Nachweis des Aushandelns der Vertragsbedingungen aus.

---

[116] BGH (XII ZR 129/90) NJW 1992, 2283 (2285); vgl. auch BeckOK Bamberger/ Roth/*Becker* § 305 Rdnr. 37.
[117] *Miethaner* NJW 2010, 3121 (3127).
[118] BGH (IV ZR 197/75) NJW 1977, 624 (625).
[119] BGH (IV a ZR 173/85) NJW 1987, 1634 (1635).
[120] *Ulmer/Habersack* in Ulmer/Brandner/Hensen § 305 Rdnr. 49.
[121] BGH (VIII ZR 16/05) NJW 2006, 47 (49) m. w. N.
[122] Vgl. zur sog. Indizwirkung der §§ 308, 309 BGB unten unter I. Teil Rdnr. 248 ff.
[123] So wohl *Ulmer/Habersack* in Ulmer/Brandner/Hensen § 305 Rdnr. 65: „..., so kann der Verwender sich hierauf zum Beweis des Aushandelns berufen."

77   Nach **anderer Auffassung**[124] lässt sich der Nachweis des Aushandelns
und damit des Vorliegens eines individualvertraglichen Vertrages nicht
„allein" auf eine solche individuelle Bestätigung stützen. Sie könne jedoch im Einzelfall ein im Rahmen der Beweiswürdigung zu berücksich-
tigendes Indiz dafür sein, dass auch andere oder die gesamten Klauseln
ausgehandelt worden sind.[125]

---

78 | **Lösung zu Fall 8:**
Der Bundesgerichtshof hatte sich schon im Jahre 1977 (BGH (IV ZR
197/75 NJW) 1977, 624) mit dieser Frage zu beschäftigen. Er hat ausdrücklich festgestellt, dass eine solche Klausel im Ergebnis unbeachtlich ist.

E. Vorrang von Individualabreden (§ 305 b BGB)

I. Funktionelles Rangverhältnis zwischen Individualabrede und AGB

79   Auch wenn die meisten **Geschäftsraummietverträge** zu einem nicht unerheblichen Teil aus vorformulierten Klauselwerken bestehen, erschöpft
sich ihr **Inhalt selten allein in AGB.** Entweder sind die entsprechenden
Verträge – zumindest in Teilen – von vornherein auf Vervollständigung/
Ergänzung durch (einzelne) Individualvereinbarungen angelegt oder die
Verwendergegenseite kann bei Vertragsabschluss die Änderung verein-
zelter ihr unliebsamer AGB-Regelungen (individualvertraglich) „durchsetzen" oder die Parteien treffen im laufenden Mietverhältnis von den
einbezogenen AGB **abweichende (mündliche oder schriftliche) Individualvereinbarungen.**

80   Eine (lückenlose) Anpassung der Individualvereinbarungen an die
vorformulierten Klauseln dürfte dabei nicht immer erfolgen, insbesondere wenn die Parteien bei der Vertragsgestaltung nicht anwaltlich vertreten sind oder aber bei späteren Vereinbarungen nicht an die AGB-Klausel
denken. In der Folge können sich die **vorformulierten und individualvertraglichen Regelungen widersprechen.**

81   Diesen **Regelungskonflikt löst § 305 b BGB.**[126] Nach der Vorschrift,
die auch im unternehmerischen Verkehr gilt,[127] haben individuelle Vertragsabreden wegen ihres Einzelfallbezuges Vorrang vor Allgemeinen
Geschäftsbedingungen. Lassen sich zwischen den Parteien Individualab-

---

[124] Soergel/*Stein* § 1 AGBG Rdnr. 30.
[125] Baumgärtel/*Schmidt-Eichhorn* § 305 Rdnr. 11.
[126] Die Vorschrift stimmt wörtlich mit § 4 AGBG überein.
[127] BGH (II ZR 15/89) NJW-RR 1990, 613 (614) = WM 1990, 679; *Ulmer/Schäfer* in
Ulmer/Brandner/Hensen § 305 b Rdnr. 50.

reden feststellen, die ihrerseits wirksam sind[128] (!), gebührt ihnen gemäß § 305b BGB der Vorrang gegenüber AGB. Dies gilt auch für Individualvereinbarungen, die sich **zu Gunsten des Verwenders** auswirken.[129] AGB-Klauseln, die den Vorrang von Individualvereinbarungen ausschließen, sind gemäß § 307 BGB unwirksam.[130] Daher sind sog. Schriftformklauseln in AGB, nach denen Änderungen der AGB nur gelten, wenn sie schriftlich erfolgen, unbeachtlich.[131]

II. Abgrenzung zu § 305 Abs. 1 S. 3 BGB

Während sich § 305 Abs. 1, S. 3 BGB auf Regelungen bezieht, die u. U. **82** äußerlich den Tatbestand einer AGB-Klausel erfüllen, jedoch wegen des individuell ausgehandelten Inhalts ihre AGB-Eigenschaft verloren haben, erfasst die Vorschrift des § 305b BGB (schriftliche oder mündliche) Individualabreden, die von den vereinbarten AGB-Klauseln abweichen oder diesen widersprechen.

III. Voraussetzungen des Vorrangs

Fall 9: **83**
Im Formularvertrag des V ist eine Kleinreparaturklausel vorgesehen. Der Mietinteressent M erklärt bei den Vertragsverhandlungen, er sei nicht bereit, über die Schönheitsreparaturen hinaus Arbeiten zu übernehmen. Nach langen Diskussionen einigt man sich darauf, dass die Kleinreparaturklausel keine Anwendung findet und der Mieter jährlich einen Aufschlag von 8% zur Kaltmiete im Rahmen des 10-Jahres-Mietvertrages zahlt. Man vergisst, diese Änderungen in den Vertrag einzufügen.

Nach einem Jahr verkauft V das Objekt an Erwerber E. Dieser kündigt das Mietverhältnis, das nominell noch eine Laufzeit von 9 Jahren aufweist mit den gesetzlichen Fristen. Er ist der Auffassung, in der Abänderung der Regelungen zu der Instandhaltung und Instandsetzung liege eine wesentliche Vertragsänderung, die der Schriftform bedurft hätte. Da diese nicht gewahrt ist, sei der Vertrag jederzeit mit den gesetzlichen Fristen kündbar (§§ 578, 550, 126 BGB). M beruft sich darauf, dass ausnahmsweise der Vorrang der Individualabrede nicht gegeben sei, da dieser zu unzumutbaren Ergebnissen führen würde.

Wird M sich hiermit durchsetzen?

---

[128] So zu Recht: *Ulmer/Schäfer* in Ulmer/Brandner/Hensen § 305b Rdnr. 11 u. 26 m. w. N.
[129] BGH (III ZR 55/94) NJW 1995, 1494 (1496); BGH (III ZR 76/94) NJW-RR 1995, 179 (180); BGH (II ZR 15/89) NJW-RR 1990, 613 (614) = WM 1990, 679.
[130] Wolf/Lindacher/Pfeiffer/*Wolf* § 307 Rdnr. 47.
[131] Vgl. ausführlich zu Schriftformklauseln unten unter I. Teil Rdnr. 90 ff.

1. Vorliegen einer Individualabrede

84   Der **BGH** hat sich zu der Frage, ob für die Annahme einer Individualvereinbarung im Sinne des § 305b BGB ähnlich strenge Anforderungen wie bei der Annahme eines „Aushandelns" im Sinne des § 305 Abs. 1 S. 3 BGB zu stellen sind – soweit ersichtlich – noch nicht ausdrücklich geäußert.

85   In der **Literatur** wird teilweise[132] vertreten, im Rahmen des § 305b BGB gelte der gleiche Maßstab wie in § 305 Abs. 1 S. 3 BGB, d. h. es wird auch für die Annahme einer Individualvereinbarung im Sinne des § 305b BGB gefordert, dass die Regelung im Sinne des § 305 Abs. 1 S. 3 BGB zwischen den Parteien im Einzelnen ausgehandelt – und nicht bloß verhandelt – worden ist. Nach anderer Auffassung[133] soll 305b BGB aufgrund seines Schutzzwecks, Vereinbarungen mit Einzelfallbezug einen stärkeren Geltungsanspruch als abstrakt-generellen AGB zukommen zu lassen, aber auch Abreden erfassen, die nicht den strengen Erfordernissen des „Aushandelns" entsprechen, sondern (lediglich) „verhandelt" worden sind. Schließlich soll nach einer weiteren Ansicht[134] individuell vereinbart im Sinne des § 305b BGB jede Regelung sein, die nicht vorformuliert im Sinne des § 305 Abs. 1 S. 1 BGB ist.

86   Ausgehend von den Begriffen AGB/Individualvereinbarung, die sich gegenseitig ausschließen, kann man sinnvoll nur negativ abgrenzen: **Von einer Individualabrede im Sinne des § 305b BGB ist auszugehen, wenn keine AGB vorliegen, d. h. die einschlägige Regelung eines der Tatbestandsmerkmale des § 305 Abs. 1 BGB nicht erfüllt.** Ein Aufweichen der Tatbestandsmerkmale des AGB-Begriffes („Aushandeln" = „Verhandeln") ist nicht angezeigt.

87   **Individualabreden im Sinne des § 305b BGB** können **schriftlich** (z. B. in Gestalt von (hand-)schriftlichen Einfügungen in den gedruckten Vertragstext[135]) oder **mündlich,**[136] ausdrücklich oder **konkludent,**[137] **vor, bei oder nach**[138] **Vertragsschluss** getroffen werden. Ob die Parteien eine Abänderung der AGB bei der Vereinbarung beabsichtigt haben oder sich der Kollision mit den AGB überhaupt bewusst waren, ist unerheblich.[139]

---

[132] *Stoffels* Rdnr. 347; *Ulmer/Schmidt* in Ulmer/Brandner/Hensen § 305b Rdnr. 10.

[133] PWW/*Berger* § 305b Rdnr. 2; Palandt/*Grüneberg* § 305b Rdnr. 2; Staudinger/*Schlosser* § 305b Rn. 12; wohl auch BeckOK Bamberger/Roth/*Schmidt* § 305b Rdnr. 9.

[134] Wolf/Lindacher/Pfeiffer/*Lindacher* § 305b Rdnr. 6.

[135] BGH (III ZR 178/85) NJW 1987, 2076 = ZIP 1987, 697 f.

[136] BGH (III ZR 76/94) NJW-RR 1995, 179 (180).

[137] BGH (IV a ZR 31/82) NJW 1983, 2638; BGH (III ZR 234/84) NJW 1986, 1807; BAG (5 AZR 504/06) NZA 2007, 801.

[138] BGH (XII ZR 312/02) BGHZ 164, 133 = NZM 2006, 59 (60) = NJW 2006, 138.

[139] BGH (XII ZR 312/02) BGHZ 164, 133 = NZM 2006, 59 (60) = NJW 2006, 138; BAG (5 AZR 504/06) NZA 2007, 801.

2. Regelungswiderspruch

Der Vorrang der Individualabrede greift ein, wenn ein Regelungswi- **88** derspruch zu einer wirksam einbezogenen AGB-Klausel vorliegt. Hierzu ist nicht erforderlich, dass die betreffende AGB-Klausel in logisch unauflösbarem Gegensatz zur Individualabrede steht. Vielmehr genügt es, dass eine AGB-Klausel den Sinn und Zweck der Individualabrede beeinträchtigt oder aushöhlt bzw. der Individualvereinbarung ganz oder auch nur teilweise ihren wirtschaftlichen Sinn nimmt. Für die Annahme eines Regelungswiderspruchs maßgeblich sind daher **nicht formale Textabweichungen, sondern inhaltliche Sinnwidersprüche.**[140] Dies ist nach dem durch Auslegung zu ermittelnden Sinn der beiden Vertragsbestandteile festzustellen.[141] Für das Eingreifen des Vorrangsprinzips ist es ohne Belang, ob der Widerspruch zwischen AGB-Regelung und Individualabrede bereits bei Vertragsschluss bestand oder sich auf Grund späterer Individualabreden ergibt.[142]

Lösung zu Fall 9: **89**
Folgt man der Rechtsprechung des BGH (vgl. BGH (XII ZR 312/02) NZM 2006, 59 = NJW 2006, 138) gilt der Vorrang der Individualabrede auch dann, wenn er zu einem Schriftformverstoß führt. Die Berufung auf Schriftformmängel ist in aller Regel nicht treuwidrig (St. Rspr.: BGH (XII ZR 89/06) NZM 2008, 484 = NJW 2008, 2181). Der Mietvertrag ist damit mit den gesetzlichen Fristen kündbar.

IV. Schriftformklauseln

1. Sog. einfache Schriftformklauseln

In der Praxis nicht selten sind Klauseln, die darauf abzielen, mündlich **90** vereinbarten Vertragsänderungen die Wirksamkeit abzusprechen. Man spricht von sogenannten einfachen Schriftformklauseln. Sie lauten etwa wie folgt:

„Nachträgliche Änderungen oder Ergänzungen dieses Vertrages gelten nur bei **91** *schriftlicher Vereinbarung."*[143]

oder

„Mündliche Abreden bedürfen zu ihrer Wirksamkeit der Schriftform." **92**

Nach der Rechtsprechung des **BGH**[144] und der allgemeinen Auf- **93** fassung in der Literatur[145] sind (einfache) Schriftformklauseln jedenfalls

---

[140] *Stoffels* Rdnr. 348.
[141] *Erman/Roloff* § 305b Rdnr. 6; MünchKommBGB/*Basedow* § 305b Rdnr. 6; Wolf/Lindacher/Pfeiffer/*Lindacher* § 305b Rdnr. 9.
[142] *Ulmer/Schäfer* in Ulmer/Brandner/Hensen § 305b Rdnr. 13.
[143] BGH (XII ZR 312/02) BGHZ 164, 133 = NZM 2006, 59 = NJW 2006, 138.
[144] BGH (VIII ZR 155/99) NJW 2001, 292; BGH (VIII 93/94) NJW 1995, 1488 (1489).
[145] Hannemann/*Wiegner* § 10 Formularverträge und AGB-Recht, Rdnr. 384; Palandt/*Grüneberg* § 305b Rdnr. 5 m.w.N.

dann wegen Verstoßes gegen § 305 b BGB **unwirksam**, wenn sie (wie im Regelfall) **konstitutiven Charakter** haben, d. h. für nachträgliche Vertragsänderungen/Nebenabreden zwingend eine schriftliche Vereinbarung voraussetzen. Denn derartige Klauseln führen zur Aufhebung des Vorrangs mündlicher Individualvereinbarungen gemäß § 305 b BGB und erwecken bei der Verwendergegenseite den Eindruck, mündliche Abreden seien entgegen allgemeinen Grundsätzen nicht möglich oder nicht wirksam. **Unbedenklich** sind hingegen bloße **(Soll-)Regelungen**, nach denen gültige mündliche Abmachungen (aus Beweisgründen bzw. zwecks Einhaltung der Schriftform nach § 550 BGB) schriftlich niederzulegen sind.[146] Die Gültigkeit mündlicher Abreden muss in der Klausel jedoch deutlich zum Ausdruck kommen.[147]

94 Zu Recht nimmt der **XII. Zivilsenats des BGH**[148] an, dass die Frage der Wirksamkeit von formularvertraglich vereinbarten (einfachen) Schriftformklauseln letztlich offen bleiben könne. Nachträgliche mündliche Individualvereinbarungen haben auch vor Schriftformklauseln Vorrang, setzen diese mithin außer Kraft.[149] Denn als „actus contrarius" zur formfreien Begründung des Formzwangs ist die **Aufhebung der Formabrede gleichfalls formfrei.**

95 Die Abbedingung der Schriftformklausel kann auch **stillschweigend** erfolgen, selbst wenn die Parteien bei ihrer mündlichen Abrede nicht an die Schriftform gedacht haben.[150] Erforderlich, aber auch ausreichend ist, dass die Parteien die Maßgeblichkeit der mündlichen (Individual-)Vereinbarung übereinstimmend gewollt haben.[151] Dies gilt nach Ansicht des Senats selbst dann, wenn es durch die mündliche Abrede im Rahmen eines vermeintlich langfristigen Mietvertrags zu einem **Schriftformverstoß** mit den Folgen der §§ 578, 550, 126 BGB kommt.[152]

96 Von (einfachen) Schriftformklauseln abzugrenzen sind sogenannte **Vollständigkeitsklauseln**, in denen es etwa heisst: „Mündliche Nebenabreden bestehen nicht." Derartige Klauseln hält der **BGH**[153] auch bei Dauerschuldverhältnissen für **unbedenklich**. Denn sie geben lediglich die ohnehin eingreifende Vermutung der Vollständigkeit der Vertragsurkunde[154] (§ 416 ZPO) wieder und lassen der Verwendergegenseite den

---

[146] Schmidt-Futterer/*Lammel* § 550 Rdnr. 75.
[147] *Schmidt* in Ulmer/Brandner/Hensen, Teil 3, (9), Schriftformklauseln, Rdnr. 1.
[148] BGH (XII ZR 224/03) BGHZ 164, 133 = NZM 2006, 59 = NJW 2006, 138.
[149] Vgl. auch BGH (III ZR 76/94) NJW-RR 1995, 179 (180).
[150] BGH (XII ZR 351/99) NJOZ 2002, 833 (834); KG (8 U 106/04) NZM 2005, 908; Erman/*Palm* § 125 Rdnr. 9; Wolf/Lindacher/Pfeiffer/*Dammann*, Klauseln, S 100; aA: BeckOK, Bamberger/Roth/*Wendtland* § 125 Rdnr. 14 und MünchKommBGB/ *Einsele* § 125 Rdnr. 70 jeweils m. w. N.
[151] BGH (XII ZR 351/99) NJOZ 2002, 833 (834); BGH (VIII ZR 223/73) BGHZ 65, 49 = NJW 1975, 1653 (1654); BGH (VIII ZR 97/74) BGHZ 66, 378 (380, 381) = NJW 1976, 1395 (1396).
[152] BGH (XII ZR 224/03) BGHZ 164, 133 = NZM 2006, 59 = NJW 2006, 138.
[153] BGH (III ZR 203/98) NJW 2000, 207 m. w. N.
[154] Vgl. dazu: Zöller/*Geimer* § 416 Rdnr. 10; Prütting/Gehrlein/*Preuß* § 416 Rdnr. 19 jeweils m. w. N.

Gegenbeweis offen. Dies entspricht auch der allgemeinen Auffassung in der (mietrechtlichen) Literatur.[155]

2. Sog. „qualifizierte" oder „doppelte" Schriftformklauseln

Als „qualifizierte" oder „doppelte" Schriftformklausel werden solche **97** Schriftformklauseln bezeichnet, die über die einfache Schriftform hinaus vorsehen, dass auch das Schriftformerfordernis seinerseits nur schriftlich abbedungen werden kann.[156] Sie lauten etwa:

„Jede Änderung oder Ergänzung dieses Vertrages oder eine Vereinbarung über **98** *dessen Aufhebung bedarf, um Gültigkeit zu erlangen, der Schriftform. Auf das Formerfordernis kann nur durch eine schriftliche Erklärung verzichtet werden."*[157]

Höchstrichterlich geklärt ist, dass qualifizierte Schriftformklauseln je- **99** denfalls dann **wirksam** sind, wenn sie **individualvertraglich zwischen Kaufleuten** vereinbart werden.[158] Liegt eine individualvertraglich vereinbarte qualifizierte Schriftformklausel zwischen Kaufleuten vor, kann die Schriftformklausel nur durch schriftliche Vereinbarung abbedungen werden.

Liegt eine solche individualvertraglich vereinbarte qualifizierte Schrift- **100** formvereinbarung vor und entsteht zwischen den Parteien Streit über die Wirksamkeit einer späteren mündlichen Individualabrede, so ist die Berufung der durch die Vereinbarung benachteiligten Partei auf die Formbedürftigkeit nachträglicher Änderungs- und Ergänzungsvereinbarungen nur dann wegen Verstoßes gegen Treu und Glauben (§ 242 BGB) rechtsmissbräuchlich, wenn die **Einhaltung der Schriftform bewusst vereitelt** worden ist.[159]

Noch nicht abschließend geklärt ist die Behandlung von **formularver-** **101** **traglich vereinbarten doppelten Schriftformklauseln.** In der Rechtsprechung[160] und Literatur[161] werden sie **teilweise** wegen Verstoßes gegen § 305b BGB und § 307 BGB für **unwirksam gehalten.**

---

[155] *Hannemann/Wiegner* § 10 Formularmietverträge und AGB-Recht, Rdnr. 387; *v. Westphalen,* Schriftformklauseln, Rdnr. 46; *Schmidt* in Ulmer/Brandner/Hensen, Teil 3, (9), Schriftformklauseln, Rdnr. 15; MünchKommBGB/*Basedow* § 305b Rdnr. 13.

[156] In der Literatur wird teilweise (*Streyl* NZM 2009, 261; *Kreikenbohm/ Niederstetter* NZM 2009, 406) von „qualifizierten Schriftformklauseln" gesprochen, obwohl sogenannte „Schriftformsanierungsklauseln" gemeint sind.

[157] Vgl. BGH (VIII ZR 97/74) BGHZ 66, 378 (380, 381) = NJW 1976, 1395 (1396).

[158] BGH (I ZR 43/07) MMR 2010, 336; BGH (VIII ZR 97/74) BGHZ 66, 378 (380, 381) = NJW 1976, 1395 (1396).

[159] BGH (I ZR 43/07) MMR 2010, 336.

[160] OLG Rostock (3 U 16/09) NZM 2009, 705 = NJW 2009, 3376; BAG (9 AZR 382/07) NZM 2009, 373 = NJW 2009, 316 = NZA 2008, 1233.

[161] *H. Schmidt* in Ulmer/Brandner/Hensen, Teil 3, (9), Schriftformklauseln, Rdnr. 11; *Hannemann/Wiegner* § 10, Formularmietverträge und AGB-Recht, Rdnr. 384 und § 48 Formularmietverträge und Mietrecht, Rdnr. 238.

102   Soweit sie als wirksam erachtet werden[162] oder die Frage der Wirksamkeit offen gelassen wird,[163] ist **umstritten**, ob sie – ebenso wie einfache Schriftformklauseln – **durch eine nachträgliche** *mündliche* **Individualvereinbarung abbedungen** werden können[164] oder ob es insoweit entsprechend der Rechtsprechung des BGH zu individualvertraglich vereinbarten doppelten Schriftformklauseln unter Kaufleuten einer *schriftlichen* Vereinbarung bedarf.[165]

103   *(nicht besetzt)*

V. Späterer Wegfall der Individualvereinbarung

104   **Umstritten**[166] und bei einem späteren Wegfall der Individualvereinbarung von Bedeutung ist, ob eine der Individualabrede widersprechende AGB-Klausel unwirksam ist[167] oder weiterhin zwar Vertragsbestandteil bleibt, aber aufgrund des Vorrangprinzips gegenüber der widersprechenden Individualabrede zurücktritt.[168] Gegebenenfalls ist im Wege der Auslegung zu ermitteln, ob die Parteien mit der Individualabrede die Geltung der AGB-Klausel in jedem Fall ausschließen wollten.[169]

105   Zum **Schutz der Verwendergegenseite**, die sich auf Grund der Individualabrede zunächst auf die Nichtanwendung der entgegenstehenden AGB-Klausel verlassen kann, spricht manches dafür, von der **Unwirksamkeit entsprechender Klauseln** auszugehen.

VI. Beweislast

106   Die Beweislast für das Bestehen einer ihr günstigen, von den AGB abweichenden Individualabrede trägt **diejenige Partei, die sich auf sie beruft**.[170]

---

[162] Wolf/Lindacher/Pfeiffer/*Dammann*, Klauseln, S. 101: Danach ist eine doppelte Schriftformklausel dann nicht unwirksam, wenn sie nur für spätere mündliche Abreden Geltung verlangt.

[163] OLG Düsseldorf (10 U 1/06) BeckRS 2006, 07261.

[164] So das OLG Düsseldorf (10 U 1/06) BeckRS 2006, 07261; PWW/*Ahrens* § 125 Rdnr. 24; Blank/Börstinghaus/*Blank* § 550 Rdnr. 87 mit der Einschränkung, dass sich die Parteien über eine Änderung der Schriftformklausel einig sind, d. h. an diese gedacht haben.

[165] KG (8 U 106/04) NZM 2005, 908; KG (20 U 421/99) BeckRS 2000, 30451757; BAG NJW 2003, 3725 (3727).

[166] Der Meinungsstreit wird relevant, wenn sich die Vertragsparteien später darüber einigen, dass die Individualabrede wegfällt und hinsichtlich der Geltung der bisher durch die Individualabrede überlagerten allgemeinen Geschäftsbedingungen keine Regelung treffen.

[167] So Palandt/*Heinrichs* § 305b Rdnr. 3f.; wohl auch BGH (I ZR 40/04) NJW 2007, 2036 (2037) und BGH (II ZR 15/89) NJW-RR 1990, 613f.

[168] So Erman/*Roloff* § 305b Rdnr. 14; BeckOK Bamberger/Roth/*Becker* § 305b Rdnr. 1 u. § 306 Rdnr. 1; *Ulmer/Schäfer* in Ulmer/Brandner/Hensen § 305b Rdnr. 46.

[169] Ähnlich: Wolf/Lindacher/Pfeiffer/*Lindacher* § 305b Rdnr. 31.

[170] BGH (IX ZR 102/93) NJW 1994, 1656 (1657); BGH (III ZR 84/86) NJW 1987, 2011.

Verhältnismäßig einfach dürfte der Beweis zu führen sein, wenn die **107** Parteien bei Vertragsschluss in den Vertragstext **handschriftliche oder maschinenschriftliche Einfügungen** vorgenommen haben, die im Widerspruch zu einer oder mehreren AGB-Klauseln stehen. Schwierig ist die Beweisführung, wenn eine Vertragspartei sich auf eine vom Klauseltext abweichende mündliche Vereinbarung beruft. Denn schriftliche Verträge haben grundsätzlich die Vermutung für sich, dass ihr Inhalt das Vereinbarte zutreffend und vollständig wiedergibt. Wer etwas Abweichendes geltend macht, ist dafür beweispflichtig, muss also nachweisen, dass die Vertragsurkunde unrichtig ist und die mündliche Vereinbarung Gültigkeit hat.[171]

Praxistipp: Die schriftliche Niederlegung von Abweichungen zu den **108** allgemeinen Geschäftsbedingungen/Formularvertragsklauseln wird sich in aller Regel schon aus der Notwendigkeit zur Wahrung der Schriftform bei langfristigen Mietverträgen ergeben. Denn bei rechtlich bzw. wirtschaftlich bedeutenderen vertraglichen Regelungen stellt sich automatisch bei mündlicher Vereinbarung die Frage, ob die Schriftform der §§ 578, 550, 126 BGB eingehalten wurde und damit die gewünschte langfristige Bindung der Vertragsparteien an den Mietvertrag zustande gekommen ist.[172]

F. Einbeziehung in den Geschäftsraummietvertrag

I. Voraussetzungen

Allgemeine Geschäftsbedingungen gelten nur dann, wenn sie wirksa- **109** mer Bestandteil des (Geschäftsraummiet-)Vertrages geworden sind. § 305 Abs. 2 BGB fordert hierfür grundsätzlich, dass der Verwender die andere Vertragspartei bei Vertragsschluss auf die AGB hinweist (Nr. 1), ihr die Möglichkeit der Kenntnisnahme in zumutbarer Weise verschafft (Nr. 2) und der Vertragspartner mit der Geltung der AGB einverstanden ist (Nr. 3). Für die Einbeziehung von AGB in **Verträgen mit einem Unternehmer** im Sinne des § 14 BGB, mithin regelmäßig beim Abschluss von Gewerberaummietverträgen, findet **§ 305 Abs. 2 BGB keine Anwendung** (§ 310 Abs. 1 S. 1 BGB).

Es gelten vielmehr die allgemeinen rechtsgeschäftlichen Grundsätze. **110** Die Parteien müssen sich bei Abschluss des Mietvertrages **ausdrücklich oder stillschweigend auch über die Einbeziehung der AGB geeinigt haben.**[173] Dies ist – soweit erforderlich – durch Auslegung (§§ 133, 157

[171] Vgl. BGH (V ZR 143/01) NJW 2002, 3164; MünchKommZPO/*Schreiber* § 416 Rdnr. 10; Zöller/*Geimer* § 416 Rdnr. 10 m.w.N.
[172] Vgl. zur Schriftform allgemein *Lindner-Figura* NZM 2007, 705.
[173] BGH (VIII ZR 84/91) BGHZ 117, 190 (194) = NJW 1992, 1232 m.w.N.; BGH (VIII ZR 327/83) NJW 1985, 1838 f.

BGB) des Vertrages festzustellen.[174] Für die Annahme einer stillschweigenden Einbeziehung reicht es in der Regel aus, wenn der Verwender im Zusammenhang mit dem Vertragsschluss auf die allgemeinen Geschäftsbedingungen hinweist und der Vertragspartner ihrer Geltung nicht widerspricht.[175] Dies gilt auch für Teile des Mietvertrages wie zum Beispiel eine Hausordnung.

111 Der Verwender muss **dem Vertragspartner ermöglichen, vom Inhalt der AGB in zumutbarer Weise Kenntnis zu nehmen.**[176] Hierzu ist nach der Rechtsprechung des **BGH**[177] weder notwendig, dass der Verwender die Vertragsbedingungen der Gegenseite (z. B. als Anlage zu seinem Vertragsangebot) aushändigt, noch dass die AGB dem Vertragspartner bei Vertragsschluss in ihren Einzelheiten bekannt waren. Es sei allein Sache des Vertragspartners, sich vor der vertraglichen Bindung Kenntnis von den AGB zu verschaffen. Wenn er auf die ihm mit zumutbaren Mitteln mögliche Kenntnisnahme von der Ausgestaltung der einzelnen Vertragsbedingungen verzichtet, müsse er diese – abgesehen von den sogenannten überraschenden Klauseln (s. u.) – gegen sich gelten lassen.[178]

112 Auf den Geschäftsraummietvertrag bezogen, bedeutet dies, dass es für die Einbeziehung von außerhalb des Mietvertrages befindliche Klauselwerke (z. B. die BetrKV) **nach bisheriger Rechtsprechung genügt, wenn der Verwender im Mietvertrag eindeutig auf diese Bezug nimmt und darauf hinweist**, dass diese auf Verlangen zugesandt werden.[179]

113 Ob die bloße Inbezugnahme von Regelwerken wie zum Beispiel der Betriebskostenverordnung den §§ 305 ff. BGB, insbesondere dem Transparenzgebot des § 307 Abs. 1 S. 2 BGB[180] genügt, wird im Ergebnis der **EUGH** zu entscheiden haben, da die Anforderungen an das so genannte Transparenzgebot (vgl. § 307 Abs. 1 Satz 2 BGB) aus einer EU-Richtlinie stammen.

114 **Praxistipp:** Es empfiehlt sich in jedem Fall, die allgemeinen Geschäftsbedingungen vollumfänglich dem Vertrag beizufügen, da nur so sicher die Schriftform langfristiger Mietverträge (§§ 578, 550, 126 BGB) und damit eine wirksamen langfristige Bindung zweifelsfrei erreicht werden kann.

115 Handelt es sich um einen **Formularvertrag**, in dem die AGB bereits enthalten sind, bedarf es weder eines besonderen Hinweises auf

---

[174] Palandt/*Heinrichs* § 305 Rdnr. 49.

[175] BGH (I ZR 104/00) NJW-RR 2003, 754 (755); BGH (VIII ZR 84/91) BGHZ 117, 190 (194) = NJW 1992, 1232; OLG Dresden (8 U 2863/97) NZM 1998, 446 = NJW-RR 1999, 846.

[176] Palandt/*Heinrichs* § 305 Rdnr. 53.

[177] BGH (VII ZR 374/86) BGHZ 102, 293 (304) = NJW 1988, 1210; BGH (VIII ZR 267/75) NJW 1976, 1886 f.; BGH (VIII ZR 316/80) NJW 1982, 1749 f.

[178] BGH (VIII ZR 267/75) NJW 1976, 1886 f.

[179] Vgl. OLG Düsseldorf (18 U 26/94) VersR 1996, 1394 zur Vereinbarung der AGB eines Paketdienstes.

[180] Vgl. zum Transparenzgebot unten unter I. Teil Rdnr. 372 ff.

die Geltung bzw. Einbeziehung der Formularbedingungen noch einer besonderen Einverständniserklärung des Vertragspartners, weil dessen **Unterschrift unter dem gesamten Vertrag** dessen vollen Inhalt deckt.[181]

> **Praxistipp:** Bei der Gestaltung von Vertragsformularen ist darauf zu **116** achten, dass die Unterschriftsfelder den Vertragstext abschließen und sich keinerlei Text/Regelungen unterhalb der Unterschriften befinden. Denn unter den Unterschriften stehender Text wird von den Unterschriften nicht abgedeckt und es droht erneut zumindest ein Schriftformverstoß.

Der bloße **Hinweis durch den Verwender** auf die Geltung seiner AGB **117** im Zusammenhang mit einem bestimmten Vertragsabschluss hat grundsätzlich **nur Bedeutung für das konkrete Rechtsgeschäft.** Schließen die Parteien in zeitlicher Nähe zu diesem Vertrag einen weiteren, in dem auf die AGB nicht Bezug genommen wird, so lässt sich allein aus der zeitlichen Nähe zu dem Vertrag, der auf Grundlage dieser Bedingungen zustande gekommen ist, nicht ohne weiteres ein zweifelsfrei erkennbarer Wille des Verwenders herleiten, seine AGB in den nachfolgenden Vertrag einzubeziehen. Die AGB, die dem früheren Vertrag zugrunde gelegt waren, werden ohne erneute Bezugnahme nur dann Bestandteil des nachfolgenden Vertrages, wenn der Verwender unmissverständlich zu erkennen gegeben hat, dass er Verträge nur unter Geltung seiner AGB abschließe.[182]

II. Lesbarkeit

Zwar findet § 305 Abs. 2 BGB bei Verwendung von AGB gegenüber ei- **118** nem Unternehmer keine Anwendung (§ 310 Abs. 1 BGB). Jedoch ist in der Rechtsprechung[183] anerkannt, dass AGB auch im kaufmännischen Verkehr hinreichend lesbar sein müssen. Drucktechnisch nur **mühsam lesbare AGB** werden auch zwischen Unternehmern mangels Einbeziehung nicht Vertragsbestandteil.[184]

Bei der Frage der Einbeziehung handelt es sich – anders als bei der **119** Inhaltskontrolle nach § 307 BGB (s.u.) – nicht um die inhaltliche Würdigung der einzelnen Klausel, sondern um die **formal-sprachliche Transparenz der AGB** insgesamt.[185] Die AGB müssen optisch so klar angeordnet und lesbar sein, dass sie für den unternehmerischen Durchschnittskunden verständlich sind.

---

[181] BGH (VIII ZR 84/87) BGHZ 104, 232 = NJW 1988, 2465 (2466); BGH (IX ZR 168/93) NJW 1995, 190 = DNotZ 1995, 298.

[182] BGH (VIII ZR 84/91) BGHZ 117, 190 (194) = NJW 1992, 1232.

[183] OLG Hamm (26 U 243/86) NJW-RR 1988, 944.

[184] BGH (II ZR 201/85) NJW-RR 1986, 1311; BGH (II ZR 135/82) NJW 1983, 2772 f.

[185] MünchKommBGB/*Basedow* § 305 Rdnr. 69.

III. Beweislast

120 Ist zwischen den Parteien streitig, ob die AGB wirksam in den Mietvertrag einbezogen sind, so trägt diesbezüglich derjenige die Beweislast, **der sich auf die Geltung der AGB beruft**[186] bzw. Rechte aus ihnen herleiten will, im Regelfall der Verwender.

IV. Einbeziehung mehrerer Klauselwerke

121 Große Sorgfalt ist erforderlich, wenn mehrere Klauselwerke in ein und denselben Vertrag einbezogen werden sollen. Denn führt die Verwendung dazu, dass im Einzelfall unklar ist, welche der in den Klauselwerken enthaltenen konkurrierenden Regelungen gelten soll, **kommt keine der Bestimmungen zur Anwendung** mit der Folge, dass das dispositive Gesetzesrecht gilt.[187]

Zumindest **im Einzelfall** kann auch eine **Anwendung der Unklarheitenregel** des § 305c Abs. 2 BGB[188] in Betracht kommen, etwa wenn eine der konkurrierenden Regelungen für den Vertragspartner des Verwenders günstiger als das dispositive Recht ist.

V. Ausgenommen: Überraschende Klauseln im Sinne des § 305c Abs. 1 BGB

1. Allgemeines

122 Gemäß § 305c Abs. 1 BGB[189] werden Bestimmungen in AGB, die nach den Umständen, insbesondere nach dem äußeren Erscheinungsbild des Vertrags, so ungewöhnlich sind, dass der Vertragspartner des Verwenders mit ihnen nicht zu rechnen braucht, von der Einbeziehung ausgeschlossen und damit nicht Vertragsbestandteil. Die als **negative Einbeziehungsvoraussetzung** („werden nicht Vertragsbestandteil") ausgestalte Regelung gilt – wie sich im Umkehrschluss aus § 310 Abs. 1 BGB ergibt – **auch im unternehmerischen Verkehr.**[190] Einbeziehungshindernis ist dabei nicht die _Unbilligkeit_ der Klausel, sondern ihre _Ungewöhnlichkeit._

123 Der **Zweck der Regelung** geht dahin, den Verwender daran zu hindern, zu Lasten des arglosen und uninformierten Vertragspartners überraschende Klauseln in den Vertrag einzubeziehen, zumindest aber vom

---

[186] BGH (VIII ZR 137/85) NJW-RR 1987, 112 f.
[187] BGH (I ZR 65/03) NJW-RR 2006, 1350.
[188] Vgl. zur Unklarheitenregel unten unter I. Teil Rdnr. 209 f.
[189] § 305c Abs. 1 BGB entspricht dem früheren § 3 AGBG.
[190] BGH (V ZR 201/88) BGHZ 109, 197 = NJW 1990, 576; BGH (V ZR 174/86) NJW 1988, 558 (560).

Verwender eine entsprechende Einzelaufklärung des Vertragspartners zu verlangen und diesen dadurch vor einer Überrumpelung durch den ungewöhnlichen Inhalt der Klausel zu bewahren.[191]

Zwar existiert kein Grundsatz, nach dem Unternehmer[192] aufgrund ih- **124** rer größeren Geschäftserfahrung auch mit ungewöhnlichen Klauseln rechnen müssen.[193] Aufgrund der im Vergleich zu Verbrauchern gesteigerten Geschäftserfahrung der Vertragsparteien werden nach bisheriger Rechtsprechung[194] jedoch **im unternehmerischen Verkehr erhöhte Anforderungen an das „Überraschungsmoment"** gestellt. Je vertrauter die Gegenseite typischerweise mit derartigen Geschäften ist, desto weniger ist der für die Anwendung des § 305c Abs. 1 BGB erforderliche Überraschungseffekt anzunehmen.[195] Eine Klausel, die mit entsprechendem Inhalt und/oder unter entsprechenden Begleitumständen einem Wohnraummieter gestellt, durchaus überraschend wäre, kann daher einem gewerblichen Mieter gegenüber u. U. bei der Prüfung an Hand des Maßstabs des § 305c Abs. 1 BGB standhalten.

Praxistipp: Angesichts der noch unklaren Tendenz der Rechtspre- **125** chung des BGH, ist auch bei der Prüfung des Vorliegens überraschender Klauseln zumindest bis zu einer verlässlichen Ausdifferenzierung der Tatbestandesvoraussetzungen Vorsicht angezeigt und bei der Vertragsgestaltung vorsorglich von einem strengen Maßstab auszugehen.

2. Verhältnis zur Inhaltskontrolle nach § 307 BGB

Zwar können sich die Regelungsbereiche des § 305c Abs. 1 BGB und **126** der Inhaltskontrolle nach § 307 BGB überschneiden, wenn und weil eine Klausel sowohl als ungewöhnlich als auch als unbillig zu bewerten ist.[196] Zwingend ist dies jedoch keineswegs. Denn eine Klausel kann (etwa unter *formalen* Gesichtspunkten) überraschend im Sinne des § 305c Abs. 1 BGB sein, aber *inhaltlich* einer Kontrolle nach § 307 BGB stand halten. Umgekehrt folgt allein aus der Unbilligkeit einer Klausel nach § 307 BGB nicht, dass sie überraschend im Sinne des § 305c Abs. 1 BGB ist.[197] Dies kann z.B. für häufig verwandte, jedoch unangemessen benachteiligende Klauseln zur Abwälzung von Schönheitsreparaturen gelten.

---

[191] *Ulmer/Schäfer* in Ulmer/Brandner/Hensen § 305c Rdnr. 2.

[192] Vgl. zum Begriff des Unternehmers unten unter I. Teil Rdnr. 248.

[193] Wolf/Lindacher/Pfeiffer/*Lindacher* § 305c Rdnr. 95; vgl. auch BGHZ 102, 152 (162) zu § 3 AGBG: Die Kaufmannseigenschaft schließt die Anwendbarkeit des § 305c BGB nicht aus.

[194] Vgl. BGH (XII ZR 171/08) NZM 2010, 705 = NJW 2010, 3708; OLG Karlsruhe (6 U 139/84) NJW-RR 1986, 1112 (1113); *Ulmer/Schäfer* in Ulmer/Brandner/Hensen § 305c Rdnr. 6.

[195] Vgl. BGH (V ZR 249/85) BGHZ 100, 82 (85) = NJW 1987, 1885.

[196] vgl. BGH (VIII ZR 292/88) BGHZ 110, 88 = NJW 1990, 2065 (2067). In diesem Fall sind § 305c Abs. 1 und § 307 BGB nebeneinander anwendbar.

[197] Palandt/*Grüneberg* § 305c Rdnr. 3.

127   Von der Prüfungslogik her **gebührt § 305 c Abs. 1 BGB bei der AGB-Kontrolle der Vorrang vor § 307 BGB**.[198] Denn erweist sich eine Klausel als überraschend im Sinne des § 305 c Abs. 1 BGB, hat dies zur Folge, dass sie nicht wirksam einbezogen und damit nicht Vertragsbestandteil wird. Eine Inhaltskontrolle erübrigt sich.

128   Zu beachten ist zudem, dass die Einbeziehungssperre des § 305 c Abs. 1 BGB auch Klauseln erfasst, die nach § 307 Abs. 3 BGB der Inhaltskontrolle entzogen sind.[199]

3. Überraschender Charakter der Klausel

a) Begriff

129   Eine Klausel ist nach der Rechtsprechung des **BGH**[200] überraschend im Sinne des § 305 c Abs. 1 BGB, wenn sie nach ihrem **Inhalt** oder nach dem **äußeren Erscheinungsbild** des Vertrags ungewöhnlich ist, d. h. von den Erwartungen des Vertragspartners deutlich abweicht, so dass dieser mit der Regelung den Umständen nach vernünftigerweise nicht zu rechnen braucht. Der Klausel muss ein „**Überrumpelungs- oder Übertölpelungs-effekt"** innewohnen.[201]

b) *Inhalt* der Klausel ungewöhnlich

130   Die Ungewöhnlichkeit einer AGB-Regelung in diesem Sinne kann sich vor allem aus ihrem (im Wege der Auslegung und ggf. unter Rückgriff auf die Unklarheitenregel zu ermittelnden[202]) Inhalt ergeben. Die Erwartungen des Vertragspartners, die Maßstab für die Beurteilung der Ungewöhnlichkeit des Inhalts von AGB-Regelungen sind, können (alternativ oder kumulativ) **von allgemeinen oder individuellen Umständen bestimmt** werden.[203] Dementsprechend ist zwischen objektiv ungewöhnlichen AGB-Klauseln (vgl. sogleich unter Rdnr. 131 ff.) und solchen, die (erst) aufgrund subjektiv einzelfallbezogener Umstände als überraschend zu qualifizieren sind (vgl. Rdnr. 140 ff.) zu unterscheiden.[204]

---

[198] So auch *Stoffels* Rdnr. 330; vgl. dazu auch das Prüfungsschema unter I. Teil Rdnr. 466 ff.

[199] Wolf/Lindacher/Pfeiffer/*Lindacher* § 305 c Rdnr. 6.

[200] BGH (XII ZR 189/08) NZM 2010, 668 (669) = NJW 2010, 3152; vgl. auch BGH (III ZR 118/03) NZM 2004, 471 = NJW-RR 2004, 780 = ZIP 2004, 414.

[201] BGH (V ZR 201/88) BGHZ 109, 197 = NJW 1990, 576 (577); BAG (8 AZR 973/06) NJW 2008, 458 (459) = NZA 2008, 170 (171); OLG Celle /8 U 156/06) NJW-RR 2007, 469; KG (10 U 9612/99) NZM 2001, 897 = NJW-RR 2002, 490.

[202] Vgl. BGH (XII ZR 109/08) NZM 2010, 123 = NJW 2010, 671; vgl. auch *Stoffels* Rdnr. 331.

[203] BGH (IX ZR 108/94) BGHZ 130, 19 (25) = NJW 1995, 2553; BGH (V ZR 174/86) NJW 1988, 558 (560).

[204] In der Literatur hat sich teilweise eine zweistufige Prüfung des § 305 c Abs. 1 durchgesetzt (vgl. *Ulmer/Schäfer* in Ulmer/Brandner/Hensen, § 305 c Rdnr. 11), während in der Rechtsprechung ein festes Prüfungsschema nicht ersichtlich ist. Zu unterschiedlichen Ergebnissen führen die Prüfungsansätze nicht.

aa) Objektiv ungewöhnliche Klausel

Fall 10:   **131**

V möchte einen größeren Geschäftshauskomplex errichten. Ob er die notwendige Baugenehmigung erhalten wird, ist noch nicht sicher, da er Befreiungen von Festsetzungen des Bebauungsplans benötigt. Er vermietet trotz der Unsicherheit an M auf 10 Jahre eine Mietfläche für dessen Bürobetrieb. V weist ausdrücklich auf die im Vertrag enthaltene Rücktrittsrechtregelung hin, nach der er innerhalb einer relativ kurzen Frist nach Vertragsabschluss vom Vertrag zurücktreten kann. Handelt es sich um eine überraschende Klausel?

Die objektive Ungewöhnlichkeit des Inhalts einer Klausel kann sich vor **132** allem aus einer **Abweichung vom dispositiv-gesetzlichen Leitbild des (Geschäftsraum-)Mietvertrages oder** – wo dieses fehlt – **die für die Geschäftsraummiete übliche AGB-Gestaltung** ergeben.[205] Hierbei ist auf den konkreten Verkehrskreis bzw. Mietzweck abzustellen (z. B. Vermietung zum Zwecke des Betriebes einer Apotheke, eines Gastronomiebetriebs oder eines Einzelhandelbetriebs), wenn und weil sich bei dem jeweiligen Verkehrskreis/Mietzweck unterschiedliche Klauselgestaltungen als jeweils „üblich" herausgebildet haben.[206]

Allgemein ist eine objektive Ungewöhnlichkeit insbesondere dann an- **133** zunehmen, wenn eine Klausel zusätzliche, vom gesetzlichen Leitbild des Mietverhältnisses **abweichende Hauptleistungspflichten** des Mieters begründet, den **Gegenseitigkeitscharakter** des Mietverhältnisses **einschränkt**, eine vorzeitige Bindung einer Vertragspartei herbeiführt oder deren **Leistungsverpflichtung wesentlich modifiziert**.[207]

Für die Beurteilung der Ungewöhnlichkeit ist grundsätzlich nicht auf **134** die Erwartungshaltung des konkreten Vertragspartners des Verwenders, sondern auf den vertragstypischen Kreis der Vertragspartner und hierbei wiederum **auf den Durchschnittsvertragspartner abzustellen**.[208] Maßgebend ist, was ein redlicher Geschäftsraummietvertragspartner aus dem jeweiligen Verkehrskreis von durchschnittlicher Geschäftserfahrung, Aufmerksamkeit und Umsicht[209] typischerweise als gewöhnliche Regelung erwarten durfte.[210]

---

[205] Vgl. BGH (V ZR 201/88) BGHZ 109, 197 = NJW 1990, 576; BGH (VIII ZR 273/79) NJW 1981, 117 f.; OLG Nürnberg (9 U 3650/89) NJW 1991, 232 f.; BAG (8 AZR 286/99) NJW 2000, 3299 (3300).

[206] Vgl. OLG Dresden (5 U 1451/05) BeckRS 2006, 02006: „Vorliegend ist somit auf den konkreten Verkehrskreis eines Apothekers beim Abschluss eines Mietvertrages zum Betrieb einer Apotheke abzustellen."

[207] Vgl. BGH (XII ZR 44/98) NZM 2001, 234 = NJW-RR 2001, 439; vgl. auch OLG Dresden (5 U 1451/05) BeckRS 2006, 02006 zum Transparenzgebot.

[208] Vgl. BGH (XI ZR 305/01) NJW 2002, 3627 = MDR 2003, 16.

[209] Vgl. MünchKommBGB/*Basedow* § 305 c Rdnr. 6.

[210] Vgl. BGH (XII ZR 44/98) NZM 2001, 234 = NJW-RR 2001, 439; Bamberger/Roth/*Schmidt* § 305 c Rdnr. 11; Erman/*Roloff* § 305 c Rdnr. 9.

135   Erweist sich eine Klausel nach diesen Maßstäben als objektiv ungewöhnlich, kann sie aufgrund der konkreten Begleitumstände des Vertrages ihren Überrumpelungscharakter verlieren. Zu Recht wird daher angenommen, eine Klausel könne nie per se, d. h. ohne Rücksicht auf die Umstände ihrer Einbeziehung, überraschend sein.[211] So **kann der überraschende Charakter einer an sich ungewöhnlichen Klausel gleichwohl entfallen**, wenn die Verwendergegenseite die Klausel kennt oder mit ihr rechnen muss.[212]

136   Wird der Vertragspartner im Rahmen der Vertragsverhandlungen durch einen **eindeutigen Hinweis** individuell auf die (ungewöhnliche) Klausel aufmerksam gemacht oder ist die Klausel inhaltlich ohne weiteres verständlich und **drucktechnisch hervorgehoben**, so dass erwartet werden kann, ein durchschnittlich aufmerksamer Vertragspartner werde ohne weiteres von ihr Kenntnis nehmen, wird der Vorwurf der Überraschung ausgeräumt.[213] An die drucktechnische Hervorhebung bzw. an Art und Deutlichkeit des Hinweises sind desto höhere Anforderungen zu stellen, je ungewöhnlicher die betreffende AGB-Klausel ist.[214]

136a   Ein erst **nach Vertragsschluss erteilter Hinweis** kann den Überraschungscharakter der Klausel nicht mehr beseitigen.[215]

137   Nach Ansicht des **V. Zivilsenats des BGH**[216] soll das **Verlesen der Klausel durch den Notar** für den Ausschluss des Überraschungseffekts nicht ausreichen. Das bloße Verlesen eines abstrakten Vertragstextes biete – so der BGH – keine Gewähr dafür, dass ein juristischer Laie Tragweite und Auswirkungen der für ihn überraschenden Klausel erfasst. Vielmehr verlangt der BGH neben einem konkreten Hinweis auf die Klausel eine Belehrung über die ggf. mit ihr verbundenen Gefahren.

138   **Praxistipp:** Ob die genannte BGH-Entscheidung auf die Gewerberaummiete übertragbar ist, bei der auf beiden Seiten Unternehmer stehen, ist fraglich. Angesichts der mitunter festzustellenden Tendenz der BGH-Rechtsprechung zur Verschärfung der Anforderungen an allgemeine Geschäftsbedingungen auch im Geschäftsraummietrecht ist jedoch auf Seite der Verwender größte Sorgfalt geboten. Um die Anwendung des § 305 c Abs. 1 BGB auszuschließen, sollte sicherheitshalber auf unübliche Klauseln hingewiesen und ggf. eine Beleh-

---

[211] OLG Koblenz (2 U 52/88) NJW 1989, 2950 (2952); *Ulmer/Schäfer* in Ulmer/Brandner/Hensen § 305 c Rdnr. 13 b.

[212] BGH (XI ZR 305/01) NJW 2002, 3627 = MDR 2003, 16; BGH (VIII ZR 273/79) NJW 1981, 117 (119); OLG Hamburg (1 U 162/98) NJW-RR 1999, 1506.

[213] BGH (IX ZR 69/00) NJW-RR 2002, 485 (486); BGH (XI ZR 215/94) BGHZ 131, 55 = NJW 1996, 191; BGH (XI ZR 288/96) NJW 1997, 2677 = ZfIR 1997, 543 = DNotZ 1998, 578; BGH (VIII ZR 273/79) NJW 1981, 117 f.; BGH (IX ZR 115/83) NJW 1985, 848 (849); Wolf/Lindacher/Pfeiffer/*Lindacher* § 305 c Rdnr. 40 u. 96.

[214] *Ulmer/Schäfer* in Ulmer/Brandner/Schäfer § 305 c Rdnr. 24.

[215] BGH (VII ZR 104/77) WM 1978, 723 (725); Erman/*Roloff* § 305 c Rdnr. 12 a. E.

[216] BGH (V ZR 82/81) BGHZ 83, 56 (60) = NJW 1982, 1035.

rung in einer Weise erfolgen, die später einen entsprechenden Beweis ermöglicht.

Lösung zu Fall 10:   139

Man kann mit guten Argumenten vertreten, dass in einem langfristigen Gewerberaummietvertrag ein Rücktrittsrecht des Vermieters (objektiv) überraschend im Sinne des § 305 c Abs. 1 BGB ist.

Vorliegend ist jedoch in jedem Fall die überraschende Wirkung durch den ausdrücklichen Hinweis auf die Klausel entfallen.

---

bb) Ungewöhnlichkeit aufgrund subjektiv-einzelfallbezogener Umstände

---

Fall 11:   140

M betreibt Werttransporte. Er mietet seinen Hauptsitz, der noch errichtet werden muss, von V an. In den Vertragsverhandlungen hat M immer wieder zu verstehen gegeben, dass er auf eine 100%-ige Bauqualität insbesondere im Zusammenhang mit dem Werttresor des Objektes, der extrem dicke Wände und Sicherheitstechnik vermieterseits erhalten soll, größten Wert legt. In den Vertragsverhandlungen hat V immer wieder zu verstehen gegeben, das Objekt werde nach allen Regeln der Kunst errichtet. Hierauf könne sich M „blind" verlassen.

In dem Mietvertrag findet sich alsdann eine formularvertragliche Klausel, nach der die verschuldensunabhängige Garantiehaftung für anfängliche Sachmängel ausgeschlossen ist.

Ist diese Klausel sicher wirksam?

Eine objektiv – d.h. aus Sicht eines Durchschnittsgeschäftsraum(ver-) **141** mieters – nicht ungewöhnliche AGB-Bestimmung kann aufgrund der individuellen Begleitumstände des konkreten Vertragsschlusses, die erwartungsbildprägend sind, als überraschend qualifiziert werden,[217] namentlich aufgrund von Gang und Inhalt der Vertragsverhandlungen sowie der äußeren Gestaltung des Vertragsformulars.[218] So können etwa **Äußerungen des Verwenders** während der Vertragsverhandlungen, ein dem Vertragsschluss **vorangegangener Schriftwechsel** oder sonstiges Verhalten des Verwenders (z.B. von ihm herausgegebene **Prospekte**[219]) beim Vertragspartner die berechtigte Erwartung hervorrufen, eine bestimmte – an sich übliche – AGB-Regelung werde im Vertrag nicht enthalten sein. Überraschend kann eine Klausel insbesondere auch dann sein, wenn sie von dem abweicht, was der Vertragspartner des Verwen-

---

[217] Vgl. allein BGH (XI ZR 226/04) NJW-RR 2006, 490 = MDR 2006, 343 m.w.N.
[218] BGH (V ZR 174/86) NJW 1988, 558 (560); OLG Köln (15 U 18/02) NJW-RR 2003, 706 f.
[219] Vgl. BGH (III ZR 118/03) NZM 2004, 471 = NJW-RR 2004, 780.

ders als seine Vorstellungen und Absichten bei der Vertragsverhandlung zum Ausdruck gebracht hat, ohne dass ihm darin widersprochen wurde.[220]

142 **Praxistipp:** Erfahrungsgemäß sind die Gerichte bei der Annahme entsprechender individueller Begleitumstände relativ zurückhaltend. Daher empfiehlt es sich dringend, entsprechende Zusagen, gemeinsame Vorstellungen während der Vertragsverhandlungen etc. ausdrücklich in den Mietvertrag aufzunehmen und gegebenenfalls entgegenstehende Formularvertragsklauseln zu streichen. Dies gilt vor dem Hintergrund der Beweiskraft von Privaturkunden (§ 416 ZPO) in besonderer Weise. Die Vermutung der Vollständigkeit und Richtigkeit der über das Rechtsgeschäft aufgenommenen Urkunde wirkt sich dahin aus, dass die Partei die Beweiskraft trägt, die ein (ihr günstiges) Auslegungsergebnis auf Umstände außerhalb der Urkunde stützt.[221]

143 Soweit sich die enttäuschte Erwartung bzw. Überraschung der Verwendergegenseite auf individuelle Umstände bei Vertragsschluss stützt, ist **ausnahmsweise auf die Erwartungshaltung des konkreten Vertragspartners abzustellen.**[222] Dies bedeutet nicht, dass auf dessen subjektiv-individuelles (Un-)Verständnis abzustellen sei. Entscheidend ist zwar das bei dem konkreten Vertragspartner individuell vorhandene oder ihm individuell mögliche Umstandswissen; welche Schlüsse aus diesen Erkenntnismöglichkeiten zu ziehen waren, bestimmt sich demgegenüber nach einem objektiv-typisierenden Maßstab.[223]

144 Bei AGB, mit denen der Vertragspartner wegen der dem Vertragsschluss vorausgegangenen konkreten Umstände nicht rechnen muss, soll **die überraschende Wirkung** grundsätzlich nur dann entfallen, wenn der Gegner einen **individuellen Hinweis** erhält; eine drucktechnische Hervorhebung allein soll nach Auffassung des **BGH**[224] hingegen nicht geeignet sein, ihn hinreichend über die vom Verwender angestrebte Änderung in Kenntnis zu setzen. Haben sich die Parteien im Rahmen der Vertragsverhandlungen auf eine bestimmte Regelung geeinigt und enthält der sodann „gestellte" Formularvertrag hiervon abweichende AGB-Klauseln, kann sich die Verwendergegenseite ggf. auf den Vorrang der Individualabrede gemäß § 305 b BGB[225] berufen.

---

[220] BGH (IX ZR 69/00) NJW-RR 2002, 485 f.; OLG Köln (1 U 101/99) BeckRS 2000, 30108 647 = MDR 2000, 1365.
[221] BGH (V ZR 143/01) NJW 2002, 3164; MünchKommZPO/*Schreiber* § 416 Rdnr. 10; Zöller/*Geimer* § 416 Rdnr. 10.
[222] BGH (V ZR 174/86) NJW 1988, 558 (560); BGH (III ZR 84/86) NJW 1987, 2011 f.; BGH (VIII ZR 273/79) NJW 1981, 117 f.
[223] BGH (IX ZR 69/00) NJW 2002, 485 (486) = MDR 2001, 1306.
[224] BGH (IX ZR 69/00) NJW-RR 2002, 485 (486).
[225] Vgl. zum Vorrang der Individualabrede gemäß § 305 b BGB oben unter Rdnr. 79 ff.

| **Lösung zu Fall 11:** | **145** |

Nach der Rechtsprechung des BGH ist ein formularvertraglicher Ausschluss der verschuldensunabhängigen Garantiehaftung ohne Weiteres im Regelfall möglich (vgl. BGH (XII ZR 189/08) NZM 2010, 668 = NJW 2010, 3152) und damit objektiv nicht ungewöhnlich.

Hier liegt jedoch angesichts der Vertragsgespräche im Vorfeld des Abschlusses ein überraschender Charakter der Klausel ausnahmsweise nahe. Es lässt sich daher zumindest mit guten Argumenten vertreten, dass die Klausel über den Haftungsausschluss überraschend und damit nicht Vertragsbestandteil geworden ist.

c) Äußerer Zuschnitt des Vertrages überraschend

| **Fall 12:** | **146** |

Bei dem Mietvertrag zwischen V und M hat das den § 305 f. BGB unterfallende Muster des V Verwendung gefunden. Unter der Überschrift, „Aufrechnung, Zurückbehaltung" findet sich ein Ausschluss der verschuldensunabhängigen Garantiehaftung des Vermieters für anfängliche Mängel (§ 536a BGB). Nach einem Jahr kommt es aufgrund eines anfänglichen, von V nicht zu vertretenden Mangels, zu einem Wassereinbruch in die Räumlichkeiten des M. Es entsteht ein unstreitiger Schaden von 10 000,00 €. M verlangt von V Ausgleich des Schadens. V verweigert unter Berufung auf den Haftungsausschluss in seinem Mietvertrag die Zahlung. Wie ist die Rechtslage?

| **Fall 13:** | **147** |

Die V AG vermietet als Untervermieter mit einem Formularvertrag an M Gewerberäume. Der Mietervertrag ist langfristig befristet abgeschlossen. Unter der Überschrift, „Untervermietung" findet sich folgende Klausel als Absatz 6:

„Der Vermieter hat das Recht, diesen Vertrag jederzeit auf eine andere Gesellschaft zu übertragen."

Nach 3 Jahren der Vertragslaufzeit macht V von dieser Vertragsmöglichkeit Gebrauch und überträgt den Vertrag auf den Grundstückseigentümer E. M möchte sich die Auswechslung des Vertragspartners nicht gefallen lassen.

Wie ist die Rechtslage?

Eine an sich übliche und ihrem Inhalt nach nicht zu beanstandende **148** Regelung kann ferner aufgrund des äußeren Zuschnitts der Klausel, ihrer **systemwidrigen Unterbringung an unerwarteter Stelle im Vertrag**, die einem Verstecken gleichkommt, zu einer überraschenden Klausel werden.[226] Werden etwa einschneidende AGB-Klauseln, die zwar isoliert betrachtet üblich sind, unter eine falsche „Rubrik" im Vertrag eingeordnet[227] oder drucktechnisch so dargestellt, dass die Verwendergegenseite von der Kenntnisnahme der Klausel abgehalten werden bzw. der Eindruck hervorgerufen wird, es handle sich um eine unbedeutende, bloße Formalien regelnde Klausel, so kommt der Klausel ein „Überrumpelungs- und Übertölpelungseffekt" zu und ist sie daher als überraschende Klausel anzusehen.[228] Das Überraschungsmoment ist desto eher zu bejahen, je belastender die Bestimmung ist.[229]

149   **Praxistipp:** Da der Überraschungscharakter allein von der Anordnung einer Klausel abhängen kann, droht bei ungeschickter Formulargestaltung die Nichteinbeziehung von inhaltlich unproblematischen Regelungen. Damit wird die fehlende Einbeziehung derartiger Klauseln ein Haftungsrisiko für denjenigen, der Formulare für Dritte gestaltet.

150   Die jüngste Rechtsprechung des für Gewerberaummietverhältnisse zuständigen **XII. Zivilsenats des BGH** erscheint bei der Frage des Überraschungseffekts aufgrund der Anordnung einer Klausel im Vertrag **nicht unbedingt einheitlich.**

151   So hat der Senat in **zwei Entscheidungen aus dem Jahr 2010,** die strukturell sehr ähnlich gelagerte Fälle betrafen, die Frage des überraschenden Charakters einer Klausel aufgrund ihrer Unterbringung im Vertrag in nicht bruchfreier Weise unterschiedlich entschieden.

152   Im **ersten Urteil**[230] sah der Senat bei einer vom Vermieter gestellten AGB-Klausel mit der Befugnis, den Mietvertrag jederzeit auf eine andere Gesellschaft zu übertragen, die unter einer mit „Untervermietung" überschriebenen Regelung des Mietvertrages enthalten war, keinen Verstoß gegen § 305 c Abs. 1 BGB.

153   Dagegen hat er im **zweiten Urteil**[231] den – an sich üblichen – formularvertraglichen Ausschluss der verschuldensunabhängigen Garantiehaftung für anfängliche Sachmängel für überraschend erklärt, weil die Klausel im Vertrag unter der Überschrift „Aufrechnung, Zurückbehaltung" aufgeführt war. Diese Stellung sei – so der Senat – so ungewöhnlich, dass die Mieterin als Vertragspartnerin des Verwenders der AGB nicht damit rechnen musste.

---

[226] BGH (VII ZR 316/81) BGHZ 84, 109 (113) = NJW 1982, 2309; BGH (XII ZR 189/08) NZM 2010, 668 = NJW 2010, 3152; KG (10 U 9612/99) NZM 2001, 897 = NJW-RR 2002, 490 (491); OLG Düsseldorf (7 U 182/95) NJW-RR 1997, 370 f.; vgl. auch die wohl abweichende Entscheidung BGH (XII ZR 171/08) NZM 2010, 705 = NJW 2010, 3708.
[227] Z.B. ein Wettbewerbsverbot unter Teil B des Mietvertrages „Allgemeine Bedingungen" und dort unter der Überschrift „Sonstiges": Vgl. OLG Celle (5 U 1451/05) BeckRS 2006, 02006.
[228] BGH (XI ZR 226/04) NJW-RR 2006, 490 = MDR 2006, 343.
[229] BAG (8 AZR 973/06) NJW 2008, 458 = NZA 2008, 170 (171).
[230] BGH (XII ZR 171/08) NZM 2010, 705 = NJW 2010, 3708.
[231] BGH (XII ZR 189/08) NZM 2010, 668 = NJW 2010, 3152.

Die Entscheidungen tragen wenig zur Rechtssicherheit hinsichtlich der **154**
Frage bei, ob nun bereits die Verortung einer Klausel unter einer unpassenden Überschrift zur Anwendung des § 305 c Abs. 1 BGB führen kann
oder ob im unternehmerischen Verkehr eine großzügigere Sichtweise
geboten ist.

Es **spricht viel für eine grundsätzlich großzügigere Auffassung** ent- **155**
sprechend dem Urteil vom 9. 6. 2010.[232] Im unternehmerischen Verkehr
wird man typischerweise erwarten dürfen, dass der Vertragspartner
selbstverantwortlich handelt[233] und einen ihm gestellten Formularmietvertrag vollständig und nicht nur die Überschriften liest. Allein wegen
ihres Standorts sollten Klauseln daher **nur im absoluten Ausnahmefall**
als überraschend angesehen werden. Anderenfalls droht die Gestaltung
von Formulargewerberaummietverträgen zu einer Kunst zu werden, die
nur noch wenige Spezialisten beherrschen.[234]

Praxistipp: Die Kautelarpraxis sollte entsprechend dem Gebot des **156**
sicherste Wegs von der strengeren BGH-Auffassung ausgehen und
zumindest auf eine treffende – dann möglicherweise „ausladende" –
Überschriftengestaltung achten.

Lösung zu Fall 12: **157**
Der Bundesgerichtshof (BGH (XII ZR 189/08) NZM 2010, 668 =
NJW 2010, 3152) geht davon aus, dass der Haftungsausschluss nach
Maßgabe des § 305 c Abs. 1 BGB nicht Vertragsbestandteil geworden ist.

Es sei zwar ohne Weiteres möglich, die verschuldensunabhängige
Garantiehaftung formularvertraglich auszuschließen. Grundsätzlich
müsse zwar der Mieter von Gewerberaum mit einem solchen Ausschluss der Haftung rechnen. Aufgrund der systematischen Stellung
der Regelung unter der Überschrift „Aufrechnung, Zurückhaltung"
sei die Regelung jedoch überraschend. Dabei komme es allerdings
nicht darauf an, an welcher Stelle des Klauselwerks die entsprechende
Klausel stehe, weil alle Bestimmungen grundsätzlich gleichbedeutsam
sind und nicht durch die Platzierung einer Vorschrift im Klauselwerk
auf deren Bedeutung geschlossen werden kann. Hier sei jedoch die
Stellung so ungewöhnlich, dass die Mieterin als Vertragspartnerin des
Verwenders nicht damit rechnen musste.

Lösung zu Fall 13: **158**
Erstaunlicherweise ist der Bundesgerichtshof der Auffassung, die
Vertragsklausel sei nicht überraschend und Vertragsbestandteil geworden (BGH (XII ZR 171/08) NZM 2010, 705 = NJW 2010, 3708).

---

[232] BGH (XII ZR 171/08) NZM 2010, 705 = NJW 2010, 3708.
[233] *Wichert* InfoM 2010, 331.
[234] Siehe auch *Kappus* NZM 2010, 529 (542). unter X. 4. resümierend, dass Individualabreden wirksam zu bewerkstelligen „ohne rechtsanwaltliche Unterstützung
in aller Regel misslingt.".

Zwar sei die Übertragungsbefugnis weder im Vertragstext besonders hervorgehoben, noch füge sie sich ohne Weiteres in die mit „Untervermietung" überschriebenen Regelungen des § 16 ein. Dennoch sei die Vertragsübertragungsklausel jedenfalls bei einem wie hier zwischen geschäftserfahrenen Unternehmern geschlossenen Mietvertrag über Gewerberäume nicht so ungewöhnlich, dass eine Überraschung angenommen werden könne. Auch ein Verstoß gegen § 307 BGB soll nach Auffassung des BGH nicht vorliegen. Die Vertragsübertragung ist damit wirksam.

4. Rechtsfolge/Beweislast

159 Liegen die Voraussetzungen des § 305c Abs. 1 BGB vor, wird die betroffene AGB-Bestimmung **mangels Einbeziehung nicht Vertragsbestandteil.**

160 Beruft sich die **Verwendergegenseite** darauf, der Vertrag sei ohne die in Streit stehende Klausel zustande gekommen, weil diese überraschenden Charakter habe, trifft sie die Darlegungs- und Beweislast hinsichtlich der maßgeblichen **Tatsachen, die den Tatbestand des § 305c Abs. 1 BGB ausfüllen.**[235]

161 Der **Verwender** trägt demgegenüber die Beweislast für die **Umstände, die eine Anwendung des § 305c Abs. 1 BGB ausschließen.** Behauptet er etwa, er habe im Rahmen der Verhandlungen auf die fragliche Klausel hingewiesen bzw. den Vertragspartner über die Tragweite der objektiv überraschenden Klausel belehrt und damit das Überraschungsmoment ausgeräumt, so ist er hinsichtlich der zugrunde liegenden Tatsachen darlegungs- und beweispflichtig.[236]

G. Auslegung von AGB

162 Die Beantwortung der Frage, ob zwischen einer AGB-Klausel und einer Individualabrede ein Regelungswiderspruch besteht (§ 305b BGB), der Inhalt einer AGB-Klausel überraschend ist (§ 305c Abs. 1 BGB) oder gegen § 307 BGB verstößt, erfordert eine genaue Ermittlung des zu prüfenden Inhalts der streitgegenständlichen Klausel im Wege der Auslegung.

I. Vorprüfung: Übereinstimmender Wille der Parteien?

163 **Fall 14:**
V und M verhandeln über den Abschluss eines Gewerberaummietvertrages. Grundlage der Verhandlungen ist das Vertragsmuster des V.

---

[235] BGH (XI ZR 118/00) NJW 2001, 1417 (1419); BGH (IX ZR 364/97) BGHZ 143, 95 (102 f.).
[236] BGH (V ZR 201/88) BGHZ 109, 197 = NJW 1990, 576; BGH (VIII ZR 70/77) NJW 1978, 1519 (1520).

Dieses sieht in einer AGB-Klausel eine „Neufestsetzung der Miete" nach Ablauf von 3 Mietjahren vor. Während der Vertragsverhandlungen erklärt M, dass er diese Regelung dahingehend verstehe, dass man dann miteinander verhandeln wird und maximal eine Erhöhung der Miete stattfindet, die der mittlerweile eingetretenen Veränderung des Verbraucherpreisindexes für Deutschland entspricht. Daraufhin schließen die Parteien im Einvernehmen über dieses Verständnis der Regelung den Vertrag ab.

Nach Einzug des M in das Objekt wird dieses an E verkauft. E verlangt nach 3 Jahren die „Neufestsetzung der Miete" im Sinne der Anpassung der vertraglichen Miete an die sehr viel höhere Marktmiete.

Bei der Auslegung einer AGB-Klausel ist zunächst zu prüfen, ob sie **164** von den Parteien übereinstimmend in einem bestimmten Sinn verstanden worden ist. Ist dies der Fall, dann gilt **nach ständiger Rechtsprechung des BGH**[237] allein das übereinstimmend Gewollte. Denn nicht nur bei der Auslegung von Individualvereinbarungen, sondern auch von allgemeinen Geschäftsbedingungen **geht der übereinstimmende Wille der Parteien dem Wortlaut der Regelung und jeder anderweitigen Deutung vor.**[238] Bei der Feststellung eines übereinstimmenden Willens sind auch individuelle Umstände des konkreten Vertragsschlusses, die Anhaltspunkte für die der Klausel übereinstimmend beigemessene Bedeutung liefern, zu beachten. Auch das Verhalten der Parteien nach Abschluss des Vertrages kann ggf. als Indiz für die Ermittlung des tatsächlichen Willens und Verständnisses bedeutsam sein.[239]

Wann immer sich also ein vom objektiven Sinngehalt abweichender **165** übereinstimmender Wille der Parteien hinsichtlich des Verständnisses einer AGB-Klausel feststellen lässt, gebührt diesem der Vorrang. Erforderlich, aber auch ausreichend für die Annahme eines solchen übereinstimmenden Willens ist, dass eine Vertragspartei ihr vom objektiven Bedeutungsgehalt der Klausel abweichendes Verständnis äußert und die andere Partei in Kenntnis dieses Verständnisses den Vertrag abschließt.[240] Dies dürfte im Streitfall für denjenigen, der sich auf das vom objektiven Sinngehalt abweichende übereinstimmende Verständnis der Vertragsklausel beruft (i.d.R. die Verwendergegenseite) und insoweit die **Beweislast** trägt, regelmäßig vor ein nicht unerhebliches Beweisproblem stellen.

[237] BGH (V ZR 201/08) NJW-RR 2010, 63; BGH (XI ZR 145/08) NJW 2009, 3422 (3423); BGH (V ZR 405/00) NJW 2002, 2102f.; BGH (III ZR 55/94) BGHZ 129, 90 = NJW 1995, 1494 (1496) m.w.N.

[238] BGH (XI ZR 331/07) NZG 2008, 595 (596) = WM 2008, 1350 (1352) m.w.N. zur Rechtsprechung; BGH (V ZR 405/00), NJW 2002, 2102 (2103).

[239] BGH (XI ZR 145/08) NJW 2009, 3422 (3423).

[240] BGH (V ZR 201/08) NJW-RR 2010, 63; BGH (V ZR 122/91) NJW-RR 1993, 373.

166 Während über das Ergebnis des Vorrangs eines übereinstimmenden Willens Konsens besteht, divergieren die dogmatischen Begründungsansätze. **Teilweise**[241] wird auf § 133 BGB abgestellt und vertreten, es handle sich um eine schlichte Anwendung der natürlichen Auslegung („Erforschung des wirklichen Willens"[242]), die auch bei Vorliegen von AGB-Klauseln der normativen Auslegung („objektive Erklärungsbedeutung"[243]) vorgehe. Zwar fehle es bei Verwendung von AGB regelmäßig an Einzelfallumständen. Sofern diese aber ausnahmsweise – z.B. in Form eines übereinstimmenden Willens der Parteien über den Sinn der AGB-Regelung – vorliegen, seien sie im Rahmen der Auslegung zu berücksichtigen.

167 Nach **anderer Auffassung**[244] ist im Rahmen der Auslegung von AGB für die auf den wirklichen Willen abstellende Vorschrift des § 133 BGB kein Raum.[245] Der Vorrang eines vom objektiven Sinngehalt der Klausel abweichenden Verständnisses der Parteien sei aus dem **Rechtsgedanken des § 305 b BGB** abzuleiten.[246]

168 **Praxistipp:** Es ist zwischen dem Fall, dass (lediglich) individuelle Abreden der Parteien über den Sinngehalt einer AGB-Klausel vorliegen und dem Fall, dass die Parteien den Inhalt einer Klausel im Sinne des § 305 Abs. 1 S. 3 BGB im Einzelnen aushandeln, zu unterscheiden. Während der erste Fall den AGB-Charakter der Klausel nicht berührt, führt ein Aushandeln über eine vorformulierte Regelung dazu, dass sie als Individualvereinbarung zu qualifizieren ist, und zwar auch dann, wenn die vorformulierte Klausel (ausnahmsweise) unverändert übernommen wird. Maßgeblich für die Unterscheidung ist insoweit Gang und Inhalt der Vertragsverhandlungen. Die Unterscheidung wird im Einzelfall zumindest nicht unproblematisch sein.

---

169 | **Lösung zu Fall 14:**
Der Begriff der „Neufestsetzung" ist ein Terminus technicus. Nach der Rechtsprechung des BGH (BGH (VIII ZR 243/72)) ist er – wenn sich aus dem Vertrag nichts anderes ergibt – grundsätzlich dahingehend zu verstehen, dass die zum Zeitpunkt der Neufestsetzung geltende Marktmiete in den Vertrag aufzunehmen ist.

---

[241] *Stoffels* Rdnr. 361; BeckOK Bamberger/Roth/*Schmidt* § 305 c Rdnr. 38; Wolf/Lindacher/Pfeiffer/*Lindacher* § 305 c Rdnr. 111; a.A.: *Ulmer/Schäfer* in Ulmer/Brandner/Hensen § 305 c Rdnr. 74.

[242] Vgl. dazu Palandt/*Ellenberger* § 133 Rdnr. 7.

[243] Vgl. dazu Palandt/*Ellenberger* § 133 Rdnr. 7.

[244] Palandt/*Grüneberg* § 305 c Rdnr. 16 mit Verweis auf BGH NJW-RR 2007, 697 und WM 2008, 1350; *Ulmer/Schäfer* in Ulmer/Brandner/Hensen § 305 c Rdnr. 73 u. 84.

[245] Missverständlich insoweit: BGH (XII ZR 241/03) NZM 2006, 137 = NJW-RR 2006, 337: Dort führt der Senat ausdrücklich aus, dass bei der Auslegung von AGB die allgemeinen Regeln der §§ 133, 157 BGB gelten, stellt aber auf den objektiven Wortlaut ab.

[246] Vgl. auch BGH (VIII ZR 122/90) NJW 1991, 1604 (1606) zu § 4 AGBG.

> Hier haben die Vertragsparteien jedoch bei Abschluss des Mietvertrages ein gemeinsam anderes Verständnis des Begriffes gehabt. Dieses bleibt bindend, auch für den E.

II. Art und Weise der Auslegung

1. Grundsatz der objektiven Auslegung

Allgemeine Geschäftsbedingungen sind im Gegensatz zu Individual- **170** vereinbarungen aufgrund ihres Massencharakters sowie der fehlenden Einflussnahme der Verwendergegenseite auf ihren Inhalt nach **gefestigter Rechtsprechung des BGH**[247] objektiv auszulegen, d. h. **losgelöst von den besonderen Begleitumständen des konkreten Geschäftsabschlusses**, den individuellen Vorstellungen und Absichten der Vertragspartner und ihrer größeren oder geringeren Geschäftserfahrung.[248] Bei der Auslegung von AGB ist damit nicht auf die Parteien des konkreten Geschäfts und den Zufälligkeiten des Einzelfalls abzustellen.[249]

Vielmehr ist ausgehend von den **Verständnismöglichkeiten eines** **171** **rechtlich nicht vorgebildeten Durchschnittsvertragspartners**[250] aus dem Bereich der Gewerberaummiete der objektive Sinngehalt der AGB-Bestimmung anhand der gewählten Ausdrucksweise und des allgemeinen Sprachgebrauchs im Zeitpunkt der Einbeziehung[251] zu ermitteln. Entscheidend ist, wie der Vertragstext aus der **Sicht von verständigen und redlichen Vertragspartnern eines Gewerberaummietvertrages** unter Abwägung ihrer Interessen und der Beachtung des Vertragszwecks verstanden wird.[252] Soweit die Parteiinteressen bzw. der mit dem Vertrag verfolgte Zweck einzubeziehen sind, kann dies entsprechend der bei AGB gebotenen überindividuellen Sichtweise ebenfalls nur in Bezug auf typische und von redlichen Vertragspartnern eines Gewerberaummietvertrages verfolgte Ziele und Interessen gelten.[253]

---

[247] Zuletzt BGH (XII ZR 101/09) BeckRS 2011, 06783; vgl. auch BGH (VII ZR 212/07) NJW 2009, 3717 = MDR 2009, 1270; BGH (KZR 2/07) NJW 2008, 2172 (2173); BGH (XII ZR 107/01) NZM 2005, 354 = BGHZ 162, 39 = NJW 2005, 1183 jeweils m. w. N. zur Rechtsprechung.

[248] Kritisch: Wolf/Lindacher/Pfeiffer/*Lindacher* § 305 c Rdnr. 106 u. 111: Danach sind atypische Begleitumstände des konkreten Vertragsschlusses keineswegs auslegungsirrelevant.

[249] *Ulmer/Schäfer* in Ulmer/Brandner/Hensen § 305 c Rdnr. 77.

[250] Palandt/*Grüneberg* § 305 c Rdnr. 16; *Stoffels* Rdnr. 360.

[251] Vgl. PWW/*Berger* § 305 c Rdnr. 12.

[252] Vgl. BGH (XII ZR 84/06) BGHZ 178, 158 = NZM 2008, 890 = NJW 2008, 3772; BGH (KZR 2/07) BGHZ 176, 244 = NJW, 2008, 2172 (2173); BGH (VIII ZR 166/06) NJW 2007, 504 (505); OLG Düsseldorf (10 U 154/09) NZM 2010, 582 = NJW-RR 2010, 1387.

[253] BGH (XII ZR 107/01) BGHZ 162, 39 = NZM 2005, 354 = NJW 2005, 1183; BGH (IX ZR 24/92) NJW 1992, 2629; BGH (VIII ZR 37/92) NJW 1993, 1381 (1382); missverständlich insoweit: BGH (XII ZR 241/03) NZM 2006, 137 = NJW-RR 2006, 337.

172 Der **BGH** scheint zumindest in Teilbereichen (u.a. Schönheitsreparaturen[254]) von einem nicht allzu geschäftserfahrenen Mieter ausgehen zu wollen, wenn der Vermieter Verwender ist, und den Schutz des Gewerberaummieters demjenigen des Wohnraummieters anzunähern.[255]

2. Auslegungsmittel

173 **Ausgangspunkt** für die Auslegung ist der **Klauselwortlaut**,[256] wie er aus der Sicht der typischerweise an Geschäftsraummietverträgen beteiligten Verkehrskreise zu verstehen ist, wobei der Vertragswille verständiger und redlicher Vertragspartner beachtet werden muss.[257]

174 Ist der **Wortlaut einer Klausel nicht eindeutig** und führt daher zu keinem klaren Auslegungsergebnis, stellt sich die Frage, ob neben dem Wortlaut **weitere Auslegungsmittel** heranzuziehen sind. Denn auch auf die Unklarheitenregel (§ 305c Abs. 2 BGB) kann erst nach Ausschöpfung aller (zulässigen) Auslegungsmittel zurückgegriffen werden (s. u.).

175 Aus dem Grundsatz der objektiven Auslegung, insbesondere daraus, dass auf die Verständnismöglichkeiten eines rechtsunkundigen Durchschnittsgewerberaum(ver-)mieters ohne (gewerberaum-)mietrechtliche Spezialkenntnisse abzustellen ist, ergeben sich auch bei der Heranziehung der Auslegungsmittel **gewisse Einschränkungen**. Individuelle Umstände[258] sowie Auslegungsmittel, die sich einem typischen, juristisch nicht vorgebildeten Durchschnittsgewerberaum(ver-)mieter verschließen, dürfen nicht herangezogen werden.[259]

176 **Nicht maßgebend** ist daher, welche Vorstellung der Verfasser der Bedingungen bei Abfassung hatte. Die **Entstehungsgeschichte**, die der Vertragspartner typischerweise nicht kennt, hat bei der Auslegung außer Betracht zu bleiben.[260]

177 Die **systematische Stellung einer Klausel** im gesamten Vertragswerk soll nach teilweise vertretener Auffassung nicht als Auslegungsmittel herangezogen werden können.[261]

178 Im Einklang mit der Rechtsprechung des **XII. Zivilsenats des BGH**[262] kann dies jedenfalls für den Bereich der Geschäftsraummiete nicht strikt

---

[254] Vgl. BGH (XII ZR 84/06) BGHZ 178, 158 = NZM 2008, 890 = NJW 2008, 3772.

[255] Vgl. aber andererseits: BGH (XII ZR 171/08) NZM 2010, 705 = NJW 2010, 3708.

[256] BGH (VIII ZR 227/06) NJW-RR 2007, 1697 (1700); BGH (VIII ZR 37/92) NJW 1993, 1381 (1382).

[257] BGH (XII ZR 62/06) NZM 2008, 609 = NJW 2008, 2497; OLG Düsseldorf (10 U 154/09) NZM 2010, 582 = NJW-RR 2010, 1387.

[258] PWW/*Berger* § 305c Rdnr. 13.

[259] Vgl. Palandt/*Grüneberg* § 305c Rdnr. 16 mit Hinweis auf BGHZ 60, 174 (177) u. BGH (IV ZR 275/95) NJW-RR 1996, 857.

[260] BGH (IV ZR 74/02) NJW-RR 2003, 1247; BGH (IV ZR 275/95) NJW-RR 1996, 857 (858); *Ulmer/Schäfer* in Ulmer/Brandner/Schäfer § 305c Rdnr. 82; Wolf/Lindacher/Pfeiffer/*Lindacher* § 305c Rdnr. 115; Jauernig/*Stadler* § 305b Rdnr. 1.

[261] Vgl. LG Hamburg (309 S 315/93) NJW-RR 1995, 923; MünchKommBGB/*Basedow* § 305c Rdnr. 30; PWW/*Berger* § 305c Rdnr. 13.

[262] Vgl. BGH (XII ZR 327/00) NZM 2002, 784 = NJW 2002, 3232.

und pauschal dahingehend verstanden werden, dass die auszulegende AGB-Regelung völlig isoliert zu beurteilen ist.[263]

Zutreffend erscheint, dass Maßstab für die Beurteilung des Inhalts von **179** Allgemeinen Geschäftsbedingungen das **Verständnis eines typischen, rechtsunkundigen (!) Durchschnittsvertragspartners** aus dem jeweiligen Geschäftszweig bei verständiger Würdigung, aufmerksamer Durchsicht und Berücksichtigung des erkennbaren Sinnzusammenhanges ist. Erschließt sich der Sinn einer Klausel erst aus einer vollständigen Lektüre des gesamten Klauselwerks oder einer solchen Klausel, die nicht im näheren Bereich der zur Beurteilung stehenden Regelung platziert ist, kann es im Einzelfall geboten sein, so zu gewinnende Erkenntnisse bei der Auslegung nicht zu berücksichtigen.[264] Dies ist dann gerechtfertigt, wenn der Vertrag so ausgestaltet ist, dass von einem Durchschnittsgewerberaum(ver-)mieter als juristischen Laien nicht erwartet werden kann, sich den Sinn der konkret zur Beurteilung stehenden Klausel erst aus der Gesamtlektüre des Vertrages zu erschließen.

Dagegen kann auch von einem juristisch nicht vorgebildeten Durch- **180** schnittsgewerberaum(ver-)mieter als **Unternehmer** erwartet werden, den Sinn einer AGB-Regelung unter Berücksichtigung der übrigen Regelungen, die denselben Regelungszusammenhang (z.B. Mängelhaftung, Schönheitsreparaturen, Konkurrenzschutz) betreffen und in räumlicher Nähe zu der zur Beurteilung stehenden Klausel enthalten sind, zu ermitteln.[265]

3. Auslegung von (unbestimmten) Rechtsbegriffen in AGB

Bei Verwendung von **allgemein gebräuchlichen Begriffen** und Aus- **181** drücken in AGB ist deren Bedeutung nach dem allgemeinen Sprachgebrauch zugrunde zu legen.[266]

Werden **Rechtsbegriffe** (z.B. „Verschulden bei Vertragsschluss") ver- **182** wandt und verbindet die Rechtssprache mit dem verwendeten Ausdruck einen fest umrissenen Begriff, so ist in der Regel anzunehmen, dass auch im Rahmen der AGB von einem entsprechenden Verständnis auszugehen ist.[267]

Praxistipp: Ob dieser Grundsatz uneingeschränkt in allen Einzelfällen **183** durchzuhalten ist, bleibt der weiteren Rechtsprechungsentwicklung vorbehalten. Eine Reihe von Fachtermini wie z.B. „Neufestsetzung" und „Anpassung" der Miete sind in der Rechtssprache eindeutig de-

---

[263] Vgl. auch *Dose* NZM 2009, 381 (383): Danach ist der „systematische Zusammenhang mit anderen Vertragsklauseln" bei der Auslegung zu berücksichtigen.

[264] Vgl. BeckOK Bamberger/Roth/*Schmidt* § 305c Rdnr. 46.

[265] Vgl. BGH (XII ZR 327/00) NZM 2002, 784 = NJW 2002, 3232.

[266] MünchKommBGB/Basedow § 305c Rdnr. 25; BeckOK Bamberger/Roth/ Schmidt, § 305c, Rdnr. 37.

[267] BGH (IV ZR 226/01) NZM 2003, 197 = NJW 2003, 826; OLG Düsseldorf (10 U 195/97) NZM 1999, 1006 = NJW-RR 1999, 953.

finiert,[268] gleichwohl den Beteiligten Kreisen der Immobilienwirtschaft in aller Regel nicht in ihren Einzelheiten bekannt.[269]

184 Benutzt der Verwender juristische Fachtermini, die er **erkennbar dem Gesetz entnommen** hat oder nimmt eine Klausel erkennbar Bezug auf eine **gesetzliche Legaldefinition,** so ist die allgemeine Gesetzesauslegung zugrunde zu legen.[270]

185 Bei einem Rechtsbegriff, der **in der Rechtssprache keinen umfassenden, in seinen Konturen eindeutig festgelegten Inhalt** hat (z. B. „Schadensersatz") und zudem auch Bestandteil der Umgangssprache ist, muss die Bedeutung und Reichweite des verwendeten Ausdrucks aus der Sicht eines verständigen Geschäftsraummietvertragspartners und unter Berücksichtigung des Sinnzusammenhangs der Klausel erschlossen werden.[271]

186 **Praxistipp:** Von der Verwendung derartig unklarer Begriffe ist dringend abzuraten. Denn es droht zum einen die Unwirksamkeit der Regelung wegen Intransparenz in Sinne des § 307 Abs. 1 S. 2 BGB. Zum anderen droht bei hinreichender Transparenz das Eingreifen der Unklarheitenregel des § 305c Abs. 2 BGB zu Lasten des Verwenders. Ggf. sind die Begriffe im Vertrag klar und eindeutig zu definieren.

187 Vorsicht ist ferner geboten bei Rechtsbegriffen, die das Gesetz nicht verwendet (z. B. „Kardinalpflichten"), denn hier besteht die Gefahr der Unwirksamkeit der Klausel mangels Transparenz.[272]

188 Bei sonstigen **fachspezifischen** (etwa medizinischen, naturwissenschaftlichen oder technischen) **oder branchentypischen Fachausdrücken** ist deren in Fachkreisen geläufige bzw. die branchentypische Bedeutung zugrunde zu legen.[273] Unstreitig ist dies jedenfalls dann, wenn der verwendete Fachausdruck im allgemeinen Sprachgebrauch nicht vorkommt oder dort die gleiche Bedeutung hat wie in der Fachsprache.

189 Bei einer **Divergenz zwischen fachspezifischer und allgemeinsprachlicher Bedeutung** eines verwendeten Ausdrucks ist die Rechtsfolge noch nicht abschließend geklärt. Teilweise[274] wird vertreten, dass auch in diesem Fall die fachspezifische Bedeutung gelte. Andere[275] wollen der allgemein-sprachlichen Bedeutung den Vorrang geben. Nach einer dritten Ansicht[276] gilt die der Verwendergegenseite günstigere Deutungsal-

---

[268] BGH (VIII ZR 243/72) NJW 1975, 1557.

[269] Vgl. dazu unten unter II. Teil Rdnr. 259 f.

[270] OLG Hamm (35 W 15/03) NJW-RR 2004, 58 für den Begriff „unverzüglich" gemäß § 121 BGB; vgl. auch BGH (VIII ZR 135/02) NJW 2003, 2607 = MDR 2003, 799.

[271] Vgl. BGH (IV ZR 40/99) NJW 2000, 1194 (1196).

[272] Vgl. BGH (VIII ZR 121/04) NJW-RR 2005, 1496; OLG Celle (11 U 78/08) BeckRS 2008, 23609; a. A.: *Kappus* NZM 2010, 529 (533).

[273] BeckOK Bamberger/Roth/*Schmidt* § 305c Rdnr. 37.

[274] BeckOK Bamberger/Roth/*Schmidt* § 305c Rdnr. 37; PWW/*Berger* § 305c Rdnr. 13.

[275] MünchKommBGB/*Basedow* § 305c Rdnr. 25.

[276] Staudinger/*Schlosser* § 305c Rdnr. 128.

ternative. Für die dritte Ansicht spricht die Unklarheitenregel des § 305c Abs. 2 BGB sowie der Sanktionscharakter der §§ 305 ff. BGB, die dem Verwender das Formulierungsrisiko aufbürden.

Praxistipp: Auch in diesem Zusammenhang sind Haftungsrisiken für **190** den Berater nicht ausgeschlossen. Es wird sich häufig empfehlen, auch diese Begriffe im Vertrag mit einer eindeutigen Definition zu versehen.

4. Ergänzende Vertragsauslegung

Teilweise oder gar überwiegend durch AGB bestimmte (auch notariell **191** beurkundete[277]) Verträge sind grundsätzlich der ergänzenden Vertragsauslegung zugänglich, wenn sie eine **Regelungslücke**, d.h. eine planwidrige Unvollständigkeit aufweisen. Eine Regelungslücke liegt vor, wenn der Vertrag *innerhalb des durch ihn gesteckten Rahmens oder innerhalb der objektiv gewollten Vereinbarung* ergänzungsbedürftig ist, weil eine Vereinbarung in einem regelungsbedürftigen Punkt fehlt.[278]

Die **ergänzende Auslegung darf nicht zu einer Abänderung oder Er- 192 weiterung des Vertragsgegenstands führen.**[279]

Bei der ergänzenden Auslegung von Formularverträgen sind **zwei** **193** **Konstellationen zu unterscheiden:**

a) Vertragslücke beruht nicht auf Einbeziehungs- und Inhaltskontrollschranken der §§ 305 ff. BGB

Eine Vertragslücke kann bestehen, obwohl sämtliche AGB in dem Ver- **194** trag wirksam einbezogen sind und inhaltlich den Anforderungen der §§ 305 ff. BGB genügen. Die Vertragslücke entsteht in diesem Fall also nicht durch den Wegfall einer Klausel wegen Verstoßes gegen §§ 305 ff. BGB, sondern etwa dadurch, dass sich die bei Vertragsschluss bestehenden wirtschaftlichen oder rechtlichen Verhältnisse nachträglich ändern.[280] In diesen Fällen ist **zunächst das dispositive Gesetzesrecht anzuwenden.**

Verbleibende Lücken sind im Wege der **ergänzenden Vertragsausle- 195 gung** zu schließen.[281] Die ergänzende Vertragsauslegung hat dabei unter Zugrundelegung eines objektiv-generalisierenden Maßstabes zu erfolgen, der sich am Willen und Interesse der typischerweise an Geschäften dieser Art beteiligten Verkehrskreise orientiert.[282]

---

[277] BGH (VIII ZR 297/01) NJW 2002, 2310 (2311); BGH (V ZR 100/80) BGHZ 81, 135 (143) = NJW 1981, 2241.
[278] BGH (III ZR 96/03) NJW 2004, 1590 (1591).
[279] BGH (VIII ZR 297/01) NJW 2002, 2310 (2311)
[280] BGH (II ZR 104/92) BGHZ 123, 281 = NJW 1993, 3193 = MDR 1993, 1188.
[281] Ständige Rechtsprechung des BGH: Vgl. BGH (VIII ZR 90/02) NJW-RR 2004, 262 (263); BGH (VIII ZR 227/06) NJW-RR 2007, 1697 (1701).
[282] BGH (VIII ZR 227/06) NJW-RR 2007, 1697 (1701). BGH (II ZR 172/91) BGHZ 119, 305 (325) = NJW 1993, 57 (61).

196   Nach einer **Literaturansicht**[283] soll eine ergänzende Vertragsauslegung **zu Gunsten des Verwenders** wegen seiner Formulierungsverantwortung **nur ausnahmsweise** möglich sein.

196a   Hierfür könnte die Wertung der **Unklarheitenregel**[284] (§ 305 c Abs. 2 BGB) sprechen. Der Verwender, der eine einseitige Vertragsgestaltungsfreiheit für sich in Anspruch nimmt, soll nicht nur das Risiko der Unwirksamkeit, sondern auch der Unvollständigkeit seiner AGB-Klauseln tragen.

b) Vertragslücke beruht auf Wegfall einzelner Klauseln wegen Verstoßes gegen §§ 305 ff. BGB

aa) Grundsatz

197   Daneben können Regelungslücken dadurch entstehen, dass einzelne AGB-Bestimmungen etwa nach § 305 c Abs. 1 BGB nicht Vertragsinhalt geworden oder aber wegen inhaltlicher Unbilligkeit nach § 307 BGB unwirksam sind. Nach der ausdrücklichen Anordnung in **§ 306 Abs. 2 BGB** ist in diesen Fällen die Vertragslücke zunächst durch **Rückgriff auf das dispositive Recht** (vorliegend insbesondere durch §§ 535 ff. BGB) zu schließen. Ist dort eine entsprechende Regelung enthalten, scheidet eine ergänzende Vertragsauslegung aus.[285]

198   (Nur) Wenn die Lücke ausnahmsweise nicht durch dispositive Vorschriften geschlossen werden kann und die **ersatzlose Streichung der unwirksamen Klausel** zu einem Ergebnis führt, das den **typischen Interessen beider Vertragsparteien in nicht mehr vertretbarer Weise Rechnung trägt**, insbesondere wenn sie das Vertragsgefüge völlig einseitig zu Gunsten der Verwendergegenseite verschiebt, erfolgt die Lückenfüllung im Wege der ergänzenden Vertragsauslegung.[286]

199   Trotz missverständlicher Formulierungen in einigen BGH-Entscheidungen[287] ist hierbei ein **objektiv-generalisierender Maßstab** zu Grunde zu legen, der sich am Willen und Interesse von typischen Vertragspartnern eines Gewerberaummietvertrages (und nicht der konkreten Vertragspartner im Einzelfall) auszurichten hat.[288] Das Ergebnis der Ver-

---

[283] Palandt/*Grüneberg* § 305 c Rdnr. 17.

[284] Vgl. zur Unklarheitenregel unten unter I. Teil Rdnr. 209.

[285] BGH (IX ZR 289/96) BGHZ 137, 153 (157) = NJW 1998, 450; BGH (KZR 2/07) BGHZ 176, 244 = NJW 2008, 2172 (2175).

[286] BGH (VIII ZR 295/09) NJW 2011, 1342 (1345); BGH (VIII ZR 48/05) BGHZ 165, 12 = NJW 2006, 996 (999); BGH (KZR 2/07) BGHZ 176, 244 = NJW 2008, 2172 (2175); BGH (VIII ZR 269/98) BGHZ 143, 103 = NJW 2000, 1110 (1114); BGH (IX ZR 289/96) NJW 1998, 450 (451) jeweils m. w. N.

[287] Vgl. BGH (VIII ZR 48/05) BGHZ 165, 12 = NJW 2006, 996 (999); BGH (IX ZR 289/96) BGHZ 137, 53 = NJW 1998, 450 (451): Danach tritt an die Stelle der unwirksamen AGB-Klausel „die Gestaltungsmöglichkeit, die die Parteien bei sachgerechter Abwägung der beiderseitigen Interessen gewählt hätten, wenn ihnen die Unwirksamkeit der Geschäftsbedingungen bekannt gewesen wäre."

[288] Vgl. dazu: BGH (VIII ZR 227/06) NJW-RR 2007, 1697 (1701); BGH (IV ZR 162/03) NJW 2005, 3559 (3565); zustimmend: *v. Westphalen/Thüsing*, Vertragsrecht

tragsergänzung muss einen **beiderseits angemessenen Interessenaus-gleich** bilden,[289] d. h. für einen Geschäftsraummietvertrag als allgemeine Lösung eines stets wiederkehrenden Interessengegensatzes angemessen sein.[290]

Eine Lückenfüllung durch das Gericht im Wege der ergänzenden Ver- **200** tragsauslegung kommt nicht in Betracht, wenn in einem Vertrag, dessen wesentlicher Inhalt durch AGB bestimmt ist, eine **Vielzahl von Bedingungen unwirksam** ist. Denn dies käme de facto einer Vertragsgestaltung durch das Gericht gleich.[291] Bei Unwirksamkeit eines erheblichen Teiles der Formularbedingungen, die nicht durch dispositive gesetzliche Regelungen geschlossen werden können, ist daher – insbesondere wenn sie den Inhalt und Charakter des Vertrages entscheidend bestimmen – die **Nichtigkeit des gesamten Vertrages** anzunehmen.[292]

bb) Bestehen unterschiedlicher Gestaltungsmöglichkeiten

Umstritten ist die ergänzende Vertragsauslegung, wenn unterschied- **201** liche Vertragsgestaltungen zur Schließung der Vertragslücke in Betracht kommen.

(1) Erste Ansicht. Nach einer von **einzelnen Senaten des BGH**[293] ver- **202** tretenen Auffassung soll in derartigen Fällen eine **richterliche Lückenfüllung ausscheiden**, wenn kein Anhaltspunkt dafür besteht, welche Regelung die Parteien getroffen hätten. Lassen sich keinerlei Anhaltspunkte hierfür finden, soll es dem Gericht verwehrt sein, die Vertragslücke im Wege der ergänzenden Vertragsauslegung zu füllen und damit Vertragsinhaltsentscheidungen anstelle der Parteien zu treffen. Hintergrund dieser Rechtsprechung dürfte der Gedanke sein, dass das Ergebnis der ergänzenden Vertragsauslegung auch bei Formularverträgen – wie bei Individualverträgen[294] – nicht im Widerspruch zum tatsächlichen Parteiwillen stehen soll.

(2) Zweite Ansicht. Demgegenüber ist die ergänzende Vertragsausle- **203** gung nach Ansicht des **IV. Zivilsenats des BGH**[295] und **Teilen der Literatur**[296] bei Formularverträgen ohne Rücksicht auf Anhaltspunkte für

---

und AGB-Klauselwerke, Rechtsfolgen, Rdnr. 32; *Schmidt* in Ulmer/Brandner/Hensen § 306 Rdnr. 32; BeckOK Bamberger/Roth/*Schmidt* § 306 Rdnr. 12.

[289] *Schmidt* in Ulmer/Brandner/Hensen § 306 Rdnr. 37.

[290] Vgl. BGH (IV ZR 162/03) NJW 2005, 3559 (3565).

[291] Vgl. BGH (VIII ZR 30/71) NJW 1972, 1227 (1229); BGH (VIII ZR 20/68) NJW 1970, 29 (30); BGH (VIII ZR 151/66) BGHZ 51, 55 (58) = NJW 1969, 230.

[292] BGH (VIII ZR 30/71) NJW 1972, 1227 (1229).

[293] BGH (VIII ZR 48/05) NJW 2006, 996 (999); BGH (VIII ZR 269/98) BGHZ 143, 103 = NJW 2000, 1110 (1114); BGH (VIII ZR 297/88) NJW 1990, 115 (116).

[294] Vgl. dazu: BGH (VIII ZR 397/03) NJW-RR 2005, 1619; BGH (V ZR 113/89) BGHZ 111, 110 = NJW 1990, 1723 (1723); Palandt/*Ellenberger* § 157 Rdnr. 8.

[295] BGH (IV ZR 162/03) NJW 2005, 3559 (3565).

[296] Bamberger/Roth/*Schmidt* § 306 Rdnr. 13; Wolf/Lindacher/Pfeiffer/*Lindacher* § 306 Rdnr. 21; *Schmidt* in Ulmer/Brandner/Hensen § 306 Rdnr. 38.

eine bestimmte Lösungsvariante, vorzunehmen. Denn es sei im Rahmen der Auslegung von AGB gerade nicht auf die konkreten Vertragspartner, sondern abstrakt-generell auf den vertragstypischen Verwender und typischen Verwendungsgegner abzustellen. Daher bilde es **keine Sperre**, dass für die ergänzende Vertragsauslegung mehrere Gestaltungsmöglichkeiten in Betracht kommen und sich nicht feststellen lässt, welche von ihnen die konkreten Vertragsparteien gewählt hätten.

204   *(3) Stellungnahme.* Das Ziel der ergänzenden Auslegung von AGB ist nicht die Erforschung des wirklichen Willens der Parteien, sondern das Füllen einer lückenhaften vertraglichen Regelung.[297] Beruht die Vertragslücke auf der Unwirksamkeit von AGB, ist zwar Anknüpfungspunkt für die Ergänzung der konkrete Vertrag und die in ihm enthaltenen Regelungen, nicht jedoch die Sicht und der Wille der konkreten Vertragspartner. Abzustellen ist vielmehr entsprechend dem **Grundsatz der objektiven Auslegung** bei AGB darauf, wie redliche Vertragspartner eines Gewerberaummietvertrages bei angemessener Abwägung ihrer typischen Interessen die Vertragslücke gefüllt hätten.

205   Das Füllen einer durch Wegfall einer unwirksamen Vertragsklausel entstandenen Lücke ist auch **Ziel des § 306 Abs. 2 BGB**. Bei den Bestimmungen der §§ 133, 157, 242 BGB, in denen die ergänzende Vertragsauslegung ihre Grundlage hat, handelt es sich um "gesetzliche Vorschriften" im Sinne des § 306 Abs. 2 BGB.[298] Zwar gehen die Normen des dispositiven Gesetzesrechtes der ergänzenden Vertragsauslegung vor. Wenn aber dispositives Gesetzesrecht im Sinne konkreter materiellrechtlicher Regelungen nicht zur Verfügung steht und die ersatzlose Streichung der unwirksamen Klausel – wie dargelegt – keine angemessene, den typischen Interessen des AGB-Verwenders und des Vertragspartners Rechnung tragende Lösung bietet, ist die Lücke durch ergänzende Vertragsauslegung zu schließen.

206   Darüber hinaus würde das Offenlassen der Vertragslücke aufgrund eines nicht feststellbaren Willens der Parteien (entsprechend der ersten Ansicht) auch dem Sinn und Zweck des § 306 BGB, wonach der Vertrag trotz unwirksamer Klauseln grundsätzlich erhalten bleiben soll[299] (vgl. § 306 Abs. 1 und 3 BGB), zuwiderlaufen. Denn das Offenlassen der Vertragslücke erhöht die **Gefahr einer Unwirksamkeit des Gesamtvertrages nach § 306 Abs. 3 BGB**.[300] Damit wäre den Interessen der Vertragsparteien, insbesondere der Verwendergegenseite regelmäßig weniger gedient als mit einer Regelung, die einen beiderseits angemessenen Interessenausgleich anstrebt.

---

[297] BGH (VIII ZR 54/83) NJW 1984, 1177 (1178).

[298] BGH (VIII ZR 54/83) NJW 1984, 1177 (1178) zu § 6 Abs. 2 AGBG.

[299] BGH (IX ZR 289/96) NJW 1998, 450 (451) zu § 6 AGBG.

[300] *Schmidt* in Ulmer/Brandner/Hensen § 306 Rdnr. 38; Wolf/Lindacher/Pfeiffer/*Lindacher* § 306 Rdnr. 21.

Auch unter praktischen Gesichtspunkten spricht manches dafür, bei **207** der ergänzenden Vertragsauslegung abstrakt-generell **auf den vertragstypischen Verwender und typischen Verwendungsgegner abzustellen.** Denn der vermeintliche Wille der Vertragsparteien bei Vertragsschluss kann regelmäßig nur an Hand der seinerzeit geführten Korrespondenz ermittelt werden. Die Berücksichtigung dieses Schriftwechsels würde jedoch häufig diejenige Partei begünstigen, die im Rahmen der Vertragsverhandlungen im Sinne des § 307 BGB klar unwirksame Regelungen vorgeschlagen hat, gegen die sich die Verwendungsgegenseite nur mehr oder weniger passiv zu schützen versucht hat. Verbleibende Unklarheiten sollten auch insoweit nach dem Rechtsgedanken des § 305c Abs. 2 BGB zu Lasten des Verwenders gehen.

cc) Beweislast

Die Darlegungs- und Beweislast für die maßgeblichen Umstände, die **208** eine ergänzende Vertragsauslegung rechtfertigen, trifft die **Partei, die sich auf die ergänzende Vertragsauslegung zur Lückenfüllung beruft.**[301]

III. Unklarheitenregel des § 305 c Abs. 2 BGB

1. Allgemeines

Nach § 305c Abs. 2 BGB[302] gehen Zweifel bei der Auslegung Allgemei- **209** ner Geschäftsbedingungen zu Lasten des Verwenders. Dies **gilt auch im Verkehr zwischen Unternehmern,** mithin bei der Geschäftsraummiete.[303] Die Vorschrift enhält eine ergänzende **Auslegungsregel** für AGB,[304] die bei objektiv mehrdeutigen Klauseln die Interessen des Verwenders hinter den der Verwendergegenseite zurücktreten lässt. Dadurch soll dem Verwender die Obliegenheit auferlegt werden, die Rechte und Pflichten seiner Vertragspartner möglichst klar und unmissverständlich zu fassen. Lässt sich der Inhalt einer Klausel nicht eindeutig feststellen, geht dies – entsprechend dem **Normzweck** des § 305c Abs. 2 BGB, denjenigen, der die Vorteile der (einseitigen) Vertragsgestaltungsfreiheit für sich in Anspruch nimmt, auch die Nachteile tragen zu lassen[305] – zu seinen Lasten.

Die Vorschrift stellt eine **zwingende Schutznorm** zugunsten der Ver- **210** wendergegenseite dar; sie kann weder abbedungen, noch umgekehrt werden.[306]

---

[301] Baumgärtel/*Schmidt-Eichhorn* § 306 Rdnr. 2.

[302] § 305 Abs. 2 BGB entspricht § 5 AGBG.

[303] BGH (VI ZR 70/87) NJW-RR 1988, 113 (114); BGH (XII ZR 62/06) NZM 2008, 609 = NJW 2008, 2497.

[304] Palandt/*Grüneberg* § 305c Rdnr. 15; *Stoffels* Rdnr. 367.

[305] BGH (IV ZR 218/97) NJW 1999, 1865 (1866, 1867); OLG Oldenburg (3 U 93/03) NJW-RR 2004, 1029 (1030).

[306] Wolf/Lindacher/Pfeiffer/*Lindacher* § 305c Rdnr. 124.

2. Keine Anwendung bei Gesetzeswiederholung oder Zweifeln über die inhaltliche Angemessenheit einer Klausel

211   Nimmt der Verwender **textgleiche Bestimmungen des dispositiven Gesetzestextes** in sein Klauselwerk auf, gehen einschlägige Unklarheiten nicht zu seinen Lasten; vielmehr ist der Geltungssinn hier nach der Methode der Gesetzesauslegung zu ermitteln. Etwas anderes gilt dann, wenn der Verwender den Sinn einer gesetzlichen Regelung mit eigenen Worten wiederzugeben versucht und hierdurch Unklarheiten entstehen; hier trägt er die Formulierungsverantwortung.[307]

212   Kein Anwendungsfall der Unklarheitenregel liegt auch bei **Zweifeln über die inhaltliche Angemessenheit** einer Klausel vor. Diese misst sich allein nach den Vorschriften über die Inhaltskontrolle (§§ 307 ff. BGB). Die Auslegung einer AGB-Klausel – ggf. in Anwendung der Auslegungsregel des § 305 c Abs. 2 BGB – geht der Inhaltkontrolle stets voraus und dient der Präzisierung des Prüfungsgegenstandes.

3. Abgrenzung zum Transparenzgebot

213   Eine unklar formulierte Klausel kann wegen Verstoßes gegen das Transparenzgebot[308] gemäß § 307 Abs. 1 S. 2 BGB unwirksam sein. **Klare Abgrenzungskriterien**, wann ein Anwendungsfall des § 307 Abs. 1 S. 2 BGB mit der Folge der Nichtigkeit der Klausel vorliegt und wann die u. U. weniger einschneidende – weil nicht ohne Weiteres zur Unwirksamkeit der Klausel führende – Unklarheitenregel des § 305 c Abs. 2 BGB zum Tragen kommt, haben sich **bislang nicht gebildet.**

214   Nach einer **Literaturansicht**[309] soll darauf abzustellen sein, ob die Klausel nur in **Randzonen** (dann nur § 305 c Abs. 2 BGB) oder in ihrem **Kernbereich** (dann auch § 307 Abs. 1 S. 2 BGB) unklar sei. Dieser Lösungsansatz verlagert letztlich nur das Problem; denn es stellt sich die Frage klarer Abgrenzungskriterien zwischen Rand- und Kernbereich.

215   Auch in der **Rechtsprechung** ist eine **trennscharfe Abgrenzung nicht erkennbar.** So haben etwa der BGH[310] und ihm folgend das **Kammergericht**[311] bei einer Schönheitsreparaturklausel, wonach der Mieter nur mit Zustimmung des Vermieters „von der bisherigen Ausführungsart" abweichen darf, die Unklarheitenregel des § 305 c Abs. 2 BGB angewandt und angenommen, die Klausel benachteilige die Verwendergegenseite in ihrer kundenfeindlichsten Auslegung entgegen Treu und Glauben unangemessen (§ 307 Abs. 1 S. 1 BGB). Der BGH führt in seiner Begründung aus, die Klausel sei deshalb unklar im Sinne des § 305 c Abs. 2 BGB, weil nicht eindeutig sei, was unter „Ausführungsart" zu verstehen ist. Es sei nicht zu erkennen, ob jegliche Veränderung zustimmungsbedürftig sein

---

[307] Wolf/Lindacher/Pfeiffer/*Lindacher* § 305 c Rdnr. 127.
[308] Vgl. zum Transparenzgebot unten unter I. Teil Rdnr. 372 ff.
[309] Palandt/*Grüneberg* § 305 c Rdnr. 15 m. w. N.
[310] BGH (VIII ZR 199/06) NZM 2007, 398 = NJW 2007, 1743.
[311] KG (8 U 17/10) NZM 2011, 246 = NJW 2011, 1084 (Geschäftsraummiete).

soll oder wo sonst die Grenze zwischen zustimmungspflichtigen und zustimmungsfreien Veränderungen liege.

Auf Grundlage dieser Begründung ließe sich ohne Weiteres ein Ver- **216** stoß gegen das im Transparenzgebot (§ 307 Abs. 1 S. 2 BGB) annehmen. Dieses Beispiel zeigt, dass die Grenzen zwischen Unklarheit und Intransparenz letztlich fließend sind.

Die Abgrenzung ist jedenfalls in den Fällen nicht von praktischer Rele- **217** vanz, in denen – wie im geschilderten Fall – die zur Beurteilung stehende Klausel in ihrer kundenfeindlichsten Auslegung,[312] die im Rahmen der Anwendung der Unklarheitenregel in einem ersten Schritt zugrunde zu legen ist, der Inhaltskontrolle nicht stand hält. Dann haben nämlich sowohl die Unklarheitenregel als auch das Transparenzgebot im Ergebnis die Nichtigkeit der Klausel zur Folge.

4. Erfordernis der Mehrdeutigkeit

> **Fall 15:**   **218**
> V vermietet mit Formularvertrag Gewerberaummietflächen an M. Der Mietvertrag enthält hinsichtlich der Mietminderung folgende Klausel:
> *„Eine Mietminderung ist nur möglich, wenn der zugrunde liegende Mangel vom Vermieter entweder anerkannt wurde oder wenn er rechtskräftig festgestellt ist."*
> Nach zwei Jahren kommt es zwischen V und M zu einem Streit über das Bestehen eines Mangels. M mindert – der Sache nach – zu Recht die Miete um 10%. V beruft sich auf seine formularvertragliche Klausel und verlangt gerichtlich Zahlung.
> Wie wird das Gericht zu entscheiden haben?

a) Vorliegen einer objektiv mehrdeutigen Klausel

§ 305c Abs. 2 BGB setzt eine Mehrdeutigkeit der zur Beurteilung ste- **219** henden Klausel voraus. Dies ist weder bereits der Fall, wenn allgemein Streit über die Auslegung oder die Tragweite einer Klausel besteht, noch, wenn der Wortlaut der Klausel zwar theoretisch verschiedene Auslegungsalternativen zulässt, dies aber praktisch fernliegend und/oder ersichtlich nicht interessengerecht ist und daher nicht ernstlich in Betracht kommt.[313]

Die Unklarheitenregel greift erst ein, wenn der Inhalt einer AGB- **220** Klausel **nach Ausschöpfung der vorrangigen allgemeinen Auslegungsgrundsätze objektiv mehrdeutig** bleibt,[314] d.h. mindestens zwei – nicht

---

[312] Vgl. zum Grundsatz der kundenfeindlichsten Auslegung unten unter I. Teil Rdnr. 224.
[313] BGH (XI ZR 200/09) NZM 2010, 490 (492) = NJW-RR 2010, 952.
[314] BGH (V ZR 201/08) NJW-RR 2010, 63; BGH (V ZR 405/00) NJW 2002, 2102 (2103) zu § 5 AGBGB; BGH (XII ZR 62/06) NZM 2008, 609 = NJW 2008, 2497.

notwendig gleichwertige[315] – Auslegungsvarianten rechtlich vertretbar sind,[316] von denen keine den „klaren Vorzug" verdient.[317]

221   Dabei ist auf die **Verständnismöglichkeiten eines typischen Durchschnittsvertragspartners** aus denjenigen Verkehrskreisen, die mit den AGB der streitigen Art regelmäßig konfrontiert werden, abzustellen.[318] Im vorliegenden Zusammenhang mithin auf den typischen durchschnittlichen Vertragspartner eines Gewerberaummietvertrages.

222   Eine derartige Mehrdeutigkeit kann sich nach der Rechtsprechung des **BGH**[319] auch nachträglich – etwa durch die Änderung des Ladenschlussgesetzes bei Betriebspflichtklauseln – ergeben.

223   Ist eine Klausel im dargelegten Sinne mehrdeutig, hat der Rechtsanwender, insbesondere im Individualprozess, bei der Prüfung der Wirksamkeit und der Anwendung der Klausel, zumindest gedanklich ein **zweistufiges Verfahren** anzuwenden:

b) Erster Schritt: „Kundenfeindlichste Auslegung"

224   In einem **ersten Schritt** ist zu prüfen, ob die Klausel in ihrer für die Verwendergegenseite vermeintlich ungünstigeren Auslegungsvariante („**kundenfeindlichste Auslegung**"[320]) der Inhaltskontrolle nach § 307 BGB Stand hält.[321]

225   Ist dies nicht der Fall, ist diese Auslegung zugrunde zu legen und es hat mit der Unwirksamkeit der Klausel sein Bewenden.[322]

226   Diese **„umgekehrte" Anwendungsweise der Unklarheitenregel** entspricht ihrem Normzweck. Denn insbesondere bei unklaren Freizeichnungs- oder Haftungsausschlussklauseln führt sie zur Unwirksamkeit der Klausel und der Geltung des dispositiven Gesetzesvorschriften (§ 306 Abs. 2 BGB), mithin zu der **im Ergebnis für die Verwendergegenseite günstigsten Rechtsposition**.[323]

---

[315] OLG Oldenburg (3 U 93/03) NJW-RR 2004, 1029 (1030).

[316] BGH (VIII ZR 166/06) NJW 2007, 504 (506); BGH (IV ZR 130/03) BGHZ 159, 360 = NJW 2004, 2589 (2590).

[317] So BGH (XII ZR 327/00) NZM 2002, 784 = NJW 2002, 3232; OLG Karlsruhe (1 U 214/05) BeckRS 2008, 20 623 = ZMR 2009, 33.

[318] MünchKommBGB/*Basedow* § 305 c Rdnr. 29.

[319] BGH (XII ZR 121/04) BeckRS 2007, 01 185 = ZMR 2007, 187.

[320] Vgl. zum Grundsatz der kundenfeindlichsten Auslegung bereits: OLG Hamburg (5 U 216/87) NJW-RR 1989, 881 (883); BGH (XI ZR 72/90) NJW 1991, 2559; OLG Celle (2 U 28/93) WM 1994, 885 (888).

[321] BGH (VIII ZR 344/08) NZM 2009, 903 = NJW, 2009, 3716; BGH (XII ZR 147/50) NZM 2008, 522 = NJW 2008, 2254; BGH (XII ZR 62/06) NZM 2008, 609 = NJW 2008, 2497.

[322] BGH (XI ZR 200/09) NZM 2010, 490 (492) = NJW-RR 2010, 952; BGH (KZR 2/07) BGHZ 176, 244 = NJW 2008, 2172 (2175); BGH (XII ZR 62/06) NZM 2008, 609 = NJW 2008, 2497.

[323] BGH (XI ZR 200/09) NZM 2010, 490 (492) = NJW-RR 2010, 952; BGH (VIII ZR 344/08) NZM 2009, 903 = NJW, 2009, 3716; BGH (KZR 2/07) BGHZ 176, 244 = NJW 2008, 2172 (2173).

Praxistipp: Der **BGH**[324] hält den Grundsatz der kundenfeindlichsten   **227**
Auslegung bisher **nicht konsequent** durch. Mitunter nimmt er – etwa
bei Betriebspflichtklauseln – eine bis an die Grenze der geltungserhaltenden Reduktion reichende, einschränkende Auslegung vor.[325]

c) Ggf. zweiter Schritt: „Kundenfreundlichste Auslegung"

Nur wenn sich die Klausel nach jeder in Betracht kommenden Ausle-   **228**
gung als wirksam erweist, kommt im **zweiten Schritt** gemäß § 305 c
Abs. 2 BGB nunmehr die dem Kunden günstigste Auslegungsvariante
(**„kundenfreundlichste"** Auslegung) bei der Anwendung der Klausel
zum Tragen.[326]

Das bedeutet, eine mehrdeutige Klausel, die der Verwendergegenseite   **229**
Rechte beschneidet, ist **restriktiv** auszulegen. Hingegen ist eine mehr-
deutige Klausel, die der Verwendergegenseite **Rechte gewährt,** die ihm
nach dispositivem Recht nicht zustehen, **extensiv** auszulegen. Auf diese
Weise wirkt die Unklarheitenregel in doppelter Hinsicht zu Lasten des
Verwenders.

Lösung zu Fall 15:   **230**
Folgt man dem BGH (BGH (XII ZR 62/06) NZM 2008, 609 = NJW
2008, 2497) wird V unterliegen. Seine Klausel mit dem Ausschluss der
Mietminderung ist unwirksam, da sich nach dem Wortlaut der Norm,
der im Rahmen der kundenfeindlichsten Auslegung heranzuziehen
ist, auch das Rückforderungsrecht im Falle der Überzahlung von Miete bei Vorliegen eines Mangels nach Maßgabe des § 812 Abs. 1 Satz 1
1. Alternative BGB durch die Klausel ausgeschlossen wird.

---

5. Sich widersprechende AGB-Klauseln

Enthält ein Formularmietvertrag gleichrangige, sich widersprechende   **231**
AGB-Klauseln und lässt sich der Widerspruch nicht nach allgemeinen
Auslegungsgrundsätzen beheben, dann ist nach Auffassung des **VII. Zivilsenats des BGH**[327] in Anwendung der Unklarheitenregel die Klausel
unbeachtlich, die sich für den Klauselgegner **„typischerweise",** also in
der Mehrzahl der Fälle, ungünstiger auswirken kann.

Will man die **Unklarheitenregel** in voller Schärfe zur Anwendung   **232**
bringen, wäre nicht auf die typischerweise, sondern auf die jeweils **im
Einzelfall** für den Verwendungsgegner günstigere Variante abzustellen.

---

[324] BGH (XII ZR 131/08) NZM 2010, 361 = NJW-RR 2010, 1017.
[325] Vgl. dazu unten unter II. Teil Rdnr. 102 f.
[326] BGH (XI ZR 145/08) NJW 2009, 3422 (3423); BGH (KZR 2/07) BGHZ 176, 244
= NJW 2008, 2172 (2173); *Schmid* MietRB 2010, 178.
[327] BGH (VII ZR 493/00) BGHZ 150, 226 (230) = NJW 2002, 2470 (2471); zustimmend: Wolf/Lindacher/Pfeiffer/*Lindacher* § 305 c Rdnr. 132; Jauernig/*Stadler*
§ 305 c Rdnr. 6.

Ob sich eine entsprechende Sichtweise in der Rechtsprechung durchsetzen wird, bleibt abzuwarten.

233 Von dem Fall sich widersprechender AGB zu unterscheiden ist der Fall, in dem **mehrere Klauselwerke in ein und denselben Vertag einbezogen** werden und unklar ist, welche der darin konkurrierenden Regelungen gelten soll. Hier kann nach Auffassung des **BGH**[328] keine der AGB-Bestimmungen angewendet werden mit der Folge, dass die gesetzlichen Vorschriften zur Anwendung kommen. Auch in diesem Zusammenhang stellt sich wieder die Frage nach der Anwendung der Unklarheitenregel, wenn eine der Klauselwerke im Vergleich zum dispositiven Gesetzesrecht zu einem für den Verwendungsgegner günstigeren Ergebnis führt.

6. Beweislast

234 Bei § 305c Abs. 2 BGB handelt es sich – wie oben dargelegt – um eine Auslegungsregel, die keinen Bezug zur Beweislastverteilung aufweist.[329] Entsprechend dem allgemeinen Grundsatz, dass diejenige Partei, die sich auf ein für sie günstiges Auslegungsergebnis beruft, die entsprechenden Tatsachen darzulegen und zu beweisen hat,[330] trägt die **Verwendergegenseite** die Beweislast für die maßgeblichen Tatsachen, aus denen sie ein für sich günstiges Auslegungsergebnis herleiten will.

IV. Das sog. „Restriktionsprinzip"

235 Nach allgemeiner Ansicht[331] sind vertragliche **Freizeichnungsklauseln und Haftungsmilderungen eng auszulegen.** Die dogmatische Frage, ob dieses sog. Restriktionsprinzip eine eigenständige Auslegungsregel neben der Unklarheitenregel darstellt[332] oder ob seiner Bedeutung als eigenständige Auslegungsregel seit Inkrafttreten des AGB-Gesetzes der Boden entzogen ist,[333] kann für die tägliche Praxis dahinstehen. Denn aus dem Restriktionsprinzip lassen sich keine Ergebnisse zu erzielen, die nicht bereits aus der Unklarheitenregel zu gewinnen sind.

Es ist jedoch kein Grund ersichtlich, das Ergebnis der für die Verwendergegenseite günstigsten Auslegung sowohl mit der Unklarheitenregel als auch mit dem Restriktionsprinzip zu begründen. Wie die Unklarheitenregel greift auch das Restriktionsprinzip erst dann ein, wenn eine Klausel nach Anwendung der allgemeinen Auslegungsregeln mehrdeu-

---

[328] BGH (I ZR 65/03) NJW-RR 2006, 1350.
[329] Vgl. BGH (V ZR 113/89) BGHZ 111, 110 (112).
[330] BeckOK Bamberger/Roth/*Wendtland* § 133 Rdnr. 34.
[331] BGH (VIII ZR 305/77) NJW 1979, 2148; BGH (VIII ZR 110/76) NJW 1978, 261; Palandt/*Grüneberg* § 276 Rdnr. 36: Dieser allgemeine Grundsatz gilt auch für Individualvereinbarungen.
[332] So Wolf/Lindacher/Pfeiffer/*Lindacher* § 305c Rdnr. 138.
[333] So *Stoffels* Rdnr. 377; Erman/*Roloff* § 305c Rdnr. 24; PWW/*Berger* § 305c Rdnr. 18; *Ulmer/Schäfer* in Ulmer/Brandner/Hensen § 305c Rdnr. 100.

tig bleibt und die kundenfeindlichste Auslegungsvariante nicht zur Unwirksamkeit der Klausel führt.

H. Die Inhaltskontrolle gem. §§ 307–309 BGB

I. Einführung

1. Überblick

Fall 16:   **236**
M hat vor 10 Jahren bei D Flächen zum Betrieb eines Ladenlokals
angemietet. Der von D vorgelegte Formularmietvertrag enthielt eine
Schönheitsreparaturklausel, mit der die Schönheitsreparaturen mit
starren Fristen (2 Jahre) auf M abgewälzt wurden. Es kommt zu einem
Rechtsstreit, in dem D zur Durchführung der Schönheitsreparaturen
aufgrund der Unwirksamkeit der Formularvertragsklausel verurteilt
wird. Daraufhin hat M eine zündende Idee: Für die weiteren Anmie-
tungen für seine Kette legt er den Vermietern das seinerzeit von D
verwendete Formular vor und schließt auf dieser Grundlage mit weiteren Vermietern Verträge ab. So auch mit V. Nach 2 Jahren verlangt V
von M die Renovierung der unstreitig mittlerweile sehr unansehnlich
gewordenen Mieträume. M beruft sich auf die Unwirksamkeit der im
Vertrag enthaltenen Schönheitsreparaturklausel. Was würden Sie V
raten?

---

§§ 307–309 BGB regeln die Voraussetzungen, unter denen AGB-Klau-   **237**
seln aus inhaltlichen Gründen als unwirksam anzusehen sind. Während
für individualvertragliche Regelungen der Parteien eines Geschäftsraum-
mietverhältnisses nur die allgemeinen Schranken der §§ 134, 138 BGB
gelten[334] unterwerfen die §§ 307–309 BGB vorformulierte Vertragsregelungen einer deutlich gesteigerten Kontrollintensität.

Für die **Inhaltskontrolle von AGB zwischen Unternehmern** und da-   **238**
mit für den Regelfall in der Gewerberaummiete ist allerdings **allein § 307
BGB** mit der Ergänzung in § 310 Abs. 1, S. 2 BGB **maßgebend.**

Entsprechend dem Schutzzweck der AGB-Vorschriften, kann aus-   **239**
schließlich die Benachteiligung des Vertragspartners des Verwenders zur
Unwirksamkeit von Vertragsbedingungen nach § 307 Abs. 1 BGB führen.[335] **Eine Inhaltskontrolle zu Gunsten des Verwenders ist dagegen
unzulässig** (vgl. auch den Wortlaut des § 307 Abs. 1 S. 1 BGB). Der Verwender muss sich daher ungeachtet der Frage ihrer Wirksamkeit nach
den §§ 305 ff. BGB an eine von ihm vorformulierte AGB-Klausel festhal-

---

[334] BGH (XII ZR 200/06) NZM 2009, 397 (398) = NJW-RR 2009, 947.
[335] BGH (VII ZR 354/85) BGHZ 99, 160 = NJW 1987, 837.

ten lassen, wenn sich die Klausel im Einzelfall ganz oder in Teilen, etwa bei Abmahnungserfordernis vor Kündigung wegen Zahlungsverzug, für die Verwendergegenseite günstig auswirkt.[336]

240   § 307 BGB stellt eine **zwingende (Schutz-)Vorschrift** dar, die nicht zu Lasten des Vertragspartners abbedungen werden kann.[337]

241   Abs. 3 enthält eine Schranke der Inhaltskontrolle.

242   Die **Generalklausel** des Abs. 1 enthält allgemein ein Verbot der unangemessenen Benachteiligung des Vertragspartners.

243   Diese Generalklausel wird durch die in **Abs. 2** genannten **Regelbeispiele** konkretisiert. Ist eine der dort genannten Regelbeispiele einschlägig, so ist „im Zweifel" von einer unangemessenen Benachteiligung auszugehen. Nach Abs. 3 unterliegen nur solche AGB der Inhaltskontrolle, die von Rechtsvorschriften abweichen oder eine diese ergänzende Regelung enthalten.

---

244   **Lösung zu Fall 16:**

Man kann und muss V raten, den M auf Durchführung der Schönheitsreparaturen in Anspruch zu nehmen. Denn im Verhältnis zu V ist M Verwender der Klauseln. Die §§ 305 ff. BGB schützen nur die Verwendergegenseite, vorliegend den V. Eine Überprüfung von formularvertraglichen Bedingungen zugunsten des Verwenders findet grundsätzlich nicht statt. Dieser muss sich auch an unwirksame AGB festhalten lassen, wenn sie im Einzelfall für die Verwendergegenseite günstig sind.

---

2. Sonderproblem: Maßstab der Inhaltskontrolle bei der Prüfung von Mieter-AGB

245   Noch nicht dogmatisch durchdrungen ist die Frage, ob und inwieweit im Rahmen von AGB, die vom Mieter als Verwender gestellt wurden, von den gesetzlichen Regelungen abgewichen werden kann. Das **Mietrecht des BGB** ist in seiner Konzeption in weiten Teilen sehr **mieterfreundlich ausgestaltet**. Man könnte hieraus den Schluss ziehen, dass dieses Verständnis auch der Beurteilung noch weiter gehender AGB zu Grunde zu legen ist und daher ein besonders weiter Gestaltungsrahmen gegeben ist. Logisch ist auch der umgekehrte Schluss möglich, indem man darauf abstellt, dass das Gesetz bereits den Interessen weitestgehend Rechnung trägt und daher nur noch geringe Abweichungen als angemessen erscheinen. Schließlich könnte man Abweichungen in beiden Richtungen, zu Gunsten des Vermieters bzw. des Mieters im gleichen Umfang zulassen.

246   Angesichts der sehr weitgehenden Regelungen in den AGB einiger großer Marktteilnehmer dürften erste einschlägige Entscheidungen nicht allzu lange auf sich warten lassen.

---

[336] BGH (XII ZR 64/96) NZM 1998, 718 (719).
[337] Wolf/Lindacher/Pfeiffer/*Wolf* § 307 Rdnr. 9.

II. Vorrang der Auslegung

Gegenstand der Inhaltskontrolle ist der u.U. durch Auslegung zu er- **247** mittelnde Inhalt der Klausel. Eine Auslegung der jeweiligen Klausel hat **der Inhaltskontrolle daher stets vorauszugehen**, weil nur eine ihrem Inhalt nach feststehende Klausel auf ihre Wirksamkeit überprüft werden kann.[338] Die Auslegung erfolgt bei Mehrdeutigkeit der Klausel unter Rückgriff auf die Unklarheitenregel des § 305c Abs. 2 BGB, die allerdings ihrerseits subsidiär im Verhältnis zur erläuternden Auslegung nach §§ 157, 242 BGB ist.

III. Indizwirkung der §§ 308, 309 BGB im unternehmerischen Verkehr

1. Begriff des Unternehmers

Nach der ausdrücklichen gesetzlichen Anordnung in § 310 Abs. 1 S. 1 **248** BGB finden die speziellen Klauselverbote der §§ 308, 309 BGB keine Anwendung auf AGB, die gegenüber einem Unternehmer verwendet werden. Dabei gilt hinsichtlich des Begriffs des Unternehmers die **Definition des § 14 BGB**.[339] Unternehmer in diesem Sinne ist jede natürliche oder juristische Person oder rechtsfähige Personengesellschaft, die bei Abschluss des Mietvertrages in Ausübung ihrer gewerblichen oder selbstständigen beruflichen Tätigkeit handelt. Auch **Freiberufler, Handwerker** und **Landwirte** sind daher Unternehmer, ebenso **Kleingewerbetreibende**, die nicht im Handelsregister eingetragen sind.[340]

Bei **Existenzgründern** liegt Unternehmer- und nicht Verbraucherhan- **249** deln vor, wenn das betreffende Geschäft im Zuge der Aufnahme einer gewerblichen oder selbstständigen beruflichen Tätigkeit geschlossen wird.[341] Das ist bei Anmietung von Geschäftsräumen der Fall, wenn und weil der Abschluss des Mietvertrages nach den objektiven Umständen auf unternehmerisches Handeln ausgerichtet ist.[342]

2. Meinungsstand zur Indizwirkung

a) BGH

Die §§ 308, 309 BGB enthalten insgesamt 21 Ziffern mit speziellen Klau- **250** selverboten. Wegen der ausdrücklichen Regelung in § 310 Abs. 1 S. 1

---

[338] BGH (IV ZR 263/03) NJW 2006, 2545 (2546); BGH (IV ZR 130/03) BGHZ 159, 360 = NJW 2004, 2589; BGH (IV ZR 137/98) NJW 1999, 3411 (3412) = MDR 1999, 1065.

[339] Palandt/*Grüneberg* § 310 Rdnr. 2.

[340] Palandt/*Ellenberger* § 14, Rdnr. 2; vgl. auch *Ulmer/Schäfer* in Ulmer/Brandner/Hensen § 310 Rdnr. 14 ff. m. w. N.

[341] BGH (III ZB 36/04) NJW 2005, 1273.

[342] BGH (III ZR 295/06) NJW 2008, 435 (436).

BGB besteht Einigkeit darüber, dass AGB im unternehmerischen Verkehr allein der Inhaltskontrolle nach § 307 BGB unterliegen, und zwar auch insoweit, als dies zur Unwirksamkeit von Vertragsbestimmungen führt, die in §§ 308, 309 BGB aufgeführt sind.[343] Dementsprechend hat auch der **XII. Zivilsenat des BGH** in zwei Entscheidungen aus dem Jahr 2010[344] (deklaratorisch) klargestellt, dass die speziellen Klauselverbote **keine unmittelbare Anwendung bei der AGB-Kontrolle in der Gewerberaummiete** finden.

251   Den Klauselverboten des § 308 BGB[345] und des § 309 BGB[346] soll jedoch nach **ständiger Rechtsprechung des BGH**[347] im Rahmen der Inhaltskontrolle nach § 307 BGB **Indizwirkung** für die Unwirksamkeit der Klausel auch im unternehmerischen Verkehr zukommen. Dies sei – so der BGH[348] – nicht im Sinne einer schematischen Übertragbarkeit zu verstehen.

252   Da die speziellen Klauselverbote der §§ 308, 309 BGB **Konkretisierungen einer unangemessenen Benachteiligung** entgegen Treu und Glauben im Sinne des § 307 BGB darstellen, sollen die in ihnen zum Ausdruck kommenden Wertungen – soweit sie unter Berücksichtigung der im Handelsverkehr geltenden Gewohnheiten und Bräuche (§ 310 Abs. 1 S. 2 BGB) übertragbar sind[349] – auch im unternehmerischen Verkehr als Maßstab zur Feststellung der unangemessenen Benachteiligung berücksichtigt werden.

253   Auch der **XII. Zivilsenat des BGH** hat in zwei Entscheidungen aus dem Jahr 2007[350] sowie aus dem Jahr 2008[351] einzelnen Klauselverboten

---

[343] Vgl. allein BGH (VIII ZR 141/06) BGHZ 174, 1 = NJW 2007, 3774 (3775).

[344] In BGH (XII ZR 171/08) NZM 2010, 705 = NJW 2010, 3708 heißt es: „… auch gilt § 309 nicht gegenüber Vertragspartnern, die Unternehmer sind (§§ 310 I 1, 14 BGB) …"; In BGH (XII ZR 189/08) NZM 2010, 668 (669) = NJW 2010, 3152 heißt es: „Zwar sind die Klauselverbote der §§ 10, 11 AGBG a. F. (jetzt §§ 308, 309 BGB) nach § 24 S. 1 AGBG a. F. (jetzt § 310 I 1 BGB) nicht anwendbar, wenn sie im Rahmen eines gewerblichen Mietvertrages gegenüber einem Unternehmer verwendet werden."

[345] Vgl. zu einzelnen Klauselverboten des § 308 BGB: BGH (VIII ZR 258/07) NJW 2009, 575 (576) zu § 308 Nr. 3 BGB; BGH (XI ZR 364/08) NJW-RR 2009, 1641 (1643) zu § 308 Nr. 4 BGB; BGH (VII ZR 155/86) BGHZ 101, 357 (363 f.) = NJW 1988, 55 (57) zu § 10 Nr. 5 AGBG a. F. (= § 308 Nr. 5 BGB); BGH (VIII ZR 165/92) NJW 1994, 1060 (1067) zu § 10 Nr. 7a AGBG a. F.; OLG Hamm (7 U 58/00) NZM 2001, 709 (710) zu § 10 Nr. 7 AGBG a. F. (= § 308 Nr. 7 BGB).

[346] Vgl. zu den Klauselverboten des § 309 BGB: BGH (VIII ZR 35/99) NJW-RR 2000, 719 (720) zu § 11 Nr. 5a AGBG a. F.; BGH (VIII ZR 165/92) BGHZ 124, 351 = NJW 1994, 1060 (1068) zu § 11 Nr. 5 AGBG a. F.; BGH (VIII ZR 141/06) NJW 2007, 3774 zu § 309 Nr. 7 BGB; BGH (VIII ZR 16/05) NJW 2006, 47 (49) zu § 309 Nr. 12 BGB.

[347] BGH (VIII ZR 141/06) BGHZ 174, 1 = NJW 2007, 3774 (3775); BGH (VIII ZR 258/94) NJW 1996, 389; BGH (VII 349/82) NJW 1984, 1750 f.

[348] BGH (VIII ZR 141/06) BGHZ 174, 1 = NJW 2007, 3774; BGH (VII ZR 385/02) NJW-RR 2005, 247 = MDR 2005, 441.

[349] So ausdrücklich: BGH (VIII ZR 141/06) BGHZ 174, 1 = NJW 2007, 3774 (3775).

[350] BGH (XII ZR 54/05) NZM 2007, 684 (685) = NJW 2007, 3421: zu § 309 Nr. 3 BGB (Aufrechnungsverbot).

[351] BGH (XII ZR 13/06) NZM 2008, 206 = NJW 2008, 1148: zu § 308 Nr. 1 BGB (Annahmefrist).

Indizwirkung für AGB in der Gewerberaummiete zugesprochen und damit signalisiert, eine Indizwirkung der Klauselverbote der §§ 308, 309 BGB zumindest nicht kategorisch abzulehnen.

b) Literatur

aa) Befürwortung der Indizwirkung

In der Literatur findet die von der Rechtsprechung angenommene In- **254** dizwirkung teilweise Zustimmung.[352]

Innerhalb dieser Ansicht wird mitunter zwischen den Klauselverboten **255** des § 308 BGB und des § 309 BGB differenziert:

Wie bereits die Überschrift der Gesetzesregelung („Klauselverbote mit **256** Wertungsmöglichkeit") besage, sei im Rahmen der Prüfung der einzelnen Regelungen in § 308 BGB – im Gegensatz zu § 309 BGB – stets ein (richterlicher) Wertungsakt erforderlich. Dies sei der Tatsache geschuldet, dass alle Regelungstatbestände in § 308 BGB einen oder auch mehrere unbestimmte Rechtsbegriffe enthalten. Daher soll den Klauselverboten des § 308 BGB „in der Regel"[353] bzw. „grundsätzlich"[354] Indizwirkung für den unternehmerischen Verkehr zukommen.[355] Denn innerhalb der **Wertungsspielräume** der Klauselverbote des § 308 BGB könnten die Besonderheiten des unternehmerischen Verkehrs berücksichtigt werden.

Dagegen verwenden die Klauselverbote des **§ 309 BGB** keine unbe- **256** stimmten Rechtsbegriffe, so dass von ihnen im Verkehr mit Verbrauchern erfasste Klauseln **ohne die Möglichkeit einer richterlichen Wertung unwirksam** sind. Daher könne bei den Klauselverboten in § 309 BGB nur vereinzelt eine Indizwirkung angenommen werden.[356] Keine Indizwirkung entfalten sollen etwa § 309 Nr. 1 BGB[357] (Preiserhöhungsklauseln), § 309 Nr. 2 BGB[358] (Abbedingung der §§ 320, 273 BGB[359]), § 309

---

[352] *Ulmer/Schäfer* in Ulmer/Brandner/Hensen § 310 BGB Rdnr. 27; vgl. auch *Borzutzki-Pasing* NZM 2004, 161 (167); *Dose* NZM 2009, 381 (383).

[353] Palandt/*Grüneberg* § 307 Rdnr. 40; vgl. auch PWW/*Berger* § 308 Rdnr. 14, 19, 29, 35, 43 und 52 zu den einzelnen Klauselverboten des § 308 BGB.

[354] *Fuchs* in Ulmer/Brandner/Hensen § 307 Rdnr. 383; vgl. aber auch: Wolf/Lindacher/Pfeiffer/*Dammann*, Vor §§ 308, 309, Rdnr. 23–24, der die Annahme einer „generellen" Indizwirkung ablehnt und eine solche nur vereinzelt annimmt (vgl. *ders.* § 308 Nr. 2 Rdnr. 40 und § 308 Nr. 6 Rdnr. 31).

[355] Ausnahme: § 308 Nr. 8 BGB (vgl. PWW/*Berger* § 308 Rdnr. 55; Erman/*Roloff* § 308 BGB Rdnr. 69; Wolf/Lindacher/Pfeiffer/*Dammann* § 308 Nr. 8, Rdnr. 29).

[356] *Fuchs* in Ulmer/Brandner/Hensen § 307 Rdnr. 384.

[357] Palandt/*Grüneberg* § 309, Rdnr. 9; PWW/*Berger* § 309, Rdnr. 9; BeckOK Bamberger/Roth/*Becker* § 309 Nr. 1 Rdnr. 35; Erman/*Roloff* § 309 Rdnr. 17; MünchKommBGB/*Kieninger* § 309 Nr. 1 Rdnr. 25. Zu beachten ist im Übrigen, dass § 309 Nr. 1 BGB auf Mietverträge ohnehin keine Anwendung findet (PWW/*Berger* § 309 Rdnr. 7).

[358] Palandt/*Grüneberg* § 309 Rdnr. 16; PWW/*Berger* § 309 Rdnr. 17; BeckOK Bamberger/Roth/*Becker* § 309 Nr. 2 Rdnr. 17; Erman/*Roloff* § 309 Rdnr. 26.

[359] Ein formularvertraglicher Ausschluss oder Einschränkung der §§ 320, 273 BGB ist im unternehmerischen Verkehr grundsätzlich zulässig (BGHZ 324, 327 m. w. N.).

Nr. 6[360] (formularmäßig auferlegte Vertragsstrafen[361]) und § 309 Nr. 13[362] (Form von Anzeigen und Erklärungen).[363]

bb) Ablehnung der Indizwirkung

257   Dagegen stößt die vom BGH vertretene Indizwirkung in der **jüngeren Literatur** wieder auf **Kritik:** Die in § 310 Abs. 1 Satz 1 BGB enthaltene Differenzierung zwischen Verbraucherverträgen und solchen mit Unternehmern werde vom BGH nicht hinreichend berücksichtigt, sondern über die vermeintliche Indizwirkung der §§ 308, 309 BGB weitestgehend neutralisiert.[364] Damit werde das ungeschriebene gesetzliche Leitbild eines im Vergleich zum Verbraucher weniger zu schützenden Unternehmers verletzt[365] und einem Ausweichen des Rechtsverkehrs ins ausländische, etwa schweizerische oder österreichische Recht Vorschub geleistet.[366]

257a   Darüber hinaus berge die Heranziehung der §§ 308, 309 BGB im unternehmerischen Verkehr die Gefahr, dass vor allem Instanzgerichte aus Gründen der Entscheidungsvereinfachung vorschnell auf eine selbstständige Angemessenheitsprüfung und Begründung verzichten,[367] d. h. eine im Unternehmerverkehr verwendete AGB-Klausel lediglich mit einem pauschalen Hinweis auf den Rechtsgedanken eines der in §§ 308, 309 BGB enthaltenen Klauselverbote für unwirksam erklären. Dies obwohl die Notwendigkeit der Prüfung einer Übertragbarkeit eines Rechtsgedankens im Sinne der §§ 308, 309 BGB vom BGH[368] ausdrücklich betont wird.

c) Stellungnahme

258   Bei Lichte betrachtet unterscheiden die Auffassungen des BGH und der Verfechter des Fehlens einer Indizwirkung kaum. Denn solange man

---

[360] BGH (XII ZR 18/00) NZM 2003, 476 (479) = NJW 2003, 2158 (2161); Palandt/*Grüneberg* § 309 Rdnr. 38; PWW/*Berger* § 309 Rdnr. 38; BeckOK Bamberger/Roth/*Becker* § 309 Nr. 6 Rdnr. 13.

[361] Vertragsstrafeklauseln sind im unternehmerischen Verkehr grundsätzlich wirksam (BGH NJW, 2003, 2158, 2161; BGH, NJW 1976, 1886 f. m. w. N.).

[362] Palandt/*Grüneberg* § 309 Rdnr. 107; PWW/*Berger* § 309, Rdnr. 103; Münch-KommBGB/*Kieninger* § 309 Nr. 13 Rdnr. 13; BeckOK Bamberger/Roth/*Becker* § 309 Nr. 13 Rdnr. 12.

[363] Ferner haben für den vorliegend interessierenden Bereich die Klauselverbote des §§ 309 Nr. 8, 9 und 10 keine Bedeutung, da sie auf (Gewerberaum-)Mietverträge nicht anwendbar sind bzw. für diese keine Relevanz besitzen (vgl. zu für § 309 Nr. 10 BGB: BGH (XII ZR 171/08) NZM 2010, 705 = NJW 2010, 3708).

[364] *Dauner-Lieb/Axer* ZIP 2010, 309 f.; *Berger* NJW 2010, 465 f.; vgl. auch *Lenkatis/Löwisch* ZIP 2009, 441; *Rabe* NJW 1987, 1978, 1980 f.

[365] *Lenkatis/Löwisch* ZIP 2009, 441, 443.

[366] So schon *Rabe* NJW 1987, 1978, 1979; *Berger* NJW 2010, 465 f.

[367] Wolf/Lindacher/Pfeiffer/*Dammann* Vor §§ 308, 309 Rdnr. 25.

[368] BGH (VIII ZR 141/06) NJW 2007, 3774 (3775): „… dabei ist auf die im Handelsverkehr geltenden Gewohnheiten und Bräuche angemessen Rücksicht zu nehmen (§ 310 I 2 BGB). Diese Bestimmung, die dem früheren § 24 AGBG entspricht, bedeutet, dass bei der Inhaltskontrolle im unternehmerischen Verkehr die in den Klauselverboten zum Ausdruck kommenden Wertungen berücksichtigt werden sollen, soweit sie übertragbar sind (…)."

mit dem BGH lediglich von einer **Indiz-** und **nicht** von einer (gesetzlichen) **Vermutungswirkung** ausgeht, ist die Erfüllung der §§ 308, 309 BGB lediglich Anlass für eine vollständige und ergebnisoffene Prüfung an Hand des § 307 BGB, die in keiner Weise durch die Erfüllung eines der Tatbestände der §§ 308, 309 BGB präjudiziert ist. **Gegen eine so verstandene Indizwirkung ist nichts einzuwenden.** Zu Recht wird jedoch der Tendenz in der einen oder anderen Instanzgerichtsentscheidung entgegengetreten, aus der Erfüllung des Tatbestands des § 308 BGB bzw. 309 BGB de facto eine Unwirksamkeit im Wege der (gesetzlichen) Vermutung abzuleiten.

IV. Gleichstellung von Gewerberaum- und Wohnraummieter außerhalb der §§ 308, 309 BGB?

1. Rechtsprechung des XII. Zivilsenats des BGH

In mehreren Entscheidungen hat der XII. Zivilsenat des BGH zumin- **259** dest in Teilbereichen auf eine **ähnliche Schutzwürdigkeit der Gewerbe- und Wohnraummieter** im Rahmen der Prüfung einer unangemessenen Benachteiligung im Sinne des § 307 BGB abgestellt.[369] Dort führt der BGH u. a. folgendes aus:[370]

„Aus der vereinzelten Besserstellung des Wohnungsmieters kann nicht der Schluss gezogen werden, das Gesetz habe den Mieter von Geschäftsräumen generell weniger vor belastenden AGB schützen wollen. Zwar erlaubt das Gesetz für Mietverträge über Geschäftsräume eine weitergehende Beschränkung, zumal die Klauselverbote der §§ 308, 309 BGB für Unternehmer nicht gelten. Die Überwälzung der Schönheitsreparaturen auf den Mieter ist aber in diesen Vorschriften nicht geregelt und deswegen an § 307 BGB zu messen, einer Bestimmung, die für Unternehmer und Verbraucher gleichermaßen gilt."

Wie die zitierten Entscheidungen des XII. Zivilsenats zu verstehen **260** sind, wird die weitere Entwicklung zu zeigen haben.

Man kann sie einerseits dahingehend interpretieren, dass ein großzügi- **261** gerer Maßstab bei der Inhaltskontrolle von AGB in Gewerberaumietverträgen nur dann nicht gerechtfertigt sein soll, wenn die zur Beurteilung stehende Regelung sowohl den Wohnraum- als auch den Geschäftsraum(ver-)mieter in gleicher Weise trifft und letzterer daher in Bezug auf die konkrete Klausel nicht weniger schutzbedürftig ist.[371] Dies würde bedeuten, dass der **Maßstab bei der Angemessenheitsprüfung für jede Klausel gesondert festzustellen** ist.

Andererseits lassen die Formulierungen des Senats ohne Weiteres auch **262** eine weitergehende Interpretation dahingehend zu, **Gewerberaum- und**

---

[369] BGH (XII ZR 308/02) NZM 2005, 504 = NJW 2005, 2006; (XII ZR 84/06) BGHZ 178, 158 = NZM 2008, 890 = NJW 2008, 3772.
[370] BGH (XII ZR 84/06) BGHZ 178, 158 = NZM 2008, 890 = NJW 2008, 3772.
[371] Vgl. *Fuchs* in Ulmer/Brandner/Hensen § 307 Rdnr. 378 mit Hinweis auf BGH (XII ZR 308/02) NZM 2005, 504 = NJW 2005, 2006.

Wohnraummieter seien in Bezug auf solche AGB-Bestimmungen, die in den Klauselverboten der §§ 308, 309 BGB keine entsprechende Regelung gefunden haben, deren Angemessenheit mithin allein nach Maßgabe des § 307 BGB zu bemessen ist, **generell gleich zu stellen,** wenn sich nicht aus den §§ 535 ff. BGB ein besonderer Schutz des Wohnraummieter und im Umkehrschluss eine geringere Schutzwürdigkeit des Gewerberaummieters ergibt. Dies könnte weiterhin bedeuten, dass der XII. Senat außerhalb des Anwendungsbereich der §§ 308, 309 BGB seine Rechtsprechung zur Einbeziehungs- und Inhaltskontrolle an die des für Wohnraummietverhältnisse zuständigen VIII. Zivilsenat annähern wird. Ob die vom BGH in den Entscheidungen erwähnte geringere Schutzwürdigkeit des Unternehmers zu einer Differenzierung der Schutzintensität im Rahmen des § 307 BGB führen wird bleibt abzuwarten.

2. Literatur uneinheitlich

263   In der Literatur mehren sich die **kritischen Stimmen,** die in der Rechtsprechung des BGH zum AGB-Recht einen „schleichend vollziehenden Übergriff des Verbraucherschutzgedankens in den unternehmerischen Verkehr"[372] sehen. Der BGH ignoriere das vom Gesetzgeber zum Ausdruck gebrachte Gebot der differenzierten Inhaltskontrolle im Verkehr zwischen Unternehmer und Verbraucher einerseits und im unternehmerischen Verkehr andererseits.[373]

264   Demgegenüber wird darauf verwiesen, dass im Rahmen von Formularverträgen das dispositive Recht faktisch und vom Gesetzgeber gewollt[374] in einem erheblichen Umfang zu zwingendem Recht geworden sei.[375] Denn viele Abweichungen vom dispositiven Recht erwiesen sich als nach Maßgabe des § 307 BGB unwirksam. Dies sei maßgeblich sowohl für die Kontrolle von AGB, die gegenüber einem Verbraucher Verwendung finden, als auch für diejenigen, die gegenüber Unternehmern zur Anwendung gelangen.

3. Stellungnahme

265   Unabhängig von der Frage, wie der geschilderte Streit um die Handhabung der Klauselkontrolle nach Maßgabe der § 307 BGB im unternehmerischen Verkehr generell zu lösen ist, gilt es einige **Besonderheiten des (Gewerberaum-)Mietrechts zu beachten:**

266   Die §§ 535 ff. sind ganz wesentlich und häufig einseitig aus dem Blickwinkel des Wohnraummietrechtes und der existentiellen Bedeutung der Wohnung für den Mieter formuliert worden. Das **Gewerberaummietrecht ist in den §§ 535–548, 578 BGB nur in einem mehr als unvollständigen Umfang geregelt.** Bereits hieraus ergeben sich erhebliche Unschär-

---

[372] *Dauner-Lieb/Axer* ZIP 2010, 309; *Berger* NJW 2010, 465; *Berger* ZIP 2006, 2149.
[373] *Berger* ZIP 2006, 2149 (2151).
[374] *Hensen* NJW 1987, 1986 (1988).
[375] *Graf v. Westphalen* NJW 2009, 2977 (2979).

fen des dispositiven Rechts und die Notwendigkeit zu relativ weiten Freiräumen bei der Vertragsgestaltung auch im Rahmen von AGB, die der BGH[376] bereits zugestanden hat. Regelungen zu den im Gesetz nicht erfassten Bereichen Mietanpassung, Umsatzsteueroption des Vermieters,[377] Laufzeitverlängerungen, Konkurrenzschutz, Betriebspflicht, etc. sind in aller Regel in Gewerberaummietverträgen unverzichtbar. Hinzu kommt, dass eine Reihe von Regelungen, wie z. B. die verschuldensunabhängige Garantiehaftung des § 536 a Abs. 1, 1. Alternative BGB dem (Haftungs-) System des BGB eher fremd sind und daher anerkanntermaßen[378] formularvertraglich abbedungen werden können.

Schließlich sind **nicht unerhebliche Teile des dispositiven Gesetzesrechtes**, wie z. B. § 535 Abs. 1 Satz 3 BGB mit seiner Verpflichtung zur Tragung der Betriebskosten durch den Vermieter **von der Realität überholt** worden. Entsprechendes gilt für die standardmäßig erfolgende Abwälzung der laufenden Schönheitsreparaturen auf den Mieter entgegen § 535 Abs. 1 Satz 2 BGB als weitest verbreitete Übung in den beteiligten Geschäftskreisen.   **267**

Auch hinsichtlich des wirtschaftlichen Gewichts und der Gestaltungsmacht existieren zwischen den beiden Rechtsbereichen erhebliche Unterschiede. Weite Bereiche waren zumindest in den letzten Jahren „**Mietermärkte"**. Etliche der Marktteilnehmer auf Mieterseite sind mit eigenen, zum Teil hochspezialisierten Rechtsabteilungen versehen und daher sicherlich in anderer Weise schutzwürdig wie der auf die Wohnung existenziell angewiesene, in der Regel rechtsunkundige Wohnraummieter.   **268**

Zu beachten ist weiterhin die den Sondervorschriften des HGB und des § 14 BGB zugrunde liegende gesetzgeberische Grundentscheidung, nach der **Kaufleute/Unternehmer** wegen ihrer selbstverantwortlichen berufsmäßigen Teilnahme am unternehmerischen Verkehr einer **geringeren Schutzwürdigkeit**[379] im Rechtsverkehr zugunsten einer größeren Vertragsfreiheit und der Möglichkeit, schnell, kostengünstig und unkompliziert Verträge abschließen zu können, unterliegen. Die teilweise in der Literatur[380] beschworene im Rahmen von Formularverträgen quasi zwingende Rechtsnatur der BGB-Vorschriften zur Miete erscheint damit als eine an den Bedürfnissen der Rechtspraxis der Wohnraummiete ausgerichtete, unangemessene – wenn auch wohlgemeinte – Bevormundung der Teilnehmer des Gewerberaummietmarktes. Eine einschränkende und zurückhaltende Anwendung des Instrumentariums der §§ 305 ff., insbesondere des § 307 BGB im unternehmerischen Verkehr würde einer weiteren Gefahr vorbeugen: **269**

---

[376] BGH (XII ZR 273/98) NZM 2001, 854 = NJW 2001, 3480.

[377] Vgl. hierzu *Fritz* Rdnr. 99 f., 708; *Lützenkirchen*, AHB Mietrecht A Rdnr. 341; *Sontheimer* NJW 1997, 693.

[378] Vgl. BGH (XII ZR 189/08) NZM 2010, 668 = NJW 2010, 3152.

[379] Vgl. hierzu: BGH (XII ZR 171/08) NZM 2010, 705 = NJW 2010, 3708; vgl. auch *Baumbach/Hopt*, Einl. Rdnr. 19.

[380] *von Westphalen* NJW 2009, 2977 f.

270　　Die ausdifferenzierte Rechtsprechung des für Gewerberaummietverhältnisse zuständigen XII. Zivilsenats zum **Schriftformerfordernis** mit der damit einhergehenden relativen Unüberschaubarkeit hat dazu geführt, dass in der Literatur Stimmen laut werden, die ein Einschreiten des Gesetzgebers des § 550 BGB fordern.[381] Eine erhebliche Einschränkung der Fungibilität von Grundstücken wäre sicherlich die Folge der Streichung oder massiven Einschränkung bzw. noch weiterer Lockerung des Schriftformerfordernisses.[382] Die aufkeimende Diskussion um eine Klarstellung einzelner Normen aus dem Bereich der Regelungen zu den Allgemeinen Geschäftsbedingungen sollte aufhorchen lassen. Auch bei der Klauselkontrolle im Bereich der Gewerberaummiete gilt: „Weniger ist mehr."

V. Verhältnis des § 307 BGB zu anderen Unwirksamkeitsgründen

271　　§ 307 BGB fordert für die Unwirksamkeit von AGB-Klauseln keinen Verstoß gegen ein Verbotsgesetz (§ 134 BGB) oder Sittenwidrigkeit (§ 138 BGB), sondern lässt bereits den Verstoß gegen Treu und Glauben ausreichen. Damit hat der Gesetzgeber für den Bereich der AGB zum Schutz des Vertragsteils, dem die vorformulierten Vertragsbedingungen aufoktroyiert werden, einen **gegenüber dem allgemeinen Vertragsrecht verschärften Maßstab der Inhaltskontrolle** eingeführt. Dementsprechend stellen die §§ 307 ff. BGB für die Überprüfung von AGB prinzipiell vorrangige Spezialvorschriften dar. Sie enthalten allerdings keine abschließende Regelung, so dass die zivilrechtlichen Generalklauseln (§§ 134, 138 BGB) ergänzend hinzugezogen werden können.

1. § 134 BGB (Verbotsgesetz)

272　　§ 134 BGB ist nach allgemeiner Auffassung **neben §§ 307 ff. BGB anwendbar**.[383] Verstößt eine Klausel gegen ein Verbotsgesetz im Sinne von § 134 BGB, ist auch eine unangemessene Benachteiligung gegeben, denn von einem gesetzlichen Verbot darf durch AGB nicht abgewichen werden.[384] Da die einschlägige Klausel nach § 134 BGB bereits nichtig ist, ist die zusätzliche unangemessene Benachteiligung jedoch von keiner praktischen Relevanz.

2. § 138 BGB (Sittenwidrigkeit)

273　　Wegen der unterschiedlichen Schutzrichtung hält der BGH[385] auch § 138 BGB neben § 307 BGB für anwendbar. Da § 307 BGB strengere Anforderungen an die Inhaltskontrolle enthält, insbesondere – im Gegensatz

---

[381] *Aufderhaar/Jaeger* ZfIR 2010, 117.
[382] Vieles spricht dafür, zukünftig die Anforderungen an das Schriftformerfordernis wieder herauf zu setzen.
[383] Vgl. allein Wolf/Lindacher/Pfeiffer/*Wolf* § 307 Rdnr. 12.
[384] BGH (VIII ZR 253/99) BGHZ 152, 121 = NJW 2003, 290 (293).
[385] BGH (XI ZR 234/95) BB 1996, 1454 m.w.N. zu § 9 AGBG.

zu § 138 BGB – keine subjektive Vorwerfbarkeit verlangt,[386] soll **die Inhaltskontrolle nach § 307 BGB als lex specialis vorrangig gegenüber
§ 138 BGB** sein.[387]

Daneben besteht ein wesentlicher **Unterschied im Prüfungsansatz.**   **274**
Während die Wirksamkeitskontrolle nach § 307 BGB in einer überindivi-
duell generalisierenden, typisierenden und von den konkreten Umständen des Einzelfalls absehenden Betrachtungsweise zu geschehen hat, ist
im Rahmen des § 138 Abs. 1 BGB maßgeblich, ob ein individuell be-
stimmtes Rechtsgeschäft unter Berücksichtigung aller Umstände des konkreten Einzelfalls gegen die guten Sitten verstößt.

Der BGH[388] hat die Frage **offen gelassen,** nach welcher Vorschrift die   **275**
Unwirksamkeit einer Klausel anzunehmen ist, wenn **sowohl § 307 BGB
als auch § 138 BGB erfüllt** sind. Denn auch bei Annahme einer Unwirksamkeit der Klausel nach § 138 BGB richten sich die Rechtsfolgen der
Unwirksamkeit nach § 306 BGB. Diese Norm geht der allgemeineren Regel des § 139 BGB vor und gilt auch dann, wenn sich die Unwirksamkeit
der Klausel nicht aus dem Recht der Allgemeinen Geschäftsbedingungen,
sondern aus anderen gesetzlichen Vorschriften ergibt.[389]

Sind **zahlreiche AGB-Klauseln in einem Vertrag nach § 307 BGB un-**   **276**
wirksam, so hält der BGH[390] in Ausnahme zu der speziellen Rechtsfolge-
regelung in § 306 Abs. 2 BGB die **Gesamtnichtigkeit des Vertrages** in
Anwendung des § 138 Abs. 1 BGB für möglich.

Allerdings rechtfertigt allein die Unwirksamkeit einiger vertraglicher   **277**
AGB-Klauseln grundsätzlich nicht die Annahme einer Gesamtnichtigkeit.
Die Verwendung unangemessener AGB-Klauseln kann, so der **BGH,**[391]
allenfalls dann zu einer Sittenwidrigkeit des gesamten Vertrages nach
§ 138 Abs. 1 BGB führen, wenn der Vertrag insgesamt aus sittlich ver-
werflicher Gesinnung so **krass einseitig abgefasst** wurde, dass nur der
eine Vertragsteil seine Rechte durchsetzt, während wesentliche, berechtigte Belange des anderen Teils missachtet werden.

Eine Anhäufung unangemessener Klauseln in Fällen, in denen ein Ver-   **278**
trag aufgrund eines **Missverhältnisses zwischen Leistung und Gegenleistung** an der Grenze der Sittenwidrigkeit liegt,[392] kann hierbei einen

---

[386] BGH (IX ZR 283/96) BGHZ 136, 347 = NJW 1997, 3372 (3374).
[387] *Dose* NZM 2009, 381 (382); Palandt/*Ellenberger* § 138 Rdnr. 16; PWW/*Ahrens*
§ 138 Rdnr. 8; BeckOK Bamberger/Roth/*Wendtland* § 138 Rdnr. 10;
[388] BGH (I ZR 56/80) BGHZ 83, 313 (315) = NJW 1982, 1692.
[389] BGH (KZR 14/04) NJW 2007, 3568 (3569) m. w. N. zur Rechtsprechung.
[390] BGH (VIII ZR 350/82) NJW 1985, 53 f. m. w. N.
[391] BGH (IX ZR 337/98) NJW 2001, 2466 (2468) = DNotZ 2001, 694 = MDR 2001, 1180.
[392] Bei gewerblichen Mietverhältnissen nimmt die Rechtsprechung – BGH (XII
352/00) NZM 2004, 907 = NJW 2004, 3553; BGH (XII ZR 314/00) NZM 2002, 822 =
NJW-RR 2002, 1521; KG (12 U 5939/99) NZM 2001, 587 = NJW-RR 2001, 1092; OLG
Dresden (23 U 2407/00) BeckRS 2001, 31 059 207 = ZMR 2002, 261 – ein auffälliges
Missverhältnis von Leistung und Gegenleistung und damit ein wucherähnliches
Rechtsgeschäft im Sinne des § 138 Abs. 1 BGB an, wenn die vereinbarte Miete um
knapp 100% höher oder niedriger ist als der objektive Marktwert der Gebrauchs-
überlassung.

weiteren Umstand darstellen, der zur Überschreitung der Grenze der Sittenwidrigkeit und damit zur Annahme des § 138 Abs. 1 BGB führt.[393]

279   Der **BGH** verlangt, dass die Einzelverstöße über ihre quantitative Summierung hinaus in ihrer Gesamtheit auch einen **qualitativ gewichtigen Verstoß gegen die guten Sitten** zum Ausdruck bringen. Dies ist aufgrund einer **Gesamtwürdigung** der getroffenen Vereinbarungen unter Berücksichtigung von Inhalt, Beweggrund und Zweck der Regelung sowie aller Umstände des Einzelfalles, zu prüfen.[394] Dabei sind – so der **BGH**[395] – auch nach § 305 c Abs. 1 BGB nicht einbezogene oder nach § 307 ff. BGB unwirksame Klauseln in die Prüfung, ob der Vertrag mit den guten Sitten unvereinbar ist, mit einzubeziehen. Andernfalls hätten die §§ 305 ff. BGB im Rahmen des § 138 BGB entgegen ihrem Sinn und Zweck schutzmindernde Wirkung.

280   Schließlich kann ein Vertrag (u.a. auch) unter dem Gesichtspunkt als gegen die guten Sitten verstoßend anzusehen sein, dass die Rechtsbeziehungen zwischen den Parteien in den **AGBs bewusst intransparent**, d.h. äußerlich unübersichtlich und/oder inhaltlich unklar und irreführend ausgestaltet wurden, um die Willensbildung des Vertragspartners durch Verschleierung der mit dem Geschäft verbundenen Risiken zu beeinflussen.[396]

281   **Praxistipp:** Eine Gesamtnichtigkeit des Vertrages gemäß § 138 Abs. 1 BGB in Abweichung zu § 306 Abs. 2 BGB dürfte nur in Ausnahmefällen in Betracht kommen. Sie könnte u.U. im Zusammenhang mit den in vielen Fällen besonders einseitig formulierten Verträgen für **Einkaufscenter** gegeben sein.

282   Häufig enthalten diese Regelwerke nicht nur eine Vielzahl unwirksamer Vertragsklauseln mit mitunter erheblichem wirtschaftlichem Gewicht, sondern sind auch so **unübersichtlich gestaltet**, dass selbst ein gewerberaummietrechtlich versierter Anwalt mehrere Stunden benötigt, um das gesamte, vollkommen undurchsichtige Regelwerk zu verstehen und die wirtschaftlichen Risiken einzuschätzen.

283   In diesem Zusammenhang lässt sich ein auch mit den vermeintlichen und tatsächlichen Besonderheiten eines Einkaufcenters nicht mehr zu erklärender und rechtfertigender **Missbrauch der bestehenden Gestaltungs- und Marktmacht** der Vermieter dieser letztlich ein geschlossenes Marktsegment darstellenden Center feststellen. Die Wirkungen dieser Verträge sind insbesondere für kleinere Unternehmen, die Verluste aus einzelnen Einkaufscentern nicht durch Gewinne erfolgreicher Filialen an anderer Stelle ausgleichen können, vielfach existenzbedrohend.

---

[393] BGH (III ZR 92/79) BGHZ 80, 153 = NJW 1981, 1206 (1209).
[394] BGH (IX ZR 283/96) BGHZ 136, 347 = NJW 1997, 3372 (3374).
[395] BGH (IX ZR 283/96) BGHZ 136, 347 = NJW 1997, 3372 (3374); vgl. auch PWW/*Ahrens* § 138 Rdnr. 8.
[396] Vgl. OLG Dresden (8 U 1305/99) NZM 2000, 207; LG Leipzig (13 O 10010/98) NZM 1999, 725; MünchKommBGB/*Armbrüster* § 138 Rdnr. 5.

3. § 242 BGB (Treu und Glauben)

Da Maßstab der Inhaltskontrolle, Treu und Glauben, bei § 307 BGB **284** und § 242 BGB der gleiche ist, bedarf es bei der Prüfung einer Klausel anhand des § 307 BGB nicht des Rückgriffs auf § 242 BGB.[397]

Dennoch gilt das in § 242 BGB verankerte Prinzip von Treu und Glau- **285** ben auch im Recht der Allgemeinen Geschäftsbedingungen und dient der allgemeinen **Ausübungskontrolle**,[398] die sich im Unterschied zur Inhaltskontrolle mit der Frage befasst, ob die Berufung auf eine wirksame Klausel im Einzelfall rechtsmissbräuchlich ist.[399] Als allgemeines schuldrechtliches Institut kann sich der Einwand des Rechtsmissbrauchs auch gegen den Vertragspartner des Verwenders richten, der vertragliche Rechte aus den AGB des Verwenders geltend macht.[400]

4. §§ 119, 123 BGB (Anfechtung)

Hat sich der Vertragspartner des Verwenders bezüglich des Inhalts **286** einzelner Klauseln geirrt oder liegt ein sonstiger Anfechtungstatbestand vor, so ist eine Anfechtung seiner auf die Einbeziehung gerichteten Willenserklärung **nach §§ 119, 123 BGB möglich**[401] (für den Verwender gilt dies nicht[402]). Dies rechtfertigt sich bereits daraus, dass die §§ 119 ff. BGB eine andere Zielsetzung als die §§ 305 ff. BGB verfolgen, nämlich den Erklärenden nicht in jedem Fall an seiner (irrtümlichen) Erklärung festzuhalten, wenn das von ihm objektiv erklärte nicht seinem Willen entspricht.[403] Dies muss auch bei einer Erklärung gelten, die auf die Einbeziehung von AGB gerichtet ist, wobei die Angemessenheit der AGB unerheblich ist. Denn es existiert kein allgemeiner Rechtsgrundsatz, wonach angemessene AGB der Anfechtbarkeit entzogen sind.[404]

Eine Anfechtung nach § 119 Abs. 1 Alt. 1 BGB setzt voraus, dass sich **287** der Anfechtende – vorliegend die Verwendergegenseite – über den Inhalt der Klausel, auf die sich seine Einbeziehungserklärung bezieht, geirrt hat[405] und dieser Irrtum für die Abgabe der Erklärung ursächlich war. Der Anfechtende muss nachweisen, dass er bei Kenntnis des Irrtums und verständiger Würdigung der Sachlage vom Vertragsschluss Abstand genommen hätte.[406]

---

[397] *Dose* NZM 2009, 381 (382).
[398] Vgl. dazu PWW/*Schmidt-Kessel* § 242 Rdnr. 31 ff.
[399] BGH (VIII ARZ 1/88) BGHZ 105, 71 (88) = NJW 1988, 2790; OLG Karlsruhe (17 U 497/08) BeckRS 2009, 370 419 = WM 2009, 1741.
[400] OLG Karlsruhe (17 U 497/08) BeckRS 2009, 370 419 = WM 2009, 1741.
[401] Wolf/Lindacher/Pfeiffer/*Wolf* § 307 Rdnr. 10 m.w.N.
[402] PWW/*Berger* Vor §§ 305 ff. Rdnr. 12.
[403] BeckOK Bamberger/Roth/*Wendtland* § 119 Rdnr. 1; PWW/*Ahrens* § 119 Rdnr. 1.
[404] *Stoffels* Rdnr. 394.
[405] Dies setzt freilich voraus, dass sich der Anfechtende überhaupt (Fehl-)Vorstellungen über den Inhalt der Klausel gebildet hat.
[406] Vgl. Palandt/*Ellenberger* § 119 Rdnr. 32.

288 Bei der Anfechtung nach § 123 Abs. 1 Alt. 1 BGB wegen arglistiger Täuschung ist **Zurückhaltung geboten.** Allein bei Vorliegen überraschender Klauseln (§ 305 c Abs. 1 BGB) oder solchen, die gegen das in § 307 Abs. 1 S. 2 BGB (Transparenzgebot) verankerte Täuschungsverbot verstoßen, kann nicht die Verletzung einer Aufklärungspflicht über den überraschenden/täuschenden Inhalt der AGB-Klausel und folglich eine Täuschung (durch Verschweigen[407]) angenommen werden.[408]

5. § 8 PrKlG

289 Noch **nicht abschließend geklärt** ist das Verhältnis zwischen § 8 PrKlG und § 307 Abs. 1 BGB bei formularmäßiger Verwendung einer unzulässigen Wertsicherungsklausel.[409] Diese unterliegen – anders als reine Preisvereinbarungen – der Inhaltskontrolle nach § 307 BGB, und zwar auch bei Verwendung im unternehmerischen Verkehr.[410] Während eine gemäß § 307 Abs. 1 BGB unangemessen benachteiligende (Wertsicherungs-)Klausel die Nichtigkeit der Regelung von Anfang an[411] zur Folge hat, ordnet § 8 S. 1 PrKlG bei einem Verstoß gegen das Preisklauselgesetz die schwebende Wirksamkeit der Regelung an. Die Unwirksamkeit der Klausel tritt – und zwar mit ex nunc Wirkung – erst ein, wenn der Verstoß durch ein gerichtliches Urteil rechtskräftig festgestellt worden ist. Die Rechtswirkungen der Wertsicherungsklausel bleiben mithin bis zu einer gerichtlichen Entscheidung wirksam (vgl. § 8 S. 2 PrKlG).

290 **Teilweise**[412] wird vertreten, die in § 8 PrKlG vorgesehene Rechtsfolge finde als **lex specialis** auch in dem Fall Anwendung, in dem eine vorformulierte Wertsicherungsklausel unangemessen benachteiligend sei.

291 Nach der **Gegenansicht**[413] hindert § 8 PrKlG nicht die anfängliche Unwirksamkeit einer in einem gewerblichen Mietvertrag formularvertraglich gestellten Wertsicherungsklausel.[414]

VI. Schranke des § 307 Abs. 3 BGB

1. Grundsatz

292 Nach § 307 Abs. 3 BGB[415] sind der Inhaltskontrolle nach § 307 Abs. 1 und 2 BGB nur solche AGB unterworfen, durch die von Rechtsvorschrif-

---

[407] Vgl. dazu Palandt/*Ellenberger* § 123 Rdnr. 5.
[408] Vgl. *Stoffels* Rdnr. 397.
[409] Vgl. zum Meinungsstand *Schweitzer* ZfIR 2009, 689 (693, 694).
[410] *Gerber* NZM 2008, 152 (154).
[411] Allg. Auffassung, vgl. Wolf/Lindacher/Pfeiffer/*Wolf* § 307 Rdnr. 344.
[412] Palandt/*Grüneberg*, Anh zu § 245 § 8 PrKlG, Rdnr. 1; *Schulz* NZM 2008, 425 (427).
[413] *Schweitzer* ZfIR 2009, 689 (694) m.w.N.; wohl auch *Gerber* NZM 2008, 152 (154).
[414] Vgl. zu Mietanpassungsklauseln unten unter II. Teil Rdnr. 248 ff.
[415] § 307 Abs. 3 S. 1 bestimmt wie der frühere § 8 AGBG die Grenzen der Inhaltskontrolle.

ten abweichende oder diese ergänzende Regelungen vereinbart werden. Auch wenn sich dies aus dem wenig aussagekräftigen Wortlaut der Vorschrift nicht ohne weiteres erschließen lässt, besteht Einigkeit darüber, dass die Regelung **drei Arten von AGB-Klauseln** von der Inhaltskontrolle nach § 307 Abs. 1 S. 1 und Abs. 2 BGB ausnimmt:

Solche, die lediglich den Inhalt von Rechtsvorschriften wiedergeben **293** (sog. **deklaratorische Klauseln**, vgl. sogleich unter Rdnr. 297 f.), die den Gegenstand der Hauptleistung bestimmen (**Leistungsbeschreibungen**, vgl. Rdnr. 302 f.), oder die unmittelbar den für die Leistung geschuldeten Preis festlegen (**Preisvereinbarungen**, vgl. Rdnr. 304 f.).

Zu beachten ist, dass **AGB-Klauseln, die unter § 307 Abs. 3 BGB fal- 294 len** und damit der Inhaltskontrolle nach § 307 Abs. 1 und 2 BGB entzogen sind, **dennoch dem Schutz der §§ 305 b und 305 c unterliegen.**[416] Ist etwa eine AGB-Klausel, die den Gegenstand der Hauptleistung bestimmen soll, derart unklar formuliert, dass Zweifel über den Inhalt der Hauptleistung bestehen, so greift im Zweifel § 305 c Abs. 2 BGB zu Gunsten der Verwendergegenseite.

Ferner wird die Geltung des **Transparenzgebots**[417] (§ 307 Abs. 1 S. 2 **295** BGB) für die genannten Klauseln in § 307 Abs. 3, S. 2 BGB ausdrücklich klargestellt. Dies kann insbesondere bei über den Vertrag verstreuten Preisregelungen von praktischer Relevanz sein.

Praxistipp: Ungeklärt ist in diesem Zusammenhang, ob und ggf. wie **296** Formularvertragsregelungen zur Abwälzung von z. B. Verwaltungskosten[418] als Pauschale, Kosten der Instandhaltung und -setzung von technischen Anlagen in nicht zum ausschließlichen Gebrauch vermieteten Bereichen etc. transparent und damit wirksam zu gestalten sind.

2. Deklaratorische Klauseln

Sogenannte deklaratorische Klauseln sind solche, die **lediglich eine 297 Rechtsvorschrift wiedergeben** und in jeder Hinsicht mit ihr übereinstimmen.[419] Ihr Inhalt erschöpft sich darin, formularmäßig die Geltung dispositiven Rechts für das Vertragsverhältnis festzulegen. Daraus folgt, dass eine Klausel nur dann deklaratorisch und damit kontrollfrei ist, wenn sie eine Rechtsvorschrift inhaltlich wiederholt oder auf eine solche verweist, die auf den Vertrag ohnehin anwendbar wäre, sofern man die Klausel wegdenkt.[420]

---

[416] Palandt/*Grüneberg* § 307 Rdnr. 42; Jauernig/*Stadler* § 305 c Rdnr. 1 zu § 305 c; vgl. auch Wolf/Lindacher/Pfeiffer/*Wolf* § 307 Rdnr. 278.
[417] Vgl. zum Transparenzgebot unten unter I. Teil Rdnr. 372 ff.
[418] Vgl. zur generellen Umlagefähigkeit in AGB: BGH (XII ZR 109/08) BGHZ 183, 299 = NZM 2010, 123 = NJW 2010, 671; BGH (XII ZR 69/08) NZM 2010, 279 = NJW-RR 2010, 739.
[419] BGH (IV ZR 121/00) BGHZ 147, 354 = NJW 2001, 2014 (2015) zu § 8 AGBG.
[420] MünchKommBGB/*Kieninger* § 307 Rdnr. 6.

298   „Rechtsvorschriften" im Sinne des § 307 Abs. 3 BGB sind neben materiellen Gesetzen (auch Verordnungen und Satzungen) auch die allgemein anerkannten (ungeschriebenen) Rechtsgrundsätze, die Regeln des Richterrechts sowie die auf Grund ergänzender Auslegung nach §§ 157, 242 BGB und aus der Natur des jeweiligen Schuldverhältnisses zu entnehmenden Rechte und Pflichten.[421]

299   Liegt eine „deklaratorische Klausel" im dargelegten Sinne vor, ist für die Bestimmung ihres Inhalts nicht anders als für die (lediglich) wiedergegebene oder in Bezug genommene Vorschrift des materiellen Rechts die **allgemeine Gesetzesauslegung maßgeblich.** Das bedeutet insbesondere, dass das Transparenzgebot[422] (§ 307 Abs. 1 S. 2 BGB) und die Unklarheitenregel[423] (§ 305 c Abs. 2 BGB) nicht zur Anwendung kommen.[424] Auch eine Inhaltskontrolle nach § 307 BGB scheidet aus. Eine solche liefe bei deklaratorischen Klauseln ohnehin leer, weil an die Stelle der unwirksamen Klausel gemäß § 306 Abs. 2 BGB die inhaltsgleiche gesetzliche Regelung treten würde.

300   **Praxistipp:** Die Verwendung derartig deklaratorischer Klauseln ist schon unter taktischen Gesichtspunkten häufig kontraproduktiv, da man Diskussionen über die Regelung ohne Not heraufbeschwört. Darüber hinaus nimmt man an eventuellen Verbesserungen des dispositiven Gesetzesrechtes nicht Teil, wenn sie nach Vertragsschluss erfolgen. Denn der Verwender bleibt auch in diesem Fall an seine allgemeinen Geschäftsbedingungen gebunden.

301   Eine deklaratorische Klausel liegt bereits nicht mehr vor, wenn durch ihre Verwendung in irgendeiner Weise eine Änderung der sich aus dem Gesetz ergebenden Rechtslage eintritt. Dies trifft auf AGB-Klauseln zu, die entweder von Rechtsvorschriften abweichende oder diese ergänzende Regelungen enthalten (§ 307 Abs. 3, S. 1 BGB). Dann unterliegt der ergänzende Teil der Klausel der Inhaltskontrolle.[425]

3. Leistungsbeschreibungen

302   AGB-Klauseln, die lediglich den **unmittelbaren Gegenstand der Hauptleistung nach Art, Umfang und Güte festlegen** (sog. Leistungsbeschreibungen), sind der AGB-Kontrolle ebenfalls entzogen. Sie sind abzugrenzen von denjenigen der Inhaltskontrolle unterworfenen Klauseln, die das Hauptleistungsversprechen einschränken, verändern, ausgestalten oder modifizieren. Eine kontrollfreie Leistungsbestimmung liegt nur in dem engen Bereich der Leistungsbezeichnungen, ohne deren Vorliegen man-

[421] BGH (XI ZR 167/96) NJW 1998, 383; BGH (I ZR 186/90) BGHZ 121, 13 = NJW 1993, 721; BAG (5 AZR 332/09) NJW 2010, 2455 (2458).
[422] Vgl. zum Transparenzgebot unter I. Teil Rdnr. 372 f.
[423] Vgl. zur Unklarheitenregel oben unter Rdnr. 209.
[424] BGH (X ZR 16/05) NJW-RR 2007, 1124 (1125) m. w. N.
[425] BGH (X ZR 243/01) NJW 2003, 507; BGH (IV ZR 138/99) NJW 2001, 2012 zu § 8 AGBG.

gels Bestimmbarkeit oder Bestimmtheit des wesentlichen Vertragsinhalts ein wirksamer Vertrag nicht mehr angenommen werden kann.[426]

Vorformulierte **Laufzeitbestimmungen, Haftungsfreizeichnungen, Ge-** **303** **währleistungsausschüsse,** Regelungen über Vertragsstrafen oder Rücktritts- und Kündigungsmöglichkeiten sind jedenfalls nicht als Leistungsbeschreibungen anzusehen und **unterliegen der Inhaltskontrolle.**[427]

4. Preisvereinbarungen

Nicht kontrollfähig sind schließlich Preisvereinbarungen, d. h. Klauseln, **304** die die **Höhe der in Geld geschuldeten Hauptleistung** – im vorliegenden Zusammenhang: die Miethöhe – **unmittelbar festlegen.** Kontrollfähig sind dagegen (Preis-)Nebenabreden, die zwar mittelbare Auswirkungen auf das Entgelt haben, an deren Stelle aber, wenn eine wirksame vertragliche Regelung fehlt, dispositives Gesetzesrecht treten kann.[428]

So geht der BGH[429] von einer vollen Überprüfbarkeit unter anderem **305** von Betriebskostenvereinbarungen aus. Ebenfalls kontrollfähig sind Wertsicherungsklauseln.[430]

VII. Regelbeispiele des § 307 Abs. 2

1. Allgemeines

Nach § 307 Abs. 2 BGB ist eine unangemessene Benachteiligung im **306** Zweifel anzunehmen, wenn entweder eine AGB-Klausel mit wesentlichen Grundgedanken der gesetzlichen Regelung, von der abgewichen wird, nicht zu vereinbaren ist (Nr. 1) oder wesentliche Rechte und Pflichten, die sich aus der Natur des Vertrages ergeben, so einschränkt, dass die Erreichung des Vertragszwecks gefährdet ist (Nr. 2). Die Vorschrift hat den Zweck, das in § 307 Abs. 1 BGB niedergelegte Verbot der „unangemessenen Benachteiligung" für den Rechtsanwender inhaltlich dadurch zu konkretisieren, dass typische rechtliche Kriterien in Form von **Regelbeispielen**[431] angegeben werden, deren Einschlägigkeit „im Zweifel" die Annahme einer unangemessenen Benachteiligung rechtfertigt.[432]

Ein für die tägliche Praxis brauchbarer Gewinn an inhaltlicher Be- **307** stimmtheit des Begriffs der „unangemessenen Benachteiligung" wird mit

---

[426] St. Rspr., vgl. allein BGH (IV ZR 235/99) NJW 2001, 1132 zu § 8 AGBG.

[427] Erman/*Roloff* § 307 Rdnr. 44.

[428] BGH (XI ZR 167/96) NJW 1998, 383; BGH (VII ZR 139/80) BGHZ 81, 229 = NJW 1981, 2351 (Fälligkeitsklausel); OLG Düsseldorf (15 U 181/93) NJW-RR 1995, 1015 (1016) zu § 8 AGBG (Vorleistungsklausel).

[429] BGH (XII ZR 158/01) NZM 2005, 863 = NJW-RR 2006, 84.

[430] BGH (V ZR 283/06) NZM 2008, 139 (140) = NJW-RR 2008, 251; OLG Stuttgart (2 U 134/04) NJW-RR 2005, 858; OLG Frankfurt (1 U 41/07) BeckRS 2007, 65166; MünchKommBGB/*Kieninger* § 307 Rdnr. 17.

[431] Ganz h. M.: BGH (V ZR 220/02) BGHZ 153, 148 = NZM 2003, 292 = NJW 2002, 1313; PWW/*Berger* § 307 Rdnr. 19; wohl a. A.: *Stoffels* Rdnr. 500.

[432] MünchKommBGB/*Kieninger* § 307 Rdnr. 59.

den Regelbeispielen kaum erreicht. Sie geben dem Rechtsanwender allenfalls **Leitkriterien zur Prüfung einer unangemessenen Benachteiligung** an die Hand, die ihrerseits inhaltlich ausgefüllt werden müssen.

308　　Nach richtiger Auffassung[433] handelt es sich bei den Regelbeispielen in § 307 Abs. 2 BGB nicht um „in sich abgeschlossene Sondertatbestände der Inhaltskontrolle",[434] deren Einschlägigkeit ohne weiteres die Unwirksamkeit der AGB-Klausel begründet. Hierfür spricht bereits der Wortlaut („im Zweifel" und nicht „insbesondere"). Die Regelbeispiele in § 307 Abs. 2 BGB sind daher **stets in Verbindung mit der Generalklausel des Abs. 1 zu „lesen"** (s. u.).

309　　Da § 307 Abs. 2 BGB Regelbeispiele zur Konkretisierung der unangemessenen Benachteiligung enthält, ist Abs. 2 **vor der Generalklausel des Abs. 1 zu prüfen.** Dabei sind AGB-Klauseln in Gewerberaummietverträgen vorrangig am Regelbeispiel in Nr. 1 zu messen, wenn es um die formularvertragliche Abweichung von Regelungstatbeständen geht, für die eine gesetzliche Regelung als Kontrollmaßstab vorhanden ist. Im Übrigen sind die beiden Regelbeispiele nicht im Sinne wechselseitiger Ausschließlichkeit voneinander abzugrenzen, sondern überlappen sich teilweise.[435]

2. Tatsächliche Vermutung der unangemessenen Benachteiligung

310　　Noch nicht abschließend geklärt ist die Frage, welche methodischen Konsequenzen aus der Formulierung „im Zweifel" in § 307 Abs. 2 BGB zu ziehen sind.[436] Zwar spricht der **XII. Zivilsenat des BGH**[437] teilweise ausdrücklich von „der gesetzlichen Vermutung des § 307 II Nr. 1 BGB", geht jedoch entsprechend der ständigen Rechtsprechung anderer Senate[438] de facto von einer **tatsächlichen Vermutungswirkung** aus.[439] Der BGH verlangt dementsprechend für die Annahme der Unwirksamkeit einer Klausel auch bei Erfüllung eines Regelbeispiels die darüber hinausgehende positive Feststellung einer „unangemessenen Benachteiligung entgegen Treu und Glauben" im Sinne des § 307 Abs. 1 S. 1 BGB.[440]

---

[433] *Fuchs* in Ulmer/Brandner/Hensen § 307 Rdnr. 196.

[434] So *Stoffels* Rdnr. 500 m.w.N.

[435] *Fuchs* in Ulmer/Brandner/Hensen § 307 Rdnr. 197.

[436] Vgl. dazu auch die Nachweise in *Stoffels* Rdnr. 497 ff. m.w.N.

[437] BGH (XII ZR 61/05) NZM 2008, 243 (246) = NJW-RR 2008, 818.

[438] BGH (VII ZR 165/09) NJW 2010, 2272 (2273); BGH (Xa ZR 40/08) NJW 2009, 3570 (3571); BGH (XI ZR 49/04) NJW-RR 2005, 1135 (1137) = WM 2005, 274 (276); BGH (III ZR 199/01) BB 2002, 1441 (1442); BGH (KZR 37/80) NJW 1982, 644 (645); Vgl. auch KG (23 U 243/08) NJOZ 2009, 3322 (3324); LG Mannheim (1 S 146/09) NJOZ 2011, 147.

[439] So heißt es in BGH (Xa ZR 40/08) NJW 2009, 3570 (3571): „Im Allgemeinen indiziert die Unvereinbarkeit einer Klausel mit wesentlichen Grundgedanken der gesetzlichen Regelung eine gegen Treu und Glauben verstoßende unangemessene Benachteiligung der Gegenseite (...). Gründe, die die beanstandete Klausel bei der gebotenen umfassenden Abwägung der berechtigten Interessen aller Beteiligten (...) gleichwohl nicht als unangemessen erscheinen lassen, sind nicht ersichtlich."

[440] So heißt es in BGH (XI ZR 156/02) BGHZ 153, 344 = NJW NJW 2003, 1447 (1448): „Nicht jede Abweichung einer AGB-Klausel von dispositivem Recht be-

In der **Literatur**[441] vorherrschend ist die Ansicht, wonach die Regelbei-   **311**
spiele eine **„widerlegbare Vermutung"** der unangemessenen Benachteiligung begründen sollen. Dabei bleibt letztlich unklar, welche Art der
Vermutungswirkung gemeint ist. In Betracht kommen einerseits eine
§ 292 ZPO unterfallende[442] *gesetzliche* (Rechts-[443])Vermutung, andererseits
eine *tatsächliche* Vermutung. Im Einklang mit der ständigen Rechtsprechung des BGH ist von einer tatsächlichen und nicht von einer gesetzlichen Vermutungswirkung der Regelbeispiele auszugehen. Die Unterscheidung ist keineswegs nur von akademischer Bedeutung:

Eine *gesetzliche* Vermutung i.S.v. § 292 ZPO enthebt die Partei, zu   **312**
dessen Gunsten sie eingreift, nicht nur von der Beweis-, sondern auch
von der Behauptungslast hinsichtlich des vermuteten Rechtszustandes.[444]
Unterstellt man eine solche gesetzliche Vermutung im Rahmen des § 307
Abs. 2 BGB hinsichtlich des Tatbestandsmerkmals „unangemessene Benachteiligung entgegen Treu und Glauben", würde dies zu folgendem
Ergebnis führen: Die Verwendergegenseite müsste lediglich den Haupt-
beweis für die Voraussetzungen der gesetzlichen Vermutung erbringen.[445] Sie müsste mithin nur Tatsachen darlegen und beweisen bzw.
Gründe vortragen, die den Tatbestand eines der in § 307 Abs. 2 BGB genannten Regelbeispiele ausfüllen. Gelingt ihr dies, trifft sie keine weitere
Behauptungs- und Begründungslast hinsichtlich der Frage einer unangemessenen Benachteiligung entgegen Treu und Glauben. Diese würde
vielmehr gesetzlich (widerlegbar) vermutet[446] mit der Folge, dass eine
Beweislastumkehr zu Lasten des Verwenders eintritt. Dieser müsste nun
den vollen Beweis des Nichtvorliegens einer unangemessenen Benachteiligung führen.[447] Misslingt dieser Beweis des Gegenteils, wäre die Klau-

---

gründet jedoch deren Unwirksamkeit. Diese Rechtsfolge tritt vielmehr nur dann
ein, wenn es sich um eine Abweichung handelt, die mit wesentlichen Grundgedanken der gesetzlichen Regelung nicht zu vereinbaren ist (§ 307 II Nr. 1 BGB,
früher § 9 II Nr. 1 AGBG) und die außerdem den Kunden entgegen den Geboten
von Treu und Glauben unangemessen benachteiligt (§ 307 I 1 BGB, früher § 9 I
BGB), wobei letzteres auch im Anwendungsbereich des § 307 II BGB (früher § 9 II
AGBG) nicht in jedem Falle, sondern lediglich „im Zweifel" anzunehmen ist (…)."
[441] PWW/*Berger* § 307 Rdnr. 19; Palandt/*Grüneberg* § 307 Rdnr. 28; Jauernig/
Stadler § 307 Rdnr. 10; Baumgärtel/*Schmidt-Eichhorn*, Beweislast, § 307 Rdnr. 3 f.;
vgl. dagegen *Fuchs* in Ulmer/Brandner/Hensen § 307 Rdnr. 194 f., der jedenfalls
im Ergebnis wie hier eine tatsächliche Vermutung annimmt.
[442] Obwohl vom Wortlaut des § 292 ZPO nicht unmittelbar erfasst, besteht Einigkeit darüber, dass die Vorschrift auch auf die (gesetzlichen) Rechts(zustands)-
vermutungen anwendbar ist (vgl. Hk-ZPO/*Saenger* § 292 Rdnr. 3).
[443] Eine Tatsachenvermutung kommt nicht in Betracht. Denn die „Unangemessenheit der Benachteiligung entgegen Treu und Glauben" als Gegenstand der (un-
terstellten) gesetzlichen Vermutung ist keine Tatsache, sondern eine Rechtsfrage.
[444] BGH (V ZR 178/08) NJW 2010, 363 (364); Musielak/*Huber* § 292 Rdnr. 4.
[445] Vgl. Zöller/*Greger* § 292 Rdnr. 2.
[446] Nach Wolf/Lindacher/Pfeiffer/*Wolf* § 307 Rdnr. 101 soll sich die Vermutung
nur die unangemessene Benachteiligung, nicht auch darauf, dass die unangemessene Benachteiligung Treu und Glauben widerspricht, umfassen.
[447] Vgl. dazu: MünchKommZPO/*Prütting* § 292 Rdnr. 23.

sel vom Gericht für unwirksam zu erklären, und zwar ohne dass eine
unangemessene Benachteiligung entgegen Treu und Glauben geprüft
und positiv festgestellt worden ist. Denn auch das Gericht ist an eine gesetzliche Vermutung gebunden.[448] Es bräuchte (und dürfte!) nicht mehr
prüfen, ob ggf. Anhaltspunkte vorliegen, die das Unangemessenheitsurteil ausnahmsweise ausschließen. Denn Charakteristikum von gesetzlichen Vermutungen ist, dass der vermutete Rechtszustand (vorliegend:
die unangemessene Benachteiligung entgegen Treu und Glauben) keines
Beweises bedarf[449] und daher offen bleiben kann, wenn und weil er nicht
durch den Beweis des Gegenteils zur vollen Überzeugung des Gerichts[450]
widerlegt worden ist. Aufgrund der weitreichenden Folge der Beweislastumkehr wird eine gesetzliche Vermutung in diesem Sinne richtigerweise **nur dort angenommen, wo der Gesetzgeber die Vermutungswirkung** *ausdrücklich* **(!) vorgesehen hat** (vgl. z.B. Wortlaut in § 476 BGB,[451]
§ 1006 Abs. 1, S. 1 BGB[452] oder § 1362 Abs. 1 BGB[453]). Eine gesetzlich vorgesehene Vermutungswirkung kommt im Wortlaut des § 307 Abs. 2 BGB
nicht zum Ausdruck und ist daher nicht anzunehmen.[454]

313   Vielmehr ist der Formulierung „im Zweifel" in § 307 Abs. 2 BGB (lediglich) eine **tatsächliche Vermutung** für eine unangemessene Benachteiligung entgegen Treu und Glauben zu entnehmen, d.h. eine solche wird
bei Erfüllung eines Regelbeispiels nur indiziert. Tatsächliche Vermutungen sind **von gesetzlichen Vermutungen streng zu unterscheiden** und
fallen nicht unter § 292 ZPO.[455] Den tatsächlichen Vermutungen wird
Bedeutung (nur) insoweit im Rahmen der Beweiswürdigung zugemes-
sen, als sie einen Indizienbeweis für die behauptete Tatsache bzw. das
behauptete Recht begründen können.[456] Dies bedeutet in der vorliegenden Konstellation: Steht zur Überzeugung des Gerichts fest, dass der Inhalt der in Streit stehenden AGB-Klausel den Tatbestand eines der in
§ 307 Abs. 2 BGB enthaltenen Regelbeispiele erfüllt, lässt dies im Rahmen

---

[448] Thomas/Putzo/*Reichhold* § 292 Rdnr. 1; Musielak/*Huber* § 292 Rdnr. 4; Baum-
bach/Lauterbach/Albers/*Hartmann* § 292 Rdnr. 4; vgl. auch Hk-ZPO/*Saenger*
§ 292 Rdnr. 3 a. E.
[449] BGH (V ZR 178/08) NJW 2010, 363 (364); MünchKommZPO/*Prütting* § 292
Rdnr. 5.
[450] BGH (II ZR 37/00) NJW 2002, 2101 (2102).
[451] BGH (VIII ZR 21/04) NJW 2005, 283.
[452] BGH (II ZR 37/00) NJW 2002, 2101.
[453] BGH (IX ZR 92/05) NJW 2007, 992.
[454] *Stoffels* Rdnr. 498 will die Annahme einer gesetzlichen Vermutung mit dem
Argument ablehnen, dass sich eine solche nur auf das Bestehen eines Rechtszu-
stands, nicht jedoch einer Rechtsfolge beziehen könne. Dieses Argument ist nicht
zwingend. Denn es ließe sich gut vertreten, dass die „Unangemessenheit der Benachteiligung entgegen Treu und Glauben ein Rechtszustand ist und erst die sich
daraus ergebende Unwirksamkeit Rechtsfolge.
[455] BGH (V ZR 178/08) NJW 2010, 363 (364); MünchKommZPO/Prütting, § 292,
Rdnr. 7; Hk-ZPO/*Saenger* § 292 Rdnr. 4; Zöller/*Greger* Vor § 284 Rdnr. 33.
[456] BGH (V ZR 178/08) NJW 2010, 363 (364); Hk-ZPO/*Saenger* § 292 Rdnr. 4; kritisch mit beachtlichen Argumenten: MünchKommZPO/*Prütting* § 292 Rdnr. 28.

der Beweiswürdigung – wie ein **Indizienbeweis**[457] – den richterlichen Schluss zu, die Klausel sei entgegen Treu und Glauben unangemessen benachteiligend und folglich unwirksam. Keineswegs ist die Verwendergegenseite von ihrer Darlegungs- und Beweislast hinsichtlich des Tatbestandsmerkmals „unangemessene Benachteiligung entgegen Treu und Glauben" befreit. Vor allem hat das Gericht trotz Einschlägigkeit eines Regelbeispiels in rechtlicher Hinsicht (weiter) zu prüfen, ob ausnahmsweise besondere Gründe vorliegen, die geeignet sein können, das Unangemessenheitsurteil entfallen zu lassen.

Die tatsächliche Vermutung der unangemessenen Benachteiligung **314** führt ferner **nicht zu einer Beweislastumkehr zu Lasten des Verwenders.** Dieser ist andererseits nicht gehindert, die tatsächliche Vermutung zu erschüttern, etwa indem er ein (ausnahmsweise bestehendes) überwiegendes Interesse für die Abweichung von der gesetzlichen Regelung begründet oder darlegt, dass die benachteiligende Wirkung der Klausel durch den Inhalt anderer AGB-Klauseln oder Individualvereinbarungen kompensiert wird und daher unter Berücksichtigung des gesamten Vertragsgefüges und einer Abwägung der dadurch begründeten Rechte und Pflichten der Parteien nicht gegen Treu und Glauben verstößt. Hingegen soll der Verstoß gegen Treu und Glauben nach einer (älteren) Entscheidung des BGH[458] nicht mit dem Argument ausgeräumt werden können, die Klausel sei im Geschäftsverkehr der konkreten Branche üblich. Die Entscheidung dürfte spätestens mit Kodifizierung des § 310 Abs. 1 S. 2 BGB, wonach auf die im Handelsverkehr geltenden Gewohnheiten und Gebräuche Rücksicht zu nehmen ist, keine Geltung mehr haben. Denn zu den nach dieser Vorschrift zu berücksichtigenden Handelsbräuchen gehört u. a. eine branchenübliche Regelungspraxis.[459]

> **Praxistipp:** Nach der Rechtsprechung des **BGH**[460] sind die Handels- **315** bräuche – von demjenigen, der sich auf solche beruft – im Prozess darzulegen und ggf. unter Beweis zu stellen, wobei sich ein Sachverständigengutachten als Beweismittel regelmäßig anbieten dürfte.

3. Abweichung von wesentlichen Grundgedanken der gesetzlichen Regelungen (Nr. 1)

Fall 17:   **316**
V und M haben einen unbefristeten Mietvertrag über Büroraumflächen für eine Anwaltskanzlei abgeschlossen. Der den §§ 305 ff. BGB insgesamt unterfallende Vertrag sieht Kündigungsfristen für den Vermieter von einem Monat zum Monatsende vor. Nach 2 Jahren kündigt V den Mietvertrag mit der vorgenannten Frist. M ist in Not, da er so schnell keine Ersatzflächen finden kann. Er beruft sich daher „blind"

---

[457] Vgl. Zöller/*Greger* § 286 Rdnr. 9 a; MünchKommZPO/*Prütting* § 286 Rdnr. 25.
[458] Vgl. dazu BGH (KZR 37/80) NJW 1982, 644 (645).
[459] Vgl. *Fuchs* in Ulmer/Brandner/Hensen § 307 Rdnr. 372.
[460] BGH (VIII ZR 96/71) BeckRS 1972, 31 126 703

> auf die Unwirksamkeit der Kündigungsfristen. Er stützt sich insoweit
> auf § 307 Abs. 2 Nr. 1 BGB.
> Wir er sich hiermit durchsetzen?

317　**Fall 18:**
　　Im Untermietvertragsformular der V AG, das den §§ 305 ff. BGB un-
terfällt, ist das Recht des Vermieters vorgesehen, den Mietvertrag jederzeit auf eine andere Gesellschaft zu übertragen. Auch zu Gunsten
des Mieters ist jeweils ein Übertragungsrecht vorgesehen. Dies ist jedoch eingeschränkt auf verbundenen Unternehmen. M hält die Regelung für unwirksam.
　　Wie ist die Rechtslage?

318　　Nach § 307 Abs. 2 Nr. 1 BGB ist eine unangemessene Benachteiligung
im Zweifel anzunehmen, wenn eine Bestimmung mit wesentlichen Grundgedanken der gesetzlichen Regelung, von der abgewichen wird, nicht zu
vereinbaren ist.

a) Das Merkmal „gesetzliche Regelung"

319　　Mit „gesetzliche Regelungen" wird in § 307 Abs. 2 Nr. 1 BGB vor allem
auf die **dispositiven Gesetzesbestimmungen** Bezug genommen. Im Rahmen gewerblicher Mietverträge sind in erster Linie solche AGB-Klauseln
brisant, die von den mietrechtlichen Bestimmungen (§§ 535 ff. BGB) zu
Lasten der Verwendergegenseite „abweichen", d.h. diese verändern, ergänzen oder in sonstiger Weise modifizieren. Nach Ansicht des **BGH**[461]
soll das **Merkmal „gesetzliche Regelungen" aber weiter zu verstehen**
sein und neben dispositiven Gesetzesbestimmungen auch die allgemein
anerkannten ungeschriebenen Rechtsgrundsätze, die Regeln des Richterrechts oder die aufgrund ergänzender Auslegung nach §§ 157, 242 BGB
und aus der Natur des jeweiligen Schuldverhältnisses zu entnehmenden
Rechte und Pflichten umfassen.

320　　Darüber hinaus darf nach ständiger Rechtsprechung des **BGH**[462] von
zwingendem Gesetzesrecht nicht durch Allgemeine Geschäftsbedingungen abgewichen werden, so dass entsprechende AGB-Klauseln ohne weiteres nichtig sind.[463]

---

[461] BGH (VIII ZR 276–96) NJW 1998, 1640 (1642); kritisch: *Fuchs* in Ulmer/
Brandner/Hensen § 307 Rdnr. 206: Durch die weite Auslegung des Tatbestands-
merkmals „gesetzliche Regelung" werden die ohnehin nicht sehr trennscharfen
Konturen des § 307 Abs. 2 Nr. 1 BGB vollends aufgelöst.

[462] BGH (VIII ZR 146/01) NJW 2003 1241 (1242); BGH (KZR 10/03) GRUR 2005,
62 (64) = BeckRS 2004, 09 333.

[463] Der Streit um die Frage, ob auch zwingende Gesetzesbestimmungen unter
„gesetzliche Regelung" im Sinne von § 307 Abs. 2 Nr. 1 fallen (vgl. dazu *Fuchs* in
Ulmer/Brandner/Hensen § 307 Rdnr. 208) besitzt für den hier interessierenden
Bereich der Geschäftsraummiete keine praktische Relevanz. Denn er wirkt sich
nur bei Verbandsklagen aus.

b) Das Merkmal „Wesentliche Grundgedanken"

Nicht jede formularvertragliche Abbedingung dispositiver Vorschrif- **321**
ten, sondern nur eine mit „wesentlichen Grundgedanken" der gesetzlichen Regelung nicht zu vereinbarende Abweichung in AGB-Klauseln
erfüllt die Voraussetzungen des Regelbeispiels. Diesem Tatbestandsmerkmal liegt die Vorstellung zugrunde, dass den Normen des dispositiven Rechts ein unterschiedlicher Gerechtigkeitsgehalt und differenzierte
Schutzfunktion zukommt[464] und dementsprechend (nur) bestimmte dispositive Gesetzesbestimmungen eine **Leitbildfunktion** besitzen, von der
nicht abgewichen werden darf.

Wesentliche Grundgedanken im Sinne des § 307 Abs. 2 Nr. 1 BGB soll **322**
eine gesetzliche Regelung nach der Rechtsprechung des **BGH**[465] nur
dann enthalten, wenn sie **Ausdruck eines Gerechtigkeitsgebots** ist und
nicht ausschließlich oder überwiegend auf frei abänderbaren Zweckmäßigkeitserwägungen beruht. Vorschriften, die in diesem Sinne eine Aus-
prägung des Gerechtigkeitsgebots darstellen seien solche, die nach ihrem
Sinn und Zweck **dem Schutz oder einem berechtigten Interesse des
Vertragspartners zu dienen bestimmt** sind[466] bzw. solche, die Ausdruck
des Äquivalenzprinzips sind.[467] Sie seien Ausdruck der angemessenen
Verteilung des Vertragsrisikos bzw. der Herstellung der Vertragsgerech-
tigkeit und daher in ihren wesentlichen Grundgedanken der Disposition
des AGB-Verwenders entzogen.

Wesentliche Grundgedanken eines Rechtsgebiets brauchen aber – so **323**
der **BGH**[468] in ständiger Rechtsprechung – **nicht notwendigerweise in
Einzelbestimmungen formuliert** zu sein. Es genügt, dass sie in allgemeinen, an Gerechtigkeitsgedanken ausgerichteten und auf das betreffende Rechtsgebiet anwendbaren Grundsätzen ihren Niederschlag gefunden haben.

Praxistipp: Da es sich bei der Einordnung unter die wesentlichen **324**
Grundgedanken nicht um ein trennscharfes an objektiven Kriterien,
sondern um ein im Ergebnis von den Gerichten vorzunehmendes
Abwägungs- und Einordnungskriterium handelt, ist der praktische
Gewinn durch das Regelbeispiel eher gering. Man wird sich zumeist
nur mit annähernder Sicherheit auf Erfolg auf diejenigen Bereiche
stützen können, für die bereits einschlägige höchstrichterliche Rechtsprechung vorliegt.

---

[464] *Fuchs* in Ulmer/Brandner/Hensen § 307 Rdnr. 222.
[465] BGH (VIII ZR 159/03) NJW-RR 2004, 1206 (1207); vgl. auch BAG (5 AZR
627/06) NZA 2007, 853 (854)
[466] Vgl. BGH (VIII ZR 71/86) NJW 1987, 2506 f.; *Fuchs* in Ulmer/Brandner/
Hensen § 307 Rdnr. 223 a. E.
[467] BGH (XII ZR 62/06) NZM 2008, 609 = NJW 2008, 2497.
[468] BGH (XII ZR 273/98) NZM 2001, 854 = NJW 2001, 3480.

325   So zählt das **Prinzip der Äquivalenz von Leistung und Gegenleistung** nach Ansicht des BGH[469] zu den wesentlichen Grundgedanken der gesetzlichen Regelung über schuldrechtliche Verträge.

326   Nach Ansicht des für Gewerberaummietverhältnisse zuständigen **XII. Zivilsenats des BGH**[470] zählt zu den wesentlichen Grundgedanken des gesetzlichen Mietrechts die **Zulässigkeit langfristiger Bindung an einen Mietvertrag** oder das **grundsätzliche Recht zur fristlosen (außerordentlichen) Kündigung bei Vorliegen besonders schwer wiegender Gründe**, ohne dass dies in einer konkreten Einzelbestimmung zum Ausdruck komme.

327   Daneben hat der BGH bislang folgenden **mietrechtlichen Normen** eine **Leitbildfunktion** zugeschrieben:

328   **§ 535 Abs. 1, S. 2 BGB:**[471] Dass nicht der Mieter, sondern der Vermieter die Mietsache in dem zum vertragsgemäßen Gebrauch erforderlichen Zustand zu erhalten hat, gehöre zu den wesentlichen Grundgedanken des gesetzlichen Mietrechts. Abweichungen davon seien nur in begrenztem Umfang möglich und stellen im Zweifel eine unangemessene Benachteiligung des Mieters dar. Zumindest bei einer Abwälzung der Instandhaltung und Instandsetzung[472] für Bereiche des Mietobjektes, die nicht zum ausschließlichen Gebrauch an den Mieter überlassen sind, muss dementsprechend eine höhenmäßige Begrenzung in allgemeinen Vertragsbedingungen vorhanden sein.[473]

329   **§ 537 Abs. 1 S. 1 und 2 BGB:**[474] Zu den Wesentlichen Grundgedanken des Mietrechts gehöre, dass eine Gebrauchshinderung durch den Mieter den Mietanspruch grundsätzlich nicht berührt, der Vermieter sich jedoch den Wert der ersparten Aufwendungen sowie derjenigen Vorteile anrechnen lassen müsse, die er aus einer anderweitigen Verwertung des Gebrauchs erlangt.

330   **§ 543 Abs. 2, S. 1 Nr. 3 BGB:**[475] Der Zweck der Vorschrift bestehe in dem Schutz des Mieters vor fristloser Vertragsbeendigung bei nur geringfügigem oder ganz kurzfristigem Zahlungsverzug. Dem Mieter nachteilige formularmäßige Abweichungen, z.B. dahingehend, dass der Vermieter schon bei einem Verzug mit der Zahlung von nur einer Miete, und zwar auch dann, wenn der Rückstand nur unerheblich ist, zur fristlosen Kündigung berechtigt ist, seien daher regelmäßig als unangemessen anzusehen.

---

[469] BGH (VIII ZR 217/84) BGHZ 96, 103 (109) = BGH NJW 1986, 179 (180).

[470] BGH (XII ZR 273/98) NZM 2001, 854 = NJW 2001, 3480.

[471] BGH (VIII ZR 91/88) BGHZ 108, 1 (6) = NJW 1989, 2247 zu § 536 BGB a.F.; vgl. auch *Dose* NZM 2009, 381.

[472] Vgl. zur Definition der Begriffe: BGH (XII ZR 158/01) NZM 2005, 863 (864) = NJW-RR 2006, 84 (85).

[473] BGH (XII ZR 158/01) NZM 2005, 863 = NJW-RR 2006, 84.

[474] BGH (III ZR 310/00) BGHZ 148, 233 (238) = NZM 2001, 864 = NJW 2001, 2971.

[475] Vgl. BGH (VIII ZR 71/86) NJW 1987, 2506 f. zu § 554 BGB a.F.

§ 546a Abs. 1 BGB:[476] Eine AGB-Klausel, die den Mieter bei Nicht-   **331**
rückgabe der Mietsache zur Zahlung einer Nutzungsentschädigung verpflichtet, ohne dass es auf eine „Vorenthaltung" im Sinne des § 546a
Abs. 1 BGB ankommt, benachteilige den Mieter unangemessen, da die
Vorenthaltung zu den wesentlichen Grundgedanken der Vorschrift gehöre.[477]

c) Das Merkmal „abgewichen"

Eine Abweichung von den Grundgedanken der gesetzlichen Regelung   **332**
liegt vor, wenn von einer gesetzlichen Regelung im Sinne des § 307
Abs. 2 Nr. 1 BGB (s.o.), die Ausdruck eines allgemeinen Gerechtigkeitsgebots ist , **zum Nachteil der Verwendergegenseite**[478] abgewichen wird,
d.h. etwas anderes ausbedungen wird, als das, was aufgrund dieser gesetzlichen Regelung gelten würde.

d) Das Merkmal „nicht zu vereinbaren"

Bei **wörtlicher Auslegung** der Norm verlangt § 307 Abs. 2 Nr. 1 BGB   **333**
nicht bloß eine Abweichung von wesentlichen Grundgedanken der gesetzlichen Regelung, sondern eine *„nicht zu vereinbarende"* Abweichung
von diesen. Fraglich ist, ob diese „Unvereinbarkeit" der Abweichung ein
eigenständiges Tatbestandsmerkmal darstellt. Mithin, ob für die Erfüllung des Regelbeispiels und der damit verbundenen Annahme einer Indizwirkung für die unangemessene Benachteiligung entgegen Treu und
Glauben mehr als eine (bloße) Abweichung von wesentlichen Grundgedanken der gesetzlichen Regelung zu verlangen ist.

Der **BGH** misst den Worten „nicht zu vereinbaren" in § 307 Abs. 1   **334**
Nr. 1 BGB **keine eigenständige Bedeutung** bei. Vielmehr prüft er bei der
Inhaltskontrolle einer AGB-Klausel anhand des § 307 Abs. 2 Nr. 1 i.V.m.
§ 307 Abs. 1 S. 1 BGB im Rahmen des § 307 Abs. 2 Nr. 1 BGB lediglich, ob
eine Abweichung von wesentlichen Grundgedanken einer gesetzlichen
Regelung vorliegt. Darüber hinausgehende Anforderungen im Sinne
einer „Unvereinbarkeit" der Abweichung werden nicht gestellt.[479]

---

[476] BGH (VIII ZR 103/03) NZM 2004, 354 = NJW-RR 2004, 558 zu § 557 BGB a.F.
(Leasingvertrag)
[477] Vgl. a. die weiteren Beispiele bei Lindner-Figura/Oprée/Stellmann/*Lindner-Figura* Kap. 7 Rdnr. 123.
[478] Abweichungen, die der Verwendergegenseite gegenüber der gesetzlichen
Regelung zum Vorteil gereichen, fallen entsprechend dem Schutzzweck der
§§ 307 f. BGB nicht unter die Norm.
[479] So heißt es in BGH (XII ZR 61/05) NZM 2008, 243 (246) = NJW-RR 2008, 818:
„Ob hingegen eine von § (...) BGB abweichende Klausel in AGB unwirksam ist,
weil sie von „wesentlichen Grundgedanken einer gesetzlichen Regelung" abweicht und damit eine unangemessene Benachteiligung des Vertragspartners des
Verwenders indiziert (§ 307 II Nr. 1, I 1 BGB), hängt davon ab, ob § (...) BGB Ausdruck eines allgemeinen Gerechtigkeitsgebots ist oder der Vorschrift nur Zweckmäßigkeitserwägungen zugrunde liegen (...)."

Liegt eine Abweichung von wesentlichen Grundgedanken der gesetzlichen Regelung vor, sieht der **BGH** das Regelbeispiel des § 307 Abs. 2 Nr. 1 BGB und damit ein „Indiz" für eine unangemessene Benachteiligung entgegen Treu und Glauben als gegeben an.

Nunmehr stellt der **BGH** hinsichtlich der (Un-)Wirksamkeit der Klausel darauf ab, ob die Abweichung von wesentlichen Grundgedanken der gesetzlichen Regelung durch überwiegende[480] Interessen des Verwenders, die das Interesse der Gegenseite an der Einhaltung der durch das Gesetz gezogenen Grenze übersteigen, gerechtfertigt ist.[481] Der **BGH** geht zu der im Rahmen des § 307 Abs. 1 S. 1 BGB vorzunehmenden umfassenden Interessenabwägung über.[482] Das höherrangige Interesse an der Abweichung hat dabei der Verwender darzulegen.[483]

335 Demgegenüber wird in der **Literatur** die „Unvereinbarkeit" als **eigenständiges Tatbestandsmerkmal** qualifiziert. Das Regelbeispiel des § 307 Abs. 2 Nr. 1 BGB enthält danach eine doppelte Erheblichkeitsschwelle[484] in Bezug auf Gegenstand und Ausmaß der Abweichung: Die Abweichung muss sich (1) auf Vorschriften erstrecken, die einem berechtigten Schutzbedürfnis des Vertragspartners dienen („Wesentliche Grundgedanken") und (2) muss die Abweichung eine gewisse Intensitätsschwelle überschreiten („unvereinbar"). Wann eine das „Unvereinbarkeitsmerkmal" erfüllende Intensität anzunehmen ist, wird unterschiedlich formuliert.

336 Nach **einer Auffassung**[485] darf die Klausel von den dispositiven Normen, die einem berechtigten Interesse des Vertragspartners zu dienen bestimmt sind, **nicht nur unwesentlich** abweichen, sondern muss ihnen diametral widersprechen.

337 Nach **anderer Auffassung** darf in die rechtlich geschützten Interessen des Vertragspartners **in nicht unerheblichem Maße** eingegriffen werden[486] bzw. diese dürfen im **Kernbereich** nicht missachtet werden.[487]

338 Die „**Lesart**" des BGH ist aus Sicht des Rechtsanwenders, der bei Subsumierung von AGB-Klauseln unter § 307 Abs. 2 Nr. 1 BGB bereits das schwer handhabbare Tatbestandsmerkmal „Grundgedanken der gesetzlichen Regelung" zu überwinden hat, **vorzugswürdig**. Ihn über das ver-

---

[480] Vgl. auch BGH (X ZR 10/04) BGH NJW 2005, 1774 (1775): Danach ist die Unangemessenheit bereits zu verneinen, wenn die Benachteiligung des Vertragspartners durch „zumindest gleichwertige (...) Interessen des AGB-Verwenders gerechtfertigt ist."

[481] BGH (X ZR 60/04) NJW 2005, 2919 (2922); BGH (VIII ZR 221/95) NJW 1996, 2574 (2576); BGH (VIII ZR 292/88) NJW 1990, 2065 (2066).

[482] Abzulehnen und mit der Rechtsprechung des BGH nicht vereinbar ist insoweit die Ansicht von *Stoffels* (Rdnr. 518), wonach im Rahmen des § 307 Abs. 2 Nr. 1 BGB eine weniger umfassende Interessenabwägung als nach Maßgabe des § 307 Abs. 1 S. 1 statt finde.

[483] BGH (X ZR 60/04) NJW 2005, 2919 (2922); vgl. auch BGH (XII ZR 61/05) NZM 2008, 243 (246).

[484] *Fuchs* in Ulmer/Brandner/Hensen § 307 Rdnr. 227.

[485] *Fuchs* in Ulmer/Brandner/Hensen § 307 Rdnr. 229 f. m. w. N.

[486] So Palandt/*Grüneberg* § 307 Rdnr. 31.

[487] Wolf/Lindacher/Pfeiffer/*Wolf* § 307 Rdnr. 125.

meintliche Tatbestandsmerkmal der „Unvereinbarkeit" mit weiteren unbestimmten Rechtsbegriffen („unwesentlich", „unerheblich" oder Kernbereich") zu konfrontieren, ist für den eigentlichen Zweck des Regelbeispiels, nämlich den Begriff der „unangemessenen Benachteiligung entgegen Treu und Glauben" zu konkretisieren und dem Rechtsanwender handhabbare Prüfungskriterien an die Hand zu geben, eher abträglich. Im Übrigen wird selbst in der Literatur eingeräumt, dass die „Unvereinbarkeit" einer AGB-Klausel mit wesentlichen Grundgedanken der gesetzlichen Regelung, von der abgewichen wird, letztlich nur im Rahmen einer Interessenabwägung festgestellt werden könne.[488]

Praxistipp: Eine sichere Prognose bezüglich des Ergebnisses einer **339** Angemessenheitsprüfung einer streitigen AGB-Klausel anhand der oben aufgeführten Kriterien ist praktisch kaum möglich. Bereits der erste Prüfungsschritt, die – höchst subjektive – Abgrenzung zwischen Normen bzw. Grundsätzen mit Gerechtigkeitsgehalt einerseits und Zweckmäßigkeitserwägungen andererseits ist mit großen Schwierigkeiten verbunden. Noch schwieriger gestaltet sich die im nächsten Prüfungsschritt vorzunehmende Interessenabwägung, ob die mit der Abweichung von der gesetzlichen Regelung (typischerweise[489]) verbundene Benachteiligung der Verwendergegenseite gegen Treu und Glauben verstößt. Denn diese Abwägung ist mit einem gewissen Bewertungsspielraum ausgestattet, dessen Grenzen wiederum nicht starr, sondern dynamisch sind, wie die stark in Fluss geratene Rechtsprechung zu der Abwälzung von Instandhaltungs- und Instandsetzungspflichten, insbesondere Schönheitsreparaturen zeigt. Es bleibt abzuwarten, ob sich in der Rechtsprechung des BGH verlässliche Leitlinien entwickeln oder ob es bei einer reinen Kasuistik bleibt.

Lösung zu Fall 17:   **340**
Nicht jede Abweichung von einer gesetzlichen Regelung, sondern nur eine, die mit den wesentlichen Grundgedanken des Gesetzes nicht zu vereinbaren ist, soll einen Verstoß gegen § 307 Abs. 2 Nr. 1 BGB darstellen. Insoweit soll zu unterscheiden sein zwischen Gesetzesbestimmungen, mit wesentlichem Gerechtigkeitsgehalt und solchen, denen überwiegend oder ausschließlich Zweckmäßigkeitserwägungen zugrunde liegen.
Der BGH hat die Kündigungsfristen des § 580a BGB als Schutzvorschrift im Sinne der wesentlichen Interessen der Vertragsparteien und deshalb Verkürzungen dieser Fristen als Verstoß gegen § 307 Abs. 2 Nr. 1 BGB angesehen (BGH (XII ZR 273/98) NZM 2001, 854 = NJW 2001, 3480).

---

[488] *Fuchs* in Ulmer/Brandner/Hensen § 307 Rdnr. 230: Dabei habe die Interessenabwägung „nicht gleichermaßen umfassend und ergebnisoffen" wie nach Abs. 1 auszufallen.
[489] Und nicht im konkreten Einzelfall!

341 | **Lösung zu Fall 18:**
Der BGH (BGH (XII ZR 171/08) NZM 2010, 705 = NJW 2010, 3708) sieht in der Übertragungsmöglichkeit keine unangemessene Benachteiligung des Mieters. Insbesondere werde nicht von wesentlichen Grundgedanken der gesetzlichen Regelung im Sinne des § 307 Abs. 2 Nr. 1 BGB abgewichen. Zwar sei es richtig, dass eine Übertragung der Rechte und Pflichten aus einem Vertrag ohne Zustimmung des Vertragspartners dem geltenden Recht fremd ist. Das Mietrecht zeige sich jedoch gegenüber der Übertragung von Mietverhältnissen tendenziell aufgeschlossener. Dies folge schon aus §§ 578, 566 BGB.

Auch aus § 307 Abs. 2 Nr. 2 lasse sich eine Unwirksamkeit nicht herleiten. Es sei schon zweifelhaft, ob mit der eingeräumten Übertragungsbefugnis wesentliche Rechte, die sich aus der Natur gerade eines Mietvertrages ergeben, eingeschränkt werden. Selbst bei einer Insolvenz des neuen Vermieters sei der Mieter gemäß § 108 InsO geschützt.

M kann sich daher im Ergebnis gegen die Übertragung des Vertrages nicht wehren.

4. Vertragsgefährdende Einschränkung von Rechten und Pflichten (Nr. 2)

342 | **Fall 19:**
Der Formularvertrag des V enthält folgende Klausel:

„Führt ein Mangel der Mietsache zu Sach- oder Vermögensschäden, so haftet der Vermieter gegen den Mieter für diese Schäden nur bei Vorsatz oder grober Fahrlässigkeit."

Aufgrund eines von V leicht fahrlässig verursachten Mangels der Mietsache kommt es zu einem Schaden in unstreitiger Höhe von 5000,00 € bei Mieter M. Dieser nimmt V auf Zahlung in Anspruch, der sich auf seine Haftungsausschlussklausel beruft.

Wird er sich hiermit durchsetzen?

a) Bedeutung des Regelbeispiels

343 Prüfungsmaßstab des § 307 Abs. 2 Nr. 2 BGB sind die „wesentlichen Rechte und Pflichten aus der Natur des Vertrages". Die Vorschrift ermöglicht somit eine Inhaltskontrolle unabhängig davon, ob ein gesetzlicher Vergleichmaßstab in Form einer Norm mit Leitbildfunktion existiert. Primärer **Anwendungsbereich** der Vorschrift sind daher einerseits die gesetzlich nicht normierten Vertragstypen (z.B. Leasingvertrag), andererseits Regelungsgegenstände, für die das Gesetz trotz grundsätzlicher Erfassung des Vertragstyps (z.B. Mietvertrag, §§ 535 ff. BGB) keine Vorschriften enthält (z.B. Konkurrenzschutz, Betriebspflicht).

Darin erschöpft sich der Zweck der Vorschrift jedoch nicht. Als **Verbot** **344**
der Aushöhlung vertragswesentlicher Rechte und Pflichten[490] durch
einseitig gestellte Vertragsbedingungen hat die Vorschrift vor allem Bedeutung im Bereich der Freizeichnungs- bzw. Haftungsausschlussklauseln. Der Klauselverwender darf sich – auch im unternehmerischen Verkehr – nicht formularvertraglich von Pflichten frei zeichnen, deren
Erfüllung die ordnungsgemäße Durchführung des Vertrages überhaupt
erst ermöglicht, auf deren Erfüllung der Vertragspartner daher vertraut
und vertrauen darf.[491] Formularmäßige einseitige Freizeichnungsklauseln
des Verwenders sind grundsätzlich nur dann wirksam, wenn die Klau-
sel/das Klauselwerk in zulässigerweise schwerwiegende Änderungsgründe nennt und in ihren Voraussetzungen und Folgen erkennbar die
Interessen des Vertragspartners angemessen berücksichtigt.[492]

b) Das Merkmal „wesentliche Rechte oder Pflichten aus der Natur des
Vertrages"

Als wesentliche Vertragspflichten im Sinne des § 307 Abs. 2 Nr. 2 BGB **345**
anzusehen sind jedenfalls die im Gegenseitigkeitsverhältnis stehenden
Hauptpflichten des Vertrages, bei einem (Gewerberaum-)Mietvertrag
etwa die Instandhaltungspflicht des Vermieters.[493] Hinzu kommen
Schutz- und Nebenpflichten, sofern sie für die Erreichung des Vertragszwecks von besonderer Bedeutung sind.[494] Entscheidend ist, dass sie zu
den „zentralen Leistungs- und Schutzerwartungen" des Vertragspartners
zählen.[495]

Regelungen in AGB dürfen nach ständiger Rechtsprechung des BGH **346**
nicht dazu führen, dass der Klauselverwender von Verpflichtungen
befreit wird, „deren Erfüllung die ordnungsgemäße Durchführung des
Vertrages überhaupt erst ermöglichen und auf deren Einhaltung der Vertragspartner regelmäßig vertraut und vertrauen darf."[496] **Kontrollmaß-**
stab ist dabei – wie sich aus dem Begriff der „Natur des Vertrages" ergibt
– nicht der sich aus den konkreten Vereinbarungen im Einzelfall ergebende Vertragszweck. Vielmehr ist auf ein **„Referenzmodell"**[497] **eines**
Gewerberaummietvertrages und seinem typischen Vertragszweck, wie
er sich aus dem Vertragsinhalt mit Rücksicht auf Treu und Glauben und
die Verkehrssitte ergibt, abzustellen. Entscheidend sind dementsprechend nicht die tatsächlichen Vorstellungen der konkreten Verwender-

---

[490] Zuletzt BGH (LwZR 15/08) NZM 2010, 553 (554) = NJW-RR 2010, 1497.
[491] BGH (X ZR 14/93) NJW-RR 1996, 783 (788) m. w. N. zu § 9 AGBG; BGH (VIII
ZR 238/91) NJW 1993, 335 (336).
[492] BGH (VIII ZR 165/92) BGHZ 124, 351 = NJW 1994, 1060 (1063) zu § 9 AGBG.
[493] BGH (VIII ARZ 1/01) BGHZ 149, 89 = NZM 2002, 116 = NJW 2002, 673 zu § 9
Abs. 2 Nr. 2 AGBG.
[494] BGH (VIII ZR 137/83) NJW 1985, 914 (916).
[495] *Fuchs* in Ulmer/Brandner/Hensen § 307 Rdnr. 240.
[496] BGH (VIII ZR 141/06) NJW 2007, 3774 (3775) = DNotZ 2008, 365; BGH (X ZR
90/91) NJW-RR 1993, 560 (561) zu § 9 Abs. 2 Nr. 2 AGBG.
[497] So treffend *Fuchs* in Ulmer/Brandner/Hensen § 307 Rdnr. 245.

gegenseite. Vielmehr ist gemäß der für AGB charakteristischen objektiv-generalisierenden und typisierenden Betrachtungsweise auf die vertragstypischen Gerechtigkeitserwartungen eines redlichen Vertragspartners bei einem Geschäftsraummietvertrag abzustellen.[498]

347 Geprägt werden diese typischen Vorstellungen und Erwartungen zwar in erster Linie durch die bei Gewerberaummietverträgen übliche Klauselpraxis. Die **bloße Üblichkeit einer AGB-Klausel genügt jedoch nicht,** um ihren Inhalt gegenüber der AGB-Kontrolle zu immunisieren. Vielmehr ist der maßgebliche Erwartungshorizont der Verwendergegenseite durch objektive normative Wertungen der Rechtsordnung zu ergänzen. Andernfalls besteht die Gefahr, dass sich inhaltlich unangemessene AGB-Klauseln allein aufgrund ihrer faktischen Verbreitung und der davon ausgehenden tatsächlichen Prägung des Erwartungshorizonts der entsprechenden Verkehrskreise durchsetzen.[499]

348 Insbesondere bei den Regelungsgegenständen, die **normativ nicht geregelt** sind (z. B. **Konkurrenzschutz,**[500] **Betriebspflicht**[501]), ist es letztlich Aufgabe der Rechtsprechung, die für eine Inhaltskontrolle maßgeblichen Grenzen auszuloten.

c) Das Merkmal „eingeschränkt"

349 Eine Einschränkung wesentlicher Vertragsrechte oder -pflichten ist **jede nachteilige Veränderung der Rechtsposition des Vertragspartners** im Vergleich zu der Rechtslage, die ohne die fragliche Klausel gelten würde. Nicht nur der explizite (teilweise) Ausschluss von Rechten des Vertragspartners oder Pflichten des Verwenders sind Einschränkungen in diesem Sinne.[502] Vielmehr können auch andere Formen der Verkürzung von Rechten, wie z. B. eine Beweislast-Klausel, die die Durchsetzung von Rechten des Vertragspartners faktisch vereitelt[503] oder eine Klausel, die die Verletzung einer Vertragspflicht sanktionslos stellt,[504] gegen § 307 Abs. 2 Nr. 2 BGB verstoßen.

d) Das Merkmal „Gefährdung des Vertragszwecks"

350 Nach dem Wortlaut des § 307 Abs. 2 Nr. 2 BGB genügt nicht jede Einschränkung wesentlicher Vertragsrechte und -pflichten für die Annahme einer unangemessenen Benachteiligung, sondern nur eine solche, die *„die* **Erreichung des Vertragszwecks gefährdet".** Der Wortlaut deutet – ähnlich wie in § 307 Abs. 2 Nr. 1 BGB („nicht zu vereinbaren") – darauf hin,

---

[498] Vgl. Erman/*Roloff* § 307 Rdnr. 32; Palandt/*Grüneberg* § 307 Rdnr. 34; *Fuchs* in Ulmer/Brandner/Hensen § 307 Rdnr. 247.

[499] *Fuchs* in Ulmer/Brandner/Hensen § 307 Rdnr. 251.

[500] Vgl. dazu unten unter II. Teil Rdnr. 184 ff.

[501] Vgl. dazu unten unter II. Teil Rdnr. 91 ff.

[502] *Fuchs* in Ulmer/Brandner/Hensen § 307 Rdnr. 259.

[503] Vgl. LG München (31 S 22 912/82) NJW 1983, 1685 zu § 9 AGBG.

[504] BGH (VIII ARZ 1/01) NZM 2002, 116 (117) = NJW 2002, 673 (675) zu § 9 Abs. 2 Nr. 2 AGBG.

dass die Einschränkung eine gewisse Schwere, eben eine Vertragszwecks-gefährdende Wirkung besitzen muss. Als Vertragszweck sind – mangels gesetzlicher Vorgaben[505] – die typischen wirtschaftlichen Ziele und Erwartungen eines redlichen Vertragspartners bei einem Geschäftsraummietvertrag anzusehen. Auch hier haben entsprechend der gebotenen überindividuellen, von den Umständen des Einzelfalls abstrahierenden Betrachtungsweise bei der Inhaltskontrolle die konkreten Vorstellungen der Vertragsparteien, wie sie in etwaigen Individualabreden ihren Ausdruck gefunden haben, außer Acht zu bleiben.[506] Hierfür besteht im Rahmen des § 307 Abs. 2 Nr. 2 BGB auch kein Bedürfnis. Denn soweit eine AGB-Klausel den Sinn und Zweck einer Individualabrede beeinträchtigt oder aushöhlt bzw. der Individualvereinbarung ganz oder auch nur teilweise ihren wirtschaftlichen Sinn nimmt, gilt ohnehin gemäß § 305b BGB der Vorrang der Individualabrede.

Die Rechtsprechung des **BGH** hinsichtlich des „die Erreichung des **351** Vertragszwecks gefährdenden" Charakters der Einschränkung ist **uneinheitlich**. In vereinzelten Entscheidungen[507] betont der **BGH** ausdrücklich, zu der Einschränkung wesentlicher Vertragspflichten müsse hinzukommen, dass dadurch die Erreichung des Vertragszwecks gefährdet wird. Bisweilen sieht der **BGH**[508] jedoch die Erreichung des Vertragszwecks bereits als gefährdet an, „wenn AGB-Klauseln wesentliche Rechte und Pflichten, die sich aus der Natur des Vertrags ergeben, entgegen den vertragstypischen Erwartungen des redlichen Geschäftsverkehr einschränken." Eine besondere Eingriffsintensität wird mithin nicht gefordert.

Die **Literatur** sieht in der Formulierung „Gefährdung des Vertrags- **352** zwecks" neben der „Einschränkung wesentlicher Rechte und Pflichten aus dem Vertrag" ein weiteres **eigenständiges Tatbestandsmerkmal**.[509] Für eine Gefährdung des Vertragszwecks soll weniger als eine eingetretene, aber mehr als nur die theoretische Möglichkeit einer Vereitelung erforderlich sein.[510] Neben dem Erfordernis einer gewissen Intensität der Gefährdung sei die Bedeutung des betroffenen Interesses für die Verwendergegenseite zu berücksichtigen. Je gewichtiger die tangierten Interessen der Verwendergegenseite seien, desto geringere Anforderungen seien an den Grad der Gefährdung zu stellen.[511]

Die Abgrenzung zwischen wesentlichen und nicht wesentlichen Ver- **353** tragspflichten sowie das unbestimmte Tatbestandsmerkmal „Gefährdung des Vertragszwecks" stellen den Rechtsanwender bei Prüfung einer

---

[505] Vgl. BGH (IV ZR 263/03) NJW 2006, 2545 (2546).

[506] A. A.: Wolf/Lindacher/Pfeiffer/*Wolf* § 307 Rdnr. 147 i. V. m. 135.

[507] BGH (X ZR 54/86) BGHZ 103, 316 (324) = NJW 1988, 1785.

[508] BGH (IV ZR 263/03) NJW 2006, 2545 (2546).

[509] Palandt/*Grüneberg* § 307 Rdnr. 36; *Fuchs* in Ulmer/Brandner/Hensen § 307 Rdnr. 261; vgl. auch *Stoffels* Rdnr. 546 m. w. N.

[510] BeckOK Bamberger/Roth/*Schmidt* § 307 Rdnr. 60; ähnlich: Palandt/*Grüneberg* § 307 Rdnr. 36.

[511] *Fuchs* in Ulmer/Brandner/Hensen § 307 Rdnr. 262.

Klausel anhand des § 307 Abs. 2 Nr. 2 BGB vor nahezu unüberwindbare Schwierigkeiten. Letztlich obliegt es (wie bei Nr. 1) der Rechtsprechung, den Tatbestand zu konkretisieren. Es lassen sich allenfalls Fallgruppen bilden.[512]

354

> **Lösung zu Fall 19:**
> Wie der BGH (BGH (VIII ARZ 1/01) NZM 2002, 116 = NJW 2002, 673) zur Wohnraummiete entschieden hat, schränkt der Ausschluss der Haftung für einfache Fahrlässigkeit die Instandhaltungsverpflichtung des Vermieters zum Nachteil des Mieters nicht unerheblich ein. Zwar bleibe die Instandhaltungspflicht des Vermieters als solche durch die Haftungsfreizeichnung unberührt. Eine vertragliche Pflicht werde aber auch dann im Sinne des § 307 Abs. 2 Nr. 2 BGB (indirekt) eingeschränkt, wenn ihre Verletzung sanktionslos bleibt. Daher ist die Klausel unwirksam. Es sind keine Gesichtspunkte erkennbar, die dafür sprächen, diese Rechtsprechung nicht auf die Gewerberaummiete zu übertragen.

VIII. Generalklausel des § 307 Abs. 1 S. 1 BGB

355　　Nach § 307 Abs. 1 S. 1 BGB[513] sind Bestimmungen in Allgemeinen Geschäftsbedingungen unwirksam, wenn sie den Vertragspartner des Verwenders entgegen den Geboten von Treu und Glauben unangemessen benachteiligen. Die Vorschrift enthält einen generalklauselartigen **Auffangtatbestand** für die Fallgestaltungen, in denen die unangemessene Benachteiligung nicht durch die (etwas schärfer konturierten) Regelbeispiele des Abs. 2 indiziert wird. Die Angemessenheit einer Klausel am Maßstab der Generalklausel erfolgt in einer zweistufigen Prüfung:

1. Benachteiligung von nicht unerheblichem Gewicht

356　　In einem ersten Schritt ist festzustellen, ob die Klausel eine Benachteiligung der Verwendergegenseite enthält. Das ist der Fall, wenn die streitige Klausel in einer für die Rechte und Interessen des Vertragspartners negativen Art und Weise **von den dispositiven Gesetzesbestimmungen abweicht**. Es muss sich nicht um Nachteile handeln, die den Vertragspartner gerade im Verhältnis zum Klauselverwender treffen; notwendig ist allein, dass die Benachteiligung – sei es auch im Verhältnis zu Dritten – in der Person des Vertragspartners eintritt.[514] Auch ein entsprechender Vorteil des Verwenders ist nicht erforderlich.[515]

---

[512] Vgl. allein: BGH (VIII ZR 121/04) BGHZ 164, 11 = NJW-RR 2005, 1496 (1505) und BGH (XII ZR 171/08) NZM 2010, 705 = NJW 2010, 3708 und BGH, NJW 2001, 292 (302) zu § 9 II Nr. 2 AGBG.
[513] Die Generalklausel des § 307 Abs. 1 S. 1 BGB entspricht im Wortlaut § 9 Abs. 1 S. 1 AGBG.
[514] BGH (III ZR 63/83) NJW 1984, 2816 = DNotZ 1985, 280.
[515] BGH (VIII ZR 58/87) BGHZ 104, 82 = NJW 1988, 1726 (1729).

Die Benachteiligung des Vertragspartners ist also durch Vergleich des **357** (ggf. durch Auslegung zu ermittelnden) Regelungsgehalts der fraglichen Klausel mit der ohne die Klausel geltenden Rechtslage zu ermitteln.[516] Nicht jede für den Vertragspartner unbequeme Klausel ist problematisch; **Bagatellnachteile reichen nicht aus**. Vielmehr setzt § 307 Abs. 1 S. 1 BGB eine Benachteiligung von nicht unerheblichem Gewicht voraus.[517]

2. Unangemessenheit der Benachteiligung

a) Interessenabwägung

Liegt eine nicht unerhebliche Benachteiligung vor, erfolgt in einem **358** **zweiten Schritt** die wertende Beurteilung ihrer Unangemessenheit entgegen Treu und Glauben. Die Unangemessenheit ist zu bejahen, wenn der Verwender durch einseitige Vertragsgestaltung missbräuchlich eigene Interessen auf Kosten seines Vertragspartners durchzusetzen versucht, ohne von vornherein auch dessen Belange hinreichend zu berücksichtigen und ihm einen angemessenen Ausgleich zuzugestehen.[518] Die Prüfung der (Un-)Angemessenheit erfordert nach der Rechtsprechung des BGH[519] eine am Maßstab von Treu und Glauben ausgerichtete **umfassende Ermittlung, Gewichtung und Abwägung der beiderseitigen Interessen**.

Ob eine Klausel den Vertragspartner des Verwenders entgegen den **359** Geboten von Treu und Glauben unangemessen benachteiligt und daher nach § 307 Abs. 1 S. 1 BGB unwirksam ist, ist anhand einer **Gesamtwürdigung der sich aus dem Vertrag ergebenden Leistungen, Rechten und Pflichten** zu entscheiden.[520] Das Interesse des Verwenders an der Aufrechterhaltung der Klausel ist dem Interesse des Vertragspartners am Wegfall der Klausel und ihrer Ersetzung durch die „gesetzlichen Vorschriften" (vgl. § 306 Abs. 2 BGB) gegenüberzustellen.

Bei der Ermittlung der Interessen ist entsprechend der überindividuell- **360** generalisierenden, von den konkreten Umständen des Einzelfalls losgelösten Betrachtungsweise bei AGB[521] nicht nach den Interessen der konkreten Vertragsparteien zu fragen, sondern auf die **typische Interessenlage im Rahmen gewerblicher Mietverträge** abzustellen.[522] Ist diese

---

[516] BGH (VIII ZR 39/93) NJW 1994, 1069 (1070) = MDR 1994, 664.

[517] Allgemeine Ansicht, vgl. statt aller: *Fuchs* in Ulmer/Brandner/Hensen § 307 Rdnr. 101. Diese Einschränkung wird aus dem Erfordernis eines Verstoßes gegen Treu und Glauben in § 307 Abs. 1 S. 1 BGB entnommen.

[518] St. Rspr., vgl. allein: BGH (X ZR 10/04) NJW 2005, 1774 (1775).

[519] Vgl. BGH (IV ZR 11/00) NJW 2001, 3406 (3407) = MDR 2001, 812 zu § 9 AGBG.

[520] BGH (LwZR 1508) NZM 2010, 553 (555) = NJW-RR 2010, 1497.

[521] Vgl. PWW/*Berger* § 307 Rdnr. 9 m. w. N. zur Rechtsprechung.

[522] BGH (LwZR 1508) NZM 2010, 553 (555) = NJW-RR 2010, 1497; vgl. auch BAG (5 AZR 627/06) NZA 2007, 853 (854): „Es ist ein genereller, typisierender Maßstab anzulegen."
Anderer Ansicht zumindest im Einzelfall der BGH: BGH (XII ZR 171/08) NZM 2010, 705 = NJW 2010, 3708 mit Anmerkung *Leo/Ghassemi-Tabar*.

Interessenlage ermittelt, muss sodann beurteilt werden, ob die Benachteiligung des Vertragspartners durch höherrangige oder zumindest gleichwertige Interessen des AGB-Verwenders gerechtfertigt ist; in diesem Fall ist die Unangemessenheit zu verneinen.[523] Bedeutenden Rationalisierungsinteressen des Verwenders kommt dabei gegenüber lediglich untergeordneten Benachteiligungen des Vertragspartners ein höheres Gewicht zu.[524]

b) Abwägungskriterien

361   Im Rahmen der Abwägung sind folgende Gesichtspunkte zu beachten:

aa) Risikoverteilung

362   Insbesondere bei der Beurteilung von Freizeichnungs- und Haftungsausschlussklauseln ist ein wichtiges Abwägungskriterium die Risikoverteilung. Klauseln, die Schadensrisiken auf den Vertragspartner abwälzen, obgleich diese nach dispositivem Gesetzesrecht in die **Risikosphäre des Verwenders** fallen und nur (oder jedenfalls besser) von ihm kontrolliert werden können, stellen regelmäßig eine unangemessene Benachteiligung dar, wenn und weil sie die gesetzlich vorgesehene angemessene Risikoverteilung empfindlich stören.[525] Der ohne die Klausel geltenden gesetzlichen Regelung kommt also auch im zweiten Prüfungsschritt eine wichtige (Orientierungs-)Funktion zu.

363   Allerdings ist in diesem Zusammenhang auch zu berücksichtigen, ob die Verwendergegenseite für das betreffende Schadensrisiko durch **zumutbare Präventionsmaßnahmen** Vorsorge treffen kann. Die (zumutbare) Versicherbarkeit des Risikos kann daher im Einzelfall ein wesentlicher Abwägungsfaktor bei der Angemessenheitsprüfung sein.[526]

bb) Verkehrssitte und Handelsbräuche

364   Auch die Verkehrssitte und Handelsbräuche sind bei der Interessenabwägung zu beachten.[527] § 310 Abs. 1, S. 2 BGB schreibt die Berücksichtigung der „im Handelsverkehr geltenden Gewohnheiten und Gebräuche" bei der Inhaltskontrolle ausdrücklich vor. Stellt der Inhalt einer AGB-Klausel eine branchenübliche Regelung dar, ist sie grundsätzlich nicht zu beanstanden.[528] Denn zu den nach § 310 Abs. 1, S. 2 BGB zu berücksichtigenden Handelsbräuchen gehört u.a. eine **branchenübliche Regelungspraxis**.[529]

---

[523] BGH (X ZR 10/04) NJW 2005, 1774 (1775).
[524] BGH (XII ZR 271/94) NJW 1996, 988 (Lastschriftklausel).
[525] BGH (XI ZR 117/96) BGHZ 135, 116 = NJW 1997, 1700; BGH (X ZR 54/86) BGHZ 103, 316 = NJW 1988, 1785.
[526] Lindner-Figura/Oprée/Stellmann/*Lindner-Figura* Kap. 7 Rdnr. 114 und 116.
[527] Vgl. dazu *Fuchs* in Ulmer/Brandner/Hensen § 307 Rdnr. 140 ff. m.w.N.
[528] Dies gilt beispielsweise für die generelle Möglichkeit der Abwälzung von Schönheitsreparaturen.
[529] Vgl. *Fuchs* in Ulmer/Brandner/Hensen § 307 Rdnr. 372.

Derjenige, der sich auf das Bestehen eines entsprechenden Handels- **365** brauchs bzw. der Branchenüblichkeit der zur Beurteilung stehenden AGB-Bestimmung beruft, hat nach der Rechtsprechung des **BGH**[530] einen **entsprechenden Handelsbrauch im Prozess darzulegen und ggf. unter Beweis zu stellen**, wobei sich ein Sachverständigengutachten als Beweismittel regelmäßig anbieten dürfte.

Eine **Abweichung von der Verkehrssitte** stellt dagegen ein Indiz für die Unangemessenheit der Regelung dar.

cc) Preisargument

Kein Gesichtspunkt bei der Abwägung ist das sog. Preisargument. Die **366** vermeintlich geringe Höhe des Entgeltes ist grundsätzlich kein Argument für unangemessene AGB. Nur unter besonderen, vom Verwender darzulegenden Umständen kann der Verwender sich darauf berufen, die benachteiligende Klausel werde durch ein besonders **niedriges Entgelt** ausgeglichen.[531] Das ist in Fällen der Abwälzung von kalkulierbar entstehenden Kosten auf den Vertragspartner, etwa von Schönheitsreparaturen, der Fall. Eine solche findet anerkanntermaßen (konkludent) bei der Miethöhe Berücksichtigung.

dd) Summierungseffekt/Kompensation

Die streitige Klausel ist bei der Interessenabwägung nicht isoliert, son- **367** dern vor dem Hintergrund des gesamten Vertragsinhalts zu würdigen.[532] Denn die Frage, ob eine einzelne Vertragsbestimmung den Vertragspartner des Verwenders unangemessen benachteiligt, kann zuverlässig nur aufgrund einer Beurteilung des gesamten Vertragsgefüges und einer Abwägung der dadurch (formular- oder individualvertraglich) begründeten beiderseitigen Pflichten beantwortet werden.[533] Sowohl der Inhalt anderer AGB-Klauseln als auch der individuellen Absprachen der Parteien[534] muss daher bei der Abwägung berücksichtigt werden. Die Gesamtbetrachtung kann einerseits dazu führen, dass einzelne nachteilige Klauseln, die isoliert betrachtet der Inhaltskontrolle gerade noch standhalten, deshalb als unwirksam anzusehen sind, weil sie in ihrer Gesamtwirkung zu einer unangemessenen Benachteiligung des Vertragspartners führen (**Summierungseffekt**).[535] Eine unangemessene Benachteiligung aufgrund des Zusammenwirkens zweier Klauseln kann aber auch dann zur Unwirksamkeit beider Klauseln führen, wenn eine dieser Klauseln schon

---

530 BGH (VIII ZR 96/71) BeckRS 1972, 31126703
531 Erman/*Roloff* § 307 Rn. 17; Lindner-Figura/Oprée/Stellmann/*Lindner-Figura* Kap. 7 Rdnr. 118.
532 BGH (XI ZR 54/88) BGHZ 106, 259 (263); BGH (VIII ARZ 5/92) NJW 1993, 532.
533 BGH (KZR 37/80) BGHZ 82, 238 (240/241) = NJW 1982, 644.
534 BGH (KZR 37/80) NJW 1982, 644 = BGHZ 82, 238 (240).
535 BGH (VIII ZR 243/03) NZM 2004, 613 = NJW 2004, 3045.

isoliert betrachtet unwirksam ist.[536] Der Verwender kann eine der Klauseln nicht dadurch „retten", dass er sich zu seinen Gunsten auf die Unwirksamkeit der einen Klausel beruft.

368 **Praxistipp:** Die Zahl der potentiellen Summierungseffekte ist bei der Gewerberaummiete als Dauerschuldverhältnis besonders hoch. Klauseln, die auf den ersten Blick in keinem Zusammenhang stehen, können bei vertiefter Betrachtung gleichwohl eine innere Verknüpfung und ggf. unzulässige Summierung von nachteiligen Effekten beinhalten. Diese Effekte scheinen noch nicht einmal in Ansätzen ausgelotet zu sein.

369 So steht die Abwälzung der Betriebkosten nach Maßgabe des § 2 Nr. 1–16 BetrKV mit im Mietvertrag enthaltenen Haftungsfreizeichnungen für einfache Fahrlässigkeit in keinem Zusammenhang. Berücksichtigt man jedoch, dass der Mieter dann einerseits die Kosten der für das Objekt abgeschlossenen Haftpflichtversicherungen zu übernehmen und andererseits auf Grund der Haftungsbeschränkung nicht in den Genuss der Versicherungsleistung bei einfacher Fahrlässigkeit kommt, dürften beide Klauseln insoweit unangemessen benachteiligend sein.

370 Umgekehrt kann eine Klausel, die bei isolierter Betrachtungsweise den Vertragspartner unangemessen benachteiligt und deshalb unwirksam ist, sich bei einer Gesamtbetrachtung des Vertrages als wirksam erweisen (**Kompensation**). Dies kann zum einen dadurch geschehen, dass eine weitere Klausel den Regelungsinhalt der isoliert betrachtet unangemessen benachteiligenden Klausel auf ein hinnehmbares Maß entschärft.[537] Zum anderen kann dies dadurch geschehen, dass die durch die streitige Klausel verursachte unangemessene Benachteiligung des Vertragspartners durch Vorteile, die andere Regelungen im Vertrag gewähren, kompensiert wird. Eine solche Kompensation ist allerdings nur zulässig, wenn die begünstigende Regelung mit der nachteiligen Regelung in einem Sachzusammenhang steht.[538]

3. Beweislast

371 Ob der Inhalt einer AGB-Regelung eine **unangemessene Benachteiligung** des Vertragspartners entgegen Treu und Glauben enthält, ist eine **Rechts-, keine Tatfrage.** Die für die rechtliche Wertung maßgeblichen Tatsachen (Wortlaut der Klausel, sonstiger Vertragsinhalt, Art des Rechtsgeschäfts und typische Interessenlage) stehen regelmäßig fest und sind daher schon nicht beweisbedürftig. Die Frage der Beweislast spielt daher nur dann eine Rolle, wenn und soweit Lücken im Tatsachenmaterial für die notwendige Interessenabwägung bestehen. Diese gehen zu

---

[536] BGH (VIII ZR 308/02) NZM 2003, 594 = NJW 2003, 2234.
[537] BGH (VIII ZR 308/02) NZM 2003, 594 = NJW 2003, 2234 m. w. N.
[538] Vgl. BGH (V ZR 105/02) BGHZ 153, 93 = NZM 2003, 252 = NJW 2003, 888.

Lasten der Partei, die sich auf die Unwirksamkeit der Klausel nach § 307 Abs. 1 S. 1 BGB beruft und daher die Beweislast trägt, mithin die Verwendergegenseite.[539]

I. Das Transparenzgebot

Fall 20: 372

V vermietet Flächen in einem Einkaufscenter. In den Regelungen zu den vom Mieter zu tragenden Betriebskosten findet sich u.a. folgende Formulierung:

„Der Mieter trägt die Kosten der für das Gesamtobjekt notwendigen und/oder üblichen Versicherungen sowie alle für den Betrieb, die Unterhaltung, Bewachung und Verwaltung notwendigen Kosten einschließlich der Gestellung und Unterbringung des hierfür erforderlichen Personals."

Im Rahmen der ersten Betriebskostenabrechnung weigert sich M diese Kosten zu übernehmen, da die Regelung wegen Verstoßes gegen die gesetzlichen Vorschriften über allgemeine Geschäftsbedingungen unwirksam sei.

Muss V auf die Kosten verzichten?

Fall 21: 373

V vermietet an M mit Formularmietvertrag Ladenlokalflächen. Hinsichtlich der Betriebskosten ist unter anderem die Umlage der Kosten für die „kaufmännische und technische Hausverwaltung" vorgesehen.

Im Rahmen der ersten Betriebskostenabrechnung beanstandet M diese Kosten und will sie nicht übernehmen. Der Begriff der kaufmännischen und technischen Hausverwaltung sei intransparent und führe gemäß § 307 Abs. 1 Satz 2 BGB zur unangemessenen Benachteiligung und damit zur Unwirksamkeit der Klausel.

Wie würden Sie entscheiden?

I. Einführung

1. Allgemeines

Nach § 307 Abs. 1 S. 2 BGB kann sich eine unangemessene Benachteili- 374 gung des Vertragspartners auch daraus ergeben, dass die Bestimmung nicht klar und verständlich ist. Wie sich bereits aus seiner Verankerung in § 307 BGB ergibt, gilt diese zusammenfassend als „Transparenzgebot" bezeichnete Direktive auch im unternehmerischen Verkehr. Das Transparenzgebot lässt sich in mehrere Einzelgebote gliedern (s.u.). Alle Einzel-

---

[539] BGH (XI ZR 255/94) NJW 1996, 388 (389).

gebote dienen dem einheitlichen **Schutzzweck,** Klarheit und Überschaubarkeit über die Vertragsbedingungen zu schaffen und der Verschleierung entgegenzuwirken. Der (potentielle) Vertragspartner soll zutreffend
über die Rechts- und Pflichtenstellung der Parteien informiert werden.[540]

375   Zwar geht mit einem Verstoß gegen das Transparenzgebot regelmäßig
auch eine materielle bzw. inhaltliche Benachteiligung der Verwendergegenseite einher.[541] Nach Ansicht des **BGH**[542] ist jedoch eine **materielle
Benachteiligung** für die Unwirksamkeit der Klausel **nicht notwendig;**
vielmehr führt bereits die Verletzung des Transparenzgebots im Sinne
einer formellen Unklarheit zu ihrer Unwirksamkeit.[543]

2. Generelle Anforderungen

376   Entsprechend dem geschilderten Zweck verpflichtet das Transparenzgebot den Verwender von AGB gemäß den Grundsätzen von Treu und
Glauben, seine AGB-Bestimmungen so auszugestalten, dass sie die Rechte und Pflichten seines Vertragspartners **möglichst klar und durchschaubar** darstellen.[544]

377   Dazu gehört auch, dass AGB wirtschaftliche Nachteile und Belastungen soweit erkennen lassen, wie dies nach den Umständen gefordert
werden kann.[545] Der Verwender muss die tatbestandlichen Voraussetzungen und Rechtsfolgen so genau beschreiben, dass für ihn **kein unge-
rechtfertigter Beurteilungsspielraum** entsteht. Die Beschreibung muss
für den anderen Vertragsteil nachprüfbar und darf nicht irreführend
sein.[546]

378   Soweit AGB-Klauseln Haftungsverschärfungen zu Lasten der Verwendergegenseite vorsehen, von gesetzlichen Regelungen zu Lasten der Verwendergegenseite abweichen oder Sanktionen vorsehen, müssen die tatbestandlichen Voraussetzungen der Klausel umso präziser beschrieben
werden, je schwerwiegender der Nachteil bzw. die Sanktion ist.[547] Gerade der Ausschluss von gesetzlichen Rechten muss in diesem Sinne **transparent formuliert** sein.[548]

---

[540] *Fuchs* in Ulmer/Brandner/Hensen § 307 Rdnr. 326.
[541] Vgl. Palandt/*Grüneberg* § 307 Rdnr. 24 m. w. N.
[542] BGH (IV ZR 263/03) NJW 2006, 2545 (2546); BGH (IV ZR 220/96) NJW 1998,
454 (456) m. w. N.
[543] A. A.: *Fuchs* in Ulmer/Brandner/Hensen § 307 Rdnr. 330; *Stoffels* Rdnr. 564;
Wolf/Lindacher/Pfeiffer/*Wolf* § 307 Rdnr. 250 mit zweifelhaftem Verweis auf
BGH (III ZR 95–97) NJW 1999, 635 = ZIP 1998, 2059.
[544] St. Rechtsprechung, vgl. zuletzt BGH (XI ZR 101/09) BeckRS 2011, 06783;
vgl. auch BGH (XII ZR 13/05) NZM 2007, 516 = NJW 2007, 2176 sowie BGH (XII
ZR 109/08) NZM 2010, 123 = NJW 2010, 671.
[545] BGH (LwZR 15/08) NZM 2010, 553 (554) = NJW-RR 2010, 1497; BGH (XII ZR
109/08) NZM 2010, 123 = NJW 2010, 671; BGH, NZM (XII ZR 69/08) 2010, 279 =
NJW-RR 2010, 739.
[546] BGH (XI ZR 101/09) BeckRS 2011, 06783.
[547] Wolf/Lindacher/Pfeiffer/*Lindacher* § 307 Rdnr. 257.
[548] BGH (VII ZR 180/04) NJW-RR 2005, 919 (920) = DNotZ 2005, 775.

3. Maßstab

Abzustellen ist bei der Bewertung der Transparenz auf die Verständ- **379** nismöglichkeiten eines im Rahmen von Gewerberaummietverträgen **typischerweise zu erwartenden Durchschnittsvertragspartners** im Zeitpunkt des Vertragsschlusses.[549] Kann ein solcher Vertragspartner den Inhalt der AGB-Klausel mit zumutbaren Erkenntnisanstrengungen und ohne fremde Hilfe wahrnehmen, durchschauen und bewerten, ist die Klausel hinreichend klar und verständlich.[550] Weitergehende Kenntnisse und Verständnismöglichkeiten des konkreten Vertragspartners bleiben außer Betracht.[551] Dabei sind desto höhere Anforderungen an die Transparenz einer Klausel zu stellen, je mehr die Regelung inhaltlich den Erwartungen eines solchen Vertragspartners widerspricht.[552]

Das Transparenzgebot ist **im Geschäftsverkehr mit Unternehmen** – **380** demnach auch im Rahmen von Gewerberaummietverträgen – **nicht in gleicher Strenge wie gegenüber Verbrauchern anzuwenden.** Insbesondere kann bei Unternehmern auf Grund ihrer Geschäftserfahrung sowie auf Grund der Maßgeblichkeit von Handelsgewohnheiten und Handelsbräuchen von einer besseren Erkenntnis- und Verständnismöglichkeit ausgegangen werden.[553]

4. Grenzen

Die aus dem Transparenzgebot folgende Verpflichtung des Verwen- **381** ders, den Klauselinhalt klar und verständlich zu formulieren, besteht nur **im Rahmen des Möglichen und Zumutbaren.**[554] Das Transparenzgebot darf den Verwender von AGB mit anderen Worten nicht überfordern.[555] Die Anforderungen dürfen daher je nach Komplexität der zu regelnden Materie nicht überspannt werden.[556] Wegen der notwendig generalisierenden Regelungen in AGB wird ein alle Eventualitäten erfassender und jegliche Zweifelsfragen im Einzelfall ausschließender Grad an Konkretisiertheit nicht verlangt.[557] Der Verwender braucht nicht jede AGB-Klausel gleichsam mit einem Kommentar versehen. Er ist aber verpflichtet, zwischen mehreren möglichen Klauselfassungen diejenige zu wählen, bei

---

[549] Vgl. dazu BGH (XI ZR 101/09) BeckRS 2011, 06783; BGH (XI ZR 275/89) BGHZ 112, 115 = NJW 1990, 2383; BGH (VIII ZR 48/05) BGHZ 165, 12 = NJW 2006, 996; BGH (XII ZR 13/05) NZM 2007, 516 = NJW 2007, 2176; BGH (XII ZR 109/08) NZM 2010, 123 = NJW 2010, 671.

[550] Vgl. PWW/*Berger* § 307 Rdnr. 13.

[551] St. Rechtsprechung, vgl. allein BGH (XI ZR 129/94) NJW 1995, 2286 = BB 1995, 1503.

[552] Vgl. BGH (XI ZR 72/90) NJW 1991, 2559 (2560) = BB 1991, 1591.

[553] BGH (XII ZR 13/05) NZM 2007, 516 = NJW 2007, 2176; Wolf/Lindacher/ Pfeiffer/*Lindacher* § 307 Rdnr. 252.

[554] BGH (VIII ZR 10/03) NZM 2004, 93 (95) = NJW 2004, 1598.

[555] BGH (VIII ZR 121/04) BGHZ 164, 11 = NJW-RR 2005, 1496 (1498) = MDR 2006, 14.

[556] BGH (VIII ZR 317/97) NZM 1998, 710 = NJW 1998, 3114 m.w.N.

[557] *Fuchs* in Ulmer/Brandner/Hensen § 307 Rdnr. 341.

der die kundenbelastende Wirkung einer Regelung nicht unterdrückt, sondern deutlich gemacht wird.[558] Es müssen wichtige *typische* Interessen der Verwendergegenseite erkennbare Berücksichtigung finden.

382   **Praxistipp:** Die vorstehenden Ausführungen sollten nicht darüber hinwegtäuschen, dass die Anforderungen an das Transparenzgebot mittlerweile ein sehr einschneidendes Ausmaß erreicht haben und den Autor allgemeiner Geschäftsbedingungen vor eine schwierige Aufgabe stellen.[559]

5. Beseitigung der Intransparenz durch individuelle Aufklärung

383   Der AGB-Verwender kann die Unwirksamkeit einer intransparenten AGB-Klausel im Einzelfall dadurch vermeiden, dass er die betreffende Klausel durch individuelle Aufklärung *vor oder bei* **Vertragsschluss** hinreichend durchschaubar macht.[560] Im Streitfall obliegt es nach allgemeinen Beweislastregeln dem Verwender, eine die Intransparenz ausschließende individuelle Aufklärung darzulegen und nachzuweisen.

II. Anforderungen an die äußere Gestaltung des Klauselwerks

384   Das Transparenzgebot stellt bereits an die äußere Gestaltung und Aufbau des gesamten Klauselwerks gewisse Anforderungen. So können

385   – **Unübersichtlichkeit** des Klauselwerks

386   – **Verschleierung** von den Vertragspartner belastenden (wirtschaftlichen oder rechtlichen) Folgen

387   – **Verstecken** nachteiliger Klauseln an Stellen, wo der Verwendungsgegner sie nicht erwartet

388   – formale **Aufspaltung** eines an sich einheitlichen Regelungsgegenstandes auf mehrere Klauseln, so dass sich der nachteilige Gehalt erst aus der Zusammenschau der Klausel ergibt

389   zur Intransparenz des Klauselwerks führen.[561]

III. Inhaltliche Anforderungen (Einzelgebote)

390   Daneben stellt das Transparenzgebot aber auch inhaltliche Mindestanforderungen an die einzelnen Bestimmungen. Hierbei haben sich in Rechtsprechung und Literatur fallgruppenähnliche – sich freilich überschneidende – Einzelausprägungen des Transparenzgebots gebildet, die dem Transparenzgebot stärkere Konturen verleihen:

---

[558] BGH (XI ZR 275/89) NJW 1990, 2383 (2384).
[559] Vgl. BGH (XII ZR 158/01) NZM 2005, 863 = NJW-RR 2006, 84.
[560] BGH (XI ZR 192/90) NJW 1992, 179; BGH (XI ZR 151/91) NJW 1992, 1097 (1098); *Fuchs* in Ulmer/Brandner/Hensen § 307 Rdnr. 346; *Stoffels* Rdnr. 566.
[561] Vgl. MünchKommBGB/*Kieninger* § 307 Rdnr. 55.

1. Verständlichkeitsgebot

Das Verständlichkeitsgebot verlangt, dass AGB-Klauseln **verständlich** 391 **formuliert** sind und wirtschaftliche Nachteile und Belastungen für den Vertragspartner soweit erkennen lassen, wie dies den Umständen nach gefordert werden kann.[562] Die Rechtsposition der Verwendergegenseite muss klar und richtig ausgewiesen sein.

2. Bestimmtheitsgebot

Daneben kommt dem vom Transparenzgebot umfassten Bestimmt- 392 heitsgebot große Bedeutung zu. Der Verwender ist danach gehalten, den Klauselinhalt so weit wie möglich zu konkretisieren und **hinreichend bestimmt** zu fassen. Die tatbestandlichen Voraussetzungen und Rechtsfolgen von AGB-Klauseln müssen für die Verwendergegenseite aus der Sicht eines durchschnittlichen Vertragspartners im Zeitpunkt des Vertragsschlusses[563] mit zumutbarem Aufwand nachprüfbar sein.[564]

Insbesondere müssen die Voraussetzungen und der Umfang eines ein- 393 seitigen Leistungsbestimmungsrechts tatbestandlich möglichst genau und transparent konkretisiert werden.[565] Andererseits soll die **Verwendergegenseite ohne fremde Hilfe möglichst klar und einfach seine Rechte feststellen können**, damit er nicht von deren Durchsetzung abgehalten wird.[566] Bereits die Klauselfassung muss der Gefahr vorbeugen, dass die Verwendergegenseite von der Durchsetzung bestimmter Rechte abgehalten wird. Dabei macht es keinen Unterschied, dass die Rechte, von deren Durchsetzung der Kunde abgehalten werden kann, sich nicht gegen den Klauselverwender selbst, sondern gegen einen Dritten richten.[567]

Sofern der Verwender eine vom Gesetz abweichende Regelung trifft, 394 kann von ihm eine genauere als die gesetzliche Tatbestandsformulierung seiner AGB verlangt werden, weil dem Gesetzgeber die konkreten Verhältnisse beim Verwender nicht bekannt sind.[568] Eine Klausel genügt dem Bestimmtheitsgebot nur dann, wenn sie (im Rahmen des rechtlich und tatsächlich zumutbaren) die **Rechte und Pflichten des Verwen-**

---

[562] St. Rechtsprechung, vgl. allein BGH (XII ZR 13/05) NZM 2007, 516 = NJW 2007, 2176; OLG Celle (11 U 78/08) BeckRS 2008, 23609.

[563] BGH (VIII ZR 23/06) NJW 2007, 1198 (1202).

[564] Wolf/Lindacher/Pfeiffer/*Lindacher* § 307 Rdnr. 259.

[565] Nach BGH (VIII ZR 125/98) NJW 2000, 515 (516) = BGHZ 142, 358 (381) sind einseitige Leistungsänderungsrechte des Verwenders grundsätzlich nur dann wirksam, wenn die Klauseln schwerwiegende Änderungsgründe nennen und in ihren Voraussetzungen und Folgen erkennbar die Interessen der Verwendergegenseite angemessen berücksichtigen.

[566] BGH (VIII ZR 10/03) NZM 2004, 93 (95) = NJW 2004, 1598; BGH (VIII ZR 155/99) BGHZ 145, 203 = NJW 2001, 292 (296).

[567] BGH (VIII ZR 121/04) NJW-RR 2005, 1496 (1500); BGH (VIII ZR 58/87) BGHZ 104, 82 = NJW 1988, 1726 (1728).

[568] Wolf/Lindacher/Pfeiffer/*Lindacher* § 307 Rdnr. 247.

dungsgegners so klar und präzise wie möglich umschreibt.[569] Daran
fehlt es etwa bei einer Klausel, die den Mieter verpflichtet, eine bestimmte Mindesttemperatur in den „hauptsächlich benutzten Räumen" einzuhalten, da nicht ausreichend bestimmt wird, in welchen Teilen des Mietobjekts die festgelegte Heizpflicht des Mieters bestehen soll.[570]

395   Weiterhin bedarf in Mietverträgen eine **von § 535 BGB abweichende
Vereinbarung** der Übernahme weiterer Kosten neben der Miete für die
Gewährung des Gebrauchs durch den Mieter – etwa bei der Abwälzung
von Betriebskosten – stets einer **ausdrücklichen, inhaltlich bestimmten
Regelung.**[571] Denn nur so ist es dem Mieter möglich, sich zumindest ein
grobes Bild davon zu machen, welche zusätzlichen Kosten auf ihn zukommen können.[572] Soll etwa ein Mieter in einem Einkaufszentrum zusätzlich zur Mietzahlung Beiträge an die **Werbegemeinschaft**[573] leisten,
muss die Höhe des Beitrages bestimmbar sein, z. B. durch einen bestimmten Prozentsatz der Miete; mindestens jedoch muss eine Höchstgrenze
festgeschrieben werden.[574]

396   Wegen Verstoßes gegen das in § 307 Abs. 1 S. 2 BGB verankerte Bestimmtheitsgebot unwirksam ist auch eine **Quotenabgeltungsklausel für
Schönheitsreparaturen**[575] bei Vertragsende,[576] aus der sich nicht mit hinreichender Bestimmtheit entnehmen lässt, wie die Abgeltungsquote konkret zu berechnen ist.[577]

397   Gegen das Bestimmtheitsgebot verstoßen insbesondere AGB-Klauseln,
die weite Gestaltungsmöglichkeiten bzw. **Bestimmungsvorbehalte zugunsten des Verwenders** vorsehen, mit denen er nach Vertragsschluss
auf das vertragliche Rechte- und Pflichtenprogramm einwirken kann. So
sind Klauseln, die dem Verwender uneingeschränkt einseitige Änderungsrechte vorbehalten unwirksam, wenn sie so unbestimmt formuliert
sind, dass die Verwendergegenseite nicht vorhersehen kann, unter welchen Voraussetzungen und in welchem Umfang Änderungen möglich
sind.[578] Positiv ausgedrückt genügen **formularmäßige Leistungsbestimmungsrechte** nur dann dem Transparenzgebot, wenn der Vertragspartner ihre tatbestandlichen Voraussetzungen und die Folgen ihrer Aus-

---

[569] BGH (VIII ZR 48/05) BGHZ 165, 12 = NJW 2006, 996.
[570] BGH (VIII ZR 38/90) NJW 1991, 1750 (1753).
[571] Lindner-Figura/Oprée/Stellmann/*Lindner-Figura* Kap. 7 Rdnr. 134.
[572] BGH (XII ZR 158/01) NZM 2005, 863 = NJW-RR 2006, 84.
[573] Vgl. hierzu unten unter II. Teil Rdnr. 512 f.
[574] BGH (XII ZR 39/04) NZM 2006, 775 = NJW 2006, 3057.
[575] Vgl. zu Schönheitsreparaturklauseln unten unter II. Teil Rdnr. 362 ff.
[576] Bei einer sogenannten Abgeltungs- oder Quotenklausel handelt es sich um
eine Regelung, nach welcher der Mieter, der während eines laufenden Schönheitsreparaturturnus auszieht, eine Renovierungsquote zu tragen hat. Die Quote wird
regelmäßig nach der Mietzeit seit den letzten Schönheitsreparaturen und den
entsprechenden Anteil an der Höhe der vollständigen Renovierung berechnet.
[577] BGH (VIII ZR 143/06) NZM 2007, 879 = NJW 2007, 3632.
[578] BGH (VIII ZR 214/83) BGHZ 93, 29 = NJW 1985, 623 (627): einseitige Änderung der Gewährleistungspflichten; BGH, NJW 2000, 651 = ZIP 2000, 16: zu unbestimmte Anpassungsklauseln.

übung klar erkennen kann und eine für ihn unklare Entwicklung der Vertragsverhältnisse vermieden wird.

Noch nicht abschließend geklärt ist, inwieweit die Verwendung gene- **398** ralklauselartiger, **unbestimmter Rechtsbegriffe** dem Bestimmtheitsgebot genügt. Teilweise[579] wird diesbezüglich auf die Überschaubarkeit des Regelungsgegenstandes und der Vorhersehbarkeit künftiger Ereignisse abgestellt. Je weniger die möglichen Fallgestaltungen überschaubar und vorhersehbar sind, desto eher müssten generalklauselartige Umschreibungen zugelassen werden. Die Frage lässt sich nicht abstrakt beantworten, so dass letztlich auf die diesbezügliche Kasuistik in der Rechtsprechung zu verweisen ist.

So hat etwa der **BGH**[580] die Verwendung des Begriffs „Kardinal- **399** pflicht" in einer Haftungsklausel für **intransparent** erklärt; notwendig, aber auch ausreichend sei eine abstrakte Erläuterung des Begriffs Kardinalpflicht. Hingegen sollen nach Auffassung des **BGH**[581] die Begriffe „**Verwaltungskosten**" oder „Kosten der Hausverwaltung" in einer Klausel, die diese Kosten auf den Mieter abwälzt, dem **Bestimmtheitserfordernis genügen**.

3. Täuschungsverbot

Schließlich beinhaltet das Transparenzgebot ein Täuschungsverbot.[582] **400** Danach sind Klauselinhalte unangemessen benachteiligend, wenn sie die **wirkliche Rechts- und Sachlage irreführend darstellen** und dem Verwender damit die Möglichkeit eröffnen, begründete Ansprüche und (Gestaltungs-)Rechte des Vertragspartners unter Hinweis auf die Klauselgestaltung abzuwehren.[583] Der Verwender hat mit anderen Worten seine AGB-Klauseln – im Rahmen des Zumutbaren – so zu formulieren, dass möglichst keine Missverständnisse oder Fehldeutungen der Verwendergegenseite darüber hervorgerufen oder verstärkt werden, welche vertraglichen oder gesetzlichen Rechte und Ansprüche sie gegenüber ihrem Vertragspartner hat.[584] Dagegen verlangt das Transparenzgebot nicht, aus dem Gesetz oder aus der Rechtsnatur eines Vertrags folgende Rechte ausdrücklich zu regeln oder den Vertragspartner darüber zu belehren.[585] Für die Annahme eines Verstoßes gegen das Täuschungsverbot genügt bereits die objektive Eignung einer Klausel zur Irreführung; eine **Täuschungsabsicht** des Verwenders ist **nicht erforderlich**.[586]

---

[579] Wolf/Lindacher/Pfeiffer/*Lindacher* § 307 Rdnr. 260 m. w. N.

[580] BGH (VIII ZR 121/04) BGHZ 164, 11 = NJW-RR 2005, 1496: Zur Wirksamkeit von Formularbestimmungen in einem Vertragshändlervertrag der Kfz-Branche.

[581] BGH (XII ZR 109/08) NZM 2010, 123 = NJW 2010, 671; BGH (XII ZR 69/08) NZM 2010, 279 = NJW-RR 2010, 739; a. A.: OLG Rostock (3 U 158/06) BeckRS 2008, 10 182 = GuT 2008, 200.

[582] LG Düsseldorf (12 O 265/06) BeckRS 2007, 06 682.

[583] Vgl. BGH (IV ZR 23/99) NJW 2000, 2103 (2106).

[584] BGH (III ZR 226–97) NJW 1999, 276 (277).

[585] BGH (IV ZR 23/99) NJW 2000, 2103 (2106).

[586] Palandt/*Grüneberg* § 307 Rdnr. 27.

401   So hat der **BGH**[587] eine AGB-Regelung bezüglich der **Öffnungszeiten von Ladengeschäften** in einem Einkaufszentrum für intransparent gehalten, weil deren Wortlaut das faktisch bestehende Bestimmungsrecht des Vermieters verschleierte.

IV. Sonderproblem: Preisnebenabreden und Preisanpassungsklauseln

402   Das Transparenzgebot hat neben der Herstellung von Rechtsklarheit insbesondere auch die Herstellung von Preisklarheit zum Ziel. Da der Preis selbst gemäß § 307 Abs. 3 BGB der materiellen Inhaltskontrolle entzogen ist, kommt dem **Transparenzgebot** gerade bei Preisnebenabreden, die den Vertragspartner des Verwenders belasten, **besondere Bedeutung** zu.[588] Aus § 307 Abs. 3 S. 2 BGB folgt, dass das Transparenzgebot auch für Leistungsbestimmungen und Preisvereinbarungen gilt, die nach § 307 Abs. 3, S. 1 BGB von der Inhaltskontrolle ausgenommen sind.

403   Soweit es um die Transparenz der **Berechnungsabreden bzw. -faktoren** geht, steht § 307 Abs. 3 BGB einer Inhaltskontrolle nicht entgegen. Denn es geht nicht um die Kontrolle der Angemessenheit des Preises, sondern allein darum, ob sich die Verwendergegenseite aufgrund der Vorformulierung zuverlässig über den Preis und das Preis-Leistungs-Verhältnis informieren konnte.[589]

404   Das Gesetz geht davon aus, dass die Verwendergegenseite der Preisvereinbarung besondere Aufmerksamkeit widmet und sein Interesse an einem angemessenen, marktgerechten Preis selbst wahrt. Hierzu ist er jedoch nur in der Lage, wenn der Vertragsinhalt ihm ein wahres Bild über die Art und Höhe des Preises vermittelt und ihn so zum Marktvergleich befähigt. **Preisabreden in AGB**, die zu zusätzlichen Belastungen und damit zu einem erhöhten Effektivpreis führen, müssen so transparent ausgestaltet sein, dass die Verwendergegenseite ihre Bedeutung nicht verkennt, sondern möglichst mühelos und ohne weitere Erläuterung versteht.[590] Die Preisberechnung muss daher klar sein und das ist sie nur, wenn die Berechnungsfaktoren klar sind.

405   Insbesondere für sogenannte **Preisanpassungsklauseln**[591] fordert die Rechtsprechung,[592] dass sie klar und verständlich gefasst sein müssen. Der Vertragspartner des Verwenders müsse den Umfang der auf ihn zukommenden Preissteigerungen bei Vertragsschluss aus der Formulierung der Klausel erkennen und die Berechtigung einer vom Verwender vor-

[587] BGH (XII ZR 13/05) NZM 2007, 516 = NJW 2007, 2176.

[588] BGH (XI ZR 275/89) NJW 1990, 2383.

[589] OLG Celle (3 U 86/94) NJW-RR 1995, 1133; Wolf/Lindacher/Pfeiffer/ *Lindacher* § 307 Rdnr. 237.

[590] BGH (XI ZR 275/89) BGHZ 112, 115 = NJW 1990, 2383.

[591] Vgl. dazu unten unter II. Teil Rdnr. 248 ff.

[592] BGH (X ZR 253/01) NJW 2003, 746; OLG Stuttgart (2 U 134/04) NJW-RR 2005, 858.

genommenen Erhöhung an der Ermächtigungsklausel selbst messen können. Preisanpassungsklauseln müssen hinreichend genaue Angaben zur Berechnung der Preiserhöhung bzw. die genauen Voraussetzungen, unter denen ein Preisbestimmungsrecht des Verwenders entsteht, enthalten.

Auch die Anforderungen an die Transparenz von Preisabreden richten **406** sich danach, in welchem Maße die Regelung – für den Verwender erkennbar – den Erwartungen des Vertragspartners widerspricht.[593]

Lösung zu Fall 20: **407**

Der Bundesgerichtshof (BGH (XII ZR 158/01) NZM 2005, 863 = NJW-RR 2006, 84) hat die entsprechende Abwälzungsklausel als nicht hinreichend bestimmt und als gegen das „Transparenzgebot" verstoßend angesehen. Dementsprechend geht der BGH von der Unwirksamkeit entsprechender Regelungen aus.

Nach Auffassung des Senats bleibt offen, welche Versicherungen, die „üblichen" Versicherungen sein sollen und was unter den Kosten zu verstehen ist, die für den „Betrieb" und die „Unterhaltung" des „Gesamtobjekts" anfallen. Die äußerst pauschalen Angaben ermöglichten es dem Mieter nicht, sich einen Überblick über die von ihm zu tragenden Kosten zu verschaffen.

Dementsprechend muss M die Kosten nicht übernehmen.

Lösung zu Fall 21: **408**

Der BGH hält den Begriff der „kaufmännischen und technischen Hausverwaltung für hinreichend transparent und damit die Umlagen auch im Rahmen eines Formularvertrags für möglich (BGH (XII ZR 109/08) NZM 2010, 123 = NJW 2010, 671; vgl. zum Begriff der Verwaltungskosten: BGH (XII ZR 69/08) NZM 2010, 279). Etwas anderes könne jedoch gelten, wenn im Wesentlichen gleichartige Kosten wie z.B. Centermanagementkosten zusätzlich umgelegt werden.

J. Rechtsfolgen der Unwirksamkeit oder Nichteinbeziehung von AGB-Klauseln (§ 306 BGB)

I. § 306 BGB als lex specialis bei Unwirksamkeit von AGB-Klauseln

§ 306 BGB enthält eine von § 139 BGB abweichende Rechtsfolge für **409** den Fall der Unwirksamkeit bzw. Nichteinbeziehung von AGB-Regelungen im Vertrag. Während § 139 BGB bei Unwirksamkeit einzelner (Indi-

---

[593] BGH (XI ZR 275/89) NJW 1990, 2383.

vidual-)Regelungen im Zweifel den Vertrag im Ganzen für nichtig erklärt, enthält § 306 BGB ein umgekehrtes Regel-Ausnahme-Prinzip und geht als lex specialis der Vorschrift des § 139 BGB vor.[594]

410   Aus § 306 Abs. 1 und 3 BGB ergibt sich, dass die **Gesamtnichtigkeitsfolge** nur auf den **Ausnahmefall** der Unzumutbarkeit des Festhaltens am Vertrag beschränkt ist. Die Rechtsfolgen der Unwirksamkeit von AGB-Klauseln richten sich auch dann nach § 306 BGB, wenn sich die Unwirksamkeit der Klausel nicht aus dem Recht der Allgemeinen Geschäftsbedingungen (§§ 307–309 BGB), sondern aus anderen gesetzlichen Vorschriften ergibt.[595]

II. Grundsätzliche Wirksamkeit des Vertrages im Übrigen (§ 306 Abs. 1 BGB)

411   Sind AGB ganz oder teilweise nicht Vertragsbestandteil geworden oder unwirksam, so bleibt der Vertrag im Übrigen wirksam (§ 306 Abs. 1 BGB). Die in der Vorschrift angeordnete Rechtsfolge gilt sowohl bei Nichteinbeziehung einer AGB-Klausel (z. B. wegen ihres überraschenden Charakters, § 305 c Abs. 1 BGB) als auch bei ihrer Unwirksamkeit (z. B. wegen Verstoßes gegen § 307 BGB). In beiden Fällen soll die Wirksamkeit des übrigen Vertrages grundsätzlich unberührt bleiben. Dies gilt unabhängig davon, ob dies dem **wirklichen oder hypothetischen Willen der Parteien** entspricht.[596]

412   § 306 Abs. 1 BGB kann nicht formularvertraglich abbedungen werden. Umstritten ist hingegen, ob die Unwirksamkeit des Vertrages im Ganzen für den Fall der Nichteinbeziehung oder Unwirksamkeit einzelner Klauseln durch Individualvereinbarung bestimmt werden kann.[597] Die praktische Relevanz der Frage dürfte vor dem Hintergrund der regelmäßig vereinbarten **Erhaltungsklauseln,** die bestimmen, dass die Gültigkeit der übrigen Bestimmungen erhalten bleibt, falls einzelne AGB-Bestimmungen ganz oder teilweise unwirksam sind, gering sein. Die sog. Erhaltungsklauseln sind ohne weiteres **zulässig,**[598] denn sie entsprechen der Regelung des § 306 Abs. 1 BGB.

413   Besteht ein **offener Dissens** (§ 154 Abs. 1 BGB) über die Einbeziehung der AGB, so ist der Vertrag im Übrigen wirksam, wenn sich die Parteien jedenfalls über die wesentlichen Vertragsregelungen (sog. essentialia negotii) individualvertraglich geeinigt und mit dem Vollzug des

---

[594] BGH (KZR 14/04) NJW 2007, 3568 (3569).

[595] BGH (KZR 14/04) NJW 2007, 3568 (3569) m. w. N. zur Rechtsprechung.

[596] MünchKommBGB/*Basedow* § 306 Rdnr. 7.

[597] Für Abdingbarkeit durch Individualabrede: MünchKommBGB/*Basedow* § 306 Rdnr. 9; PWW/*Berger* § 306 Rdnr. 3; Erman/*Roloff* § 306 Rn. 20; *Schmidt* in Ulmer/Brandner/Hensen § 306 Rdnr. 23; Gegen Abdingbarkeit durch Individualabrede: BeckOK Bamberger/Roth/*Becker* § 306 Rdnr. 8; Wolf/Lindacher/Pfeiffer/ *Lindacher* § 306 Rdnr. 13; *Stoffels* Rdnr. 585.

[598] BGH (XII ZR 132/03) NZM 2005, 502 = NJW 2005, 2225.

Vertrages begonnnen haben.[599] Die Wirksamkeit des Vertrages entgegen
§ 154 Abs. 1 S. 1 BGB ergibt sich bereits daraus, dass es sich bei der Vorschrift um eine bloße Auslegungsregel handelt („im Zweifel"), die nicht
zum Tragen kommt, wenn die Parteien trotz der noch offenen Punkte
erkennbar (z. B. durch Leistungsaustausch) den Vertragsschluss wollen
und der offene Dissens sich nicht auf die "essentialia" des Geschäfts bezieht.[600]

III. Schließung der Vertragslücke durch dispositives Gesetzesrecht (§ 306 Abs. 2 BGB)

An die Stelle von nicht einbezogenen oder unwirksamen AGB-Klau-   **414**
seln treten die „gesetzlichen Vorschriften" (§ 306 Abs. 2 BGB). **Gesetzliche Vorschriften** in diesem Sinne sind neben gesetzlichen Normen auch
die von Rechtsprechung und Lehre herausgebildeten ungeschriebenen
Rechtsgrundsätze.[601] Sind AGB-Klauseln in Geschäftsraummietverträgen
unwirksam, so werden sie in aller Regel durch die mietrechtlichen Vorschriften der §§ 535 ff. BGB zu ersetzen sein. So tritt etwa an die Stelle
einer unwirksamen Schönheitsreparaturklausel die Vorschrift des § 535
Abs. 1, S. 2 BGB, wonach die Verpflichtung zur Ausführung der Schönheitsreparaturen beim Vermieter liegt.

Sofern **keine dispositive Gesetzesvorschrift vorhanden** ist, die eine   **415**
dem sachlichen Gehalt der ausgeschiedenen Bedingung entsprechende
Regelung enthält und daher an die Stelle der unwirksamen Klausel treten könnte, fällt die Klausel grundsätzlich ersatzlos weg. Denn der
Wegfall einzelner AGB-Klauseln muss nicht notwendigerweise und
stets eine der Komplettierung bedürftige Vertragslücke begründen.
Nur wenn die ersatzlose Streichung der unwirksamen Klausel ausnahmsweise keine angemessene, den typischen Interessen der Vertragsparteien Rechung tragende Lösung bietet, kann die Lücke im Wege der
ergänzenden Vertragsauslegung gefüllt werden.[602] Dabei ist eine restriktive Anwendung der ergänzenden Vertragsauslegung geboten. Denn die
ergänzende Vertragsauslegung soll nicht als Instrument zur Umgehung
des Verbots der geltungserhaltenden Reduktion unwirksamer Formularklauseln benutzt werden können[603] (vgl. zur ergänzenden Vertragsauslegung bei Unwirksamkeit einzelner AGB-Klauseln ausführlich oben unter
Rdnr. 197 ff.).

---

[599] Vgl. PWW/*Berger* § 306 Rdnr. 3, der dies mit einem Vorrang des § 306
Abs. 1 BGB vor § 154 Abs. 1 S. 1 BGB begründet; a. A.: Palandt/*Grüneberg* § 306
Rdnr. 4.

[600] BGH (V ZR 39/96) NJW 1997, 2671.

[601] Palandt/*Grüneberg* § 306 Rdnr. 12.

[602] Ständige Rechtsprechung, vgl. BGH (VIII ZR 269/98) BGHZ 143, 103 (120) =
NJW 2000, 1110 = MDR 2000, 320 m. w. N.

[603] Erman/*Roloff* § 305 c Rdnr. 23 m. w. N.

IV. Ersetzungsklauseln

416 **Fall 22:**
Nachdem V ein Seminar zum Formularmietvertrag besucht hat, ist ihm angst und bange. Denn ihm ist klar geworden, dass an jeder Eckedes Vertrages Risiken und eine potentielle Unwirksamkeit von Klauseln drohen.
Nach einer schlaflosen Nacht hat er eine geniale Idee:
Er behält sich in der Abschlussbestimmung des Vertrages das Recht vor, im Falle der Unwirksamkeit einer der Vertragsbestimmungen diese neu zu formulieren.
Was ist hiervon zu halten?

417   § 306 Abs. 2 BGB kann nur durch Individualvereinbarung abgeändert werden.[604] **Wegen Verstoßes gegen § 306 Abs. 2 BGB unwirksam** sind insbesondere auch sog. Ersetzungsklauseln, wonach im Falle der Unwirksamkeit einzelner Klauseln eine der gültigen Bestimmung möglichst nahekommende[605] oder eine dem Willen der Vertragspartner weitestgehend entsprechende[606] oder eine dem wirtschaftlich gewollten in Zulässiger Weise am nächsten kommende[607] Klausel treten solle.[608] Gleichsam unwirksam sind Klauseln, wonach dem Verwender im Falle der Unwirksamkeit einer Klausel das Recht vorbehalten ist, sie neu zu formulieren.[609]

418 **Lösung zu Fall 22:**
Entsprechende Klauseln sind vom IV. Zivilsenat des BGH für unwirksam angesehen worden (BGH (IV ZR 218/97) NJW 1999, 1865), denn sie erhalten nach der kundenfeindlichsten Auslegung das Recht, die Bedingungen zu Lasten der Verwendergegenseite zu verschärfen.

V. Salvatorische Klauseln

419   Nach allgemeiner Auffassung in der einschlägigen **Kommentarliteratur**[610] verstoßen sogenannte salvatorische (Zusatz-)Klauseln, d. h. Zusät-

---

[604] Allgemeine Ansicht, vgl. allein Erman/*Roloff* § 306 Rdnr. 20.
[605] BGH (VIII ZR 201/81) NJW 1983, 159 (162).
[606] KG (Kart U 5068/96) NJW 1998, 829 (831).
[607] BGH (XII ZR 132/03) NZM 2005, 502 = NJW 2005, 2225.
[608] Vgl. auch Lindner-Figura/Oprée/Stellmann/*Lindner-Figura* Kap. 7 Rdnr. 149; PWW/*Berger* § 306 Rdnr. 12; MünchKommBGB/*Basedow* § 306 Rdnr. 29.
[609] BGH (IV ZR 218/97) BGHZ 141, 153 = NJW 1999, 1865.
[610] Palandt/*Grüneberg* § 206 Rdnr. 11; MünchKommBGB/*Basedow* § 306 Rdnr. 29; PWW/*Berger* § 306 Rdnr. 12; Wolf/Lindacher/Pfeiffer/*Lindacher* § 306 Rdnr. 44; BeckOK Bamberger/Roth/*Becker* § 306 Rdnr. 17; AGB-Klauselwerke/*F. Graf von Westphalen*/*G. Thüsing,* Salvatorische Klauseln, Rdnr. 5.

ze, die vorsehen, dass die Klausel nur gelten soll, **„soweit dies gesetzlich zulässig ist"**, – auch im unternehmerischen Verkehr – **gegen das Transparenzgebot** und führen zur (Total-)Nichtigkeit der Klausel.

Die Rechtsprechung des BGH zu dieser Frage ist nicht einheitlich. **420** Während **einige BGH-Senate**[611] sowie das **BAG**[612] bei Anwendung entsprechender Zusätze die **Gesamtnichtigkeit** der Klausel annehmen, hat der für Gewerberaummietverträge zuständige **XII. Zivilsenat des BGH** in einer Entscheidung aus dem Jahr 1993[613] folgende Klausel **nicht beanstandet:**[614]

„Auf das Recht zur Aufrechnung, Minderung (Herabsetzung des Pachtzin- **421** *ses) und Zurückbehaltung verzichtet der Pächter, soweit dies gesetzlich zulässig ist und soweit nicht mit rechtskräftig festgestellten Forderungen die vorgenannten Rechte geltend gemacht werden."*

Der Senat führt aus, dass ein formularvertragliches Verbot des Auf- **422** rechnungs- sowie des Zurückbehaltungsrechts, das ausdrücklich nur die Aufrechnung bzw. Zurückbehaltung mit rechtskräftigen Forderungen ausnehme, den Fall der unbestrittenen Forderungen (vgl. § 309 Nr. 3 BGB) sinngemäß mitumfasse. Für diese Auslegung spreche – so der Senat weiter – *„zusätzlich die einschränkende Formulierung „soweit dies gesetzlich zulässig ist". Es handelt sich hierbei (...) nicht um eine belanglose Floskel, sondern es wird damit u. a. auf zwingende Bestimmungen des AGB-Gesetzes Bezug genommen (vgl. BGH, NJW 1991, 1750 (1754)...)."*

Zumindest in dieser Entscheidung scheint der XII. Senat des BGH in **423** dem salvatorischen Klauselzusatz „soweit dies gesetzlich zulässig ist" weder einen Verstoß gegen das Transparenzgebot noch sonst eine unangemessene Benachteiligung des Vertragspartners zu sehen.

Dies erscheint nicht unproblematisch. Die Vorschriften über die Klau- **424** selkontrolle sollen nach der Rechtsprechung des **BGH**[615] die einseitige Ausnutzung der Vertragsgestaltungsfreiheit durch den Verwender und eine daraus folgende unangemessene, nicht zu billigende Benachteiligung des Vertragspartners verhindern. Daher wird dem Verwender für „seine" AGB die alleinige Formulierungsverantwortung aufgebürdet.[616] Er soll dadurch zu einer sorgsamen Formulierung der von ihm gestellten Klauseln unter Berücksichtigung der Interessen der Verwendergegenseite angehalten werden, insbesondere seine AGB hinreichend klar und durch-

---

[611] BGH (VIII ZR 214/83) BGHZ 93, 29 (48) = NJW 1985, 623 (627); BGH(VIII ZR 231/90) NJW 1991, 2630 (2632); BGH (I ZR 172/93) NJW 1996, 1407; BGH (X ZR 14/93) NJW-RR 1996, 783 (789); BGH (X ZR 70/00) NJW-RR 2003, 51 (53).
[612] BAG (5 AZR 572/04) NJW 2005, 3305 (3308).
[613] BGH (XII ZR 141/91) NJW-RR 1993, 519.
[614] Vgl. auch BGH (VIII ZR 10/03) NZM 2004, 93 = NJW 2004, 1598. Der Senat sieht in der Klausel „Bei preisgebundenem Wohnraum gilt die jeweils gesetzlich zulässige Miete als vertraglich vereinbart" keinen Verstoß gegen das Transparenzgebot.
[615] Vgl. allein BGH (IV ZR 197/75) NJW 1977, 624 (625).
[616] Vgl. etwa BeckOK Bamberger/Roth/*H. Schmidt* § 306 Rdnr. 4 u. 17 und § 309 Nr. 5, Rdnr. 7; Lindner-Figura/Opreé/Sellmann/*Lindner-Figura* Kap. 7 Rdnr. 19.

schaubar formulieren (Transparenzgebot). Diesem Zweck dient das in ständiger Rechtsprechung[617] anerkannte **Verbot der geltungserhaltenden Reduktion**, wonach eine gegen § 307 BGB verstoßende Klausel grundsätzlich insgesamt nichtig ist mit der Folge, dass die gesetzlichen Regelungen Anwendung finden (§ 306 Abs. 2 BGB). Dem Verbot der Geltungserhaltenden Reduktion in Verbindung mit der in § 306 Abs. 2 BGB vorgesehen Nichtigkeitsfolge kommt ein gewisser Sanktionscharakter zu.[618] Hiermit erscheint schwerlich vereinbar, dass der Verwender selbst in Gewand des Zusatzes „soweit gesetzlich zulässig" eine geltungserhaltende Reduktion vorgibt und sich jeden Risikos der Überschreitung der Grenzen der Gestaltungsfreiheit nach §§ 305 ff. BGB entledigt. Es spricht daher viel dafür, dass es sich bei der zitierten Entscheidung des XII. Senats[619] um eine nicht verallgemeinerungsfähige Einzelfallentscheidung handelt.

VI. Verbot der geltungserhaltenden Reduktion

1. Grundsatz

425

> **Fall 23:**
> Im Formularvertrag des V ist folgende Haftungsausschlussklausel enthalten:
> *„Der Vermieter haftet nur für Vorsatz und grobe Fahrlässigkeit."*
> Es kommt aufgrund eines anfänglichen, nicht erkennbaren und vom Vermieter nicht verschuldeten Mangels zu einem Großschaden bei seinem Mieter M. Die materiellen Schäden des M betragen unstreitig 100 000,00 €. Im Prozess beruft sich V zunächst auf seine Formularvertragsklausel. Nachdem der Richter ihm mitteilt, ein derartig weitgehender Haftungsausschluss würde auch die Verletzung vertragswesentlicher Pflichten mit umfassen und sei daher unwirksam, verweist V auf die Zulässigkeit zumindest des Ausschlusses der verschuldensunabhängigen Garantiehaftung nach der BGH-Rechtsprechung. Zumindest insoweit müsse ihm die Klausel im Vertrag zugute kommen.
> Kann sich V mit dieser Argumentation durchsetzen?

426   Eine gegen § 307 BGB verstoßende Klausel ist grundsätzlich **insgesamt unwirksam**. Eine geltungserhaltende Reduktion, d. h. ein Zurückschrauben der überschießenden AGB-Klausel auf ein gerade noch vertretbares bzw. angemessenes Maß ist nach ständiger Rechtsprechung des **BGH**[620] auch im unternehmerischen Rechtsverkehr grundsätzlich **unzulässig**.

---

[617] Vgl. allein BGH (XII ZR 54/05) NZM 2007, 684 = NJW 2007, 3421 m. w. N.
[618] Vgl. auch Wolf/Lindacher/Pfieffer/*Lindacher* § 305 c Rdnr. 119.
[619] BGH (XII ZR 141/91) NJW-RR 1993, 519.
[620] Ständige Rechtsprechung seit BGH (VII ZR 316/81) BGHZ 84, 109 (114) = NJW 1982, 2309; vgl. BGH (VIII ZR 210/08) NZM 2009, 353 (354) = NJW 2009, 1408; BGH (XII ZR 54/05) NZM 2007, 684 = NJW 2007, 3421; BGH (VIII ZR 124/05) NZM 2006, 691 (692) = NJW 2006, 2915; BGH (X ZR 211/98) NJW-RR 2001, 342.

Ist etwa eine Schönheitsreparaturklausel[621] aufgrund starrer Fristen- **427** pläne unwirksam, so kommt die Aufrechterhaltung der Klausel ohne die Frist nicht in Betracht. Andernfalls könnte der Verwender risikolos über- zogene Klauseln stellen, weil er im Falle ihrer Unwirksamkeit einen spürbaren Nachteil nicht befürchten muss. Bei Überschreitung der Zuläs- sigkeitsgrenze hätte er *nur* eine Korrektur der Klausel durch das Gericht auf das gerade noch zulässige Maß zu riskieren. Dies liefe dem Sinn und Zweck der AGB-Vorschriften entgegen. Daher soll der **Verwender** bei Aufstellung seiner AGB das **Risiko ihrer vollen Unwirksamkeit** tragen. Insoweit kommt § 307 BGB ein gewisser **Sanktionscharakter** zu.

Lösung zu Fall 23: **428**

Nach ständiger Rechtsprechung des BGH (BGH (XII ZR 54/05) NZM 2007, 684 = NJW 2007, 3421) scheidet eine geltungserhaltende Reduktion von unwirksamen Formularklauseln auf das noch zulässige Maß aus. Dies hat auch vorliegend zu gelten. V haftet daher nach Maßgabe des § 536 a BGB.

---

2. Ausnahme („blue pencil Test")

Häufig enthalten Vertragsklauseln mehrere Regelungen in einem ein- **429** heitlichen Satz oder Zusammenhang. Nach der Rechtsprechung des BGH[622] betrifft der Grundsatz vom Verbot der geltungserhaltenden Re- duktion (nur) solche Klauseln insgesamt, die zulässige und unzulässige Tatbestände sprachlich nicht trennbar verbinden, bei denen daher die Ausgrenzung der unzulässigen und die Aufrechterhaltung der zulässi- gen Teile nur durch eine sprachliche und inhaltliche Umgestaltung er- reicht werden könnte. Lässt sich hingegen die **Formularklausel nach ih- rem Wortlaut aus sich heraus verständlich und sinnvoll in einen inhaltlich zulässigen und einen unzulässigen Regelungsteil trennen**, soll das Verbot der geltungserhaltenden Reduktion daher nicht gelten (sog. „blue pencil test").[623]

Handhabbare Kriterien, wann in diesem Sinne „abtrennbare Rege- **430** lungsinhalte" in einer Klausel mit der Möglichkeit der Anwendbarkeit des blue-pencil-tests enthalten sind, fehlen bislang in Literatur und Rechtsprechung.

Einleuchtend ist die Ausnahme vom Grundsatz des Verbotes der gel- **431** tungserhaltenden Reduktion und die Anwendung des „blue-pencil-tests" bei einer Klausel, die zwei **unterschiedliche Sachverhaltskomplexe**, bei- spielsweise Betriebspflicht und Konkurrenzschutz, regelt. Hier ist in der

---

621 Vgl. dazu unten unter II. Teil Rdnr. 362 ff.
622 BGH (VIII ZR 344/02) NZM 2003, 754 = NJW 2003, 2899.
623 BGH (VIII ZR 3/05) NZM 2006, 254 f. = NJW 2006, 1059; BGH (VIII ZR 361/03) NZM 2004, 653 = NJW 2004, 2586; BGH (VIII ZR 155/99) BGHZ 145, 203 = NJW 2001, 292; KG (8 U 177/08) NJOZ 2010, 149 = BeckRS 2009, 28 220 = GuT 2010, 22.

Tat nicht ersichtlich, warum etwa die Unangemessenheit der Betriebs-pflichtregelung die Wirksamkeit der Konkurrenzschutzregelung berüh-ren sollte, nur weil die beiden Sachverhalte (zufällig) in einer Klausel enthalten sind.[624]

432   Die Anwendung des blue-pencil-Tests wird aber nicht auf derartige Klauseln beschränkt. Vielmehr soll sie auch dann Anwendung finden, wenn die Klausel **selbständige Teilregelungen des gleichen Sachkom-plexes** betrifft.[625] Hier besteht letztlich die **Gefahr einer Umgehung des Verbots der geltungserhaltenden Reduktion** durch extensive Anwen-dung der blue-pencil-Theorie.

433   Dies soll anhand einer **Entscheidung des Kammergerichts**[626] verdeut-licht werden:

434   In dem zu entscheidenden Fall war der Mieter eines Modegeschäfts in einem Einkaufszentrum formularmietvertraglich zur Durchführung der Schönheitsreparaturen verpflichtet. § 10 der AGB enthielt folgende Rege-lung zur Betriebspflicht:

435   *„10.1 Der Mieter ist verpflichtet, den Mietgegenstand während der gesamten Mietzeit seiner Zweckbestimmung entsprechend ununterbrochen zu nutzen; er wird den Mietgegenstand weder ganz noch teilweise ungenutzt oder leer stehen lassen.*

436   *10.2 Das Geschäft des Mieters ist im Rahmen der gesetzlichen Bestimmungen über die Ladenschlusszeiten an allen Verkaufstagen so lange offen zu halten, wie die überwiegende Anzahl aller Mieter ihr Geschäft offenhält. Die Öffnungszeiten können nach Abstimmung mit den Mietern von mehr als 50% der Gesamtladen-flächen des Einkaufszentrums durch den Vermieter verbindlich für alle Mieter festgelegt oder geändert werden. Dies gilt auch in den Fällen einer etwaigen „Langen Nacht des Shoppens" oder ähnlicher gesetzlich zulässige Sonderöffnungszeiten.*

437   *Vorbehaltlich ... vereinbaren die Vertragsparteien ..., folgende Mindestladen-öffnungszeiten: montags bis ... samstags von 9.00 Uhr bis 20.00 Uhr ...*

438   *Aus einer bloßen Duldung ... kann der Mieter keine Rechte herleiten. Zeit-weise Schließungen (z.B. aus Anlass von Mittagspausen, Ruhetagen, Betriebsfe-rien, Inventuren) sind nicht zulässig."*

439   Der Mieter begehrte die Feststellung, dass die Klausel zur Betriebs-pflicht insgesamt unwirksam sei, weil sie auch zeitweise Schließungen nicht zulasse. Das Kammergericht sah zwar das Verbot der zeitweisen Schließung als unwirksam an. Dies führe – so das Kammergericht – aber nicht zur Gesamtnichtigkeit von § 10 AGB. Denn die verbleibende Rege-lung der Betriebspflicht sei sowohl sprachlich als auch inhaltlich von der übrigen Betriebspflichtregelung abtrennbar, so dass kein Fall der unzu-

---

[624] Vgl. auch *Langenberg*, Schönheitsreparaturen, I. Teil Rdnr. 63: „Sind zwei *selb-ständige* Regelungsbereiche in einer Klausel zusammen gefasst, bleibt die wirksa-me bestehen (blue-pencil-Test)."

[625] Palandt/*Grüneberg* § 306 Rdnr. 7; Bamberger/Roth/*Schmidt* § 306 Rdnr. 16.

[626] KG (8 U 177/08) NJOZ 2010, 149 = BeckRS 2009, 28 220 = GuT 2010, 22, vgl. dazu *Ghassemi-Tabar* InfoM 3/2010.

lässigen geltungserhaltenden Reduktion vorliege. Der Rest der Klausel bleibe damit wirksam und erhalten.

Die **Entscheidung ist hinsichtlich der blue-pencil-Theorie bedenk-** **440** lich. Bei Klauseln, die – wie die zitierte Betriebspflichtklausel – ausschließlich einen Sachverhaltskomplex regeln, führt eine (extensive) Anwendung der blue-pencil-Tests allein nach dem Kriterium der „sprachlichen" Trennungsmöglichkeit dazu, dass die Gesamt(un)wirksamkeit der Klausel letztlich vom Formulierungsgeschick des Verwenders abhängt. In dem oben geschilderten Fall lässt sich mit guten Gründen vertreten, dass die Regelung kurzzeitiger Schließungen weniger einen gegenüber der Betriebspflichtregelung „eigenständigen" Regelungsgehalt aufweist, der Gegenstand einer gesonderten Wirksamkeitsprüfung sein kann (und sollte!), als vielmehr einen unselbständigen Teilbereich der Gesamtregelung zur Betriebspflicht darstellt, der entsprechend dem Verbot der geltungserhaltenden Reduktion mit dieser stehen und fallen sollte. Dies ergibt sich aus einer einfachen Kontrollüberlegung: Unter **Betriebspflicht**[627] versteht man die Pflicht des Mieters, die Mieträume während bestimmter Zeiten für die Kunden offen zu halten und das mietvertraglich festgelegte Gewerbe dort zu betreiben und ein nach dem Vertragszweck angemessenes Waren- und Leistungsangebot zu präsentieren.[628]

Aus dieser Betriebspflicht-Definition folgt, dass sich die Frage kurzzei- **441** tiger Schließungen bei Nichtbestehen einer Betriebspflicht erst gar nicht stellt. Die Aufrechterhaltung der Betriebspflichtklausel im Übrigen durch das Kammergericht im Wege extensiver Anwendung des blue-pencil-tests birgt daher die **Gefahr einer Aushöhlung des Verbots der geltungserhaltenden Reduktion** in sich.

Praxistipp: Entsprechende Entscheidungen über die Teil- oder Ge- **442** samtunwirksamkeit der Klausel sind nahezu nicht prognostizierbar. Auf eine geltungserhaltende Reduktion durch die Gerichte sollte bei der Formulierung von AGB daher nicht spekuliert werden. Vielmehr sollte man bei der Vertragsgestaltung vorsorglich den „sichersten Weg" wählen und ausgehend von der Unteilbarkeit der Klausel diese so formulieren, dass sie insgesamt stand hält.

VII. Gesamtnichtigkeit des Vertrages nach § 306 Abs. 3 BGB

§ 306 Abs. 3 BGB ordnet ausnahmsweise die Gesamtnichtigkeit des **443** Vertrages an, wenn das Festhalten an dem gemäß § 306 Abs. 2 BGB geänderten Vertrag für eine der Vertragsparteien eine **„unzumutbare Härte"** darstellen würde. Die Vorschrift ist **restriktiv auszulegen**.[629]

---

[627] Vgl. dazu unten unter II. Teil Rdnr. 91 ff.
[628] OLG Dresden (5 U 489/07) NZM 2008, 131.
[629] BGH (XI ZR 257/94) BGHZ 133, 25 = NJW 1996, 2092 (2093).

444 Unzumutbar kann das (vollständige) Festhalten am Vertrag dann sein, wenn infolge der Unwirksamkeit einer AGB-Klausel das **Vertragsgleichgewicht grundlegend gestört** ist. Allerdings genügt nicht schon jeder wirtschaftliche Nachteil auf Seiten des Verwenders; erforderlich ist vielmehr eine einschneidende Störung des Äquivalenzverhältnisses, die das Festhalten an dem Vertrag für ihn unzumutbar macht.[630] Abgesehen von krassen Ausnahmefällen wird daher von der Wirksamkeit des Vertrages im Übrigen und damit von der Wirksamkeit der Mietvereinbarung auszugehen sein.

VIII. Vertrauensschutz bei geänderter Rechtsprechung?

445 **Fall 24:**

V hat in Anlehnung an die Rechtsprechung des BGH aus den 80er-Jahren im Rahmen der Abwälzung der Schönheitsreparaturen eine Abgeltungsklausel bei Vertragsende mit starrem Fristenplan vorgesehen.

In einem Prozess, den er auf Grundlage dieser Klausel gegen M führt, beruft sich dieser auf die mittlerweile vom BGH festgestellte Unwirksamkeit dieser Klausel. V beruft sich auf Vertrauensschutz bezüglich der alten BGH-Rechtsprechung. Es könne nicht angehen, dass der Bundesgerichtshof seine Rechtsprechung ändere und hier im Wege der Rückwirkung auch Altfälle erfasse. Er habe keinerlei Möglichkeit gehabt, den Vertrag an die neue Rechtsprechung anzupassen.

Wird V sich mit dieser Argumentation durchsetzen?

446 Erweist sich eine Klausel, die im Zeitpunkt ihrer Verwendung dem Stand der Gesetzgebung entsprach, aufgrund einer **Änderung der Gesetzgebung** nachträglich (teilweise) unwirksam, soll der angemessene Teil aus Gründen des Vertrauensschutzes im Wege ergänzender Vertragsauslegung aufrechterhalten werden, und zwar auch dann, wenn die Klausel sprachlich nicht teilbar ist.[631] Hingegen soll die nachträgliche Unwirksamkeit einer Klausel aufgrund einer **Änderung der Rechtsprechung** nach Ansicht des **BGH** grundsätzlich zur Unwirksamkeit der gesamten Klausel führen; der Verwender könne sich nicht auf Vertrauensschutz berufen.[632]

447 Die unterschiedliche Anwendbarkeit des Vertrauensschutzgedankens erscheint nicht bruchfrei. Eine **grundsätzliche Ablehnung des Vertrau-**

---

[630] BGH (IX ZR 74/95) NJW 1996, 2786 (2789) = ZIP 1996, 1429; BGH (III ZR 209/95) NJW-RR 1996, 1009 (1010).

[631] Palandt/*Grüneberg* § 306 Rdnr. 10 mit Hinweis auf BGHZ 137, 153 u. BAG NJW 2005, 1820.

[632] BGH (VIII ZR 95/07) NZM 2008, 363 = NJW 2008, 1438; zustimmend: Palandt/*Grüneberg* § 306 Rdnr. 10.

ensschutzes im Fall der nachträglichen Rechtsprechungsänderung **ist abzulehnen**, zumal sie auch dogmatisch nicht zu begründen ist. Nach § 306 Abs. 2 BGB richtet sich der Inhalt des Vertrages bei Unwirksamkeit einer Klausel nach den „gesetzlichen Vorschriften". Hierunter fallen anerkanntermaßen nicht nur Normen des geschriebenen Rechts, sondern auch die von Rechtsprechung und Lehre herausgebildeten ungeschriebenen Rechtsgrundsätze,[633] zu denen insbesondere der Grundsatz des Vertrauensschutzes zählt.[634] In diesem Zusammenhang ist die teilweise Aufrechterhaltung unwirksamer Altvertragsklauseln im Wege der ergänzenden Vertragsauslegung anerkannt.[635] Voraussetzung der Berücksichtigung von Vertrauensschutz bei langfristigen Altverträgen ist, dass die Parteien bei Vertragsabschluss wegen der zu diesem Zeitpunkt bestehenden Rechtsprechung in die Wirksamkeit der Klausel vertraut haben und redlicherweise vertrauen durften.[636]

Einer derartigen ergänzenden Vertragsauslegung stünde weder der **448** teilweise angenommene Sanktionscharakter, noch die durch §§ 305 ff. BGB vorgesehene Risikoverteilung bei der Verwendung unwirksamer Formularklauseln entgegen. Die Vorschriften über die Klauselkontrolle sollen nach der Rechtsprechung des **BGH**[637] die einseitige Ausnutzung der Vertragsgestaltungsfreiheit durch den Verwender und eine daraus folgende unangemessene, nicht zu billigende Benachteiligung des Vertragspartners verhindern. Der Verwender soll dadurch zu einer sorgsamen Formulierung der von ihm gestellten Klauseln unter Berücksichtigung der Interessen der Verwendergegenseite angehalten werden. Je stärker eine einseitige Berücksichtigung der eigenen Interessen des Verwenders und eine nicht zu billigende Benachteiligung des Vertragspartners in der Klausel zum Ausdruck kommen, desto stärker ist das Bedürfnis nach einer Sanktion. Wenn der Verwender eine Klausel stellt, die zum Zeitpunkt ihrer Einbeziehung in den Vertrag von der Rechtsprechung als wirksam angesehen wurde, kann schwerlich von einer vom Verwender beabsichtigten unbilligen Benachteiligung des Vertragspartners die Rede sein. Dementsprechend ist ein Bedürfnis nach einer Sanktion kaum zu begründen, wenn die Klausel später auf Grund einer veränderten Rechtsprechung als unwirksam eingestuft wird. Plakativ gesprochen wird man

---

[633] Palandt/*Grüneberg* § 306 Rdnr. 12; Stoffels, Rdnr. 610; PWW/*Berger* § 306 Rdnr. 13.

[634] MünchKommBGB/*Roth* § 242 Rdnr. 98; BAG (5 AZR 721/05) NJW 2007, 536 = BB 2007, 109; BAG (5 AZR 364/04) NJW 2005, 1820 = BB 2005, 833; a. A. wohl: LG Lüneburg (6 S 2/07) NZM 2007, 770 = NJW 2007, 3580.

[635] BAG (5 AZR 721/05) NJW 2007, 536; BAG (5 AZR 364/04) NJW 2005, 1820 = BB 2005, 833.

[636] Demgegenüber kann ein insoweit bestehender Vertrauensschutz (jedenfalls im Bereich der Gewerberaummiete) nicht mit dem Hinweis auf eine Broschüre von Haus & Grund Deutschland, die auf die Bedenken gegen die Wirksamkeit bestimmter Klauselfassungen hingewiesen hat, verneint werden. A. A. *Horst* NZM 2007, 185, 187 m. Hinweis auf *Börstinghaus* WuM 2005, 675.

[637] BGH (IV ZR 197/75) NJW 1977, 624 (625).

vom Verwender keine tiefergreifenden Rechtskenntnisse verlangen können als vom BGH.

449 | **Lösung zu Fall 24:**
Nach der einschlägigen Rechtsprechung zum Mietrecht (vgl. BGH (VIII ZR 95/07) NZM 2008, 363 = NJW 2008, 1438; zur Wohnraummiete) ist dem Verwender allgemeiner Geschäftsbedingungen, die sich aufgrund einer Änderung der höchstrichterlichen Rechtsprechung als unwirksam erweisen, im Allgemeinen kein Vertrauensschutz zuzubilligen. Gerichtliche Entscheidungen wirkten schon ihrer Natur nach immer auf einen in der Vergangenheit liegenden, in seiner rechtlichen Bewertung noch nicht abgeschlossenen Sachverhalt. Für diese grundsätzlich zulässige, so genannte unechte Rückwirkung, könne allenfalls im Einzelfall unter dem Gesichtspunkt des Vertrauensschutzes und aus dem Prinzip der Rechtssicherheit Einschränkungen folgen. Das Risiko, dass eine zunächst unbeanstandet gebliebene Klausel in späteren höchstrichterlichen Entscheidungen wegen unangemessener Benachteiligung des Vertragspartners als unangemessen beurteilt werde, trage aber grundsätzlich der Verwender allgemeiner Geschäftsbedingungen.
V wird also das Nachsehen haben.

IX. Schadensersatz- und Bereicherungsansprüche der Verwendergegenseite bei Einbeziehung unwirksamer AGB

1. Schadensersatzpflicht nach §§ 280 Abs. 1, 241 Abs. 2, 311 Abs. 2 BGB

a) Klausel bereits im Zeitpunkt ihrer Einbeziehung als unwirksam bekannt

450 | **Fall 25:**
Der Mieter V ist ein in jeder Hinsicht unbelehrbarer Kandidat. Er verwendet auch noch im Jahre 2010 Formularverträge mit starren Fristenklauseln. Dies obwohl er die einschlägige BGH-Rechtsprechung kennt.
Sein Mieter M führt auf Grundlage eines solchen Vertrages, der im Jahre 2010 abgeschlossen wurde, Schönheitsreparaturen aus. Alsdann erfährt er von der Unwirksamkeit der Klausel.
Er macht nunmehr im Wege des Schadensersatzes bei V die von ihm aufgewendeten Kosten geltend.
Wird er sich hiermit durchsetzen?

Nach allgemeiner Ansicht[638] besteht eine Schadensersatzpflicht des **451** Verwenders nach §§ 280 Abs. 1, 241 Abs. 2, 311 Abs. 2 BGB (früher: c.i.c.), wenn er schuldhaft unwirksame AGB-Klauseln in den Vertrag einbezieht und der Vertragspartner in der irrigen Annahme der Wirksamkeit der Regelung Aufwendungen macht.

Durch die Aufnahme von Vertragsverhandlungen (vgl. § 311 Abs. 2 **452** Nr. 1 BGB) entsteht ein **vorvertragliches Schuldverhältnis** zwischen Verwender und Vertragspartner mit entsprechenden Schutzpflichten nach § 241 Abs. 2 BGB. Aufgrund des dadurch bestehenden Vertrauensverhältnisses ist der Verwender verpflichtet, die Schädigung des Vertragspartners durch Einbeziehung unwirksamer AGB zu vermeiden. Dementsprechend wird in der Einbeziehung unwirksamer AGB eine **Pflichtverletzung** (vgl. § 280 Abs. 1 BGB) gesehen.[639]

Der für die Haftung aus c.i.c. notwendige **Verschuldensvorwurf** **453** (§ 280 Abs. 1 S. 2 BGB) trifft den Verwender nur, wenn die Einbeziehung der unwirksamen AGB vorsätzlich oder fahrlässig erfolgte (§ 276 Abs. 1 BGB). Dies ist der Fall, wenn der Verwender bewusst eine unwirksame AGB in den Vertrag aufnimmt bzw. ein Muster mit unwirksamen AGB-Klauseln verwendet hat (Vorsatz) oder wenn er AGB verwendet, deren Unwirksamkeit er jedenfalls kennen musste (fahrlässig). Damit steht zunächst fest, dass ein Verschuldensvorwurf den Verwender dann nach der Rechtsprechung des BGH nicht treffen kann, wenn die fragliche AGB im Zeitpunkt des Einbeziehungsverlangens durch den Verwender von der Rechtsprechung nicht beanstandet war.[640] War die Klausel hingegen bereits zum Zeitpunkt ihrer Einbeziehung von der Rechtsprechung für unwirksam gehalten, stellt sich die Frage, wann von einem durchschnittlichen Verwender im Bereich der Gewerberaummiete erwartet werden durfte, die Unwirksamkeit zu kennen. Diese Frage ist höchstrichterlich noch nicht entschieden. Von einem gewerblichen (Ver-)Mieter ist zu erwarten, dass er vor Einbeziehung seiner AGB diese auf ihre Vereinbarkeit mit der aktuellen Rechtsprechung prüft bzw. prüfen lässt, wobei er sich ein Beraterverschulden zurechnen lassen muss.[641] Jedenfalls dann, wenn die Unwirksamkeit einer inhaltsgleichen Klausel zum Zeitpunkt ihrer Einbeziehung höchstrichterlich festgestellt ist, ist ihre Einbeziehung durch den Verwender schuldhaft.[642]

Als durch unwirksame AGB-Klausel **kausal verursachte Schadenspo-** **454** **sitionen** kommen insbesondere Aufwendungen des Vertragspartners in Betracht, die dieser in der irrigen Annahme der Wirksamkeit der Klausel gemacht hat. Der typische Fall ist die Verwendung einer unwirksamen

---

[638] Vgl. BGH (VIII ZR 302/07) BGHZ 181, 188 = NZM 2009, 541 = NJW 2009, 2590 m.w.N.; Fuchs in Ulmer/Brandner/Hensen/*Fuchs* Vorb. v. § 307 Rdnr. 104; *Stoffels* Rdnr. 636.
[639] So bereits BGH (III ZR 63/83) NJW 1984, 2816 (2817) = DNotZ 1985, 280.
[640] Vgl. BGH (VIII ZR 302/07) BGHZ 181, 188 = NZM 2009, 541 = NJW 2009, 2590.
[641] Vgl. *Schmidt* WuM 2010, 191 (196) m.w.N.
[642] So auch *Stoffels* Rdnr. 637.

Schönheitsreparatur- oder Instandsetzungsklausel, die den Mieter zur Vornahme der entsprechenden Arbeiten veranlasst.

455 **Lösung zu Fall 25:**
Nach der einschlägigen Rechtsprechung des BGH (vgl. BGH (VIII ZR 302/07) NZM 2009, 541 = NJW 2009, 2590; Wohnraummiete) liegt in der Verwendung unwirksamer Klauseln in Kenntnis von dem vorliegenden Verstoß gegen § 307 BGB eine Verletzung vorvertraglicher Pflichten (§§ 280 Abs. 1, 241 Abs. 2, 311 Abs. 2 BGB), die zur Schadensersatzpflicht führt.
M wird sich daher mit seinem Anspruch durchsetzen.

b) Klausel erst nach ihrer Einbeziehung für unwirksam erklärt

456 **Fall 26:**
Wie wäre Fall 25 zu entscheiden, wenn V bei Abschluss des Mietvertrages noch davon ausgehen konnte, dass die von ihm verwandte Klausel der höchstrichterlichen Rechtsprechung entspricht und wirksam ist und erst aufgrund einer Änderung der höchstrichterlichen Rechtsprechung die Unwirksamkeit nunmehr gegeben ist?

457 Wie bereits dargestellt, scheitert mangels Verschuldensvorwurf eine Schadensersatzpflicht des Verwenders in den Fällen, in denen eine im Zeitpunkt der Einbeziehung anerkanntermaßen zulässige Klauselgestaltung durch eine (unvorhersehbare) Änderung der höchstrichterlichen Rechtsprechung nachträglich als unwirksam angesehen wird.[643]

458 In der Literatur[644] wird diskutiert, ob in derartigen Fällen eine Hinweispflicht des Verwenders an den Vertragspartner dahingehend bestehe, dass die Klausel inzwischen als unwirksam angesehen wird und keine Rechte mehr aus ihr hergeleitet werden könnten.

459 **Lösung zu Fall 26:**
Nach der Rechtsprechung des BGH (BGH (VIII ZR 302/07) NZM 2009, 541 = NJW 2009, 2590) besteht in einschlägigen Fällen nur ein Bereicherungsanspruch des Mieters. Nach Maßgabe der §§ 812, 818 Abs. 2 BGB ist Wertersatz zu leisten. Dieser ist jedoch nicht darauf gerichtet, eine durch die Renovierungsmaßnahmen eingetretene Wertsteigerung der Mietsache in Form von Vorteilen auszugleichen, die der Vermieter aus einem erhöhten objektiven Ertragswert der Mietsache tatsächlich erzielen kann oder hätte erzielen können. Vielmehr soll sich der Wert der rechtsgrundlos erbrachten Dienst- oder Werkleistungen nach dem Wert der üblichen, hilfsweise der angemessenen Vergütung berechnen.

---

[643] *Fuchs* in Ulmer/Brandner/Hensen Vorb. v. § 307 Rdnr. 104.
[644] Vgl. zum Meinungsstand: *Schmidt* WuM 2010, 191 (196) m. w. N.

2. Bereicherungsanspruch

Ferner steht dem Vertragspartner ein Anspruch wegen ungerechtfer- **460** tigter Bereicherung (§§ 812 Abs. 1, 818 Abs. 2 BGB) zu, um aufgrund unwirksamer AGB zu Unrecht **erbrachte Leistungen zurückzufordern.** Denn aufgrund einer unwirksamen AGB erbrachte Leistungen (z. B. durchgeführte Schönheitsreparaturen auf Grundlage einer unwirksamen Abwälzung) sind ohne rechtlichen Grund erbracht.[645]

Hingegen steht dem **Vermieter,** der unwirksame Schönheitsreparatur- **461** klauseln verwendet hat, **kein Bereicherungsanspruch,** gerichtet auf Ausgleich der infolge der Abwälzung niedriger kalkulierten Miete zu.[646] Dies widerspreche dem Sanktionscharakter der Vorschriften über die Inhaltskontrolle, die dem Verwender das Risiko der Unwirksamkeit der von ihm gestellten AGB aufbürden.[647]

K. Änderung von AGB nach Vertragsschluss

Allgemeine Geschäftsbedingungen, die wirksam in den Vertrag einbe- **462** zogen worden sind, können nachträglich geändert werden. Insbesondere bei langfristigen Geschäftsraummietverträgen kann sich die Notwendigkeit der Anpassung oder gar Neufassung Allgemeiner Geschäftsbedingungen wegen veränderter Umstände ergeben, insbesondere bei Änderung der Marktlage, Gesetzesänderungen oder der Unwirksamerklärung bestimmter Klauseln durch die obergerichtliche Rechtsprechung. Eine AGB-Änderung ist auf zwei Wegen möglich:

Es kann zunächst eine **Vertragsänderung** vorgenommen werden, de- **463** ren Wirksamkeit den gleichen Anforderungen unterliegt wie der Vertragsschluss selbst.[648] Lässt der Verwender dem Vertragspartner die geänderte Fassung des Vertrages unter Hinweis auf die geänderten AGB zukommen und setzt der Vertragspartner das Mietverhältnis ohne Widerspruch gegen die vorgeschlagene oder vollzogene Änderung fort, so ist darin eine konkludente Zustimmung zur Vertragsänderung zu sehen.[649] Dies dürfte im Rahmen von Gewerberaummietverträgen in aller Regel nicht erfolgen. Vorsorglich sollte man entsprechenden Änderungsverlangen widersprechen.

Praxistipp: Die Änderung der gesamten allgemeinen Geschäftsbedin- **464** gungen oder nur einzelner wesentlicher Regelungen in einem Gewer-

---

[645] BGH (VIII ZR 302/07) BGHZ 181, 188 = NZM 2009, 541 = NJW 2009, 2590; *Langenberg,* Schönheitsreparaturen, Instandsetzung und Rückbau bei Wohn- und Gewerberaum, 4. Auflage 2011, Rdnr. 333 f. m. w. N.
[646] *Langenberg,* Schönheitsreparaturen, I. Teil Rdnr. 332.
[647] Vgl. *Langenberg,* Schönheitsreparaturen, I. Teil Rdnr. 332.
[648] *Ulmer/Habersack* in Ulmer/Brandner/Hensen § 305 Rdnr. 164.
[649] BGH (I ZR 138/89) NJW-RR 1991, 570 f.; BGH (II ZR 263/67) BGHZ 52, 61 (63) m. w. N.

beraummietvertrag stellt häufig eine wesentliche Vertragsänderung dar. Im Rahmen eines langfristigen Mietvertrages muss dies gegebenenfalls im Wege eines der Schriftform genügenden Nachtrages erfolgen, wenn die langfristige Bindung gewahrt werden soll. Es entspricht ständiger Rechtsprechung des **BGH**, dass ein nicht formgerechter Nachtrag die Schriftform des Gesamtvertragswerkes infiziert, wenn in dem Nachtrag wesentliche Regelungen getroffen werden.[650]

465   Eine in den AGB selbst enthaltene **Änderungsklausel**, die dem Verwender ein einseitiges Änderungsrecht der AGB ohne Einverständnis des Vertragspartners einräumt, ist grundsätzlich unzulässig.[651] Wirksam ist eine solche Klausel ausnahmsweise nur dann, wenn sie das Recht des Verwenders zur einseitigen Änderung der AGB auf Fälle unvorhersehbarer Veränderungen von Umständen, die der Verwender nicht veranlasst hat, auf die er keinen Einfluss hat und die zu einer Störung des bei Vertragsschluss vorhandenen Äquivalenzverhältnisses in nicht unbedeutendem Maße geführt haben, beschränkt.[652] Die Klausel muss so transparent sein, dass die Verwendergegenseite bei Vertragsschluss vorhersehen kann, unter welchen Umständen und in welchen Bereichen sie mit Änderungen zu rechnen hat.[653]

L. Prüfungsschema für die Wirksamkeitskontrolle von AGB

466   Soll der Inhalt einer Vertragsklausel auf ihre Vereinbarkeit mit § 307 BGB geprüft werden, so bietet sich folgende **Prüfungsreihenfolge** an:

467   I. Handelt es sich bei der fraglichen Klausel um AGB im Sinne von § 305 Abs. 1 BGB?[654]

468   II. Ist die Klausel wirksam in den Vertrag einbezogen?[655]

469   III. Der Inhalt der Klausel ist – ggf. im Wege der Auslegung unter Anwendung der Unklarheitenregel (§ 305c Abs. 2 BGB) – festzulegen.[656]

470   IV. Ist die Klausel aufgrund ihres überraschenden Charakters (§ 305c Abs. 1 BGB) ausnahmsweise nicht Vertragsbestandteil geworden?[657]

471   V. Ist die Klausel unbeachtlich, weil sie in Widerspruch zu einer Individualvereinbarung steht (§ 305b BGB)?[658]

472   VI. Verstößt die Klausel gegen das Transparenzgebot (§ 307 Abs. 1 S. 2 BGB)?[659]

---

[650] BGH (LwZR 4/93) BGHZ 125, 175 = NJW 1994, 1649 (Pachtvertrag).
[651] MünchKommBGB/*Basedow* § 305 Rdnr. 79; BeckOK Bamberger/Roth/*Becker* § 305 Rdnr. 77; *Ulmer/Habersack* in Ulmer/Brandner/Hensen § 305 Rdnr. 165.
[652] BGH (IV ZR 218/97) BGHZ 141, 153 = NJW 1999, 1865.
[653] BeckOK Bamberger/Roth/*Becker* § 305 Rdnr. 77.
[654] Vgl. hierzu oben Rdnr. 6 ff.
[655] Vgl. hierzu oben Rdnr. 109 ff.
[656] Vgl. hierzu oben Rdnr. 162 ff.
[657] Vgl. hierzu oben Rdnr. 122 ff.
[658] Vgl. hierzu oben Rdnr. 79 ff.

VII. Ist die Klausel unangemessen benachteiligend im Sinne des § 307 **473**
BGB?
1. Ist die Klausel kontrollfähig (§ 307 Abs. 3)?[660] **474**
2. Ist ein Regelbeispiel des § 307 Abs. 2 BGB erfüllt? Sofern dies der **475**
Fall ist, Entfall des Unangemessenheitsurteils aufgrund Kompensation oder Vorliegen höherrangiger Interessen des Verwenders?[661]
3. Subsidiär: Ergibt sich eine Unwirksamkeit der Klausel allein an- **476**
hand der Generalklausel des § 307 Abs. 1 S. 1 BGB?[662]

---

[659] Vgl. hierzu oben Rdnr. 372 ff.
[660] Vgl. hierzu oben Rdnr. 292 ff.
[661] Vgl. hierzu oben Rdnr. 306 ff.
[662] Vgl. hierzu oben Rdnr. 355 ff.

II. Teil. Einzelne Regelungsbereiche in der Gewerberaummiete

A. Einleitung

Der Besondere Teil dieses Buches soll dazu dienen, dem Leser für aus- **1** gewählte Bereiche des Gewerberaummietrechts in **alphabetischer Reihenfolge** einen Aufriss über die Rechtsprechung zu vermitteln, ohne einen systematischen Überblick bieten zu wollen und zu können. Im Vordergrund steht vielmehr die Kasuistik zu einzelnen Klauselformulierungen. An geeigneter Stelle wird jeweils ein etwas weiterer Ausblick gegeben und auf mittlerweile durch die Fortentwicklung der Anforderungen an Gewerberaummiet-AGB zweifelhaft gewordene **ältere Rechtsprechung** verwiesen.

B. Einzelne Regelungsbereiche

I. Aufrechnungseinschränkungen

1. Einführung

Der Verwender von Formularmietverträgen, insbesondere der zur Be- **2** dienung einer Finanzierung verpflichtete Vermieter, wird regelmäßig ein starkes Interesse daran haben, Gegenansprüche des Vertragspartners, insbesondere die **Aufrechnung** mit Gegenansprüchen, weitgehend einzuschränken. Entsprechende Klauseln sind dementsprechend nahezu in allen Gewerberaumformularverträgen anzutreffen.

2. Aktuelle Rechtsprechung des BGH

Es soll möglich sein, die Aufrechnung **formularvertraglich** auf **rechts-** **3** **kräftig festgestellte und unstreitige Gegenforderungen** zu beschränken.[1] Durch die Einschränkung auf rechtskräftig festgestellte Forderungen soll stillschweigend auch die Aufrechnung mit **entscheidungsreifen Forderungen** erfasst sein.[2] Denn entscheidungsreife Forderungen sollen nur einen Unterfall der unbestrittenen Forderungen darstellen, weil sie mit präkludierten Einwendungen nicht mehr bestritten werden kön-

---

[1] St. Rspr. BGH (VII ZR 209/07) NJW 2011, 1729 = ZMR 2011, 541. BGH (XII ZR 141/91) NJW-RR 1993, 519 = ZMR 1993, 320 zur Pacht; (XII ZR 54/05) NZM 2007, 684 = NJW 2007, 3421.

[2] OLG Düsseldorf (22 U 56/96), NJW-RR 1997, 757; (I-10 U 58/09) BeckRS 2009, 28073 = OLGR 2009, 821.

nen.[3] Eine Forderung ist entscheidungsreif, wenn sie ohne weitere Beweiserhebung zugesprochen werden kann.[4]

4   **Praxistipp: Da** die Anforderungen an die Genauigkeit der Formulierung von AGB für den Bereich der Gewerberaummiete in den letzten Jahren u. a. unter dem Stichwort, **„kundenfeindlichste Auslegung",**[5] ganz erheblich verschärft worden sind, empfiehlt es sich in Aufrechnungsverbotsklauseln auch für die entscheidungsreifen Forderungen eine ausdrückliche Ausnahme aufzunehmen.[6]

5   Bei der Formulierung von Aufrechnungsverbotsklauseln ist zu beachten, dass der BGH auch nur in Nuancen **weitergehende Regelungen** als gemäß § 307 BGB unwirksam angesehen hat. So hat er etwa die Bestimmung,

„Der Mieter kann nur mit solchen Zahlungen aus dem Mietverhältnis aufrechnen oder die Zurückbehaltung erklären, die entweder rechtskräftig festgestellt sind oder zu denen die Vermieterin im Einzelfall jeweils ihre Zustimmung erklärt."

wegen Verstoßes gegen § 307 BGB als unwirksam erachtet.[7] Denn im Rahmen der Prüfung nach § 307 BGB zu Grunde zu legenden **kundenfeindlichsten Auslegung** sei die Klausel dahingehend zu verstehen, dass auch bei einer unstreitigen Forderung des Mieters der Vermieter noch aktiv zustimmen müsse und bei der Verweigerung der Zustimmung die Aufrechnung unzulässig sei.

6   Bei Zugrundelegung dieser Grundsätze ist die Klausel,

"Eine Aufrechnung oder ein Zurückbehaltungsrecht des Leasingnehmers wegen eigener Ansprüche gegen Forderungen der Leasinggeberin ist ausgeschlossen."

erst recht **unwirksam.**[8]

3. Fortgeltung der Grundsätze der älteren BGH – Rechtsprechung?

7   Es stellt sich daher die Frage, ob der **BGH** an seiner **älteren Rechtsprechung** zur Wirksamkeit von Aufrechnungsbeschränkungen weiterhin festhält. Der BGH[9] hat im Jahr 1993 die Klausel,

„Auf das Recht zur Aufrechnung, Minderung (Herabsetzung des Pachtzinses) und Zurückbehaltung verzichtet der Pächter, soweit dies gesetzlich zulässig ist und soweit nicht mit rechtskräftig festgestellten Forderungen die vorgenannten Rechte geltend gemacht werden."

bezüglich der Aufrechnungseinschränkung auch unter dem Gesichtspunkt des § 9 AGBG = 307 BGB für wirksam erachtet. Damals hat es der

---

[3] OLG Düsseldorf (I-10 U 58/09) BeckRS 2009, 28073 = OLGR 2009, 821.
[4] v. Westphalen/*v. Westphalen*, 4) Aufrechnungsklauseln, Rdnr. 13.
[5] Vgl. hierzu oben unter I. Teil Rdnr. 224.
[6] A. A. wohl *Törnig* NZM 2009, 847.
[7] BGH (XII ZR 54/05) NZM 2007, 684 = NJW 2007, 3421.
[8] BGH (VIII ZR 90/85) NJW-RR 1986, 1110 (Leasing); Lindner-Figura/Oprée/Stellmann/*Bartholomäi* Kap. 10 Rdnr. 247.
[9] BGH (XII ZR 141/91) NJW- RR 1993, 519 = ZMR 1993, 320 zur Pacht.

Senat als unschädlich angesehen, dass die Klausel **nicht ausdrücklich** die Aufrechnung mit unstreitigen Forderungen zulässt. Es sei jedoch sinnwidrig anzunehmen, dass hinsichtlich unstreitiger Forderungen die Aufrechnung ausgeschlossen sein soll, da insoweit Einwendungen nicht nur durch die Rechtskraft einer gerichtlichen Entscheidung abgeschnitten sind, sondern gar nicht erhoben werden.

In der vorgenannten Entscheidung hat sich der **XII. Zivilsenat** weiter- **8** hin eine Entscheidung des X. Zivilsenats[10] zu Eigen gemacht, in der die Bestimmung,

„Die Zurückhaltung von Zahlungen oder die Aufrechnung wegen etwaiger vom Lieferer bestrittener Gegenansprüche des Bestellers sind nicht statthaft."

auch als AGB für wirksam angesehen worden ist. Die **Nichterwähnung von rechtskräftig festgestellten Forderungen** als Ausnahme von der Aufrechnungseinschränkung sei unschädlich, da es sich hierbei lediglich um einen Unterfall der unstreitigen Forderungen handele.

Praxistipp: Vorsorglich sollten die zitierten Klauseln bei **Neuab-** **9** **schlüssen von Gewerberaummietverträgen** keine Verwendung mehr finden.

4. Aktuelle Urteile der Instanzgerichtsrechtsprechung

Nach Auffassung des **OLG Düsseldorf**[11] soll die Klausel, **10**

„Der Mieter kann gegen die Miete weder aufrechnen noch ein Zurückbehaltungsrecht ausüben oder die Miete mindern. Hiervon ausgenommen sind Forderungen des Mieters wegen Schadensersatz für Nichterfüllung oder Aufwendungsersatz in Folge eines anfänglichen oder nachträglichen Mangels, den der Vermieter wegen Vorsatz oder grober Fahrlässigkeit nicht zu vertreten hat, und andere Forderungen aus dem Mietverhältnis, soweit sie unbestritten, rechtskräftig festgestellt oder entscheidungsreif sind",

nicht gegen § 307 BGB verstoßen und wirksam sein.

5. Ankündigungsklauseln

Vertragsbestimmungen, nach denen gegen die Miete mit einer Gegen- **11** forderung erst aufgerechnet und ein Zurückbehaltungsrecht erst ausgeübt werden kann, wenn der Mieter dies mindestens **einen Monat vor Fälligkeit** der Miete dem Vermieter **angezeigt** hat, sind nach Auffassung des OLG Düsseldorf[12] wirksam.

Eine solche Bestimmung verliert nach Vertragsende und Rückgabe der **12** Mietsache nach Auffassung des BGH[13] und des OLG Düsseldorf[14] ihren Sinn, wenn nur noch wechselseitige Ansprüche abzurechnen sind.

---

[10] BGH (X ZR 31/88) NJW 1989, 3215 = BGHZ 107, 185.
[11] OLG Düsseldorf (10 U 154/09) NZM 2010, 582 = BeckRS 2010, 15629.
[12] OLG Düsseldorf (24 U 199/00) NZM 2002, 953 = BeckRS 2001, 30191747.
[13] BGH (XII ZA 21/99) NZM 2000, 336 = BeckRS 2000, 30090187.
[14] OLG Düsseldorf (I-10 U 86/04) GuT 2005, 15 = BeckRS 2010, 07859.

13   **Praxistipp:** Eine entsprechende **Einschränkung** sollte die Klausel **ausdrücklich** beinhalten, um auch bei einer extensiven Anwendung der kundenfeindlichsten Auslegung die Wirksamkeit der Klausel im Licht des § 307 BGB zu gewährleisten.

6. Nutzungsentschädigung

14   **Aufrechnungseinschränkungen** sollen nicht nur im Zusammenhang mit Mietzahlungen, sondern auch gegenüber einem Anspruch auf **Nutzungsentschädigung** im Sinne des 546 a BGB gelten.[15]

15   **Praxistipp:** Bei der Formulierung entsprechender Klauseln ist darauf zu achten, diesen weiten **Anwendungsbereich der Aufrechnungsverbote** nicht ungewollt zu **verkleinern**, indem z. B. lediglich die Aufrechnung mit Mietzahlungsforderungen eingeschränkt wird. Denn hier könnte die **Unklarheitenregelung** des § 305 c Abs. 2 BGB[16] zu Lasten des Verwenders Anwendung finden und Nutzungsentschädigungsansprüche vom Anwendungsbereich ausgenommen werden.

II. Bedingungen

1. Einführung

16   Vielfach steht bei Vertragsabschluss noch nicht fest, ob der geplante Gewerberaummietvertrag tatsächlich durchgeführt werden wird. Zum Beispiel eine **unklare Genehmigungssituation** oder eine unsichere Vermietung weiterer Flächen in einem noch zu errichtenden Objekt können einer endgültigen Realisierung des Vorhabens entgegenstehen. Ob und wann in derartigen Fällen formularvertraglich wirksam **Bedingungen** vereinbart werden können, ist zumindest in seinen Einzelheiten noch nicht endgültig geklärt.

2. Auflösende Bedingungen

17   Nach der Rechtsprechung des **BGH**[17] sind Klauseln in Vermieterformularverträgen unwirksam, die den Mietvertrag unter die **auflösende Bedingung** der Versagung der für den Betrieb des Mieters notwendigen Gaststättenkonzession stellen. Derartige Klauseln benachteiligten den Mieter unangemessen, weil sie ihm auch dann, wenn die Versagung auf vom Vermieter zu vertretenden Mängeln der Mietsache beruht, das **Risi-**

---

[15] BGH (XII ZA 21/99) NZM 2000, 336 = NJW-RR 2000, 530 (Individualvertrag); OLG Düsseldorf (10 U 76/93) NJW-RR 1995, 850 (AGB);OLG Karlsruhe (13 U 14/86) BeckRS 1987, 30913288 = ZMR 1987, 261; Palandt/*Weidenkaff* § 546 a BGB Rdnr. 4; Staudinger/*Rolfs* § 546 a Rdnr. 42.
[16] Vgl. hierzu oben unter I. Teil Rdnr. 209 f.
[17] BGH (XII ZR 141/91) NJW-RR 1993, 519 = ZMR 1993, 320 zur Pacht.

ko der behördlichen Erlaubnis aufbürdet. Nach der Gesetzeslage könne der Vermieter in derartigen Fällen nicht aus wichtigem Grund kündigen[18] und sich auf diese Weise seinen vertraglichen Pflichten entziehen. Daher könne diese Möglichkeit auch nicht formularvertraglich wirksam geschaffen werden.

Praxistipp: Es steht zu erwarten, dass die Gerichte diese Rechtspre- **18** chung auf alle in die Risikosphäre des Vermieters fallenden Erlaubnisse, Genehmigungen etc. ausweiten. Daher ist auf Seiten des Vermieters **vor Vertragsabschluss** abschließend zu klären, ob **öffentlichrechtliche oder privatrechtliche Einschränkungen,** wie etwa Restriktionen auf Grund des Öffentlichen Baurechts oder bei Teileigentum aus einer Teilungsgenehmigung etc., bestehen. Ist dies der Fall, sollte **individualvertraglich Vorsorge** getroffen werden.

Auf der Grundlage der geschilderten Rechtsprechung spricht vieles **19** dafür, Klauseln in Mieter-AGB für unwirksam zu erachten, die eine auflösende Bedingung für Fälle vorsehen, in denen eine für den **Betrieb des Mieters** erforderliche **Erlaubnis/Konzession** aus Gründen nicht erteilt oder entzogen wird, die in seiner Risikosphäre liegen.

3. Aufschiebende Bedingungen

Es stellt sich die Frage, ob die vorstehend dargestellten Überlegungen **20** auch für **aufschiebende Bedingungen** gelten, die das Zustandekommen des Vertrags betreffen. Der VIII. Zivilsenat der **BGH**[19] hat zumindest für den Bereich des Erwerbs von Fondsanteilen zwischen auflösenden und aufschiebenden Bedingungen differenziert. Anders als bei einer auflösenden Bedingung entstünden bei einer aufschiebenden Bedingung bis zum Bedingungseintritt keine vertraglichen Verpflichtungen. Daher liege anders als bei der auflösenden Bedingung kein zusätzliches Lösungsrecht des Verwenders vom Vertrag vor.[20]

Unangemessen benachteiligend seien derartige Klauseln jedoch dann, **21** wenn sie dem Verwendungsgegner eine **lange Phase der Unsicherheit** in Hinblick auf das Zustandekommen des Vertrags zumuten.[21]

Praxistipp: Es bleibt abzuwarten, ob sich die auf den ersten Blick sehr **22** formal wirkende Differenzierung der Rechtsfolgen bei auflösenden und aufschiebenden Bedingungen für den Bereich der Gewerberaummiete durchsetzen wird. Im Sinne des *„sichersten Wegs"* sollte man bis zu einer einschlägigen Entscheidung des XII. Zivilsenats alle einschlägigen Bedingungen individualvertraglich fassen.

---

[18] BGH (XII ZR 141/91) NJW-RR 1993, 519 = ZMR 1993, 320 zur Pacht.
[19] BGH (VIII ZR 343/09) NJW 2011, 1215 = NZG 2011, 514.
[20] Vgl. zu einer individualvertraglich vereinbarten aufschiebenden Bedingung: BGH (XII ZR 175/92) BeckRS 2009, 20713 = ZMR 1994, 253.
[21] Vgl. hierzu auch: BGH (VIII ZR 343/09) NJW 2011, 1215 = NZG 2011, 514.

III. Behördliche Erlaubnisse/ Genehmigungen

1. Einführung

23 Anders als bei der Wohnraummiete ist für den Vermieter häufig auf den ersten Blick nicht erkennbar, welche **behördlichen Genehmigungen, Erlaubnisse etc.** für die vertraglich vorgesehene Nutzung einer gewerblich vermieteten Immobilie erforderlich sind. Noch viel weniger ist der Umfang eventueller Auflagen und Nebenbestimmungen, etwa bezüglich der Schaffung bzw. Ablösung von Stellplätzen für den Vermieter subjektiv vorhersehbar. Da der Vermieter gemäß § 535 BGB eine zum Mietzweck geeignete Mietsache schuldet, wird zu recht darauf verwiesen, dass der **Mietzweck** damit zum **Zentralbegriff des Mietrechts** wird.[22] Mehr als naheliegend ist daher der Versuch, sich von den als unvorsehbar empfundenen Anforderungen durch AGB auf Vermieterseite frei zu zeichnen. Dies ist angesichts der Tatsache, dass § 535 Abs. 1 S. 2 BGB[23] die **Hauptleistungspflicht des Vermieters** im Rahmen eines Mietvertrags beinhaltet, alles andere als unproblematisch.

2. Einzelne Klauseln

24 Der **BGH**[24] hat die Klausel

„Sind für dessen (des Mietobjekts) Einrichtung oder Betrieb behördliche Genehmigungen oder Erlaubnisse erforderlich, so hat der Mieter diese auf seine Kosten und sein Risiko beizubringen. Im Falle der Nichterteilung der erforderlichen Genehmigungen und Erlaubnisse wird die Wirksamkeit des Vertrages nicht berührt."

in Vermieter-AGB wiederholt als unwirksam angesehen. Denn nach dem maßgeblichen Wortlaut der Klausel werde die Haftung des Vermieters auch für den Fall ausgeschlossen, dass die Konzession für den vom Mieter vorgesehenen Gewerbebetrieb aus Gründen versagt wird, die ausschließlich auf der Beschaffenheit oder der Lage des Mietobjektes beruhen. Da in der Regelung die Konzessionsverweigerung der Risikosphäre des Mieters zugeordnet wird, ohne nach möglichen Ansprüchen des Mieters zu differenzieren, seien nach der Klausel nicht nur Gewährleistungsrechte des Mieters, sondern auch dessen Befugnis zur **fristlosen Kündigung** des Mietvertrages ausgeschlossen. Ein so weit gehender **Haftungsausschluss** benachteilige den Mieter unangemessen und sei damit unwirksam.

---

[22] Staudinger/*Emmerich* § 535 Rdnr. 35.
[23] „Der Vermieter hat die Mietsache dem Mieter in einem zum **vertragsgemäßen Gebrauch geeigneten Zustand** zu überlassen und sie während der Mietzeit in diesem Zustand zu erhalten." (Hervorhebungen durch die Autoren)
[24] BGH (VIII ZR 232/87) NJW 1988, 266.

IV. Beschränkt persönliche Dienstbarkeiten

Auch ein langfristig abgeschlossener Mietvertrag bietet dem Mieter **25** nur **relative Sicherheit.** Bildlich gesprochen ist der Mietvertrag nur „so gut" und sicher wie die Person des (jeweiligen) Vermieters. Denn im Fall der **Zwangsversteigerung** bzw. der **Insolvenz des Vermieters** nebst Veräußerung der Immobilie durch den Insolvenzverwalter stehen dem jeweiligen Erwerber trotz langfristig abgeschlossener Mietverträge gemäß § 57a ZVG bzw. § 111 InsO **außerordentliche Kündigungsrechte** mit den gesetzlichen Fristen zu. Diese Kündigungsrechte können im Mietvertrag nicht abbedungen werden.[25] Indirekt Abhilfe[26] können nur für den Mieter im Grundbuch eingetragene **beschränkt persönliche Dienstbarkeiten** schaffen, mit denen dem Mieter das Recht eingeräumt wird, das Objekt zu nutzen.[27] Diese beschränkt persönlichen Dienstbarkeiten lassen die Kündigungsrechte des Erwerbers unberührt. Sie werden jedoch wirtschaftlich betrachtet sinnlos, da nach entsprechender Kündigung der ehemalige Mieter das Objekt nunmehr als Dienstbarkeitsberechtigter nutzt.

In den AGB einiger mietender Unternehmen finden sich Bestimmun- **26** gen, mit denen die Vermieter verpflichtet werden, zu Gunsten des Mieters beschränkt persönliche Dienstbarkeiten zu bestellen. Derartige Bestimmungen könnten bereits so **ungewöhnlich** sein, dass sie gemäß § 305c Abs. 1 BGB[28] nicht Vertragsbestandteil werden.

Enthalten die vom Mieter gestellten Klauseln die Verpflichtung des **27** Vermieters, die Dienstbarkeit in **Abteilung II. und III. im ersten Rang** einzutragen oder die – regelmäßig beträchtlichen – Kosten der Eintragung zu übernehmen, spricht viel dafür, sie jedenfalls als **unangemessen benachteiligend** anzusehen. Denn bereits die Eintragung im ersten Rang ist ohne Mitwirkung der bisherigen Grundbuchberechtigten nicht möglich.

V. Bestätigungsklauseln

Vgl. oben I. Teil Rdnr. 74. **28**

VI. Betriebskosten

1. Einführung/Kostentragung nach der gesetzlichen Regelung

Gemäß § 535 Abs. 1 S. 3 BGB trägt der Vermieter die auf der Mietsache **29** ruhenden Lasten/Betriebskosten. Diese Regelung ist auch durch AGB

---

[25] Lindner-Figura/Opree/Stellmann/*Oprée* Kap. 21 Rdnr. 68 zu § 111 InsO.

[26] Vgl. zu den Bedenken gegen entsprechende Vereinbarungen: Lindner-Figura/Opree/Stellmann/*Oprée* Kap. 21 Rdnr. 56, 67 f.

[27] Vgl. hierzu ausführlich mit Formulierungsvorschlag: Grooterhorst/Becker/Dreyer/Törnig/*Burbulla* 4 A Rdnr. 109 ff.

[28] Vgl. zur Nichteinbeziehung objektiv ungewöhnlicher Klauseln nach § 305c Abs. 1 BGB oben unter I. Teil Rdnr. 131 f.

abdingbar. Der **BGH**[29] verlangt jedoch schon in Hinblick auf § 241 BGB stets eine **ausdrückliche, inhaltlich bestimmte Vereinbarung** für die Umlage.

30   **Praxistipp:** Der **BGH**[30] geht in mittlerweile ständiger Rechtsprechung davon aus, dass durch die Festlegung von **Betriebskostenvorauszahlungen kein Vertrauenstatbestand** bezüglich der Auskömmlichkeit beim Mieter geschaffen werde und daher auch Nachforderungen, die ein Vielfaches der Vorauszahlungen ausmachen, nicht ausgeschlossen sein sollen. Anderes soll gelten, wenn der Vermieter die Auskömmlichkeit zugesichert hat.[31] Daher sollte eine entsprechende **Zusicherung** aus Sicht des Mieters in den **Mietvertrag** aufgenommen werden.

2. Ankreuzvarianten

31   Große Sorgfalt ist in diesem Zusammenhang bei **vorgedruckten Vertragsmustern** anzuwenden, die hinsichtlich der Kostentragungspflicht **Ankreuzvarianten** vorsehen. Unterbleibt das Ankreuzen gehen die hieraus resultierenden Unklarheiten zu Lasten des Verwenders: Dies kann zur Folge haben, dass die Betriebskosten weitgehend nicht umlagefähig sind.[32]

3. Vorauszahlung oder Pauschale

32   Wird in einem vom Vermieter gestellten Formular nicht hinreichend deutlich, ob eine **Vorauszahlung oder Pauschale** vereinbart sein, soll gemäß der **Unklarheitenregel** (§ 305c Abs. 2 BGB)[33] von der Vereinbarung einer Pauschale auszugehen sein.[34]

33   Ob dies in allen Einzelfällen in der Gewerberaummiete zu gelten hat, erscheint nicht zweifelsfrei. Ergibt eine Abrechnung auf Grund einer hohen „Pauschale" einen **Rückforderungsanspruch des Mieters** für den Fall der Annahme einer Vorauszahlung, könnte die **Unklarheitenregel** auch in diesem Fall zu Lasten des Vermieters als AGB-Verwender angewandt werden.

4. Generelle Umlagevereinbarungen/Transparenzgebot

a) Einzelne Klauseln

34   In der Instanzrechtsprechung sind die Anforderungen an die inhaltliche **Bestimmtheit** von **Umlagevereinbarungen** noch umstritten, jedoch setzt sich zunehmend eine restriktive Haltung durch.

[29] BGH (XII ZR 158/01) NZM 2005, 863 = BeckRS 2005, 09 459; vgl. a. OLG Düsseldorf (I-24 U 204/06) GuT 2007, 363 = BeckRS 2007, 15 429; OLG Jena (8 U 392/01) NZM 2002, 70; Herrlein/Kandelhard/*Both* § 556 Rdnr. 13.
[30] BGH (XII ZR 112/09) BeckRS 2011, 15 216 m.w.N.
[31] BGH (XII ZR 21/02) NZM 2004, 619 = NJW 2004, 2674.
[32] OLG Rostock (3 U 50/09) BeckRS 2010, 17 374.
[33] Vgl. hierzu oben unter I. Teil Rdnr. 209 f.
[34] Lindner-Figura/Oprée/Stellmann/*Beyerle* Kap. 11 Rdnr. 82; Schmidt-Futter/*Langenberg* § 556 Rdnr. 264 zur Wohnraummiete.

Das OLG Düsseldorf[35] hat die Klausel, **35**

„Vermieter trägt die Kosten für die Gebäude-Feuerversicherung für das Mietobjekt sowie die Grundsteuer.
Alle übrigen Unkosten sind vom Mieter zu tragen. Dazu gehören insbesondere die Kosten für: (es folgen diverse Umlagepositionen) ... sowie alle hier nicht gesondert aufgeführten Kosten in Ansehung des Mietobjekts."

für inhaltlich zu unbestimmt und damit unwirksam gehalten, soweit **Betriebskostenpositionen nicht ausdrücklich aufgeführt** waren. Es sei nicht erkennbar, „welche Kosten unter die "hier nicht gesondert aufgeführten Kosten in Ansehung des Mietobjekts" fallen könnten".

In einer weiteren Entscheidung hat das OLG Düsseldorf[36] die Rege- **36** lung,

„Sämtliche anfallenden Nebenkosten/Betriebskosten gehen anteilig zu Lasten des Mieters. Hierfür leistet der Mieter eine monatliche Betriebskostenvorauszahlung von (nicht ausgefüllt) DM + Mehrwertsteuer excl. Stromkosten. Die Nebenkostenvorauszahlung wird jährlich aufgrund der tatsächlich anfallenden Kosten neu festgelegt"

für unklar und unwirksam erachtet.[37]

Auch die **pauschale Abwälzung der** „**Nebenkosten"** soll für eine **37** wirksame Vereinbarung nicht ausreichen.[38]

Das OLG Hamm[39] hat an der Wirksamkeit der Bestimmung, **38**

„Die Pächterin trägt spätestens ab dem Betriebsbeginn (§ 5 Absatz 3) in vollem Umfang sämtliche Betriebs- und Nebenkosten."

erhebliche Zweifel erkennen lassen.

Da KG[40] hat demgegenüber die Vertragsklausel,[41] **39**

„die für das Mietgrundstück entstehenden Bewirtschaftungs- und sonstigen Verbrauchsabgaben trägt der Mieter."

als **wirksam** erachtet.[42] Sie sei nach Auffassung des Senats dahin auszulegen, dass mit „**Bewirtschaftungs- und sonstigen Verbrauchsabgaben"** dasselbe gemeint ist wie mit „Betriebskosten" i.S. der Anlage 3 (Nr. 1–16) zu § 27 der II. Berechnungsverordnung/§ 2 BetrKV. In einem gewerblichen Mietvertrag genüge es, wenn dem Mieter die Verpflichtung auferlegt wird, „die Betriebskosten" zu tragen; der Begriff sei dann vom durchschnittlichen Gewerbemieter i.S. von § 2 BetrKV zu verstehen.[43]

---

[35] OLG Düsseldorf (24 U 142/01) NZM 2002, 700 = BeckRS 2002, 30 259 375.
[36] OLG Düsseldorf (10 U 170/01) ZMR 2003, 109 = BeckRS 2002, 07 879.
[37] Vgl. a. OLG Hamm (30 U 93/09) BeckRS 2009, 89 474.
[38] OLG Düsseldorf (I-24 U 204/06) GuT 2007, 363 = BeckRS 2007, 15 429.
[39] OLG Hamm (30 U 93/09) BeckRS 2009, 89 474.
[40] KG, (12 U 117/06) BeckRS 2007, 08 578 = ZMR 2007, 449.
[41] Ob es sich um AGB gehandelt hat, wird nicht ganz deutlich.
[42] Ähnlich großzügig OLG Karlsruhe (9 U 174/08) BeckRS 2009, 29 945 für eine Individualvereinbarung.
[43] Ähnlich *Ahlt* GuT 2005, 47 (49); *Neuhaus* Rdnr. 955.

b) Transparenzgebot

aa) Strikte Anwendung des Transparenzgebots

40 Der **BGH**[44] wendet darüber hinaus das **Transparenzgebot**[45] relativ streng auf **Umlagevereinbarungen** an. Dementsprechend hat er die Bestimmung zur Tragung der

> *„Kosten der für das Gesamtobjekt notwendigen und/oder üblichen Versicherungen sowie alle für den Betrieb, die Unterhaltung, Bewachung und Verwaltung notwendigen Kosten einschließlich der Gestellung und Unterbringung des hierfür erforderlichen Personen",*

als **intransparent** und gemäß § 307 Abs. 1 S. 2 BGB für unwirksam erachtet.[46] Denn es bliebe auf Grund der Formulierung offen, welche Versicherungen die „**üblichen**" **Versicherungen** sein sollen und was unter den Kosten zu verstehen sei, die für den „**Betrieb**" und die „**Unterhaltung**" des „**Gesamtobjekts**" anfallen. Die äußerst pauschalen Angaben ermöglichten es dem Mieter nicht, sich einen Überblick über die von ihm zu tragenden Kosten zu verschaffen.

41 **Praxistipp:** Bei der **Gestaltung von Umlagevereinbarung** dürfte es sich mittlerweile verbieten, die umlagefähigen Kosten nur schlagwortartig (z. B. „**Kosten der Klimaanlage**") aufzuführen. Denn aus der Kombination der Unklarheitenregel[47], des Transparenzgebots[48] und des Grundsatzes der kundenfeindlichsten Auslegung[49] droht jeweils die Unwirksamkeit der entsprechenden Abwälzungsvereinbarung.

bb) Inbezugnahme der BetrKV bzw. der ehemaligen Anlage 2 zu § 27 II. BVO

42 Nach der deutschen obergerichtlichen Rechtsprechung soll ein **Verweis auf die Positionen 1–16 des** § 2 BetrKV dem **Transparenzgebot** genügen.[50] Da § 307 Abs. 1 S. 2 BGB im Ergebnis die Umsetzung einer **EU – Richtlinie** beinhaltet, wird zu recht darauf hingewiesen, dass diese Frage möglicher Weise erst durch den **EuGH** verbindlich entschieden wird.[51] Es stellt daher den sichersten Weg da, den Text der Bestimmung in den Vertrag aufzunehmen.[52]

43 Wird formularvertraglich auf die Bestimmungen der **BetrKV** verwiesen, sollen in deren Rahmen auch in der Gewerberaummiete nur solche

---

[44] BGH (XII ZR 158/01) NZM 2005, 863 = BeckRS 2005, 09459.
[45] Vgl. zum Transparenzgebot oben unter I. Teil Rdnr. 372 ff.
[46] BGH (XII ZR 158/01) NZM 2005, 863 = BeckRS 2005, 09459; vgl. a. Urt. v. 3. 8. 2011 (XII ZR 205/09).
[47] Vgl. hierzu oben unter I. Teil Rdnr. 209 ff.
[48] Vgl. hierzu oben unter I. Teil Rdnr. 372 ff.
[49] Vgl. hierzu oben unter I. Teil Rdnr. 224.
[50] BGH (VIII ZR 167/03) NZM 2004, 417 = NJW-RR 2004, 875.
[51] *Heinrichs* NZM 2003, 6 (12); *Hinz* ZMR 2003, 77 (79); *Ahlt* GuT 2005, 47 (49).
[52] *Schmid,* Rdnr. 3009b; Lindner-Figura/Oprée/Stellmann/*Beyerle* Kap. 11 Rdnr. 50.

Positionen umlagefähig sein, die bei der **Wohnraummiete** umlagefähig sind.[53]

5. Einzelne Umlagepositionen

a) Centermanagement

Nach Auffassung des BGH, KG[54] und des OLG Rostock[55] sind formu- **44** larvertragliche Umlagevereinbarungen für **Centermamangementkosten** nur dann hinreichend **transparent** und damit wirksam, wenn im Vertrag erläutert wird, welche Kosten im Rahmen dieser Position abgerechnet werden sollen.

Praxistipp: Da es der **BGH**[56] in seiner ersten Entscheidung zur Umla- **45** gefähigkeit von Verwaltungskosten in AGB ausdrücklich offen gelassen hat, ob eine **gleichzeitige Umlage von Centermanagement- und Verwaltungskosten** ohne inhaltliche Abgrenzung der beiden Positionen **formularvertraglich wirksam** ist, sollte man bei der Gestaltung einschlägiger Klauseln entsprechende Vorsorge treffen.

b) Grundbesitzabgaben

Ob die Vereinbarung der Umlagefähigkeit von „**Grundbesitzabga-** **46** **ben**" zumindest die Umlage der Grundsteuer ermöglicht, ist höchstrichterlich soweit ersichtlich noch nicht entscheiden worden. In Literatur wird zum Teil die Unwirksamkeit entsprechender Regelungen auf Grund **Intransparenz** angenommen.[57] Das OLG Düsseldorf[58] neigt dazu, bei Verwendung entsprechender Klauseln eine Umlagefähigkeit der Grundsteuer anzunehmen.

c) Grundsteuer

Wird in einer formularvertraglichen Umlagevereinbarung die Ab- **47** wälzung der Positionen des § 2 Nr. 1–16 BetrKV vereinbart, ist die **Grundsteuer in voller Höhe** unproblematisch umlagefähig.

Problematisch wird es häufig, wenn vom Wortlaut der **BetrKV abwei-** **48** **chende Regelungen** getroffen werden.

Das OLG Celle[59] hat eine Klausel, nach der der Mieter die Kosten der **49**

„Grundsteuer, jedoch nur insoweit, als dass sich diese gegenüber dem Stand zur Zeit des Vertragsbeginns erhöht."

trägt, dahingehend ausgelegt, dass die anlässlich der **Erbauung des Mietobjekts** eintretende Erhöhung der Grundsteuer nicht umlagefähig ist. Anderer Auffassung scheint insoweit das OLG Frankfurt[60] zu sein.

---

[53] OLG Celle (2 U 23/98) NZM 1999, 501; *Fritz* Rdnr. 123.
[54] BGH, Urt. v. 3. 8. 2011 (XII ZR 205/09); KG (8 U 6267/00) NZM 2002, 954.
[55] OLG Rostock (3 U 56/04) NZM 2005, 507 = BeckRS 2005, 02015.
[56] BGH (XII ZR 109/08) NZM 2010, 123 = NJW 2010, 671.
[57] *Schmid* Rdnr. 5003 a m. w. N.
[58] OLG Düsseldorf (10 U 116/99) NZM 2001, 588.
[59] OLG Celle (2 U 259/88) ZMR 1990, 410.
[60] OLG Frankfurt (17 U 210/97) NZM 2000, 243 = NJW-RR 2000, 377.

50   Das OLG Hamm[61] hat die Vertragsbestimmung,

„alle nach Vertragsbeginn für das Vertragsgrundstück und für die darauf be-
findlichen Baulichkeiten eintretenden Erhöhungen öffentlich-rechtlicher Belas-
tungen jeglicher Art können von der Vermieterin auf Selbstkostenbasis der Mie-
terin anteilig, entsprechend den gemieteten Nutzflächen, in Rechnung gestellt
werden."

als **unklar** angesehen und damit erneut die Umlage der Grundsteuerer-
höhung auf Grund der Bebauung mit dem Mietobjekt für nicht umlagefähig erachtet.[62]

d) Hausmeister/Betriebsabteilung

51   Auch bei der Umlage der Kosten für einen **Hausmeister** erweisen
sich über die BetrKV hinausgehende Regelungen mitunter als problematisch:

52   Hat der Vermieter die Instandhaltung und -setzung an Dach und Fach
vorzunehmen, so ist nach einer Entscheidung des OLG Düsseldorf[63] die
formularvertragliche Umlage der *„Kosten für den Hausmeister/Be-*
triebsabteilung" gemäß § 307 BGB unwirksam.

e) Instandhaltungsrücklage

53   Nach Auffassung des KG[64] ist die formularmäßige Überbürdung der
Instandhaltungsrücklage einer WEG-Gemeinschaft auf den Mieter zumindest dann unwirksam, wenn sie ohne Begrenzung nicht nur Kosten
der Mietsache, sondern auch Kosten der Gemeinschaftsanlagen erfasst.

f) Nach Vertragsschluss erstmalig anfallende Positionen/ Mehrbelastungsklauseln

54   Insbesondere im Rahmen von **langfristig abgeschlossenen Mietver-**
trägen kommt es mitunter zum Anfall neuer bei Vertragsabschluss mehr
oder weniger **unvorhersehbarer Betriebskostenpositionen**. Ob und inwieweit diese Positionen ohne vertragliche Vereinbarung umlegbar sind,
ist für die Gewerberaummiete noch nicht abschließend geklärt.

55   In der Literatur wird teilweise eine Lösung nach den Grundsätzen der
ergänzenden Vertragsauslegung favorisiert.[65] Demgegenüber wird darauf abgestellt, dass der Vermieter für die Vertragslaufzeit an den Katalog
der als umlagefähig vereinbarten Kosten gebunden bleibe.[66] Anderer
Auffassung scheint insoweit das OLG Naumburg[67] zu sein, das wohl

---

61 OLG Hamm (4 U 94/85) BeckRS 1985, 31006733 = ZMR 1986, 198.
62 Ob es sich bei der Bestimmung um AGB gehandelt hat, geht aus der Entscheidung nicht eindeutig hervor.
63 Düsseldorf (I-24 U 204/06) BeckRS 2007, 15429 = GuT 2007, 361.
64 KG (20 U 233/01) NZM 2003, 395 = NJW-RR 2003, 586.
65 *Schmid* Rdnr. 3033b.
66 *Langenberg*, Betriebskostenrecht, C Rdnr. 4; *Neuhaus* Rdnr. 978.
67 OLG Naumburg (9 U 8/05) GuT 2006, 131.

generell objektbezogene, nach Vertragsschluss **neu entstandene Positionen als umlagefähig** erachtet.

Formularvertragliche Regelungen der Problematik werden von anderen Gerichten nicht uneingeschränkt für wirksam erachtet. Das OLG Düsseldorf[68] hält die Bestimmung, **56**

„dass für den Fall einer Erhöhung oder Neueinführung von Grundbesitzabgaben oder anderen Lasten und Kosten der Mieter verpflichtet ist, den auf das Mietobjekt entfallenden Anteil derselben vom Zeitpunkt ihrer Entstehung ab zusätzlich zu zahlen."

nach Maßgabe des § 307 BGB für unwirksam, da sie dem Mieter **Lasten** aufbürde, die er bei **Vertragsschluss** nicht übersehen kann.[69]

In der Literatur werden zum Teil entsprechende Klauseln für zulässig **57** erachtet, wenn sie auf **unvermeidbare Kosten** beschränkt sind.[70] Mitunter wird auch eine **höhenmäßige Begrenzung** der durch die neuen Positionen entstehenden Kosten auf 10% der bereits vertraglich vereinbarten Kosten[71] oder eine Beschränkung auf in der Betriebskostenverordnung (neu) aufgenommene Positionen[72] als zulässig angesehen.

Die Bestimmung, **58**

„Tritt durch Erhöhung oder Neueinführung von Betriebskosten eine Mehrbelastung des Vermieters ein, ist der Mieter verpflichtet, den entsprechenden Mehrbetrag vom Zeitpunkt der Entstehung an zu zahlen."

ist nach Auffassung des OLG Frankfurt[73] zumindest wirksame Grundlage für die **Umlage für nachträglich erhöhte Grundsteuerzahlungen**, wenn die Grundsteuer im Vertrag als umlagefähig vereinbart ist.

g) Sonstige Betriebskosten (§ 2 Nr. 17 BetrKV)

Der Katalog der Betriebskosten in § 2 Nr. 1–16 BetrKV deckt für ge- **59** werbliche Mietverträge häufig nur einen Bruchteil der dem Vermieter entstehenden laufenden Kosten ab. Für eine Vielzahl weiterer Kosten wird vermieterseits die Notwendigkeit einer Umlage gesehen. Ist im Vertrag die Umlage der Positionen im Sinne des § 2 BetrKV vorgesehen, stellt sich die Frage, ob Nr. 17 sozusagen als **„Generalklausel"** die Möglichkeit bietet, alle diese Positionen im Rahmen der Umlage auf den Mieter abzuwälzen, wenn sie im Vertrag nicht im einzelnen benannt werden.

Für den Bereich der Wohnraummiete hat der **BGH**[74] bereits festge- **60** stellt, dass im Rahmen der Nr. 17 des § 2 BetrKV nur **ausdrücklich im**

---

[68] OLG Düsseldorf (10 U 178/90), BB 1991, 1150.
[69] So auch *Langenberg*, Betriebskostenrecht, C Rdnr. 3.
[70] Bub/Treier/*Bub* II Rdnr. 436; Wolf/Eckert/*Ball* Rdnr. 513.
[71] *Langenberg*, Betriebskostenrecht, C Rdnr. 3; Lindner-Figura/Oprée/Stellmann/*Beyerle* Kap. 11 Rdnr. 75; *Neuhaus* Rdnr. 981.
[72] Bieber/Ingendoh/*Schimmel* § 4 Rdnr. 153 unter Verweis auf OLG Celle (2 U 23/98) NZM 1999, 501.
[73] OLG Frankfurt (17 U 210/97) NZM 2000, 243 = NJW-RR 2000, 377.
[74] BGH (VIII ZR 167/03) NZM 2004, 417 = NJW-RR 2004, 875.

Vertrag aufgeführte Positionen umlagefähig sind. Dies ist vom KG[75] auf die Gewerberaummiete übertragen worden.

61   **Praxistipp:** Die Umlage der entstehenden Betriebskosten ist für die zu erzielende **Rendite einer Immobilie** von entscheidender Bedeutung. Bei der Vertragsgestaltung ist hier auf eine vollständige Erfassung und Aufführung der Kostenpositionen zu achten. Als Berater sollte man – schon zur Vermeidung eines **Regresses** – insoweit ausdrücklich (schriftlich) nachfragen.

h) Versicherungen

aa) Grundsatz

62   Regelmäßig schließen Grundstückseigentümer/Vermieter mehr oder weniger umfangreiche Versicherungspakete für die vermieteten Immobilien ab. Formularvertraglich soll die Umlagefähigkeit jedoch nicht für alle Versicherungen vereinbart werden können. Nach Auffassung des KG[76] ist eine **Umlage von „Versicherungskosten"** in AGB ohne nähere Erläuterung, welche Versicherungen im Einzelnen erfasst sein sollen, unwirksam. Es sind daher detaillierte Regelungen erforderlich.

bb) Umlagefähigkeit einzelner Versicherungsarten in AGB

63   ***(1) Erdbeben und Vulkanausbruch.*** Die Umlage einer Versicherung für **Erdbeben und Vulkanausbruch** ist sicherlich schon unter dem Gesichtspunkt des **Wirtschaftlichkeitsgebots** in den meisten Teilen Deutschlands bedenklich. Über einen Verstoß gegen § 307 BGB werden die Gerichte sicherlich nachdenken. Dies auch dann, wenn derartige Versicherungen in einem **Allgefahrenversicherungsvertrag** oder in **extended coverage** Versicherungen enthalten sind.[77]

64   ***(2) Mietausfallversicherungen.*** Wie das OLG Düsseldorf[78] entschieden hat, sind die Kosten einer Mietausfallversicherung **nicht** im Wege von AGB **umlagefähig.**

65   ***(3) Rechtsschutzversicherung.*** Die formularvertragliche Vereinbarung der Umlage einer **Rechtsschutzversicherung** des Verwenders soll entsprechend OLG Düsseldorf[79] wegen Verstoßes gegen § 307 BGB **unwirksam** sein.[80]

66   ***(4) Terrorversicherungen.*** Nach Auffassung des **BGH**[81] sind die Kosten einer **Terrorversicherung** umlagefähig, wenn zum einen die Umlage der

[75] KG (8 U 6/05) BeckRS 2005, 11 697 = GuT 2005, 259 (insoweit in NZM 2006, 16 nicht abgedruckt); Lindner-Figura/Oprée/Stellmann/*Beyerle* Kap. 11 Rdnr. 51; *Fritz* Rdnr. 126.
[76] KG (8 U 6267/00) NZM 2002, 954.
[77] Vgl. zu diesen Versicherungsformen: *Neuhaus* NZM 2011, 65 (69).
[78] OLG Düsseldorf (10 U 116/99) NZM 2001, 588.
[79] OLG Düsseldorf (10 U 39/94) ZMR 1995, 203.
[80] Zustimmend: *Neuhaus* NZM 2011, 65 (66).
[81] BGH (XII ZR 129/09) NZM 2010, 864 = NJW 2010, 3647; BGH (XII ZR 112/09) BeckRS 2011, 15216.

Kosten im Sinne des § 2 Nr. 13 BetrKV vereinbart ist und zum anderen der Abschluss der Versicherung dem Wirtschaftlichkeitsgebot genügt. Dies soll der Fall sein, wenn **konkrete Umstände** vorliegen, die die Gefahr eines Gebäudeschadens durch einen terroristischen Angriff begründen.

i) Verwaltungskosten

In den vergangenen Jahren sind immer mehr Vermieter dazu überge- **67** gangen, im Rahmen der Betriebskostenumlage die Übernahme der anteiligen Verwaltungskosten durch den Mieter zu vereinbaren. Im Rahmen von **Immobilienverkaufsverhandlungen** machen die Käufer immer häufiger einen **Abschlag** geltend, wenn entsprechende Kosten nicht als umlagefähig vereinbart sind. Ob eine entsprechende Umlagevereinbarung formularvertraglich möglich ist, wurde mittlerweile **höchstrichterlich positiv geklärt**.

Die Einbeziehung entsprechender Umlagevereinbarungen scheitert **68** nach Auffassung des **BGH** nicht an § 305c Abs. 1 BGB, da entsprechende Regelungen **nicht ungewöhnlich** seien.[82] Nach Meinung des **BGH**[83] ist sowohl der Begriff der **„Verwaltungskosten"**, als auch der **„der kaufmännischen und technischen Hausverwaltung"** hinreichend **transparent** im Sinne des § 307 Abs. 1 S. 2 BGB.[84] Zur Ausfüllung des Begriffs der Verwaltungskosten könne auf die im Wesentlichen übereinstimmenden Definitionen in **§ 1 BetrKV und § 26 Abs. 1 II. BVO** zurückgegriffen werden. Dass diese Regelungen für die Geschäftsraummiete nicht einschlägig sind, stehe ihrer Heranziehung als Hilfsmittel zur näheren Bestimmung der umlegbaren Kosten nicht entgegen. Auch die Herausnahme der Verwaltungskosten aus den umlegbaren Kosten nach der BetrKV hindere nicht daran, im Bereich der Geschäftsraummiete zur Ausfüllung des Begriffs der Verwaltungskosten auf die vorhandene gesetzliche Definition zurückzugreifen. Offen gelassen hat der BGH[85] in diesem Zusammenhang, ob das Transparenzgebot[86] bei einer **Kombination der Umlage von Verwaltungs- und Centermanagementkosten** gewahrt werde.

Praxistipp: Nachdem nunmehr die grundlegende Umlagemöglichkeit **69** für **Verwaltungskosten** in AGB geklärt ist, stellt sich die Frage, ob es tunlich ist, entsprechende Kosten im Wege einer **Pauschale** abzuwälzen. Dies scheint nicht unbedingt der sicherste Weg zu sein. Denn zumindest je nach Ausgestaltung der Pauschalvereinbarung liegt die

---

[82] BGH (XII ZR 109/08) NZM 2010, 123 = NJW 2010, 671; BGH (XII ZR 112/09) BeckRS 2011, 15216.

[83] BGH (XII ZR 109/08) NZM 2010, 123 = NJW 2010, 671; BGH (XII ZR 69/08) NZM 2010, 279 = NJW-RR 2010, 739.

[84] Vgl. zur ehemaligen Gegenmeinung mit sehr beachtlichen Argumenten OLG Rostock (3 U 158/06) BeckRS 2008, 10182 = GuT 2008, 200.

[85] BGH (XII ZR 109/08) NZM 2010, 123.

[86] Vgl. dazu oben unter I. Teil Rdnr. 372ff.

Annahme einer verkappten und möglicher Weise **intransparenten Mieterhöhung** nahe. Bisher nicht geklärt ist weiterhin die Frage, ob im Vertrag vorhandene, vom Mieter neben der Miete zu zahlende Pauschalen insgesamt auf einen Höchstbetrag begrenzt sein müssen, um nicht unangemessen benachteiligend zu sein.

j) Zwischenablesekosten

70   Ob die beim Auszug des Mieters ggf. entstehenden Zwischenablesekosten **umlagefähig** sind, ist für die Gewerberaummiete noch nicht abschließend geklärt.

71   Der **BGH**[87] geht zumindest für die **Wohnraummiete** davon aus, dass es sich bei diesen Kosten nicht um Betriebskosten handelt. In der Literatur wird die Umlage der Kosten für den Bereich der Gewerberaummiete bei entsprechender vertraglicher Vereinbarung für zulässig erachtet.[88] Es wird jedoch zumindest teilweise eine **Einschränkung** in der Klausel für erforderlich gehalten, nach der der Mieter die Kosten nicht zu tragen hat, wenn der Vermieter die Beendigung des Mietverhältnisses zu vertreten hat.[89]

6. Betriebskostenvorauszahlungen/Erhöhung/Anpassung

72   Ohne entsprechende Vereinbarung ist der Mieter nicht verpflichtet, Vorauszahlungen auf die Betriebskosten zu leisten. Eine entsprechende **Vereinbarung** ist grundsätzlich auch **in AGB** möglich. Hierbei dürfen jedoch keine **unangemessen hohen Vorauszahlungen** angesetzt werden, die die zu erwartenden Kosten deutlich überschreiten.[90]

73   Welche **Rechtsfolgen** an einen **zu hohen formularvertraglichen Ansatz** der Betriebskostenvorauszahlung geknüpft werden, ist bisher höchstrichterlich nicht entschieden worden. Wendet man auch hier das Verbot der geltungserhaltenden Reduktion und § 306 BGB an, würde die Vorauszahlungspflicht des Mieters entfallen.

74   Auch eine **Erhöhung der Vorauszahlungen** kann der Vermieter in aller Regel nur verlangen, wenn er sich dies vertraglich ausbedungen hat.[91] Entsprechende Regelungen werden teilweise für wirksam erachtet, wenn der Vermieter an **billiges Ermessen** und die Festlegung **angemessener Vorauszahlungen** gebunden ist.[92] Mitunter wird die Ausübung des Erhöhungsrechts an eine vorherige Abrechnung geknüpft.[93]

---

[87] BGH (VIII ZR 19/07) NZM 2008, 123 = NJW 2008, 575.

[88] *Bub/Bernhard* NZM 2008, 513.

[89] *Langenberg*, Betriebskostenrecht, Anh. I Rdnr. 121; Staudinger/*Weitemeyer* § 556 Rdnr. 72.

[90] Lindner-Figura/Oprée/Stellmann/*Beyerle* Kap. 11 Rdnr. 86.

[91] *Langenberg*, Betriebskostenrecht, E Rdnr. 18; *Sternel*, Mietrecht aktuell, V Rdnr. 276.

[92] *Schmid* Rdnr. 3126.

[93] *Sternel*, Mietrecht aktuell, V Rdnr. 276.

Das OLG Dresden[94] hat eine Bestimmung für wirksam gehalten, nach **75** der die Vorauszahlungen „**entsprechend dem Kostenanfall des Vorjahres**" vom Vermieter jeweils neu festgelegt werden.

Praxistipp: Um eine Unausgewogenheit und damit eine mögliche **76** Unwirksamkeit von Anpassungsklauseln zu vermeiden, sollten diese so abgefasst werden, dass sie nicht nur bei zu niedrigen Vorauszahlungen ein **Erhöhungsrecht** des Verwenders vorsehen, sondern auch eine **Pflicht zur Herabsetzung**, wenn sich die Vorauszahlungen als voraussichtlich zu hoch erweisen.

7. Betriebskostenabrechnung

a) Abrechnungsfrist

Auch ohne ausdrückliche gesetzliche Regelung wird davon ausgegan- **77** gen, dass der Vermieter **mangels anderweitiger Vereinbarung** innerhalb eines Jahres nach Beendigung der Abrechnungsperiode abzurechnen hat.[95] Diese Frist soll im Rahmen von allgemeinen Geschäftsbedingungen nur **verlängert** werden können, wenn (ausnahmsweise) ein triftiger Grund vorliegt.[96]

b) Genehmigungsfiktionsklauseln

Nachdem nunmehr erste Gerichte[97] auch für den Bereich der Gewerbe- **78** raummiete in Abkehr von der ehemals herrschenden Meinung in dem vorbehaltlosen Ausgleich eines Betriebskostenabrechnungssaldos **kein positives Schuldanerkenntnis** sehen, wird das Bedürfnis der Vermieter nach Klauseln steigen, die Rückforderungsansprüche des Mieters ausschließen. Naheliegend sind Vertragsbestimmungen, nach denen Betriebskostenabrechnungen nach gewissen Fristen ab Zugang als **genehmigt** gelten.

Eine vom Vermieter gestellte Mietvertragsklausel, nach der eine Be- **79** triebskostenabrechnung als genehmigt gilt, wenn Einwendungen nicht binnen **sechs Wochen** erhoben werden, soll nach Auffassung des KG zumindest bei Verwendung gegenüber einem Existenzgründer unwirksam sein.[98] Entsprechend einer weiteren Entscheidung des KG[99] sind Klauseln, nach denen eine Betriebskostenabrechnung als anerkannt gilt und Einwendungen ausgeschlossen sind, nur dann wirksam, wenn die Regelung daran geknüpft wird, dass ein **Hinweis bei der Übersen-**

---

[94] OLG Dresden (5/23 U 2557/01) NZM 2002, 437 = BeckRS 2002 30246 259.
[95] BGH (XII ZR 22/07) NZM 2010, 240 = NJW 2010, 1065; OLG Düsseldorf (I-10 U 105/04) GuT 2005, 53 = BeckRS 2005, 01515; OLG Düsseldorf (I-24 U 85/05) GuT 2006, 27 (28) = BeckRS 2005 30358 323; einschränkend: *Schmid* Rdnr. 3144.
[96] *Schmid* Rdnr. 3151 a.
[97] OLG Düsseldorf (24 U 160/08), NZM 2010, 866 = BeckRS 2009, 27 802; OLG Düsseldorf Urt. v. 4. 5. 2010 – 24 U 195/09.
[98] KG (8 U 6267/00) NZM 2002, 954.
[99] KG, Urt. v. 28. 6. 2010 – 8 U 167/09.

dung der Abrechnung auf die Abschlussfrist erfolgt und die Frist zumindest einen Monat beträgt.[100]

80   **Praxistipp:** Die auch in der Literatur[101] als wirksam beschriebenen, scheinbar großzügig bemessenen **Einspruchsfristen von 4–6 Wochen** dürften sich zumindest im Einzelfall als zu kurz erweisen. Insbesondere in Einkaufzentren wird eine kaum noch zu überschauende Vielzahl von Betriebskostenpositionen umgelegt. Die Betriebskosten erreichen vielfach eine neben der Kaltmiete signifikante wirtschaftliche Belastung. Die Vereinbarung, Durchführung und Auswertung eines umfangreichen Einsichtstermins bezüglich der der Betriebskostenabrechnung zu Grunde liegenden Belege wird regelmäßig innerhalb von 4–6 Wochen nicht zu bewerkstelligen sein. Anhaltspunkt für eine angemessene Einschränkung in zeitlicher Hinsicht gibt möglicherweise die nur für die Wohnraummiete geltende Regelung des § 556 Abs. 3 BGB mit der dort geregelten **Jahresfrist**, die nach der Rechtsprechung des VIII. Zivilsenats des **BGH**[102] eine ausgewogene Regelung der wechselseitigen Interessen der Mietvertragsparteien enthält.

81   Ähnlich wie Verjährungsfristen verändernden Klauseln stellt sich auch bei der Begrenzung von Einwendungsfristen die Frage, ob eine entsprechende Regelung **spiegelbildlich einen Ausschluss von Nachforderungen** enthalten muss, um nicht als unangemessen benachteiligend angesehen zu werden.

c) Nachforderungsausschlussklauseln

82   In von Mietern verwandten AGB finden sich häufig Klauseln, nach denen der Vermieter mit **Nachforderungen** aus Betriebskostenabrechnungen ausgeschlossen ist, wenn er die Abrechnung nicht innerhalb einer in der Klausel genannten Frist dem Mieter übermittelt hat. Es spricht manches dafür, dass derartige Klauseln unter Berücksichtigung der **kundenfeindlichsten Auslegung**[103] jedenfalls dann unangemessen benachteiligend sind, wenn sie keine Ausnahmen für Fälle enthalten, in denen der Vermieter die verspätete Geltendmachung nicht zu vertreten hat.

83   Entsprechendes gilt für **formularvertragliche Abrechungsfristen**, die die **Jahresfrist** des für die Wohnraummiete geltenden § 556 Abs. 3 BGB unterschreiten.

84   **Praxistipp:** Auch bei den vorgenannten Klauseln wird man wieder zu bedenken haben, ob diese ähnlich wie Verjährungsfristklauseln nur dann nicht unangemessen benachteiligend sind, wenn **auch Einwen-**

---

[100] Vgl. a. OLG Düsseldorf (10 U 160/97) NZM 2001, 48 = NJW-RR 2001, 299; KG Urt. v. 28. 6. 2010 – 8 U 167/09; *Wolf/Eckert/Ball* Rdnr. 538.

[101] Lindner-Figura/Oprée/Stellmann/*Beyerle* Kap. 11 Rdnr. 182; *Wolf/Eckert/Ball* Rdnr. 538.

[102] BGH (VIII ZR 296/09) NZM 2011 242 = NJW 2011, 843.

[103] Vgl. hierzu oben unter I. Teil Rdnr. 224.

dungen des Mieters gegen die Abrechnung innerhalb einer ähnlich ausgestalteten Frist ausgeschlossen sind.

d) Klauseln zur Änderung der Umlagemaßstäbe

Ergeben sich weder aus dem Gesetz, insbesondere aus der Heiz- **85** kostenverordnung, noch aus dem Vertrag Umlagemaßstäbe für die Verteilung der Betriebskosten, hat der Vermieter im Rahmen der ersten Abrechnung **ein einmaliges Bestimmungsrecht.**[104] An die einmal festgelegten Maßstäbe ist er ohne abweichende Regelung für die Zukunft gebunden, wenn im Mietvertrag keine Umlagemaßstäbe festgelegt sind.[105]

Formularvertragliche Regelungen, die eine **Änderung des Umlage-** **86** **maßstabs** gestatten, sollen zulässig sein, wenn sachliche Gründe für eine Änderung Voraussetzung sind und Verstöße gegen zwingendes Recht, insbesondere die Heizkostenverordnung durch die Formulierung der Bestimmung ausgeschlossen sind.[106]

Die Formulierung entsprechender Klauseln ist jedoch alles andere als **87** trivial. Denn zumindest das OLG Rostock[107] hält in Zusammenhang mit entsprechenden Klauseln den Begriff „sachgerecht" für **intransparent** und damit für unwirksam.

Vertraglich vorgesehene Änderungen des Umlageschlüssels sind zu- **88** sätzlich **nur für die Zukunft** und nach entsprechender **vorheriger Mitteilung** an den Mieter für möglich erachtet worden, damit dieser die Gelegenheit erhält, sein Verbrauchsverhalten auf die geänderte Sachlage einzurichten.[108]

Soweit der Vermieter berechtigt sein soll, den neuen Maßstab fest zu **89** legen, wird dies im Rahmen von allgemeinen Geschäftsbedingungen teilweise nur dann für wirksam erachtet, wenn die neue Bestimmung an **billiges Ermessen** gebunden wird.[109]

e) Belegkopien

Auch für die Gewerberaummiete[110] wird mittlerweile in der Recht- **90** sprechung angenommen, dass der Mieter **ohne entsprechende Vereinbarung** vom Vermieter **keine Belegkopien** bezüglich der der Betriebskostenabrechnung zu Grunde liegenden Unterlagen verlangen kann.[111]

---

[104] OLG Frankfurt (2 U 141/10) BeckRS 2011, 11572.

[105] OLG Düsseldorf (10 W 1/00) NZM 2001, 383 = ZMR 2000, 215; OLG Frankfurt (2 U 141/10) BeckRS 2011, 11572.

[106] BGH (VIII ZR 10/92) NJW 1993, 1061.

[107] OLG Rostock (3 U 123/07 = ZMR 2009, 527 = BeckRS 2009, 03036.

[108] OLG Frankfurt (7 U 50/02) ZMR 2004, 182 = BeckRS 2003, 08834; *Wolf/Eckert/ Ball* Rdnr. 495.

[109] Lindner-Figura/Oprée/Stellmann/*Beyerle* Kap. 11 Rdnr. 133 m.w.N. der Rspr.

[110] Vgl. ausführlich auch zur Wohnraummiete Staudinger/*Weitemeyer* § 556 Rdnr. 115f.

[111] OLG Köln (1 U 40/07) BeckRS 2008, 02661 = GuT 2008, 31.

Vielmehr soll auch er in der Regel auf die Einsicht beim Vermieter verwiesen sein. Dies ist für Mieter mit einer Vielzahl von Verträgen und spezialisierten Mitarbeitern mit sehr hohem **Zeit- und (Reise)Kostenaufwand** verbunden. Es sind keine Gründe ersichtlich, die Verpflichtung zur Übersendung von Kopien bei entsprechender angemessener Vergütung in Mieter-AGB als unwirksam anzusehen.

VII. Betriebspflicht

1. Einführung

91　Der Mietvertrag vermittelt nach ständiger Rechtsprechung des BGH dem Mieter lediglich ein **Nutzungsrecht,** jedoch **keine Nutzungspflicht.**[112] Dies soll selbst bei Vereinbarung einer **Umsatzmiete** gelten.[113]

92　Nach ständiger Rechtsprechung des BGH kann eine **Betriebspflicht formularvertraglich vereinbart** werden.[114]

93　**Praxistipp:** Da Betriebspflichten eine **massive Beeinträchtigung** der **wirtschaftlichen Freiheit des Mieters** darstellen, wird man gut daran tun, entsprechende Klauseln in einem eigenen Paragraphen mit zutreffender Überschrift anzuordnen.[115] Die Verortung in Regelungen zum Mietzweck oder gar unter „Sonstiges" führt regelmäßig zu der Frage, ob eine **überraschende** und damit gemäß § 305c Abs. 1 BGB nicht Vertragsgegenstand gewordene Bestimmung vorliegt.[116]

2. Festlegung des zeitlichen Umfangs

a) „offene Klauseln"

94　Klauseln, nach denen der Mieter die Mietsache während der „**Ladungsöffnungszeiten**" zu öffnen und sein Geschäft zu betreiben hat, sind in der Vergangenheit als wirksam angesehen worden.[117] Ggf. sei durch **Auslegung** zu ermitteln, zu welchen **Mindestöffnungszeiten** der Mieter verpflichtet sei. Insoweit wird dann auf die in der Umgebung **branchenüblichen** oder die **gesetzlich zulässigen Öffnungszeiten** verwiesen.[118]

---

[112] H. M. vgl. nur Lindner-Figura/Oprée/Stellmann/*Wolf* Kap. 13 Rdnr. 130
[113] BGH (VIII ZR 118/78) NJW 1979, 2351 = ZMR 1979, 238.
[114] BGH (XII ZR 221/90) NJW-RR 1992, 1032; BGH (XII ZR 131/08) NZM 2010, 361 = NJW-RR 2010, 1017; vgl. auch: OLG Düsseldorf (10 W 93/98) NJW-RR 1999, 305 = NZM 1999, 124; *Schultz* S. 195, 200.
[115] Bieber/Ingendoh/*Ingendoh* § 5 Rdnr. 52
[116] Vgl. zur Nichteinbeziehung überraschender Klauseln oben unter I. Teil Rdnr. 122 f.
[117] *Jendrek* NZM 2000, 526 (528) unter Berufung auf OLG Düsseldorf (24 U 94/96) NJW-RR 1997, 648; *Sternel,* Mietrecht aktuell, VI. Rdnr. 242.
[118] *Jendrek* NZM 2000, 526 (528).

Praxistipp: Ob man diese Auffassung dauerhaft aufrecht erhalten **95** kann, erscheint angesichts der in weiten Teilen der AGB – Rechtsprechung des XII. Zivilsenats deutlich **strengeren Anforderungen** an die **Genauigkeit von Formulierungen** zweifelhaft. Bei der Gestaltung neuer Formularklauseln sollten daher die einzuhaltenden Öffnungszeiten genau bestimmt werden.

Demgegenüber wird nach der weitgehenden Liberalisierung der La- **96** denöffnungszeiten eine Verpflichtung zur Öffnung unter **voller Ausschöpfung des gesetzlich Zulässigen** im Rahmen der Prüfung nach Maßgabe des § 307 BGB zu recht für bedenklich gehalten.[119]

b) Anknüpfung an die gesetzlichen Bestimmungen

Vor Liberalisierung der Ladenöffnungszeiten abgeschlossene Betriebs- **97** pflichtklauseln, nach denen der Mieter sein Geschäft „**im Rahmen der gesetzlichen Bestimmungen über die Ladenschlusszeiten an allen Verkaufstagen zu den vom Vermieter festgelegten Öffnungszeiten offen zu halten**" hat, sind nach Auffassung des **BGH**[120] durch die Gesetzesänderung **nachträglich** unklar geworden. Diese Unklarheit geht gemäß § 305c Abs. 2 BGB zu Lasten des jeweiligen Verwenders.[121] Teilweise wird im Zusammenhang mit diesen Klauseln eine ergänzende Vertragsauslegung befürwortet.[122]

c) Anknüpfung an die jeweils geltenden gesetzlichen Öffnungszeiten

Wird an die **jeweils geltenden gesetzlichen Ladungsöffnungszeiten** **98** formularvertraglich angeknüpft, soll bei einer Erweiterung der gesetzlich zulässigen Zeiten eine **Rechtsmissbräuchlichkeit** der Berufung auf die Klausel in Betracht kommen, wenn der Mieter durch die Öffnungszeiten überfordert wird.[123] Da die heute bereits zulässigen Ladenöffnungszeiten regelmäßig über das hinausgehen, was aus Vermieter- und Mietersicht angemessen ist, z.B. Öffnung eines Friseursalons werktäglich nach 22 Uhr, ist die formularvertragliche Verpflichtung des Mieters zum Betrieb während der gesamten rechtlich zulässigen Ladenöffnungszeit zumindest in der überwiegenden Zahl der denkbaren Fälle unangemessen benachteiligend und führt ggf. zur **Unwirksamkeit der Regelung**.[124]

Eine unangemessene Benachteiligung soll im Einzelfall nach einer in **99** der Literatur vertretenen Auffassung anzunehmen sein, wenn die formularvertraglich festgelegten Betriebszeiten den Mieter zwingen, **ständig im Betrieb** zu sein und die Ertragssituation des Betriebs die Tätigkeit Angestellter nicht zulässt.[125]

[119] *Wolf/Eckert/Ball* Rdnr. 700.
[120] BGH (XII ZR 121/04) GuT 2007, 15 = BeckRS 2007, 01185.
[121] BGH (XII ZR 121/04) GuT 2007, 15 = BeckRS 2007, 01185.
[122] Lindner-Figura/Oprée/Stellmann/*Wolf* Kap. 13 Rdnr. 141.
[123] Schmidt-Futterer/*Eisenschmid* § 535 Rdnr. 224a.
[124] Vgl.: Bieber/Ingendoh/*Ingendoh* § 5 Rdnr. 50.
[125] Lindner-Figura/Oprée/Stellmann/*Wolf* Kap. 13 Rdnr. 138.

d) Festlegung der verbindlichen Öffnungszeiten durch einen Dritten

100　　Für zulässig werden Klauseln gehalten, nach denen der **Verwender oder ein Dritter**, z. B. die Werbegemeinschaft des Objekts, die **Betriebspflichtzeiten festlegen** können. Zur Wahrung des Transparenzgebots[126] soll es erforderlich sein, die Kriterien für die Entscheidung über veränderte Zeiten in der Klausel niederzulegen.[127] Die Entscheidung selbst unterliege billigem Ermessen.[128] Der **BGH** hat Regelungen für **intransparent** und damit gemäß § 307 Abs. 1 S. 2 BGB unwirksam erachtet, wenn sie den Mieter in einem **Einkaufscenter** verpflichten, sein Geschäft so lange offen zu halten wie die überwiegende Zahl der anderen Mieter und der Vermieter sich in den Vertrag mit den weiteren Mietern das Recht zur Bestimmung derer Öffnungszeiten vorbehalten hat.[129]

e) Zeitweilige Betriebsunterbrechungen

101　　Mitunter werden einschlägige Klauseln nur für wirksam erachtet, wenn sie die berechtigten Interessen des Mieters an **zeitweiligen Betriebsunterbrechungen** im Rahmen von **Ruhetagen Betriebsferien, und Inventur** berücksichtigen.[130] Ist die Miete in Hinblick auf die ununterbrochene Betriebsführung durch den Mieter niedriger angesetzt worden, wird zum Teil eine Ausnahme befürwortet.[131] Teilweise wird demgegenüber angenommen, **branchenübliche Ruhetage, Schließungen wegen Inventuren, Schönheitsreparaturen oder „berechtigter betrieblicher Gründe"** seien dem Begriff der Betriebspflicht immanent und daher nicht explizit aufzuführen.[132] Klauseln, die entsprechende Schließungen ohne sachlich gerechtfertigten Grund ausschließen, sollen unwirksam sein.[133]

102　　Der **BGH** hat u. a. folgende Klausel für wirksam erachtet:[134]

„1. Der Mieter ist verpflichtet, den Mietgegenstand während der gesamten Mietzeit seiner Zweckbestimmung entsprechend ununterbrochen zu nutzen. Er wird die Mieträume weder ganz noch teilweise unbenutzt oder leerstehen lassen.

3. Das Geschäftslokal ist im Rahmen der gesetzlichen Bestimmungen über die Ladenschlusszeiten an allen Verkaufstagen zu den vom Vermieter festgelegten Öffnungszeiten offenzuhalten. Aus der bloßen Duldung abweichender Öffnungszeiten durch den Vermieter kann der Mieter keine Rechte herleiten. Zeit-

---

[126] Vgl. dazu oben unter I. Teil Rdnr. 372 ff.

[127] Schmidt-Futterer/*Eisenschmid* § 535 Rdnr. 224; s. a. Bieber/Ingendoh/*Ingendoh* § 5 Rdnr. 51.

[128] Schmidt-Futterer/*Eisenschmid* § 535 Rdnr. 224.

[129] BGH (XII ZR 13/05) NZM 2007, 516 = NJW 2007, 2176.

[130] Bub/Treier/*Kraemer* III. Rdnr. 938.

[131] Bub/Treier/*Kraemer* III. Rdnr. 938; *Hamann* ZMR 2001, 581 f.

[132] OLG Hamburg (4 U 236/01), BeckRS 2002, 30250729 = ZMR 2003, 254; *Wolf/Eckert/Ball* Rdnr. 699; *Gather* in FS Blank, 169 (170).

[133] *Neuhaus*, Rdnr. 424; *Gather* in FS Blank, 169 (170).

[134] BGH (XII ZR 131/08) NZM 2010, 361 = NJW-RR 2010, 1017.

weise Schließungen (wie Mittagspause, Ruhetage, Betriebsferien) sind nicht zulässig, ausgenommen sind Inventuren oder Betriebsversammlungen."
Der BGH hat Nr. 3, S. 3 der Klausel (einschränkend) dahingehend **103** ausgelegt, dass zeitweise Schließungen nicht nur im Fall von Inventuren oder Betriebsversammlungen zulässig seien. Denn ebenso wie „Mittagspause, Ruhetage und Betriebsferien" nur als Beispiele für eine unzulässige Geschäftsschließung genannt seien, seien Inventur und Betriebsversammlungen **„ersichtlich nur beispielhaft"** genannt. Andere – notwendige – Schließungen, wie sie etwa auf Grund von dem Mieter nach dem Mietvertrag vorzunehmenden Schönheitsreparaturen erforderlich werden, seien durch diese beispielhafte Aufzählung nicht ausgeschlossen.

Dieses Auslegungsergebnis des BGH ist schon angesichts des Wort- **104** lauts der Vertragsbestimmung nicht unbedingt zu erwarten gewesen. Denn bei **objektiver wörtlicher Auslegung** der Nr. 3, S. 3 der zitierten Klausel spricht auf Grund der Verwendung des Wortes „wie", das nur im ersten Halbsatz verwendet wird, viel dafür, dass nur die zeitweisen Schließungen im ersten Halbsatz *beispielhaft*, die Ausnahmen im zweiten Halbsatz hingegen *abschließend* aufgezählt sind. Dies aber würde einen Verbot zeitweiliger Schließungen zwecks Durchführung von Schönheitsreparaturen und zumindest die Unwirksamkeit des zitierten Schließungsverbots bedeuten.[135] Selbst wenn man den Wortlaut in Nr. 3, S. 3 der zitierten Klausel als mehrdeutig im Sinne der Unklarheitenregel[136] ansieht, wäre entsprechend der sodann im Rahmen des § 307 BGB anzuwendenden kundenfeindlichsten Auslegung[137]davon auszugehen, dass zeitweise Schließungen nur bei „Inventur und Betriebsversammlungen" zulässig sein sollen.

Praxistipp: Anders als für den Bereich der formularvertraglichen Ein- **105** schränkung der Minderung[138] wendet der BGH insoweit den Grundsatz der **kundenfeindlichsten Auslegung**[139] nicht an. Die Entscheidung sollte jedoch nicht dazu verleiten, eine Abkehr des BGH vom Grundsatz der kundenfeindlichsten Auslegung und eine generelle Tendenz zur restriktiven „geltungserhaltenden" Auslegung von (Betriebspflicht-)Klauseln anzunehmen. Vielmehr sollte man vorsorglich bei der Klauselgestaltung vorsichtiger formulieren, damit die Klausel auch bei Anwendung der kundenfeindlichsten Auslegung der Prüfung nach Maßgabe des § 307 BGB standhält.

f) Einschränkung der Betriebspflicht unmittelbar vor Vertragsende

Eine ausdrückliche **Einschränkung der Betriebspflicht** im zeitlichen **106** Zusammenhang mit dem **Mietende** wurde in der Rechtsprechung bisher

---

[135] Vgl. etwa KG (8 U 177/08), NJOZ 2010, 149 = BeckRS 2009, 28 220.
[136] Vgl. dazu oben unter I. Teil Rdnr. 209 f.
[137] Vgl. dazu oben unter I. Teil Rdnr. 224
[138] BGH (XII ZR 147/50) NZM 2008, 522 = NJW 2008, 2254.
[139] Vgl. hierzu oben unter I. Teil Rdnr. 224.

nicht für erforderlich erachtet. Vielmehr seien entsprechende Klauseln „bei verständiger Würdigung aller insoweit maßgebenden Umstände, insbesondere der beiderseitigen Interessenlage der Vertragspartner (§§ 133, 157 BGB), dahingehend **auszulegen,** dass dem Mieter bei Beendigung des Mietverhältnisses hinreichend Zeit und Gelegenheit eingeräumt werden sollte, die damit verbundenen Abwicklungsmaßnahmen durchzuführen, zu denen insbesondere die Entfernung der in ihrem Eigentum stehenden Einrichtungsgegenstände und Waren sowie die Durchführung der ihr obliegenden Schönheitsreparaturen gehören."[140]

107   **Praxistipp:** Da eine Einschränkung unmittelbar vor Vertragsende der Betriebspflicht in jedem Fall gelten soll, kann und sollten sie ohne inhaltlichen „Verlust" zur **sicheren Wahrung der Wirksamkeit** im Sinne des § 307 BGB in die Klauselformulierung aufgenommen werden.

3. Ende der Betriebspflicht bei Vertragsende

108   Mit **Beendigung des Mietverhältnisses** läuft auch die Betriebspflicht aus. Dies auch dann, wenn die Mietsache nicht zurückgegeben wird.[141] Ob abweichende formularvertragliche Regelungen wirksam sind, wird unterschiedlich beurteilt.[142]

4. Verluste des Mieters durch den Betrieb in der Mietsache

109   Nachhaltige **Verluste des Mieters** im Rahmen des Betriebs in der Mietsache begründen **keine unangemessene Benachteiligung** des Mieters und damit keine Unwirksamkeit entsprechender Klauseln.[143] Denn das Risiko, in der Mietsache Verluste zu machen sei dem Mieter zugewiesen.[144]

5. Klauselkombination Betriebspflicht, Sortimentsbindung und Ausschluss des Konkurrenzschutzes

110   Teilweise wird die Unwirksamkeit von formularvertraglichen Betriebspflichten angenommen, wenn der sog. vertragsimmanente Konkurrenzschutz[145] ausgeschlossen ist und/oder der Mieter zusätzlich einer engen Sortimentsbindung unterliegt.[146] Durch die **Kombination der Regelungen** werde dem Mieter, der ohnehin das **Rentabilitätsrisiko** zu tragen habe, die **Möglichkeit des Ausweichens** in eine andere Geschäftsaus-

---

[140] OLG Düsseldorf (10 W 93/98) NJW-RR 1999, 305 = NZM 1999, 124; *Sternel,* Mietrecht aktuell, II Rdnr. 135.

[141] OLG Düsseldorf (24 W 49/00) ZMR 2001 181 = NZM 2001, 131; zweifelnd: Elzer/Riecke/*Elzer* § 535 Rdnr. 150.

[142] Bejahend: v. Westphalen/*Drettmann,* Geschäftsraummiete, Rdnr. 62; *Neuhaus* Rdnr. 435; ablehnend: Schmidt-Futterer/*Eisenschmid* § 535 Rdnr. 227.

[143] *Jendrek* NZM 2000, 526 (527); *Stobbe/Tachezy* NZM 2002, 557 (558).

[144] *Wolf/Eckert/Ball* Rdnr. 698.

[145] *Lindner-Figura* NZM 1999, 492 (493).

[146] *Sternel,* Mietrecht aktuell, II Rdnr. 135; VI. Rdnr. 242.

richtung genommen und eine (ggf. kostensparende) Geschäftsaufgabe verboten. Die in der Kombination der Klauseln enthaltene weitgehende **Beschneidung der Dispositionsfreiheit** des Mieters einerseits und die Versagung von jeglichem, an sich aus der Leistungstreuepflicht geschuldeten Konkurrenzschutz andererseits verstoße gegen § 307 BGB und sei auch in einem **Einkaufszentrum** nicht zulässig.[147] Dem Mieter müsse es in der Konkurrenzsituation zumindest möglich bleiben, auf ein anderes Sortiment auszuweichen.[148]

Die wohl h.M. sieht dies für den Regelfall anders.[149] Denn die Regelungsbereiche der Klauseln überschnitten sich nur im Ausnahmefall.[150] **111** Das OLG Rostock[151] hält es im Einzelfall für denkbar, dass eine Berufung auf die formularvertragliche Betriebspflicht **treuwidrig** ist, wenn ein Konkurrent im selben Objekt angesiedelt wird. Die **Kombination von Betriebspflicht mit einem Ausschluss des Konkurrenzschutzes** wird jedoch für grundsätzlich wirksam erachtet.[152]

Angesichts der ausstehenden Klärung der Rechtsfrage durch den BGH **112** wird in der Literatur von der **Verwendung der Kombination** zumindest teilweise **abgeraten**.[153]

VIII. Bürgengleiche Haftung des Vermieters, § 566 Abs. 2 BGB

S. u. II. Teil Rdnr. 141 f.   **113**

IX. Bindungsfristen

Formularvertragliche Bindungsfristen, die die Verwendergegenseite **114** an ihr Angebot zum Abschluss des Mietvertrags über die **gesetzliche Frist des § 147 Abs. 2 BGB** hinaus binden, sollen grundsätzlich zulässig sein.[154] Eine **Bindungsfrist von 6 Wochen** wurde als wirksam angesehen.[155]

Längere Fristen wird man angesichts des damit für den erstunter- **115** zeichnenden Vertragspartner entstehenden Unsicherheitszustand, der ggf. partiell jedwede geschäftliche Aktivität hemmt, nicht mehr als wirksam ansehen können. Dies insbesondere angesichts der Praxis einiger

---

[147] OLG Schleswig (4 W 24/99) NZM 2000, 1008; Schmidt-Futterer/*Eisenschmid* § 535 Rdnr. 223.

[148] *Christensen* in Ulmer/Brandner/Hensen, Teil 2, (22) Rdnr. 35.

[149] Vgl. etwa: *Bub* NZM 1998, 789 (795); Stobbe/*Tachezy* NZM 2002, 557.

[150] OLG Hamburg (4 U 236/01) ZMR 2003, 254 = BeckRS 2002 30250729.

[151] OLG Naumburg (9 U 18/08) NZM 2008, 772 = BeckRS 2008, 18599; s. a.: OLG Rostock (3 U 118/03) NZM 2004, 460 = BeckRS 2004, 03992

[152] Vgl. auch: KG (8 U 92/04) NZM 2005, 620 = BeckRS 2004, 10399.

[153] Bieber/Ingendoh/*Ingendoh* § 5 Rdnr. 57; *Neuhaus* Rdnr. 426; *Bieber/Eupen*, B Rdnr. 22 unter Verweis auf die „fehlende klare Linie" in der Rechtsprechung.

[154] KG (8 U 57/05) NZM 2007, 86; *Lindner-Figura/Leonhard* DStR 2009, 1037.

[155] KG (8 U 57/05) NZM 2007, 86; *Lindner-Figura/Leonhard* DStR 2009, 1037.

Marktteilnehmer, die sich zunächst von nur für den Notfall akzeptierten Mietinteressenten Verträge einseitig mit **monatelangen Bindungsfristen** unterzeichnen lassen, um anschließend in aller Ruhe erfolgsorientiert mit den Wunschmietinteressenten zu verhandeln.

X. Change of Controlklauseln

116   Change of Controlklauseln räumen der begünstigten Vertragspartei je nach Gestaltung der Klausel zum Teil das Recht ein, bei Vermietung an eine Gesellschaft, bei Veränderung des Gesellschafterkreise oder der Geschäftsführer/Vorstände das Mietverhältnis außerordentlich zu kündigen. Teilweise werden entsprechende Änderungen noch einschneidender unter einen **Zustimmungsvorbehalt** gestellt.

117   **Praxistipp:** Aus Sicht der betroffenen Partei stellen entsprechende Klauseln eine erhebliche **Einschränkung der wirtschaftlichen Dispositionsfreiheit** dar. Unabhängig von der nachfolgend geschilderten, noch ungeklärten Frage der Wirksamkeit entsprechender Klauseln, erscheinen entsprechende Regelungen insbesondere im Rahmen von langfristigen Mietverträgen kaum akzeptabel.

118   Einschlägige obergerichtliche gewerberaummietrechtliche Rechtsprechung ist zu diesem Themenkomplex nicht ersichtlich. Für Autovertragshändlerverträge hat der **BGH**[156] es jedenfalls als unangemessen benachteiligend angesehen, wenn ein **einschränkungsloses Zustimmungs- und Kündigungsrecht** für den Verwender eröffnet wird. Denn ein neuer Gesellschafter/Geschäftsführer könne die gleiche Bonität oder Geschäftserfahrung wie der Ausgeschiedene aufweisen, so dass für ein uneingeschränktes Kündigungsrecht oder Zustimmungserfordernis keine Notwendigkeit besteht.

119   Change of Controlklauseln werden in der **Literatur**[157] für die Miete teilweise für zulässig erachtet.

120   Unter Hinweis auf die erhebliche Einschränkung der wirtschaftlichen Möglichkeiten des Gesellschafters, der nur noch mit Preisabschlägen seinen Anteil veräußern könne, und den Verlust von erheblichen Werten in Gestalt u.a. von Investitionen in die Mietsache und Kundenstamm für die mietende Gesellschaft werden zum Teil allgemein formulierte Change of Controlklauseln für unwirksam erachtet.[158] Der Vermieter verfüge über ein außerordentliches Kündigungsrecht nach Maßgabe des § 543 BGB, wenn der Mieter seine Zahlungspflichten verletze. Ein weitergehender formularvertraglicher Schutz sei daher nicht erforderlich.[159] Zur

---

[156] BGH (VIII ZR 214/83) NJW 1985, 623.

[157] v. Westphalen/*Drettmann*, Geschäftsraummiete, Rdnr. 80; *Jacobs* NZM 2008, 111 (118); *Kraemer* NZM 2002, 465 (472) für die GbR.

[158] Schmidt-Futterer/*Blank* § 540 BGB Rdnr. 83; *Disput* NZM 2008, 305 (308); *Mielke* DB 2004, 2515 ff.

[159] *Mielke* DB 2004, 2515 (2616).

Wirksamkeit entsprechender Klauseln sei daher eine im Vertrag enthaltene **Einschränkung auf wesentliche Fälle der Interessenbeeinträchti-
gung des Vermieters** vorzunehmen.[160]

Noch enger wird von der Verwendung derartiger formularvertragli-   **121**
cher Klauseln insgesamt abgeraten, da der Verwender von Change of
Controlklauseln bei Abschluss eines Mietvertrags mit einer Unterneh-
mensgesellschaft mit einem **Wechsel der Gesellschafter** rechnen müsse.[161]

> **Praxistipp:** Zumindest bis zu einer höchstrichterlichen Entscheidung   **122**
> zum Themenkomplex, Change of Controlklauseln in der Gewerbe-
> raummiete, sollten entsprechende Klauseln auch in Vermietermus-
> tern nicht verwandt werden, da ihre Wirksamkeit nicht gesichert ist.
> Alternativ sollte über eine **individualvertragliche Mitverpflichtung**
> einzelner Gesellschafter/Geschäftsführer oder **Bürgschaften** etc., die
> die langfristige Vertragserfüllung absichern, nachgedacht und ver-
> handelt werden.

XI. Deckenlasten

Das OLG Frankfurt[162] hat die AGB-Klausel,   **123**

*„Vor Aufstellung von Nachtspeicheröfen und anderen schwergewichtigen Ge-
genständen hat der Mieter auf seine Kosten eine statische Unbedenklichkeitsbe-
scheinigung vorzulegen."*

für unwirksam erachtet. Die Aufstellung von **schwergewichtigen Einrichtungsgegenständen** sei vom Vermieter im Rahmen des von ihm zu
gewährleistenden vertragsgemäßen Gebrauchs der Mietsache, zu dem
regelmäßig auch die Aufstellung schwergewichtiger Einrichtungsgegenstände gehört, zu ermöglichen. Die Feststellung etwaiger damit einher-
gehender Gefahren bzw. der Ungefährlichkeit der Aufstellung eines Ein-
richtungsgegenstands des Mieters sei **Sache des Vermieters**. Die hiervon
abweichende Regelung sei unangemessen benachteiligend. Darüber hinaus seien die Begriffe "schwergewichtige Gegenstände" völlig unbestimmt[163] und damit ggf. **intransparent**.[164]

XII. Double-Net-Verträge

Unter Double-Net-Verträgen werden Mietverträge verstanden, bei   **124**
denen der Mieter mit Ausnahme der Instandhaltung von „Dach und
Fach"[165] alle Kosten des Mietsache, insbesondere Miete, sämtliche Be-

---

[160] Vgl. insoweit auch: BGH (VIII ZR 214/83) NJW 1985, 623 (625).
[161] Staudinger/*Emmerich* § 540 BGB Rdnr. 51a.
[162] OLG Frankfurt (1 U 41/96) NZM 1998, 150.
[163] Vgl. zum sog. Bestimmtheitsgebot oben unter I. Teil Rdnr. 392 f.
[164] Vgl. zum Transparenzgebot oben unter I. Teil Rdnr. 372 f.
[165] Zu diesen Begriffen siehe unten unter II. Teil Rdnr. 176 f.

triebs- und Nebenkosten sowie Instandhaltung und -setzung der Mietsache, soweit sie zum ausschließlichen Gebrauch vermietet ist, trägt. Die Wirksamkeit entsprechender Klauseln hängt zum einen von der transparenten Formulierung der Abwälzung der Kosten ab. Die alleinige Bezeichnung als „Double-Net-Vertrag" dürfte nicht ausreichen, um dem Transparenzgebot[166] zu genügen. Ob bei einer ausreichenden Beschreibung des Umfangs der Abwälzung die Klausel wirksam ist, hängt davon ab, ob und welchem Umfang man die Abwälzung von Instandhaltung und -setzung der zum ausschließlichen Gebrauch vermieteten Räume für zulässig erachtet. Insoweit wird auf die Ausführungen zur Instandhaltung und Instandsetzung verwiesen.

XIII. Ersetzungsklauseln

125 Vgl. oben I. Teil Rdnr. 416 f.

XIV. Flächenangaben

1. m²-Angaben ohne Erläuterung des Flächenbegriffs

126 Flächenangaben in Mietverträgen sind – häufig unerkannt – ein klassischer Anwendungsfall der **Unklarheitenregel**[167] des § 305c Abs. 2 BGB. Denn allzu oft werden formularvertraglich m²-Angaben in Mietverträge ohne **Definition** des zu Grunde liegenden **Flächenmaßstabs** aufgenommen. Die gängigen Flächenmaßstäbe in Gestalt der Brutto- bzw. Nettogrundfläche im Sinne der DIN 277 oder der sog. gif-Richtlinie führen mitunter zu beträchtlich voneinander abweichenden Flächen.

2. Flächenabweichungen

127 Auch für den Bereich der Gewerberaummiete wird ein **Mangel der Mietsache** (erst) bei einer Flächenabweichung von mehr als 10% vom **BGH** angenommen.[168] Es spricht manches dafür, dass sich die Rechtsprechung des KG[169], nach der bei geringeren Abweichungen ein Mangel anzunehmen sei, wenn eine erhebliche Beeinträchtigung des vertragsgemäßen Gebrauchs vorliegt, sich beim BGH nicht durchsetzen wird. Denn zumindest für den Bereich der Betriebskostenabrechnung in der Wohnraummiete hat der **BGH**[170] die Berücksichtigung entsprechender Abweichungen der Fläche von bis zu 10% abgelehnt.

166 Vgl. hierzu oben I. Teil Rdnr. 372 f.
167 Vgl. dazu oben unter I. Teil Rdnr. 209
168 BGH (XII ZR 254/01) NZM 2005, 500 = NJW 2005, 2152.
169 KG (8 U 81/05) NZM 2005, 865 = NJW-RR 2005, 1681; KG (12 U 122/07) NJOZ 2009, 2432 = ZMR 2009, 523; KG (8 U 183/08) BeckRS 2009, 14690 = ZMR 2010, 112.
170 BGH (VIII ZR 261/06) NZM 2008, 35 = NJW 2008, 142.

Ob sich der Vermieter als Verwender von AGB noch **weitergehend** **128**
schützen kann, ist für die Gewerberaummiete noch nicht entschieden.
Nach einer Entscheidung des VIII. Zivilsenat des BGH[171] soll die Klausel,

„Die Wohnung im Dachgeschoss rechts bestehend aus 2 Zimmer, 1 Küche, Bad,
Diele zur Benutzung als Wohnraum, deren Größe ca. 54,78 m² beträgt. Diese
Angabe dient wegen möglicher Messfehler nicht zur Festlegung des Mietgegen-
stands. Der räumliche Umfang der gemieteten Sache ergibt sich vielmehr aus der
Anzahl der vermieteten Räume",

wirksam sein und auch bei Flächenabweichungen von mehr als 10% der
Mieter nicht zur Mietminderung berechtigt sein.

Praxistipp: Angesichts der mitunter mehrere hundert oder tausend **129**
Quadratmeter umfassenden Flächen und der teilweise sehr hohen
Quadratmetermieten im Bereich der Gewerberaummiete erscheint die
Grenze von **10%** für einen Anpassungsanspruch **sehr hoch.** Gewerbe-
raummieter sind daher sicherlich gut beraten, in einschlägigen Fällen
eine abweichende vertragliche Vereinbarung zu treffen.

XV. Glasbruch

Klauseln, mit denen das Glasbruchrisiko pauschal auf den Mieter ab- **130**
gewälzt werden, dürften in der maßgeblichen **kundenfeindlichsten Aus-**
legung[172] unangemessen benachteiligend sein, da sie ihrem Wortlaut
nach auch solche Schäden umfassen würden, die vom Vermieter und
seinen Erfüllungsgehilfen zu vertreten sind.

Sofern im Vertrag eine Umlage einer Glasbruchversicherung im Rah- **131**
men der Betriebskostenvereinbarung, etwa durch Inbezugnahme des § 2
Nr. 13 BetrKV, vorgesehen ist, dürften entsprechende Klauseln erneut
unangemessen benachteiligend sein, da der Mieter in doppelter Weise
belastet und die Versicherung indirekt freigezeichnet wird.[173]

Ob derartige Klauseln im Übrigen einer Kontrolle durch die Gerichte **132**
standhalten werden, bleibt abzuwarten.

Praxistipp: Bei entsprechenden **Klauselkombinationen** wird man mit **133**
guten Argumenten die Unwirksamkeit sowohl der Abwälzung des
Glasbruchrisikos, als auch der Glasbruchversicherung vertreten können.

XVI. Gerichtsstandsvereinbarungen

Für Streitigkeiten über Ansprüche aus Miet- oder Pachtverhältnissen **134**
über Räume oder über das Bestehen solcher Verhältnisse enthält § 29 a

---

[171] BGH (VIII ZR 306/09) NZM 2011, 70 = NJW 2011, 220.
[172] Vgl. hierzu oben unter I. Teil Rdnr. 224
[173] Vgl. zur Unwirksamkeit von Klauseln aufgrund eines Summierungseffekts
oben unter I. Teil Rdnr. 367.

ZPO einen **ausschließlichen Gerichtsstand.** Abweichende Vereinbarungen sind daher nicht nur unwirksam,[174] sondern wirken mitunter auch ein wenig unprofessionell.

XVII. Haftungsausschlüsse und -begrenzungen

1. Einführung

a) Weitreichende Haftung des Vermieters nach der gesetzlichen Konzeption

135   Wohl auf Grund der existenziellen Bedeutung einer Wohnung für den Mieter enthält das BGB eine sehr umfangreiche und **weitgehende Haftung des Vermieters.** Da auch Dritte wie z.b Arbeitnehmer des Mieters in den **Schutzbereich des Gewerberaummietvertrags** einbezogen werden[175], ist die Haftung auch in ihrem personellen Umfang mitunter kaum überschaubar.

136   Es ist daher nicht verwunderlich, dass nahezu in jedem Gewerberaummietvertrag Haftungsausschluss- und Haftungsbegrenzungsklauseln vorzufinden sind. Da ein Teil der gesetzlich für den Vermieter vorgesehenen Haftungsbereiche in Gestalt der **verschuldensunabhängigen Garantiehaftung** (§ 536a Abs. 1 1. Alt. BGB) auf Grund entsprechender Ausschlüsse in den einschlägigen Versicherungsbedingungen **nicht versicherbar** ist und ein Teil der Risiken wie die bürgengleiche Haftung des Vermieters nach Veräußerung der Mietsache (§ 566 Abs. 2 BGB) der Einflussnahme des Vermieters entzogen ist, ist sichere Vorsorge angezeigt.

137   **Praxistipp:** Die Rechtsfolge des § 306 BGB, **Geltung des dispositiven Gesetzesrechts** anstelle einer unwirksamen AGB Regelung ist im Zusammenhang mit Haftungsausschlussklauseln besonders gefährlich. Denn häufig führt die fehlende Einbeziehung bzw. die Unwirksamkeit einer Haftungsausschlussklausel zum Fortbestand der regelmäßig nicht im Rahmen der Haftpflichtversicherungen mitversicherten verschuldensunabhängigen Garantiehaftung.[176]

138   Da eine sichere und in der Rechtsprechung allseits akzeptierte Abgrenzung zwischen dem Anwendungsbereich der **blue pencil Methode**[177] und dem **Verbot der geltungserhaltenden Reduktion** bisher nicht gelungen ist, sollte bei der Vertragsgestaltung auf eine sprachliche und inhaltliche Trennung des Ausschlusses der verschuldensunabhängigen Garantiehaftung von allen weiteren – ggf. versicherbaren – Haftungsformen geachtet werden.

139   Besser noch nimmt man nur den Ausschluss der **verschuldensunabhängigen Garantiehaftung für anfängliche Sachmängel** und ggf.

---

[174] Vgl. allein MünchKommZPO/*Patzina* § 12 Rdnr. 27.
[175] BGH (XII ZR 189/08) NZM 2010, 668 = NJW 2010, 3152.
[176] Instruktiv ist in insoweit (XII ZR 189/08) NZM 2010, 668 = NJW 2010, 3152.
[177] Vgl. hierzu unter I. Teil Rdnr. 429f.

den Ausschluss der Haftung im Sinne des § 566 Abs. 2 BGB auf und belässt es im Übrigen bei der gesetzlichen Regelung.

b) Unwirksamkeit auf Grund von Summierungseffekten

Wenn formularvertraglich einerseits im Rahmen der Betriebskosten die **140** Aufwendungen des Vermieters für **Haftpflichtversicherungen** umgelegt werden und andererseits durch **Haftungsbegrenzungsklauseln** (etwa partielle Beschränkung auf Vorsatz und grobe Fahrlässigkeit) letztlich die Versicherung von ihrer Leistungspflicht auf Grund der in den AGB enthaltenen Haftungsbeschränkungen von Haftung und damit der Zahlungspflicht befreit wird, spricht viel dafür, insoweit von einer unangemessenen Benachteiligung und damit der Unwirksamkeit sowohl der diesbezüglichen Umlagevereinbarung, als auch der Haftungseinschränkung auszugehen.[178]

2. Einzelne Klauseln

a) Bürgengleiche Haftung des Vermieters bei Veräußerung der Mietsache

Ein in der Praxis allzu häufig **übersehenes Haftungsrisiko** findet sich **141** in § 566 Abs. 2 BGB. Zu Lasten des Vermieters, der den Mietvertrag abgeschlossen hat, ist im Verkaufsfall eine umfangreiche u. U. **Jahrzehnte andauernde Haftung** angeordnet.[179] Erfüllt der Erwerber die gem. § 566 Abs. 1 BGB auf ihn übergegangenen Verpflichtungen aus dem Mietvertrag nicht, haftet der ehemalige Vermieter auf Grund des Verzichts auf die Einrede der Vorausklage kraft Gesetzes de facto gesamtschuldnerisch für die beim Mieter eintretenden Schäden. Hohe Schadenssummen drohen insbesondere bei langfristig abgeschlossenen Mietverträgen im Fall der späteren Zwangsversteigerung bzw. freihändigen Veräußerung des Mietgrundstücks durch einen Insolvenzverwalter nebst anschließender **Kündigung** durch den Erwerber gem. § 57a ZVG, § 111 InsO.

Hierbei soll der ursprüngliche Vermieter auch bei einer **Kettenveräu-** **142** **ßerung** für alle aus Nichterfüllung der Vermieterpflichten seitens der späteren Erwerber entstehenden Schäden einzustehen haben.[180] Dadurch wird das Risiko für den Vermieter unüberschaubar.[181]

Da § 566 Abs. 2 BGB **kein gesondertes Kündigungsrecht** für den Mie- **143** ter schafft und der Vermieter in jedem Fall bis zum erstmöglichen Kündigungstermin für Schäden und Aufwendungen unabhängig von einer Kündigung des Mieters, (mit)haftet,[182] erlangt die potenzielle Haftung des Veräußeres zusätzliche Sprengkraft.

---

[178] Vgl. zur Unwirksamkeit von Klauseln aufgrund eines Summierungseffekts oben unter I. Teil Rdnr. 367.

[179] Vgl. zu den Einzelheiten: *Leo* NZM 2006, 244; *Leo/Ghassemi-Tabar* NZM 2010, 568.

[180] Bub/Treier/*Heile* II Rdnr. 895.

[181] Lindner-Figura/Oprée/Stellmann/*Tischler* Kap. 2 Rdnr. 116.

[182] Bub/Treier/*Heile* II Rdnr. 895; Lindner-Figura/Oprée/Stellmann/*Tischler* Kap. 2 Rdnr. 116.

144 Die bisweilen betonte geringe **praktische Bedeutung** des § 566 Abs. 2 BGB[183] kann in der Gewerberaummiete nur darauf beruhen, dass es sich um eine etwas verborgen angeordnete Norm handelt, die selbst viele Mietrechtler nicht im aktuellen Bewusstsein haben.[184]

145 Nach h. M.[185] soll § 566 BGB insgesamt formularvertraglich nicht abdingbar sein. Teilweise wird der Ausschluss der **bürgengleichen Haftung** ausdrücklich als Verstoß gegen § 307 BGB angesehen.[186]

146 Dies dürfte nicht zutreffen. Denn das Gesetz sieht selbst in **§ 6 Abs. 2 Nr. 2 ZV-VerwVO** den auf Seiten des Vermieters/Eigentümers bei Neuabschlüssen von Mietverträgen tätigen Zwangsverwalter dazu verpflichtet, für den besonders schadensträchtigen Fall der Zwangsversteigerung der Immobilie bzw. der freihändigen Veräußerung durch den Insolvenzverwalter die bürgengleiche Haftung auszuschließen. Es wird sich bei entsprechenden Vertragsbestimmungen des Verwalters regelmäßig um allgemeine Geschäftsbedingungen handeln, da der **Zwangsverwalter** schon von Gesetzes wegen gehindert ist, die von § 566 Abs. 2 BGB abweichende Regelung im Sinne eines „Aushandelns"[187] ernsthaft zur Disposition zu stellen. Man wird wohl kaum argumentieren können, die Zwangsverwalterverordnung beinhalte eine unangemessene, gegen Treu und Glauben verstoßende Benachteiligung des Mieters.

147 Allenfalls über das **Maß der formularvertraglich zulässigen Abbedingung** der bürgengleichen Haftung könnte man diskutieren. Sollen nur die beiden in der Zwangsverwalterverordnung genannten Fälle ausgeschlossen werden können oder kann über die Haftung nach Maßgabe des § 566 Abs. 2 BGB insgesamt in AGB disponiert werden? Die letztgenannte Auffassung ist vorzugswürdig. Ein wesentlicher Grundgedanke der gesetzlichen Regelung der Miete kann in § 566 Abs. 2 BGB angesichts der Regelungen in der Zwangsverwalterverordnung nicht enthalten sein.[188] Die Auferlegung einer bürgengleichen Haftung ist im Haftungssystem des BGB ebenso ungewöhnlich wie die verschuldensunabhängige Garantiehaftung, die anerkannter Maßen formularvertraglich ausgeschlossen werden kann.[189] Die Erreichung des Vertragszwecks des Mietvertrags wird durch den Ausschluss der bürgengleichen Haftung nicht gefährdet. Ebenso wenig werden wesentliche Rechte oder Pflichten, die sich aus dem Vertrag ergeben, gefährdet.

---

[183] *Sternel* Rdnr. 72; a. A. *Schultz* S. 184.

[184] Die hiermit einhergehenden Haftungsrisiken der Rechtsberater veräußernder Immobilieneigentümer bei unterbleibender Aufklärung und Beratung im Vorfeld von Immobilienkaufverträge sollten nicht unterschätzt werden.

[185] Schmidt-Futterer/*Streyl* § 566 Rdnr. 150; *Lehmann-Richter* MietRB 2009, 267 m. w. N. zur h. M.

[186] *Lehmann-Richter* MietRB 2009, 267; Palandt/*Weidenkaff* § 566 Rdnr. 5.

[187] Vgl. hierzu oben unter I. Teil Rdnr. 53 f.

[188] A. A. Schmidt-Futterer/*Streyl* § 566 Rdnr. 150.

[189] Vgl. hierzu unter II. Teil Rdnr. 160.

Praxistipp: Bis zur Anerkennung der formularvertraglichen Abding- **148** barkeit oder bei Bestandsverträgen ohne wirksamen Ausschluss der bürgengleichen Haftung kann sich der Vermieter gegen das Risiko der vorzeitigen Beendigung des Mietverhältnisses nach Zwangsversteigerung oder Verkauf durch den Insolvenzverwalter nur durch individualvertragliche Abbedingung oder durch Eintragung einer (erstrangigen) **beschränkt persönlichen Dienstbarkeit** für den Mieter schützen.[190] Denn dem Erwerber wird zwar das außerordentliche Kündigungsrecht nicht genommen. Nach einer Kündigung nutzt der ehemaliger Mieter jedoch auf Grundlage der beschränkt persönlichen Dienstbarkeit und der Erwerber muss sich fragen, ob er nach Beendigung noch einen Anspruch auf Entgelt hat. Dies ist nicht zuletzt wegen der **Eintragungskosten** und den schwierigen Verhandlungen mit den ggf. bereits vorhandenen vorrangigen Grundbuchgläubigern ein teurer und beschwerlicher Weg.

b) Eignung der Mietsache zum vertraglich vorgesehenen Nutzungszweck

Nach Auffassung des **BGH**[191] kann der Vermieter formularvertraglich **149** nicht das Risiko der **Nutzbarkeit der Mietsache zum vertraglich vorgesehenen Zweck** auf den Mieter abwälzen und sich gleichzeitig von der Haftung freizeichnen.

Dementsprechend hat er die Klausel,   **150**

„Sind für dessen (des Mietobjekts) Einrichtung oder Betrieb behördliche Genehmigungen oder Erlaubnisse erforderlich, so hat der Mieter diese auf seine Kosten und sein Risiko beizubringen. Im Falle der Nichterteilung der erforderlichen Genehmigungen und Erlaubnisse wird die Wirksamkeit des Vertrages nicht berührt."

als unwirksam erachtet. Der Haftungsausschluss könne mit den **Grundgedanken zur Gewährleistung** des Vermieters und in den §§ 543 ff. BGB zum Kündigungsrecht des Mieters getroffenen Regelungen nicht vereinbart werden. Durch die Klausel werde das Risiko für die Versagung einer Konzession/behördlichen Erlaubnis vollständig auf den Mieter abgewälzt ohne Rücksicht darauf, auf welchen Gründen der Mangel der Konzessionsfähigkeit beruht. Auch in Fällen, in denen die Konzession/ Erlaubnis ausschließlich aus Gründen versagt wird, die mit der Beschaffenheit oder Lage der Mietsache in Zusammenhang stehen und die nach der gesetzlichen Regelung in den Risikobereich des Vermieters fallen, sei der Mieter nach der Klausel zur Zahlung der Miete verpflichtet, könne keinen Schadensersatz verlangen und ihm stehe kein Kündigungsrecht zu. Nach dem Grundgedanken der gesetzlichen Regelung über die Gewährleistung des Vermieters und dem Kündigungsrecht des Mieters müsse der Mieter in einem solchen Fall aber zumindest von der Ver-

---

[190] Vgl. zu den diesbezüglich bestehenden Bedenken Lindner-Figura/Oprée/ Stellmann/*Oprée* Kap. 21 Rdnr. 56, 67 f.
[191] BGH (VIII ZR 232/87) NJW 1988, 2664.

pflichtung zur Mietzinszahlung befreit sein und es müsse ihm das Recht zur fristlosen Kündigung des Mietvertrages nach § 543 BGB zustehen.[192]

151   **Praxistipp:** Da gewerbliche Mieter, insbesondere bei langfristigen Mietverträgen regelmäßig sehr **hohe Beträge in Ausbau und Ausstattung der Mietsache investieren**, erscheint es zumindest als unsicher, ob Klauseln mit einem Ausschluss der Vermieterhaftung für die tatsächliche und rechtliche Eignung der Mietsache einer höchstrichterlichen Überprüfung standhalten, wenn sie als einzigen Ausweg für den Mieter ein außerordentliches Kündigungsrecht beinhalten.

152   Sog. „**Altbauklauseln**", mit denen darauf hingewiesen wird, dass Schall- und Wärmeschutzvorschriften lediglich bezogen auf das Errichtungs- bzw. Sanierungsdatum eingehalten werden, sollen zulässig sein.[193]

c) Haftung nur für Vorsatz und grobe Fahrlässigkeit

153   Wie weithin anerkannt ist, kann der Vermieter seine Haftung für die **Erfüllung vertragswesentlicher Pflichten und für die Verletzung von Leib und Leben** nicht formularvertraglich auf Vorsatz und grobe Fahrlässigkeit begrenzen.[194] Der VIII. Zivilsenat des **BGH**[195] hat auf § 307 BGB gestützt für die Wohnraummiete entschieden, dass durch die generelle Begrenzung der Haftung auf Vorsatz und grobe Fahrlässigkeit eine **indirekte und gleichwohl unwirksame Freizeichnung** von vertragswesentlichen Pflichten gegeben ist. Dies kann ohne Weiteres auf die Gewerberaummiete übertragen werden.[196] Denn sowohl das Argument, eine vertragliche Pflicht werde auch dann i.S. von § 307 Abs. 2 Nr. 2 BGB eingeschränkt, wenn ihre Verletzung **sanktionslos** bleibt, als auch die fehlende Versicherbarkeit der potenziell eintretenden Schäden für den Mieter dürfte zumindest für den entgangenen Gewinn des Mieters von Gewerberaum zutreffen.

154   Damit dürfte die **abweichende Instanzgerichtsrechtsprechung**[197] überholt sein. So hatte das OLG Koblenz[198] folgende die formularvertragliche Haftungsbeschränkung,

„Der Vermieter haftet nicht für Schäden, die dem Mieter an den ihm gehörenden Waren und Einrichtungsgegenständen entstehen, gleichgültig welcher Art, Her-

---

[192] BGH (VIII ZR 232/87) NJW 1988, 2664.

[193] *Fritz* Rdnr. 151.

[194] BGH (VIII ARZ 1/01) NZM 2002, 116 = NJW, 2002, 673 (Wohnraummiete); (I ZR 233–95) NJW-RR 1998, 1426 = BeckRS 1998, 30008512 (zum Transportrecht); *Sternel*, MietR aktuell, VIII Rdnr. 440; Lindner-Figura/Oprée/Stellmann/*Hübner/ Griesbach/Fuerst* Kap. 14 Rdnr. 333.

[195] BGH (VIII ARZ 1/01) NZM 2002, 116 = NJW 2002, 673.

[196] Vgl. zur Übertragbarkeit: BGH (XII ZR 308/02) NZM 2005, 504 = NJW 2005, 2006; (XII ZR 84/06) NZM 2008,890 = NJW 2008, 3772.

[197] OLG Hamburg (4 U 184/84) BeckRS 1985, 30903518 = ZMR 1986, 236; OLG Koblenz (3 U 1317/98) NZM 2000, 622; OLG Düsseldorf (10 U 32/97) NZM 2000, 188 = NJW-RR 1999, 735.

[198] OLG Koblenz (3 U 1317/98) NZM 2000, 622.

kunft, Dauer und welchen Umfangs die Einwirkungen sind, es sei denn, dass der Vermieter den Schaden vorsätzlich oder grob fahrlässig herbeigeführt hat." als wirksam angesehen.

Überholt dürfte auch die Entscheidung des OLG Düsseldorf[199] sein,   **155** die von der Wirksamkeit der Regelung, der Vermieter übernehme *„keinerlei Haftung für Schäden, die an der Einrichtung und dem eingelagerten Gut entstehen können, es sei denn, der Schaden sei durch ihn oder seine Erfüllungsgehilfen vorsätzlich oder grob fahrlässig verursacht worden"* ausgeht.

Auch die Auffassung des OLG Frankfurt[200], das die AGB-Klausel,   **156** *„Die Haftung des Vermieters, außer wegen der Verletzung des Lebens, des Körpers oder der Gesundheit ist auf die Fälle des Vorsatzes oder der groben Fahrlässigkeit beschränkt, was auch für die Fälle des Auswahl- oder Überwachungsverschuldens gilt".*

als wirksam erachtet, lässt sich mit den vorstehenden Grundsätzen nicht in Übereinstimmung bringen.

Es wird weiterhin darauf verwiesen, dass sich ein unzulässiger Aus- **157** schluss der Haftung für fahrlässig verursachte **Gesundheitsschäden** auch indirekt – etwa durch die Beschränkung der Haftung für Schäden auf Grund von Feuchtigkeit in der Mietsache – ergeben kann.[201] Auch derartige Ausschlüsse sind daher zumindest sehr kritisch zu betrachten.

> **Praxistipp:** Der für über die verschuldensunabhängige Garantie- **158** haftung für anfängliche Sachmängel hinausgehende Haftungsausschlüsse verbleibende Raum ist bei Licht betrachtet äußerst gering.[202] Weitergehende Klauseln bergen die Gefahr, den **gesamten Haftungsausschluss der Unwirksamkeitsfolge des § 307 BGB** auszusetzen, insbesondere wenn man von einem engen Anwendungsbereich der „blue-pencil-Theorie" ausgeht.[203]

d) Verschuldensunabhängige Garantiehaftung

§ 536a Abs. 1 1. Alt. BGB erlegt dem Vermieter für bei Vertragsschluss **159** bzw. bei der Vermietung eines noch nicht fertig gestellten bzw. noch zu errichtenden Objekts zum Zeitpunkt der Übergabe bzw. Fertigstellung[204] vorhandene Mängel eine verschuldensunabhängige Schadensersatzpflicht auf.[205] Da (nahezu) alle gängigen Haftpflichtversicherungen

---

[199] OLG Düsseldorf (10 U 32/97) NZM 2000, 188 = NJW-RR 1999, 735.

[200] OLG Frankfurt, Urt. v. 28. 1. 2011 – 2 U 13/10.

[201] *Sternel*, MietR aktuell, VIII Rdnr. 441.

[202] Vgl. etwa v. Westphalen/*Drettmann*, Geschäftsraummiete, Rdnr. 42.

[203] Vgl. zu den Rechtsfolgen der Unwirksamkeit von AGB-Klauseln oben unter I. Teil Rdnr. 409 ff.

[204] Staudinger/*Emmerich*, § 536a Rdnr. 6 m.w.N. zur BGH-Rspr.; *Lützenkirchen/Leo*, AHB A Rdnr. 431 m.w.N.

[205] Generell zu Haftung nach Maßgabe des § 536a Abs. 1 Alt. 1 BGB; Lindner-Figura/Opree/Stellmann/*Hübner/Griesbach/Fürst* Kap. 14 Rdnr. 314f.

für Grundstückseigentümer/Vermieter einen **Ausschluss des Versicherungsschutzes für die verschuldensunabhängige Garantiehaftung** beinhalten, ist sie für den Vermieter besonders tückisch. Denn die mitunter erst nach etlichen Jahren eintretenden und gegebenenfalls unvermeidlichen Schäden treffen ihn dadurch wirtschaftlich voll und können durchaus **existenzbedrohende** Ausmaße erreichen.[206]

160   In ständiger Rechtsprechung geht der BGH[207] von der Möglichkeit eines **formularvertraglichen Ausschlusses** der verschuldensunabhängigen Garantiehaftung zumindest für **Sachmängel**[208] aus.

161   Für **anfängliche Rechtsmängel** kann der Vermieter wohl seine Garantiehaftung nicht wirksam formularmäßig ausschließen.[209] Dies ist im Ergebnis weniger einschneidend als es auf den ersten Blick erscheinen mag, da der BGH[210] auch das Fehlen öffentlich-rechtlicher Genehmigungen unter den Begriff des Sachmangels subsumiert.

162   **Praxistipp:** Der/die den Vermieter im Vorfeld eines Abschlusses **beratende Anwalt/Anwältin** dürfte sich schadensersatzpflichtig machen, wenn kein Hinweis auf das Risiko der fehlenden Versicherbarkeit und der formularvertraglichen Abdingbarkeit der verschuldensunabhängigen Garantiehaftung erfolgt. Entsprechendes gilt für die Prüfung von Gewerberaummietverträgen im Rahmen einer für den Käufer durchgeführten **Due Dilligence Prüfung** vor Ankauf eines vermieteten Objektes. Denn der Erwerber tritt nach Maßgabe des § 566 Abs. 1 BGB auch in die verschuldensunabhängige Garantiehaftung für anfängliche Mängel ein.[211]

163   Bei der Gestaltung entsprechender Klauseln ist hohe Sorgfalt bei der Formulierung angezeigt, da die Rechtsprechung[212] dazu neigt, auch hier die **Unklarheitenregel** des § 305c Abs. 2 BGB[213] **in aller Strenge** anzuwenden und deutlich werden muss, dass die Haftung für ursprüngliche Rechtsmängel nicht eingeschränkt wird.

164   Die formularvertragliche Klausel,

„Für Veränderungen an der Mietsache oder Störungen in ihrer Benutzbarkeit infolge höherer Gewalt oder sonstiger Umstände, die die Vermieterin nicht zu

---

[206] Vgl. zur Einbeziehung Dritter in den Schutzbereich des Gewerberaummietvertrags: BGH (XII ZR 189/08) NZM 2010, 668 = NJW 2010, 3152.

[207] BGH (XII ZR 46/90) NJW-RR 1991, 74; BGH (XII ZR 141/91) NJW-RR 1993, 519; BGH (XII ZR 327/00) NZM 2002, 784 = NJW 2002, 3232; BGH (XII ZR 189/08) NZM 2010, 668 = NJW 2010, 3152.

[208] BGH NJW-RR 1991, 74.

[209] Bub/Treier/*Kraemer* III B Rdnr. 1427; v. Westphalen/*Drettmann*, Geschäftsraummiete, Rdnr. 48; a. A. wohl Lindner-Figura/Oprée/Stellmann/*Hübner/Griesbach/Fuerst* Kap. 14 Rdnr. 333; MünchKommBGB/*Häublein* § 536a Rdnr. 21.

[210] BGH (XII ZR 195/96) NJW 1998, 2664 = NZM 1998, 628.

[211] Emmerich/*Sonnenschein* § 536a, BGB Rdnr. 4.

[212] OLG Karlsruhe (1 U 214/05) ZMR 2009, 33 = BeckRS 2009, 20623; großzügiger noch: BGH (XII ZR 327/00) NZM 2002, 784 = NJW 2002, 3232.

[213] Vgl. dazu oben unter I. Teil Rdnr. 209 f.

vertreten hat, kann die Mieterin weder die Miete mindern noch ein Zurückbehaltungsrecht ausüben noch Schadensersatz verlangen",

soll nach Auffassung des OLG Karlsruhe[214] **keinen Ausschluss der verschuldensunabhängigen Garantiehaftung** des Vermieters enthalten. Denn die Klausel sei insoweit unklar.

Zur Wahrung des **Transparenzgebots**[215] wird zu recht empfohlen, den **165** Ausschluss an herausgehobener Stelle im Vertrag vorzunehmen und ihn wörtlich und nicht bloß mit einer Inbezugnahme des § 536a BGB zu umschreiben.[216]

e) Beschränkung der Haftung auf das Vermögen einer GbR

Der **BGH**[217] hält die formularvertragliche **Begrenzung der Haftung 166** einer GbR auf ihr **Gesellschaftsvermögen** für unwirksam.

3. Interessenwahrung aus Sicht der Verwendergegenseite

Aus Sicht der Verwendergegenseite ist es geboten, mietvertragliche **167** Haftungsausschlüsse vor Abschluss des Vertrags mit den eigenen (Sach) Versicherern für das Objekt abzustimmen und sich den durch Abschluss des Mietvertrags mit dem Haftungsausschluss zu Gunsten des Vermieters nicht eingeschränkten **Versicherungsschutz schriftlich bestätigen** zu lassen. Denn der Verzicht auf die Haftung eines Dritten und damit der Ausschluss des Rückgriffs des Versicherers im Schadensfall kann gem. §§ 86, 28 VVG eine zum Ausschluss des Versicherungsschutzes führende **Obliegenheitsverletzung** darstellen. Nur „übliche" **Haftungsausschlüsse** sollen den Versicherungsschutz unberührt lassen. Erfahrungsgemäß erteilen die Sachversicherer für den Ausschluss der verschuldensunabhängigen Garantiehaftung für Sachmängel problemlos entsprechende Bestätigungen.

Bei umfangreichen Ausschlüssen der Haftung – etwa bei der generel- **168** len Begrenzung auf Vorsatz und grobe Fahrlässigkeit – dürfte dies nicht oder nur schwer erreichbar sein; ein **weiterer Gesichtspunkt** der bei der Prüfung entsprechender Haftungsbegrenzungsklauseln im Rahmen des § 307 BGB zu berücksichtigen sein dürfte.

XVIII. Instandhaltung und -setzung

1. Einführung

Neben den **Regelungen zur Miete, Mietanpassung und den Neben- 169 kosten** sind die vertraglichen Vereinbarungen zur Instandhaltung und

---

[214] OLG Karlsruhe (1 U 214/05) ZMR 2009, 33 = BeckRS 2009, 20623.
[215] Vgl. dazu oben unter I. Teil Rdnr. 372f.
[216] Bieber/Ingendoh/*Bieber* § 5 Rdnr. 164
[217] BGH (XII ZR 113/01) NZM 2005, 218 = NJW-RR 2005, 400.

Instandsetzung nebst Schönheitsreparaturen[218] für die **Rendite einer Immobilieninvestition** bzw. für die wirtschaftlichen Risiken einer Anmietung von entscheidender Bedeutung. Angesichts der gesetzlichen Konzeption, die Instandhaltung und Instandsetzung dem Vermieter in § 535 Abs. 1 S. 2 BGB vollumfänglich zuweist, nimmt es daher nicht Wunder, wenn in den von Vermietern verwandten Vertragsmustern mehr oder weniger umfangreich versucht wird, die Ausführung und/oder die Kosten auf den Mieter ganz oder in Teilen abzuwälzen.

2. Begriffsbestimmung

170   Die Begriffe der **Instandhaltung und -setzung** hat der **BGH**[219] wie folgt definiert:

„Unter den Kosten der Instandhaltung werden – vorbehaltlich abweichender Vereinbarungen der Parteien – in Anlehnung an § § 28 Abs. 1 der II. BerechnungsVO die Kosten verstanden, die zur Erhaltung des bestimmungsgemäßen Gebrauchs aufgewendet werden müssen, um die durch Abnutzung, Alterung und Witterungseinwirkung entstehenden baulichen und sonstigen Mängel ordnungsgemäß zu beseitigen. Bei den Instandsetzungskosten handelt es sich i. d. R. um Kosten aus Reparatur und Wiederbeschaffung ...“

3. Formularvertragliche Abwälzung der Instandhaltung und -setzung für Allgemeinflächen und Gemeinschaftsanlagen

171   Der BGH[220] hält die Abwälzung der Kosten Instandhaltung und – setzung für gemeinsam mit anderen Mietern genutzten Flächen und Anlagen für **unwirksam**, wenn dies **ohne Beschränkung der Höhe** nach erfolgt. Damit würden auch Kosten übertragen, die nicht den Mietgebrauch veranlasst sind und die nicht in den Risikobereich des Mieters fallen. Da der Mieter die gemeinschaftlich genutzten Flächen und Anlagen in dem bei Mietbeginn bestehenden, i. d. R. gebrauchten Zustand vorfindet, würden ihm die Kosten für die Behebung anfänglicher Mängel bzw. bereits vorhandener Abnutzungen durch Reparatur oder Erneuerung überbürdet, deren Höhe für ihn nicht überschaubar ist. Darüber hinaus würden ihm Kosten für Schäden auferlegt, die von Dritten verursacht worden sind, so dass auch insoweit ihm nicht zurechenbare und der Höhe nach nicht vorhersehbare Kosten auf ihn übertragen würden.

172   Die damit verbundenen **Abweichungen vom gesetzlichen Leitbild** des Mietvertrags benachteiligten den Mieter unangemessen. Die Übertragung der Erhaltungslast gemeinschaftlich genutzter Flächen und Anlagen sei allenfalls wirksam, wenn sie in einem bestimmten, zumutbaren in der Klausel begrenzten Rahmen erfolgt.

173   Dementsprechend hat der **BGH**[221] die Abwälzung der Kosten mit Klausel:

---

[218] Vgl. hierzu unten II. Teil Rdnr. 362 f.
[219] BGH (XII ZR 158/01) NZM 2005, 863 = NJW-RR 2006, 84.
[220] BGH (XII ZR 158/01) NZM 2005, 863 = NJW-RR 2006, 84.
[221] BGH (XII ZR 158/01) NZM 2005, 863 = NJW-RR 2006, 84.

„Sämtliche Nebenkosten des Einkaufszentrums, insbesondere die Kosten des Betriebs, der Instandhaltung und der Gemeinschaftsanlagen einschließlich der Verkehrsflächen, werden unbeschadet notwendiger Sonderregelungen von allen Mietern anteilig nach laut Mietvertrag in Anspruch genommener Bruttomietflächen im Verhältnis zur gewerblichen Bruttomietfläche insgesamt getragen. ... Die Nebenkosten für das Einkaufszentrum betreffen insbesondere:

...

Betriebs-, Wartungs-, Pflege- und Instandhaltungskosten für alle allgemeinen Einrichtungen des Einkaufszentrums, insbesondere für alle technischen Einrichtungen (z. B. Telefonzentrale, Musikübertragungsanlage, Blumen und Pflanzen etc.) einschließlich Außenanlagen und Parkplätzen sowie Kosten für Hausmeister und Haushandwerker sowie das für die Bewachung und Betreuung des Objekts notwendige Personal inkl. kaufmännischem und technischem Center-Management"

für unwirksam erachtet. Die weiteren Anforderungen, die an eine wirksame Abwälzung von Kosten für die Instandhaltung und Instandsetzung für Allgemeinflächen gestellt werden, müssen noch in der Rechtsprechung herausgearbeitet werden.

Praxistipp: Ob die in der Literatur diskutierte **Grenze für die Höhe** **174** der Abwälzung der Kosten für Instandhaltung und -setzung von **10%** der **Jahreskaltmiete**[222] vom BGH geteilt wird, bleibt abzuwarten. Denn der BGB geht davon aus, dass aus der vereinzelten Besserstellung des Wohnungsmieters nicht der Schluss gezogen werden könne, das Gesetz habe den Mieter von Geschäftsräumen generell weniger vor belastenden AGB schützen wollen.[223] Wenn § 307 BGB sowohl im Wohnraumrecht als auch im Bereich der Gewerberaummiete streitentscheidende Norm ist, sei diese – ggf. unter Berücksichtigung der allgemein geringeren Schutzbedürftigkeit eines Geschäftsraummieters – in gleicher Weise auf den Geschäftsraummieter wie auf den Wohnraummieter anzuwenden. Für den Bereich der Wohnraummiete wird unter Berufung auf den BGH[224] bei der Abwälzung der Kosten von Kleinreparaturen im Bereich der zum ausschließlichen Gebrauch vermieteten Räume eine Grenze von **6–8% der Jahreskaltmiete** pro Kalenderjahr angenommen.[225] Angesichts der in der Regel im Vergleich zur Wohnraummiete deutlich höheren Quadratmetermieten in der Gewerberaummiete könnte manches dafür sprechen, die Grenze von 6–8% der Jahreskaltmiete auch für die Gewerberaummiete für den Bereich der Allgemeinflächen und Gemeinschaftsanlagen anzusetzen.

---

[222] Lindner-Figura / Oprée / Stellmann / *Wolf* Kap. 13 Rdnr. 185; *Neuhaus* Rdnr. 1571.
[223] BGH (XII ZR 84/06) NZM 2008, 890 = NJW 2008, 3772.
[224] BGH (VIII ZR 91/88) NJW 1989, 2247.
[225] Staudinger / *Emmerich* § 535 Rdnr. 132.

175   Ungeklärt ist weiterhin die Frage, ob bei derartigen Beträgen – zumindest wenn sie gehäuft (z. B. **Pauschale für Verwaltungskosten** etc.) im Vertrag vorhanden sind – eine Begrenzung aller Beträge auf einen **gemeinsamen Höchstbetrag** erforderlich ist. Mitunter werden entsprechende Regelungen auch unter dem Gesichtspunkt des **Transparenzgebots** kritisch zu prüfen sein.

4. Dach- und Fachklauseln

176   Formularklauseln, die dem Mieter die Instandhaltung und Instandsetzung an Dach und Fach aufbürden, verstoßen nach Auffassung des OLG Dresden[226] und des OLG Rostock[227] gegen § 307 BGB.[228]

177   **Praxistipp:** Zu recht wird darauf verwiesen, dass das Begriffspaar „Dach und Fach" häufig **Auslegungsschwierigkeiten** verursacht[229] und alles andere als klar abgegrenzt ist.[230] Dies ist nicht weiter verwunderlich, da dieser Begriff wohl aus dem Fachwerkhausbau[231] stammen dürfte, bei dem man zunächst das Holzgerüst und das Dach aufsetzt, um es anschließend auszufachen und auszubauen. Bei einem Fachwerkbau mag es möglich sein, die Gewerke Dach und Fach von dem übrigen Bau abzugrenzen. Bei modernen Bauten ist das Begriffspaar denkbar ungeeignet.[232] Wenn bereits der Begriff, „sachgerecht", in der Rechtsprechung[233] als **intransparent** angesehen wird, dürfte dies für das Begriffspaar „Dach und Fach" in besonderer Weise gelten[234], wenn sich keine eindeutige **Definition im Vertragstext** findet.[235]

5. Formularvertragliche Abwälzung der Instandhaltung und -setzung im Bereich der zum ausschließlichen Gebrauch vermieteten Räume

178   Ganz überwiegend werden Klauseln zur Abwälzung der **Ausführung** einschließlich der anfallenden Kosten für **Instandhaltung und Instandsetzung** im Bereich der zum ausschließlichen Benutzung vermieteten Räume für zulässig erachtet.[236] Entsprechende Klauseln sollen jedoch zu

---

[226] OLG Dresden (2 U 655/95) NJW-RR 1997, 395; vgl. auch OLG Naumburg (2 U (Hs) 34/98) NJW-RR 2000, 823.

[227] OLG Rostock (3 U 287/08) NZM 2010, 42 = NJW-RR 2010, 442; *Neuhaus* Rdnr. 1600; a. A. *Bub* NZM 1998, 789 (793).

[228] Vgl. zur möglichen Anwendung des § 305c Abs. 1 BGB: *Neuhaus* Rdnr. 1601.

[229] *Fritz* Rdnr. 229 b; *Schlemminger/Tachezy* NZM 2001, 416.

[230] OLG Hamm (30 U 16/88) BeckRS 2010, 04173 = ZMR 1988, 260.

[231] Vgl. zu den weiteren möglichen Wortbedeutungen: OLG Hamm (30 U 16/88) BeckRS 2010, 04173 = ZMR 1988, 260; *Neuhaus* Rdnr. 1591.

[232] Vgl. die unterschiedlichen Definitionsansätze bei *Schlemminger/Tachezy* NZM 2001, 416.

[233] OLG Rostock (3 U 123/07) BeckRS 2009, 03036 = ZMR 2009, 527.

[234] *Langenberg*, Schönheitsreparaturen, II. Rdnr. 46.

[235] Zu recht wird von der Verwendung des Begriffpaars in (Formular-)Mietverträgen abgeraten: *Schlemminger/Tachezy* NZM 2001, 416 (417).

[236] Vgl. etwa: OLG Düsseldorf (I-24 U 204/06) BeckRS 2007, 15429 = GuT 2007, 361.

ihrer Wirksamkeit eine Einschränkung dahingehend enthalten müssen, nach der der Aufwand auf dem Mietgebrauch beruht oder der Risikosphäre des Mieters zuordnen ist.[237] Der **BGH** scheint bisher auch in diese Richtung zu tendieren.[238] Alternativ wird eine Kostenbegrenzung der Höhe nach erwogen.[239]

> **Praxistipp:** Führt man den im Rahmen der **Rechtsprechung zu der** **179**
> **Überwälzung von Schönheitsreparaturen** entwickelten Ansatz des
> BGH[240] der gleichmäßigen Schutzwürdigkeit von Gewerberaum-
> und Wohnraummieter konsequent zu Ende, ist die Abwälzung der
> Ausführung von Instandhaltungs- und Instandsetzungsmaßnahmen
> in den zum ausschließlichen Gebrauch vermieteten Räumen ebenso
> wenig wirksam wie eine Abwälzung der Kosten ohne höhenmäßige
> Begrenzung im Einzelfall und im Kalenderjahr sowie ohne Begren-
> zung auf häufig dem Zugriff des Mieters ausgesetzte Bestandteile der
> Mietsache. Denn für die Wohnraummiete werden auf Grundlage des
> § 307 BGB entsprechende Einschränkungen für die Wirksamkeit einer
> Abwälzungsklausel seit über 20 Jahren als notwendig angesehen.[241]

6. Kleinreparaturklauseln

Aktuelle höchstrichterliche Rechtsprechung liegt für die Gewerberaum- **180** miete für den Bereich von Kleinreparaturklauseln soweit ersichtlich nicht vor. Ganz überwiegend wird die Abwälzung auch der Ausführung entsprechender Arbeiten auf den Mieter als zulässig angesehen, wenn sie auf **häufig dem Zugriff des Mieters** unterliegende Bestandteile der Mietsache und auf durch den **Mietgebrauch verursachte Schäden** begrenzt wird. Ob eine **Kappungsgrenze** für die Kosten z. B. pro Kalenderjahr zur Wirksamkeit der Klausel erforderlich ist, wird uneinheitlich beantwortet.[242]

Wie oben dargelegt, ist es auf der Grundlage der Prämissen der **Recht-** **181** **sprechung des BGH zu den Schönheitsreparaturen** zumindest zwei-felhaft, ob über den für den Bereich der Wohnraummiete als wirksam anerkannten Umfang hinaus, Instandhaltung und Instandsetzung for-mularvertraglich auf den Mieter abgewälzt werden können.[243]

---

[237] Elzer/Riecke/*Feldhahn* § 536 Rdnr. 6; *Langenberg*, Schönheitsreparaturen, II. Rdnr. 42; *Wolf/Eckert/Ball* Rdnr. 410; Bieber/Ingendoh/*Ingendoh* § 5 Rdnr. 21; kri-tisch: Lindner-Figura/Oprée/Stellmann/*Wolf* Kap. 13 Rdnr. 185.

[238] BGH (XII ZR 158/01) NZM 2005, 863, 864 = NJW-RR 2006, 84: *„Die Verpflich-tung zur Instandhaltung und Instandsetzung kann nach h. M. in Rechtsprechung und Literatur bei der Gewerberaummiete formularmäßig auf den Mieter übertragen werden, soweit sie sich auf Schäden erstreckt, die dem Mietgebrauch oder der Risikosphäre des Mieters zuzuordnen sind ...".*

[239] *Langenberg*, Schönheitsreparaturen, II. Rdnr. 56.

[240] BGH (XII ZR 84/06) NZM 2008, 890 = NJW 2008, 3772.

[241] BGH (VIII ZR 91/88) NJW 1989, 2247.

[242] *Sternel*, Mietrecht aktuell, II. Rdnr. 186 f.; *Neuhaus* Rdnr. 1572; differenzierend: *Langenberg*, Schönheitsreparaturen, II Rdnr. 55 f.

[243] Im Ergebnis ähnlich: v. Westphalen/*Drettmann*, Geschäftsraummiete, Rdnr. 50.

182   **Praxistipp:** Die höchstrichterlich noch nicht geklärte Rechtslage bringt für die häufig sehr langfristig abgeschlossenen Mietverträge ein **erhebliches Risiko** mit sich. Mitunter wird man bei der Auswahl der Klausel – als Berater nach entsprechender umfassender Aufklärung des Mandanten über die Risiken und Chancen der einzelnen Gestaltungsmöglichkeiten – u. a. nach der **Interessenlage des zu beratenden Vermieters** zu entscheiden haben: Soll die Mietsache dauerhaft im Eigentum gehalten werden, wird sich häufiger eine „konservative" Gestaltung im Sinne der Abwälzung der Kosten von Kleinreparaturen nach dem Muster der Wohnraummiete empfehlen. Ist der Vertrag für einen Immobilienentwickler zu fertigen, der alsbald nach Mietvertragsabschluss die Mietsache an einen „nominalrenditeorientierten" Investor veräußert, wird mitunter die risikobehaftetere Variante der Abwälzung der entsprechenden Arbeiten auf den Mieter gewählt werden, da bei bloßer Vereinbarung einer Kleinreparaturklausel **Abschläge im Kaufpreis** drohen.

183   Sofern eine Kleinreparaturklausel mit Kostenabwälzung auf den Mieter vorgesehen ist, wird eine Wertsicherung/Indexierung der Einzel- und des Höchstbetrages für die Kostenübernahme in der Literatur für zulässig erachtet.[244]

XIX. Konkurrenzschutz/Formularvertraglicher Ausschluss des vertragsimmanenten Konkurrenzschutzes

1. Einführung

184   In ständiger Rechtsprechung geht die Rechtsprechung auch bei fehlender vertraglicher Vereinbarung in der Gewerberaummiete vom Bestehen eines aus § 242 BGB abgeleiteten **vertragsimmanenten Konkurrenzschutzes** aus. Der Vermieter hat demnach dafür Sorge zu tragen, dass die Geschäftstätigkeit des Mieters nicht durch eine eigene Konkurrenztätigkeit des Vermieters selbst, durch Vermietung einer Gewerbeeinheit an einen Konkurrenten oder durch Verkauf von dem Konkurrenzschutz unterliegenden Räumen an einen Konkurrenten beeinträchtigt wird. Hierbei ist der Vermieter nicht verpflichtet, jeden fühlbaren oder unliebsamen Wettbewerb vom Mieter fernzuhalten. Vielmehr ist nach den Umständen des Einzelfalls abzuwägen, inwieweit nach Treu und Glauben unter Berücksichtigung der Interessen der Parteien die Fernhaltung von Konkurrenz geboten ist. [245]

2. Abdingbarkeit des Konkurrenzschutzes

185   Der sog. **vertragsimmanente Konkurrenzschutz** soll **formularvertraglich abdingbar** sein.[246] Das OLG Düsseldorf hat den formularvertragli-

---

[244] *Lützenkirchen* MietRB 2004, 23.

[245] Vgl. hierzu allgemein: *Leo/Ghassemi-Tabar* NZM 2009, 337.

[246] BGH (XII ZR 131/08) NZM 2010, 361 = NJW-RR 2010, 1017, Rdnr. 14; OLG Hamburg (4 U 237/85) NJW-RR 1987, 403; OLG Brandenburg (3 U 169/08) NZM

chen Ausschluss jedoch nur dann für zulässig gehalten, wenn der Konkurrent nicht ein völlig gleiches Warensortiment oder gleiche Dienstleistungen anbietet. [247]

> **Praxistipp:** Geht man von einer Einschränkung der Ausschlussmög- **186** lichkeiten im Sinne des OLG Düsseldorf aus, stellt sich die Frage, ob eine entsprechende Einschränkung nicht zuletzt unter dem Gesichtspunkt der **kundenfeindlichsten Auslegung** ausdrücklich in der Klausel enthalten sein muss.

Es bleibt abzuwarten, wie sich die Rechtsprechung zum formularver- **187** traglichen Ausschluss des Konkurrenzschutzes entwickeln wird. So erscheint es zumindest überlegenswert von einem Verstoß entsprechender Klauseln in langfristigen Verträgen auszugehen, wenn sie den Konkurrenzschutz auch für Fälle ausschließen, in denen z.B. eine deutliche größere und besser gelegene Fläche im selben Objekt an einen wirtschaftlich betrachtet übermächtigen Konkurrenten **(Einzelhandelskette versus „kleinem Kaufmann")**.

3. Formularvertragliche Erweiterungen des Konkurrenzschutzes

In einer Vielzahl von Musterverträgen, insbesondere der großen Ein- **188** zelhandelsketten finden sich Klauseln, mit denen der Vermieter verpflichtet wird, in einem näher beschriebenen Radius um die Mietsache oder für das Stadtgebiet, in dem die Mietsache gelegen ist, Konkurrenzschutz zu gewähren. Hier wird Ähnliches zu gelten haben wie bei **formularvertraglichen Wettbewerbsverboten** zu Lasten des Mieters.[248] Derartige Einschränkungen werden nur dann einer Kontrolle nach Maßgabe des § 307 BGB standhalten, wenn sie zum einen eine gemessen an dem Mietzweck nicht übermäßige **räumliche Ausdehnung** des Konkurrenzschutzes beinhalten und zum anderen dem Vermieter ausreichende Möglichkeit belassen, sich selbst gewerblich zu betätigen.[249]

XX. Kündigung, außerordentliche

1. Einführung

Die außerordentliche Kündigung eines befristeten Mietvertrags stellt **189** nicht zuletzt auf Grund der bei schuldhaften Herbeiführung des Kündigungsgrundes bestehenden Schadensersatzpflicht[250] in der Gewerbe-

---

2010, 43 = BeckRS 2009, 22085; Lindner-Figura/Oprée/Stellmann/*Hübner/Griesbach/Fuerst* Kap. 14 Rdnr. 167.

[247] OLG Düsseldorf (10 U 165/91) NJW-RR 1992, 1290; Schmidt-Futterer/*Eisenschmid* § 535 Rdnr. 565.

[248] Vgl. II. Teil Rdnr. 445.

[249] Vgl. hierzu auch: Lindner-Figura/Oprée/Stellmann/*Hübner/Griesbach/Fuerst* Kap. 14 Rdnr. 170

[250] Vgl. BGH (XII ZR 162/01) NZM 2005, 340 = BeckRS 2005, 03253.

raummiete häufig eine **Existenzbedrohung für den Kündigungsempfänger** dar. Der **BGH**[251] geht daher davon aus, dass aus Gründen des Bestandsschutzes von Mietverhältnissen in AGB Kündigungsrechte nicht über den gesetzlich geregelten Bereich hinaus erweitert werden können. Soweit bei befristeten Mietverhältnissen der Verwender von AGB sich ein Recht zur fristlosen Kündigung einräumt, soll eine derartige Regelung im Licht des § 307 BGB nur Bestand haben, wenn dieses Recht auf Gründe beschränkt wird, die dem Verwender die Fortsetzung des Mietverhältnisses unzumutbar machen und in ihrer Bedeutung den gesetzlichen Kündigungsrechten entsprechen.[252]

2. Kündigung wegen Zahlungsrückstand

190   Der **BGH**[253] hat ein Kündigungsrecht für Fallkonstellationen, in denen

„der Pächter mit der Zahlung einer Pachtzinsrate ganz oder teilweise länger als einen Monat nach Zahlungsaufforderung trotz schriftlicher Mahnung im Rückstand ist",

wegen Verstoßes gegen § 9 AGBG/§ 307 BGB als unwirksam angesehen. Die Regelung enthalte in dreierlei Hinsicht eine unangemessene Benachteiligung. Denn sie ermöglicht die fristlose Kündigung des Verwenders schon bei einem teilweisen **Rückstand** mit nur einer Pachtrate, und zwar auch dann, wenn der Rückstand nur unerheblich ist, und lässt schließlich auch den **unverschuldeten Zahlungsrückstand** genügen.

191   **Praxistipp:** Die Entscheidung des BGH enthält noch einen weiteren sehr interessanten und wichtigen Gesichtspunkt: Trotz der Unwirksamkeit der Klausel hält der Senat den Verwender an das von ihm bestimmte Procedere **(Zahlungsaufforderung und schriftliche Mahnung)** gebunden. Denn auf die Einhaltung dieses Verfahren dürfe sich die Verwendungsgegenseite verlassen.[254]

192   In der Folge hat auch das OLG Düsseldorf[255] die in der Bestimmung,

„Der Vermieter hat das Recht, eine außerordentliche Kündigung zum jeweils nächsten Monatsersten oder mit sofortiger Wirkung auszusprechen, wenn der Mieter seine in diesem Vertrag übernommene Verpflichtung nicht erfüllt, insbesondere, wenn er mit den Zahlungen des Mietzinses nach fruchtloser Mahnung länger als einen Monat im Rückstand ist"

liegende **Erweiterung der gesetzlichen Kündigungsgründe** für unwirksam erachtet.

---

[251] BGH (XII ZR 273/98) NZM 2001, 854 = NJW 2001, 3480.

[252] OLG Hamm (7 U 39/87) ZMR 1988, 386 = BeckRS 1987, 31002959; OLG Hamburg (4 U 89/91) NJW-RR 1992, 74.

[253] BGH (VIII ZR 71/86) NJW 1987, 2506.

[254] Vgl. a. BGH (XII ZR 64/96) NZM 1998, 718.

[255] OLG Düsseldorf (24 U 199/00) NZM 2002, 953 = BeckRS 2001, 30191747.

3. Kündigung wegen Verschlechterung oder erheblicher Gefährdung der Vermögenslage

In der Literatur werden Klauseln, die Kündigungsrecht an eine Ver- **193** schlechterung oder eine erhebliche Verschlechterung der Vermögens-lage knüpfen, teilweise dann für wirksam erachtet, wenn hierdurch durch die Ansprüche des Vermieters gefährdet werden.[256] Ein anderer Teil der Autoren hält entsprechende Klauseln für unwirksam.[257]

4. Kündigung im Zusammenhang mit Insolvenzverfahren des Mieters

Kündigungsrechte, die an die **Beantragung oder die Eröffnung eines** **194** **Insolvenzverfahrens** über das Vermögen des Mieters anknüpfen, wer-den wegen Verstoßes gegen § 119 InsO für unwirksam erachtet.[258]
Wird das Kündigungsrecht an die **Abweisung des Antrags auf Eröff-** **195** **nung des Insolvenzverfahrens mangels Masse** geknüpft, soll die Rege-lung jedoch wirksam sein.

5. Kündigung ohne vorherige Fristsetzung/Abmahnung im Sinne des § 543 Abs. 3 BGB

Das KG[259] hat den generellen Verzicht des Verwendungsgegners auf **196** eine **Abmahnung/Fristsetzung** im Sinne des § 543 Abs. 3 BGB im Vorfeld einer außerordentlichen Kündigung nach Maßgabe des § 543 Abs. 1 BGB als Verstoß gegen § 307 BGB angesehen.[260] Dies soll auch dann gelten, wenn der Verzicht in eine auflösende Bedingung nebst Mietzahlungsfrist für die vorgesehene Vertragsdauer gekleidet[261] werde oder nur für den vertragswidrigen Gebrauch gelte.[262]

6. Sonstige außerordentliche Kündigungsgründe

Formularvertragliche Regelungen, die ein Kündigungsrecht des Ver- **197** mieters eröffnen, wenn der Mieter die **Pfändung eingebrachter Gegen-stände** nicht unverzüglich anzeigt[263] oder **unrichtige Angaben zu den**

---

[256] v. Westphalen/*Drettmann*, Geschäftsraummiete, Rdnr. 138; *Christensen* in Ulmer/Brandner/Hensen, Teil 2 (22), Rdnr. 47, Bub/Treier/*Bub*, II Rdnr. 540.
[257] Lindner-Figura/Oprée/Stellmann/*Oprée* Kap. 15 Rdnr. 231; Bub/Treier/ *Grapentin* IV Rdnr. 186; differenzierend *Wolf/Eckert/Ball* Rdnr. 1036 f.
[258] OLG Hamm (30 U 192/00) NZM 2002, 343 = NZI 2002, 162; OLG Düsseldorf (I-10 U 62/06) GuT 2006, 248; *Wolf/Eckert/Ball* Rdnr. 1038.
[259] KG (8 U 128/05) NZM 2007, 41 = BeckRS 2006, 08 209; Staudinger/*Emmerich* § 543 Rdnr. 103.
[260] Vgl. a. Schmidt-Futterer/*Blank* § 543 Rdnr. 215; Bub/Treier/*Grapentin* IV Rdnr. 172
[261] KG (8 U 128/05) NZM 2007, 41 = BeckRS 2006, 08 209.
[262] Bub/Treier/*Bub* II Rdnr. 541; v. Westphalen/*Drettmann*, Geschäftsraummie-te, Rdnr. 139.
[263] v. Westphalen/*Drettmann*, Geschäftsraummiete, Rdnr. 139.

Eigentumsverhältnissen an eingebrachten Gegenständen macht[264] sollen gegen § 307 BGB verstoßen.

198   Entsprechendes gilt für Klauseln, die dem Verwender eine außerordentliche Kündigungsmöglichkeit für den Fall eröffnen, **dass „ungünstige Auskünfte"** über den Vertragspartner vorliegen. Derartige Klauseln werden nach Auffassung des **BGH**[265] gemäß § 305c Abs. 1 BGB nicht Vertragsbestandteil. Denn mit solchen Klauseln müsse nicht gerechnet werden, zumal der Begriff "ungünstige Auskünfte" offen lasse, von wem eine Auskunft eingeholt werden soll und wann sie "ungünstig" ausfällt. Auch Klauseln, die an eine **unrichtige Selbstauskunft des Mieters** anknüpfen, werden für unwirksam gehalten.[266]

7. Kündigungsausschlüsse

a) Ausschluss der Kündigung aus wichtigem Grund

199   Da **Recht zur außerordentlichen Kündigung** aus wichtigem Grund gehört zu den wesentlichen Grundgedanken des Mietrechts und kann **nicht formularvertraglich abbedungen** werden.[267]

b) Tod des Mieters

200   Ob das in § 580 BGB geregelte Sonderkündigungsrecht bei Tod des Mieters formularvertraglich abdingbar sein soll, ist umstritten. Teilweise wird dies abgelehnt.[268] Ein unangemessene Benachteiligung wird von einem anderen Teil der Literatur angenommen, wenn das Kündigungsrecht nur für die Verwendungsgegenseite ausgeschlossen wird[269] oder den Erben des Mieters **weder die Kündigung, noch eine Untervermietung** nach dem Vertragswerk möglich ist.[270] *Streyl*[271] scheint entsprechende Einschränkungen nicht für notwendig zu erachten und von einer vollständigen Abdingbarkeit auszugehen.

201   Bei der Abwägung wird bisher nicht berücksichtigt, dass der Vermieter in mehr oder weniger großem Umfang speziell **auf den Mieter zugeschnittene Investitionen** erbringt, die während der Laufzeit über eine höhere Miete amortisiert werden und regelmäßig bei Beendigung des Mietverhältnisses wertlos werden, da ein Nachfolgemieter sie beseitigt wissen will. Ob man auf eine fehlende Untervermietungserlaubnis im Vertrag abstellen kann, erscheint ebenfalls fraglich. Da der **BGH**[272] den

---

[264] v. Westphalen/*Drettmann*, Geschäftsraummiete, Rdnr. 139; *Wolf/Eckert/Ball* Rdnr. 1042.

[265] BGH (VIII ZR 350/82) NJW 1985, 53; *Wolf/Eckert/Ball* Rdnr. 1039; Bub/Treier/*Bub* II Rdnr 541.

[266] OLG Celle (2 U 28/93) WPM 1994, 885890 (Leasingrecht); *Wolf/Eckert/Ball* Rdnr 1042; Bub/Treier/*Bub* II Rdnr 541.

[267] BGH (XII ZR 273/98) NJW 2001, 3480, 3482 = NZM 2001, 854.

[268] Palandt/*Weidenkaff* § 580 Rdnr. 3.

[269] Staudinger/*Rolfs* § 580 Rdnr. 12; Blank/Börstinghaus/*Blank* § 580 Rdnr. 36.

[270] Staudinger/*Rolfs* § 580 Rdnr. 12; Blank/Börstinghaus/*Blank* § 580 Rdnr. 36.

[271] Schmidt-Futterer/*Streyl* § 580 Rdnr. 13 f.

[272] BGH (XII ZR 172/94) NJW 1995, 2034 = BGHZ 130, 50.

isolierten Ausschluss des Kündigungsrechts im Sinne des § 540 Abs. 1 S. 2 BGB in formularvertraglichen Regelungen für unwirksam erachtet, könnte man darauf abstellen, ob der Vertrag neben dem Ausschluss des Kündigungsrechts für den Todesfall einen wirksamen oder auch unwirksamen Ausschluss des Kündigungsrechts des 540 Abs. 1 S. 2 BGB enthält und den Ausschluss beider Kündigungsrechte in **Kombination**[273] als unangemessen benachteiligend ansehen.

> **Praxistipp:** Wie die Problematik des Sonderkündigungsrechts bei Tod **202** des Mieters zeigt, ist der Vermieter gut beraten, individualvertraglich Vorsorge zu treffen, wenn er **mieterspezifische Investitionen** tätig. Dies etwa, indem er sich einen anteiligen Rückzahlungsanspruch der Investitionssumme für den Fall der vorzeitigen Beendigung der vereinbarten Festlaufzeit aus Gründen, die der Vermieter nicht zu vertreten hat, einräumen lässt.

c) Verspätete Übergabe

Klauseln mit denen das **Kündigungsrecht des Mieters** im Falle der **203** verspäteten Übergabe der Mietsache ausgeschlossen wird, werden in der Literatur auf Grund Verstoßes gegen § 307 BGB teilweise für unwirksam erachtet.[274] Blank[275] hält entsprechende Ausschlüsse nur für **nicht vom Vermieter zu vertretende Verspätungen** für zulässig. Für vom Vermieter zu vertretende Verspätungen darf nach seiner Auffassung das Kündigungsrecht nicht dauerhaft ausgeschlossen werden.[276]

Der Verwender soll sich keine **längere Nachfrist** im Sinne des § 543 **204** Abs. 3 BGB als zwei Wochen formularvertraglich zugestehen können.[277]

8. Form der Kündigung

a) Grundsatz/gewillkürte Schriftform

Das Gesetz schreibt für die Kündigung eines Gewerberaummietver- **205** hältnisses mangels Verweis in § 578 BGB auf § 568 BGB keine Form vor. Die Vereinbarung der Schriftform als **Wirksamkeitsvoraussetzung** ist auch formularvertraglich möglich.[278] Sie sollte schon aus Gründen der **Klarheit und zu Beweiszwecken** Standard in jedem Gewerberaummietvertrag sein.[279]

---

[273] Vgl. zur Unwirksamkeit von Klauselkombinationen unter dem Stichwort „Summierungseffekt" oben I. Teil Rdnr. 367.

[274] *Sternel*, Mietrecht aktuell, XII Rdnr. 15;

[275] Schmidt-Futterer/*Blank* § 543 Rdnr. 214.

[276] Schmidt-Futterer/*Blank* § 543 Rdnr. 214.

[277] v. Westphalen/*Drettmann*, Geschäftsraummiete, Rdnr. 35 unter Berufung auf BGH (VIII ZR 84/82) NJW 1984, 48 (Möbelhandel).

[278] Lindner-Figura/Oprée/Stellmann/*Oprée* Kap. 15 Rdnr. 26; Bub/Treier/*Bub* II Rdnr. 534 m. w. N.

[279] Vgl. auch *Fritz* Rdnr. 372.

206   **Praxistipp:** Bei der Formulierung der Klausel sollte ausdrücklich darauf hingewiesen werden, dass die Wahrung der Schriftform Wirksamkeitsvoraussetzung für die Kündigung ist. Denn in der Literatur[280] wird darauf hingewiesen, dass bei der Verfehlung der gewillkürten Schriftform ohne entsprechende Regelung im Mietvertrag lediglich eine **Vermutung der Nichtigkeit** bei Verfehlung der Form im Sinne des § 125 S. 2 BGB eingreife.

b) Über die Schriftform hinausgehende Anforderungen

207   Weitergehende Formerfordernisse für Kündigungserklärungen, z. B. **Einschreiben oder Einschreiben mit Rückschein**, haben der BGH[281] und die Instanzrechtsprechung[282] dahingehend ausgelegt, dass die Schriftform konstitutive Bedeutung i. S. von § 125 S. 2 BGB haben soll, während die Versendung als Einschreibebrief etc. nur den Zugang der Kündigungserklärung sichern soll. Deswegen sei bei solchen Klauseln regelmäßig nur die Schriftform als Wirksamkeitserfordernis für die Kündigungserklärung vereinbart, dagegen könne ihr Zugang auch in anderer Weise als durch einen Einschreibebrief wirksam erfolgen.[283]

208   **Praxistipp:** Zumindest bei strenger Anwendung der Grundsätze der **„kundenfeindlichste Auslegung"**[284] droht bei der formularvertraglichen Vereinbarung von über die Schriftform hinausgehenden Formerfordernissen die Unwirksamkeit der Klausel. Daher sollte ausschließlich die Schriftform vereinbart werden.

9. Kündigungsfristen

a) Verkürzung der Kündigungsfristen des § 580 a BGB

209   Nach Auffassung des BGH können die gesetzlichen Kündigungsfristen des § 580 a BGB nicht zu Lasten des Verwendungsgegners in AGB **verkürzt** werden.[285]

b) Unterschiedliche Kündigungsfristen für Verwender und Verwendungsgegenseite

aa) Einführung

210   Insbesondere in Fällen, in denen Mieter umfangreich in die Einrichtung und die Entwicklung eines Standorts investieren oder die Standorte einen wesentlichen Teil des Unternehmenswerts ausmachen (z. B. Laufkundschaftsbäckereien), wünschen sie eine möglichst langfristige Bin-

---

[280] *Wolf/Eckert/Ball* Rdnr. 908.
[281] BGH (XII ZR 214/00), NZM 2004, 254 = NJW 2004, 1320.
[282] OLG Frankfurt (4 U 61/98) NZM 1999, 519 = NJW-RR 1999, 955.
[283] BGH (XII ZR 214/00) NZM 2004, 254 = NJW 2004, 1320.
[284] Vgl. hierzu unter I. Teil Rdnr. 224.
[285] BGH (XII ZR 273/98) NJW 2001, 3480, 3482 = NZM 2001, 854.

dung des Vermieters zu erreichen ohne für sich selbst eine wirtschaftlich unüberschaubare Festlaufzeit zu vereinbaren. Eine gängige und anerkannte Variante liegt in der Vereinbarung einer **kürzeren Festlaufzeit** nebst einseitigen **Verlängerungsoptionen** des Mieters.

Die zweite Möglichkeit besteht darin die Kündigungszeitpunkt oder – **211** fristen für die Parteien unterschiedlich auszugestalten.

bb) Unterschiedliche Kündigungszeitpunkte

Entsprechende Regelungen hat der **BGH** grundsätzlich für zulässig er- **212** achtet.[286] Die am Gerechtigkeitsgedanken ausgerichteten wesentlichen Grundsätze des gesetzlichen Mietrechts forderten nicht unterschiedslos eine gleichlange Bindung beider Vertragspartner an das Mietverhältnis. Bereits das im Mietrecht anerkannte Institut der **Verlängerungsoption** sei ein Beispiel für unterschiedlich lange Bindung der Parteien. Auch im Gesetz seien eine Reihe von Fällen geregelt, in denen befristete Mietverträge aus Gründen aus der Sphäre des Mieters von ihm unter Einhaltung der gesetzlichen Frist vorzeitig gekündigt werden können, während der Vermieter an die vertraglich vereinbarte Mietdauer gebunden ist.[287]

cc) Relativ langfristige Bindung beider Parteien

Diese Grundsätze sollen nach Auffassung zumindest dann gelten, **213** wenn sich der Verwender entsprechender Regelungen für **erhebliche Zeit** an den Vertrag bindet. Die abweichende Regelung der Kündigungsfristen in der Klausel,

„(1) Die Mietzeit beginnt mit Übernahme des bezugsfertigen Mietobjekts, das spätestens 15 Monate nach Erteilung der Baugenehmigung fertiggestellt sein muss, und beträgt 20 Jahre. Sie verlängert sich jedesmal nach Ablauf der halben Vertragsdauer um den jeweils abgelaufenen Zeitraum mit der Folge, dass das Mietverhältnis von diesem Zeitpunkt ab immer wieder über die volle ursprünglich vereinbarte Mietzeit läuft; diese Verlängerung tritt nicht ein, wenn eine der Vertragsparteien vorher der Verlängerung schriftlich widerspricht.

(2) Der Mieter ist berechtigt, im 20. Mietjahr zu erklären, dass er das Mietverhältnis um weitere fünf Jahre fortzusetzen wünscht (Option). Eine vom Vermieter ausgesprochene Kündigung verliert für den Zeitraum, für den von dem Optionsrecht Gebrauch gemacht worden ist, ihre Wirksamkeit.

(3) Unabhängig von dieser Regelung ist der Mieter berechtigt, erstmalig nach Ablauf von acht Mietjahren, den Vertrag während der Mietzeit unter Einhaltung einer Frist von zwölf Monaten jeweils zum Quartalsende zu kündigen. Wenn der Mieter von diesem Recht innerhalb der ersten 15 Mietjahre Gebrauch macht, ist er verpflichtet, an den Vermieter eine Ausgleichszahlung zu leisten. Diese beträgt bei Beendigung des Mietverhältnisses innerhalb der ersten zehn Mietjahre eine Jahresmiete, ab Beginn des elften bis zum Ende des fünfzehnten Mietjahrs eine halbe Jahresmiete."

---

[286] BGH (XII ZR 273/98) NJW 2001, 3480 (3482) = NZM 2001, 854.
[287] BGH (XII ZR 273/98) NJW 2001, 3480 (3482) = NZM 2001, 854.

ist nach Auffassung des **BGH**[288] folgerichtig nicht unangemessen benachteiligend und damit wirksam. Dies entspricht auch der vorangegangenen Rechtsprechung des OLG Schleswig.[289]

dd) Relativ kurzfristige Bindung des Verwenders

214   Offen gelassen hat der BGH in diesem Zusammenhang, ob dies auch dann gilt, wenn der Verwender den **Vertragspartner langfristig bindet**, sich selbst jedoch von Beginn der Mietzeit an ein **Kündigungsrecht mit relativ kurzen Fristen** vorbehält.[290] In der Instanzrechtsprechung ist insoweit große Zurückhaltung zu erkennen.

215   Das OLG Hamm[291] hat die Klausel,

Die Mietzeit beginnt nach Übernahme der Räume und endigt 30 Jahre später. Falls keine der Mietparteien diesen Vertrag ein Jahr vor seinem Ablauf kündigt, gilt er als stillschweigend unter den gleichen Bedingungen um 10 Jahre verlängert und zwar so immerfort, bis eine Kündigung erfolgt. Unbeschadet dieser allgemeinen Kündigungsbestimmungen steht der Mieterin das Recht zu, das Mietverhältnis während der in diesem Vertrag vereinbarten Mietzeit einschl. der Zeit etwaiger Verlängerungen zum Schluß eines jeden Kalendervierteljahres mit halbjähriger Frist und im Falle der Anordnung der Zwangsverwaltung oder Zwangsversteigerung fristlos zu kündigen.

als insbesondere in Hinblick auf die **jederzeitige Kündigungsmöglichkeit** des Verwenders unangemessen benachteiligend und damit unwirksam angesehen.

216   Ähnlich ist das OLG Hamburg[292] von einem **überraschenden Charakter** (§ 305c Abs. 1 BGB) der Klausel,

„Mietdauer: Das Mietverhältnis beginnt am 1. 7. 1972 und ist bis zum Ende desjenigen Kalendervierteljahres fest abgeschlossen, welches auf den Ablauf von zehn Jahren folgt. Der Mieter hat Optionsrechte zur Verlängerung dieses Vertrages um jeweils weitere fünf Jahre. Er kann von Fall zu Fall auch für kürzere Zeitspannen optieren. Steht fest, daß eine Option erklärt wird, verlängert sich der Vertrag auf unbestimmte Zeit und ist dann mit einer Frist von sechs Monaten kündbar... Dem Mieter wird die Möglichkeit eingeräumt, das Mietverhältnis jederzeit mit einer Frist von sechs Monaten zu kündigen. Er verzichtet für diesen Fall auf Ersatz seiner Umbau- und Einrichtungskosten."

ausgegangen.

XXI. Leitungsverstopfungen

217   Erstaunlicherweise finden sich in einer Vielzahl von Gewerberaummietverträgen relativ umfangreiche Klauseln, die sich mit der Abwäl-

---

[288] BGH (XII ZR 273/98) NJW 2001, 3480 (3482) = NZM 2001, 854.
[289] OLG Schleswig (4 U 123/99) BeckRS 2000, 30112352 = ZMR 2000, 614.
[290] BGH (XII ZR 273/98) NJW 2001, 3480 (3482) = NZM 2001, 854.
[291] OLG Hamm (7 U 39/87) BeckRS 1987, 31002959 = ZMR 1988, 386.
[292] OLG Hamburg (4 U 89/91) NJW-RR 1992, 74.

zung der Kosten der Beseitigung von Leitungsverstopfungen in der Immobilie beschäftigen, deren **Verursacher nicht ermittelt** werden konnte. Regelmäßig wird versucht, den Mietern als Verwendungsgegnern die Kosten anteilig aufzubürden.

Derartige Klauseln werden als unangemessen benachteiligend und **218** damit unwirksam angesehen, da weder eine **Gefährdungshaftung** des Mieters statuiert, noch eine Haftungs- bzw. Solidargemeinschaft der Mieter qua AGB hergestellt werden könne.[293]

Das OLG Hamm[294] hat für den Bereich der Wohnraummiete, die Klau- **219** sel,

„Wenn bei Kanal- oder Leitungsverstopfungen der Verursacher des Schadens nicht ermittelt werden kann, haften alle Mieter anteilig für die Kosten der Schadensbehebung. Sollte kein Umlageschlüssel vereinbart sein, erfolgt die Umlage nach der Kopfzahl."

u. a. als unangemessen benachteiligend im Sinne des § 9 AGBG/§ 307 BGB und damit unwirksam angesehen. Nach der gesetzlichen Konzeption habe der Vermieter die Mietsache in einem zu dem vertragsmäßigen Gebrauch geeigneten Zustand zu überlassen und sie während der Mietzeit in diesem Zustand zu erhalten, und damit aufgetretene Schäden auf seine Kosten zu beseitigen. An den Kosten für die Beseitigung von Schäden, deren Verursacher nicht zu ermitteln ist, habe sich der Mieter nach dem gesetzlichen Leitbild des Mietvertrages nicht zu beteiligen. Die Klausel kehre die **gesetzliche Risikoverteilung** um und berücksichtige einseitig die Interessen des Vermieters. Die einzelnen Mieter hätten nur Vertragsbeziehungen zum Vermieter; Einfluss auf die Auswahl der im Haus wohnenden Mieter könnten sie nicht nehmen, so dass es unangemessen erscheint, sie im vorliegenden Zusammenhang für das Wohlverhalten ihrer Mitglieder **verschuldensunabhängig** garantieren zu lassen.[295]

Diese Überlegungen lassen sich ohne Weiteres auf die Gewerberaum- **220** miete übertragen.

Die ebenfalls weit verbreiteten Klauseln, nach der der Mieter die Kos- **221** ten der Leistungsverstopfung insoweit zu tragen hat, wie sie bis zum **Hauptrohr** aufgetreten sind, haben ebenfalls wenig Aussicht auf Wirksamkeit. Denn es fragt sich bereits, ob der Begriff des „Hauptrohrs" hinreichend **transparent** ist. Soll es sich um das Rohr der öffentlichen Kanalisation oder dem Hauptsammler im Gebäude oder dem Gelände oder das erste Rohr handeln, das auch Abwässer aus den Mietbereichen Dritter aufnimmt?

Unabhängig hiervon sind diese Klauseln in der ggf. maßgeblichen **222** **„kundenfeindlichsten Auslegung"**[296] wegen Verstoßes gegen § 307 BGB

---

[293] *Sternel*, Mietrecht aktuell, II Rdnr. 206; Schmidt-Futterer/*Langenberg* § 538 Rdnr. 21.
[294] OLG Hamm (4 ReMiet 10/81) NJW 1982, 2005.
[295] OLG Hamm (4 ReMiet 10/81) NJW 1982, 2005.
[296] Vgl. hierzu oben unter I. Teil Rdnr. 224.

unwirksam. Denn es werden weder die Fälle ausgeschlossen, in denen der Vermieter die Verstopfung zu vertreten hat, noch diejenigen, bei denen es durch Naturereignisse (Starkregen mit Rückstau etc.; Einwachsen von Wurzeln) zu Verstopfungen kommt, von der Verpflichtung ausgenommen. Entsprechendes gilt für Fälle, in denen Ansprüche gegen Dritte, etwa eine über die **Betriebskosten finanzierte Versicherung** oder Gewährleistungsansprüche gegen Baubeteiligte, bestehen.

223   **Praxistipp:** Es scheint überlegenswert, auf entsprechende, in ihrer Wirksamkeit zweifelhafte Klauseln zu verzichten. Denn sie können in der **Kombination** mit der Abwälzung von Versicherungskosten im Rahmen der Betriebskosten zumindest im Einzelfall zur Unwirksamkeit auch der Versicherungskostenbeteiligung des Mieters führen.

XXII. Mahnkosten

224   Es soll möglich sein, Mahnkosten zu pauschalieren. Die Formulierung muss aber so abgefasst sein, dass **verzugsbegründende Maßnahmen/Schreiben** nicht erfasst sind.[297] Im unternehmerischen Verkehr soll es nicht erforderlich sein, die Verwendungsgegenseite ausdrücklich auf die Möglichkeit des Nachweises eines geringeren Schadens hinzuweisen.[298] Wird jedoch ein *„Mindestschaden"* geltend gemacht, soll die Klausel unwirksam sein.[299] Entsprechendes soll für die Formulierungen, „in Höhe von ... EURO zu zahlen", „sind an Mahnkosten wenigstens ... EURO zu zahlen" oder „Die Kosten betragen ... EURO" gelten.[300] Demgegenüber soll die Formulierung, „Mahnkosten werden mit ... EURO berechnet", unproblematisch sein.[301] Kosten von zwei bis vier Euro werden als zulässige Höhe der Pauschale genannt.[302]

XXIII. Maklerkosten

225   Die Überbürdung der dem Verwender entstandenen Maklerkosten wird als **überraschend** angesehen.[303] Entsprechende Klauseln werden damit nicht Vertragsbestandteil.

---

[297] *Hannemann/Wiegner* § 48 Rdnr. 117; *Fritz* Rdnr. 171.
[298] *Fuchs* in Ulmer/Brandner/Hensen, § 309 Nr. 5 Rdnr. 34 m.w.N.; *Fritz* Rdnr. 171.
[299] *Hannemann/Wiegner* § 48 Rdnr. 116.
[300] *Hannemann/Wiegner* § 48 Rdnr. 116; v. Westphalen/*Drettmann*, Geschäftsraummiete, Rdnr. 111.
[301] *Hannemann/Wiegner* § 48 Rdnr. 116 unter Verweis auf BGH (VIII ZR 226/83) NJW 1985, 320.
[302] v. Westphalen/*Drettmann*, Geschäftsraummiete, Rdnr. 111.
[303] *Fritz* Rdnr. 171a.

XXIV. Mängel der Mietsache

1. Einführung

Da der Vermieter nach der gesetzlichen Konzeption des § 535 Abs. 1 **226**
S. 2 BGB mangels abweichender vertraglicher Regelung die Mietsache in
einem zum Mietzweck in **tatsächlicher und rechtlicher Hinsicht geeigneten Zustand** zu überlassen hat, wird dem Vermieter je nach Mietzweck
ein erhebliches Pflichtenprogramm auch und vor allen Dingen in Hinblick auf die bauliche Beschaffenheit der Mietsache auferlegt.[304]

2. Die mietvertraglichen Pflichten des Vermieters einschränkende Klauseln

a) Geltung des subjektiven Mangelbegriffs

Nach der Rechtsprechung des BGH[305] können die Vertragsparteien **in-** **227**
dividualvertraglich einen konkret gegebenen schlechten (Bau)Zustand
als vertragsgemäß vereinbaren, sodass insoweit Erfüllungs- und Gewährleistungsansprüche des Mieters ausgeschlossen sind.

Der Versuch, sich durch eine **formularvertragliche Veränderung des** **228**
vertraglichen Sollzustands von Mängelrechten des Mieters indirekt frei
zu zeichnen, liegt nahe. Ob entsprechende formularvertragliche Einschränkungen an § 307 BGB scheitern, ist nicht ganz unumstritten:

b) Mindermeinung

In einer vereinzelt gebliebenen Entscheidung ist das OLG Frankfurt[306] **229**
von der Wirksamkeit einer Klausel ausgegangen, nach der der Vermieter
als Verwender

*„keine Gewähr dafür, daß die gemieteten Räume den in Frage kommenden tech-
nischen Anforderungen sowie den behördlichen und anderen Vorschriften entsprechen. Der Mieter hat behördliche Auflagen auf eigene Kosten zu erfüllen"*.

c) Überwiegende Meinung in Rechtsprechung und Literatur

Im Anschluss die Rechtsprechung des BGH[307] zur Unwirksamkeit von **230**
AGB – Klauseln, die dem Mieter das Risiko der Konzessionsversagung
auf Grund der Beschaffenheit der Mietsache aufbürden, werden auch in
der Literatur Klauseln für unzulässig gehalten, die dem Vermieter die
Einstandspflicht für die **tatsächliche und rechtliche Eignung der Mietsache zum vertraglich vorgesehenen Mietzweck** abnehmen.[308]

---

[304] Vgl. zur Maßgeblichkeit der Mietzweckbestimmung BGH (XII ZR 23/04)
NZM 2006, 582 = NJW-RR 2006, 1158.
[305] BGH (XII ZR 23/04) NZM 2006, 582 = NJW-RR 2006, 1158; (XII ZR 34/04)
NZM 2006, 626 = NJW-RR 2006, 1157.
[306] OLG Frankfurt (1 U 258/85) NJW-RR 1987, 656.
[307] BGH (VIII ZR 232/87) NJW 1988, 2664.
[308] Lindner-Figura/Opree/Stellmann/*Hübner/Griesbach/Fürst* Kap. 14 Rdnr. 271;
v. Westphalen/*Drettmann*, Geschäftsraummiete, Rdnr. 38 f.; *Neuhaus* Rdnr. 2212;
Fritz Rdnr. 177.

231   Das OLG Düsseldorf[309] hat die Formularvertragsklausel,

„Der Vermieter leistet insoweit keine Gewähr dafür, daß die vermieteten Geschäftsräume den in Frage kommenden allgemeinen technischen Anforderungen sowie den behördlichen und anderen Vorschriften entsprechen; etwa daraus resultierende Auflagen und ähnliches hat der Mieter auf eigene Kosten zu erfüllen."

wegen Verstoßes gegen § 9 AGBG/§ 307 BGB für unwirksam erachtet.[310]

232   Ein Gewährleistungsausschluss **„für alle zukünftig auftretenden Mängel**, Ansprüche und Rechte des Mieters aus §§ 536 ff. BGB einschließlich der Ansprüche auf Ersatz von Folgeschäden" ist nach einer weiteren Entscheidung des OLG Düsseldorf[311] ebenfalls unangemessen benachteiligend und damit unwirksam.

3. Ausschluss des Selbsthilferechts und des Aufwendungsersatzanspruchs

233   Nach § 536a Abs. 2 BGB kann der Mieter einen Mangel der Mietsache beseitigen und den Ersatz der **erforderlichen Aufwendungen** verlangen, wenn der Vermieter mit der Mangelbeseitigung im Verzug ist oder die umgehende Beseitigung des Mangels zur Erhaltung oder Wiederherstellung des Bestands der Mietsache notwendig ist. Klauseln, die Rechte abschneiden, werden für unwirksam erachtet.[312]

4. Erweiterungen des Selbsthilferechts und des Aufwendungsersatzanspruchs

234   In von Mietern verwandten AGB finden sich bisweilen Regelungen, die einen Aufwendungsersatzanspruch des Verwenders unterhalb der Schwelle des § 536a Abs. 2 BGB, insbesondere trotz **fehlendem Verzug und fehlender Gefahr im Verzug.** Ob derartige Regelungen von der Rechtsprechung als wirksam eingestuft werden, ist mit Zurückhaltung abzuwarten. Denn der **BGH**[313] hat erkennen lassen, dass er dem Vorrang des Vermieters bei der Mangelbeseitigung hohe Priorität einräumt. Nach der gesetzlichen Wertung solle dem Vermieter der Vorrang bei der Beseitigung eines Mangels zukommen. Dies diene zum einen seinem Schutz, weil er dadurch die Minderung der Miete oder Schadensersatzansprüche des Mieters abwenden könne. Die dem Vermieter grundsätzlich einzuräumende Möglichkeit, den Mangel selbst zu beseitigen, solle es ihm zudem ermöglichen, die Mietsache darauf zu überprüfen, ob der behauptete Mangel besteht, auf welcher Ursache er beruht sowie ob und auf welche Weise er beseitigt werden kann, und hierzu gegebenenfalls Beweise zu sichern. Diese Möglichkeit einer Untersuchung und Beweissi-

---

[309] OLG Düsseldorf (10 U 142/91) BeckRS 1992, 3104655.

[310] Vgl. a. OLG Celle (2 U 228/98) NZM 2000, 621 = NJW-RR 2000, 873.

[311] OLG Düsseldorf (I-24 U 71/08) BeckRS 2011, 01152.

[312] v. Westphalen/*Drettmann*, Geschäftsraummiete, Rdnr. 46; Lindner-Figura/Oprée/Stellmann/*Pietz* Kap. 16 Rdnr. 225.

[313] BGH (VIII ZR 222/06) NZM 2008, 279 = NJW 2008, 1216.

cherung verliere der Vermieter, wenn er nach der vom Mieter vorgenommenen Mängelbeseitigung vor „vollendete Tatsachen" gestellt wird.[314] Diese zum Wohnraummietrecht ergangene Rechtsprechung wurde von den Instanzgerichten auf die Gewerberaummiete übertragen.[315]

5. Minderung

a) Einführung

Gemäß § 536 BGB ist die Miete mit Eintreten eines Mangels automa- **235** tisch gemindert. Nach Auffassung des BGH ist es möglich, die Minderung **einzuschränken**. Nach ständiger Rechtsprechung sind Minderungsbeschränkungen, die den Mieter bei Vorliegen eines Mangels zunächst zur Zahlung der vollen Miete verpflichten und ihn wegen der überzahlten Miete auf einen Rückzahlungsanspruch (§ 812 BGB) verweisen, nicht unangemessen benachteiligend. Ein **endgültiger Ausschluss** der Minderung bei einem Mangel durch AGB ist jedoch wegen Verstoß gegen das Äquivalenzprinzip nicht wirksam.[316]

b) Einzelne Klauseln

Nachdem der BGH[317] die AGB – Regelung **236**

„Der Mieter kann gegenüber dem Mietzins und den Nebenkosten nicht aufrechnen und auch kein Minderungs- oder Zurückbehaltungsrecht geltend machen."

ebenso wie die Klausel[318]

„Auf das Recht zur Aufrechnung, Minderung (Herabsetzung des Pachtzinses) und Zurückbehaltung verzichtet der Pächter, soweit dies gesetzlich zulässig ist und soweit nicht mit rechtskräftig festgestellten Forderungen die vorgenannten Rechte geltend gemacht werden."

für wirksam erachtet hat, hat er auf Grundlage der geschilderten Überlegungen zum **Äquivalenzprinzip** (Gleichwertigkeit von Leistung und Gegenleistung auf der Grundlage der Vereinbarungen der Parteien) die Unwirksamkeit der nachfolgenden Klausel angenommen:

„Eine Minderung der Miete ist ausgeschlossen, wenn durch Umstände, die der Vermieter nicht zu vertreten hat (z. B. Verkehrsumleitung, Straßensperrungen, Bauarbeiten in der Nachbarschaft usw.), die gewerbliche Nutzung der Räume beeinträchtigt wird (z. B. Umsatz- und Geschäftsrückgang)."

Hierbei hat sich der **BGH**[319] auf die **„kundenfeindlichste Auslegung"** **237** der Klausel gestützt, nach der auch eine Rückforderung überzahlter Miete ausgeschlossen sei.

---

[314] BGH (VIII ZR 222/06) NZM 2008, 279 = NJW 2008, 1216.
[315] OLG Düsseldorf (10 U 128/08) NJOZ 2009, 2005 = BeckRS 2009, 06422 (LKW-Vermietung); (I-24 U 20/10) BeckRS 2010, 27739.
[316] BGH (XII ZR 62/06) NZM 2008, 609 = NJW 2008, 2497.
[317] BGH (VIII ZR 337/82) NJW 1984, 2404 =BGHZ 91, 375.
[318] BGH (XII ZR 141/91) NJW-RR 1993, 519.
[319] BGH (XII ZR 62/06) NZM 2008, 609 = NJW 2008, 2497.

238 Wo die Grenzlinie zwischen unwirksamen und wirksamen Minderungsbeschränkungsklauseln verläuft, ist noch nicht in den Einzelheiten geklärt. Ob und inwieweit dem Verwendungsgegner durch den Wortlaut der Klausel das **Bestehen eines Rückforderungsanspruchs** im Fall des Vorhandenseins eines Mangels der Mietsache ausdrücklich verdeutlicht werden muss, ist bisher in der Rechtsprechung des XII. Zivilsenats des BGH offen geblieben.

239 Die **Instanzgerichte** neigen bisher bei Minderungsbegrenzungsklauseln zur Großzügigkeit. So haben das OLG Düsseldorf[320] und das OLG Köln[321] die Klausel,

„Der Mieter kann gegen die Miete weder aufrechnen noch ein Zurückbehaltungsrecht ausüben oder die Miete mindern. Hiervon ausgenommen sind Forderungen des Mieters wegen Schadensersatz für Nichterfüllung oder Aufwendungsersatz in Folge eines anfänglichen oder nachträglichen Mangels, den der Vermieter wegen Vorsatz oder grober Fahrlässigkeit nicht zu vertreten hat, und andere Forderungen aus dem Mietverhältnis, soweit sie unbestritten, rechtskräftig festgestellt oder entscheidungsreif sind."

als **wirksam** behandelt.

240   **Praxistipp:** Nachdem mittlerweile in ständiger Rechtsprechung[322] die Möglichkeit anerkannt ist, Mieten im Urkundsverfahren geltend zu machen, ist die ursprüngliche Motivation für die Anerkennung der Wirksamkeit weitergehender Einschränkungen des Minderungsrecht entfallen. Denn der BGH hatte wohl die regelmäßig bestehende Notwendigkeit/Verpflichtung des Vermieters vor Augen, die Finanzierung der Immobilie regelmäßig und ungestört von Minderungen des Mieters zu bedienen. Da in der Literatur[323] bereits teilweise ein ausdrücklicher Hinweis auf die Rückforderungsmöglichkeit nach Maßgabe des § 812 BGB gefordert wird, sollte Minderungseinschränkungsklauseln eine entsprechende Formulierung enthalten.

c) Minderungsbegrenzung und Insolvenz des Vermieters

241   Die Berufung auf Minderungsbeschränkungsklauseln mit der Verpflichtung, trotz streitigen Mangels zunächst die volle Miete zahlen zu müssen, soll bei **Insolvenz des Vermieters** nach Auffassung des OLG Rostock[324] **treuwidrig** sein, wenn dies auf Grund Massearmut etc. zu einem endgültigen Ausfall des Minderungsrechts führen würde. Bei **Vermögensverfall des Vermieters** geht das OLG Stuttgart[325] davon aus, dass

---

[320] OLG Düsseldorf (10 U 154/09) NZM 2010, 582 = NJW-RR 2010, 1387.
[321] OLG Köln (22 U 9/09) BeckRS 2010, 02458.
[322] BGH (XII ZR 321/97) NZM 1999, 401 = NJW 1999, 1408.
[323] Bieber/Ingendoh/*Bieber* § 5 Rdnr. 177.
[324] OLG Rostock (3 U166/03) GuT 2005, 17 = MDR 2005, 1011; vgl. auch BGH (II ZR 132/73) NJW 1975, 442; BGH (VIII ZR 19/82) 1984, 357; BGH (VIII ZR 355/89) NJW-RR 1991, 971.
[325] OLG Stuttgart (5 U 65/08) NZM 2009, 32 = BeckRS 2008, 23 181 zu einem Individualvertrag.

der Mieter bei streitigen Mängeln nur **Zug um Zug gegen Sicherheits-leistung** in Höhe der maximal in Betracht kommenden Minderung zur Zahlung der vollen laufenden Miete verpflichtet sei.

> **Praxistipp:** Auch hier stellt sich erneut die Frage, ob entsprechende **242** Einschränkungen im Lichte der vom BGH verstärkt herangezogenen **„kundenfeindlichsten Auslegung"** vorsorglich in eine entsprechende Klausel aufgenommen werden.

d) Begrenzung der Minderung auf vom Vermieter zu vertretende Mängel

Da der Begriff des Mangels nicht an ein Verschulden des Vermieters **243** anknüpft, ist nach Auffassung des BGH[326] und des OLG Düsseldorf[327] die formularvertragliche **Beschränkung der Minderung auf vom Vermieter grob fahrlässig oder vorsätzlich herbeigeführte Mängel** unwirksam. Die Klausel,

„Der Mieter kann gegenüber den Ansprüchen der Vermieterin auf Zahlung des Mietzinses und der Nebenkosten kein Minderungsrecht wegen Mängeln der Mietsache geltend machen, es sei denn, die Vermieterin hat die Mängel vorsätzlich oder grob fahrlässig zu vertreten. Dies gilt auch für Störungen des Mietgebrauchs durch Einwirkungen von außen."

ist vom **BGH**[328] als unwirksam angesehen worden. Die Klausel benachteilige den gewerblichen Mieter unangemessen. Dieser müsse die Miete ungeschmälert leisten, obwohl ihm der Vermieter den Mietgebrauch nicht vertragsgemäß gewährt und sich wegen des Mangels die Miete automatisch mindere. Dies widerspreche nicht nur dem auch der Miete zugrunde liegendem **Äquivalenzprinzip**, sondern bewirke auch eine unangemessene Risikoverlagerung zu Ungunsten des Mieters.[329]

Das KG[330] hat die Klausel   **244**

„Eine nicht ausdrücklich vom Vermieter zugestandene oder rechtskräftig bestätigte Mietminderung darf der Mieter nur vornehmen, wenn in Höhe des Minderungsbetrages zugleich eine Hinterlegung bei der Justizkasse eines Deutschen Gerichts durch ihn erfolgt."

als wirksam angesehen.

> **Praxistipp:** Der BGH hat für den Bereich der Aufrechnung ein **Zu-** **245** **stimmungserfordernis** wegen Verstoßes gegen § 307 BGB für unwirksam erachtet, weil die Klausel es ins Belieben des Vermieters stelle, ob de facto die Aufrechnung auf rechtskräftig festgestellte Forderungen beschränkt wird. Gründe, diese Argumentation nicht auf die Minderung zu übertragen und damit entgegen dem KG die einschlägige Klausel für unwirksam zu erachten, sind nicht ersichtlich.

---

[326] BGH (XII ZR 147/50) NZM 2008, 522 = NJW 2008, 2254.
[327] OLG Düsseldorf (10 U 154/09) NZM 2010, 582 = NJW-RR 2010, 1387.
[328] BGH (XII ZR 147/50) NZM 2008, 522 = NJW 2008, 2254.
[329] BGH (XII ZR 147/50) NZM 2008, 522 = NJW 2008, 2254.
[330] KG (8 U 112/08) NJOZ 2010, 148 = BeckRS 2009, 28219.

Denn auch hier hätte es der Vermieter in der Hand, den Mieter bezüglich einer dem Grunde und der Höhe nach unstreitigen Minderung durch Verweigerung seines ausdrücklichen Zugestehens zur
vollständigen Zahlung zu veranlassen. Entsprechende Klauseln empfehlen sich daher nicht.

e) Berechnung der Minderung von der Kaltmiete

246   Zu recht wird darauf verwiesen, dass formularvertragliche Bestimmungen nach denen lediglich die **Kaltmiete**, jedoch nicht die **Betriebskosten** gemindert werden dürfen, unangemessen benachteiligend sind.[331]
Denn nach der Rechtsprechung des **BGH** ist eine Minderung von der
Warmmiete zu berechnen.[332]

f) Minderung nach Ende des Mietverhältnisses

247   Ein formularvertraglicher Minderungsausschluss soll nach **Beendigung des Mietverhältnisses** nicht entfallen[333] und gilt daher auch in Bezug auf die dann zu zahlende **Nutzungsentschädigung.**

XXV. Mietänderung[334]

1. Einführung

248   Mangels Verweisung in § 578 BGB auf § 557 BGB ist ohne vertraglicher
Vereinbarung der Parteien die Miete während der gesamten Mietzeit fest
vereinbart. Eine Ausnahme gilt nur, wenn ein Fall der **Störung der Ge-
schäftsgrundlage** (§ 313 BGB) gegeben ist. Dies ist aber nur bei einer
Geldentwertung von 60% der Fall.[335]

249   Daher sind in jedem zumindest potenziell längerfristigen Mietvertrag
entsprechende Regelungen aus Vermietersicht aufzunehmen. Üblich sind
sog. **Gleit-/Index oder Automatikklauseln, Leistungsvorbehaltsklauseln oder Staffelmietvereinbarungen.** Einschlägige Vereinbarungen
werden dem Grunde nach auch formularvertraglich für möglich erachtet.
Diese unterliegen – anders als reine Preisvereinbarungen – den §§ 305 f.
BGB, insbesondere der Inhaltskontrolle nach § 307 BGB, und zwar auch
bei Verwendung im unternehmerischen Verkehr.[336] Derartige Klauseln
sollen auf Grund ihrer Üblichkeit insbesondere nicht überraschend im
Sinne des § 305 c Abs. 1 BGB[337] sein.[338]

---

[331] *Sternel,* Mietrecht aktuell, VIII. Rdnr. 436 a.

[332] BGH (XII ZR 225/03) NZM 2005, 455 = NJW 2005, 1713.

[333] OLG Düsseldorf (10 U 154/09) NZM 2010, 582 = NJW-RR 2010, 1387.

[334] Vgl. hierzu auch *Leo/Ghassemi-Tabar* 58 f.

[335] Palandt/*Grüneberg* § 313 Rdnr. 27 m. w. N. zur BGH-Rspr.

[336] *Gerber* NZM 2008, 152 (154).

[337] Vgl. zu überraschenden Klauseln i. S. v. § 305 c Abs. 1 BGB oben unter I. Teil
Rdnr. 122 ff.

[338] Lindner-Figura/Oprée/Stellmann/*Bartholomäi* Kap. 10 Rdnr. 118; v. West-
phalen/*Drettmann,* Geschäftsraummiete, Rdnr. 84; *Neuhaus* Rdnr. 1136; *Gerber*
NZM 2008, 152; *Neuhaus* MDR 2010, 848.

Mietänderungsklauseln sind nicht uneingeschränkt zulässig. Vielmehr **250** sind die Vorgaben des **Preisklauselgesetzes** (PrKlG) zu beachten. Sie unterliegen als AGB zusätzlich der Kontrolle durch die §§ 305 ff. BGB.[339] Als Preisänderungsklausel ist sie nach Auffassung des **BGH**[340] nicht gemäß § 307 Abs. 3 S. 1 BGB der Inhaltskontrolle entzogen. Auf Grund der unterschiedlichen Schutzrichtung des PrklG (Inflationsbekämpfung) und der §§ 305 BGB soll durch eine Konformität mit den Regelungen des PrKlG nicht zwingend auf das Fehlen einer unangemessenen Benachteiligung geschlossen werden können.[341]

2. Staffelmietvereinbarungen

Staffelmietvereinbarungen sollen in AGB zulässig sein.[342] Grenzen bil- **251** den die lediglich die **allgemeinen Gesetze**, insbesondere das Wucherverbot.

Praxistipp: Nach der Rechtsprechung des BGH ist bei der Beurteilung **252** der Frage, ob Wucher vorliegt, ausschließlich auf die **Verhältnisse bei Vertragsabschluss** abzustellen. Spätere Änderungen der Marktverhältnisse sind insoweit unbeachtlich.[343]

Die Änderungen der Miete können in der Klausel als **absolute Beträge 253** der jeweiligen Erhöhung, der Gesamtmiete oder mit der **Angabe des Prozentsatzes** der Erhöhung erfolgen.

Praxistipp: Bei der **Angabe von %-Sätzen**, nach denen sich die Miete **254** erhöhen soll, ist eine besonders sorgfältige Formulierung erforderlich, um nicht den „Tücken" der **Unklarkeitenregel**[344] des § 305 c Abs. 2 BGB zu erliegen. Durch die Formulierung muss eindeutig festgelegt sein, welcher Betrag Grundlage der Berechnung des %-Satzes ist. Soll es die Miete bei Vertragsbeginn oder soll es die Ursprungsmiete inkl. aller vorangegangenen Staffelerhöhungen sein. Nicht zu empfehlen ist eine Formulierung, nach der Grundlage der Berechnung die „**nach dem Vertrag zuletzt geschuldete Miete**" ist. Denn dies kann bei aktuellen **Minderungen** auf Grund von Mängeln erneut zu Zweifeln und u. U. zur Anwendung des § 305 c Abs. 2 BGB führen.

3. Gleit-/Index- bzw. Automatikklauseln

Unter Gleit-/Index- bzw. Automatikklauseln (nachfolgend „Automa- **255** tikklauseln") werden Vereinbarungen verstanden, die eine automatische

---

[339] BGH (VIII ZR 178/08) NJW 2010, 2789 = BeckRS 2010, 10965 (Erdgasvertrag).
[340] BGH (VIII ZR 178/08) NJW 2010, 2789 = BeckRS 2010, 10965 (Erdgasvertrag); *Neuhaus* Rdnr. 1178.
[341] BGH (VIII ZR 304/08) NJW 2010, 2793 = BeckRS 2010, 10360 (Erdgasvertrag)
[342] v. Westphalen/*Drettmann*, Geschäftsraummiete, Rdnr. 84.
[343] *Fritz* Rdnr. 102 m. w. N.
[344] Vgl. hierzu oben unter I. Teil, Rdnr. 209 f.

der Miete ohne Ermessensspielraum für die Parteien beinhalten und deren Wertmesser keine im Verhältnis zur Mietüberlassung gleichartige oder vergleichbare Leistung ist.[345] Nach § 3 PrKlG sind solche Klauseln bei langfristigen Gewerberaummietverträgen u. a. bei **langfristiger Bindung des Vermieters** an den Vertrag zulässig, wenn die geschuldete Miete durch die Änderung eines von dem Statistischen Bundesamt oder einem Statistischen Landesamt ermittelten Preisindexes für die Gesamtlebenshaltung oder eines vom Statistischen Amt der Europäischen Gemeinschaft ermittelten Verbraucherpreisindexes bestimmt werden soll bzw. wenn die Miethöhe von der künftigen Einzel- oder Durchschnittsentwicklung von Preisen oder Werten für Güter oder Leistungen abhängig gemacht wird, die der Schuldner in seinem Betrieb erzeugt, veräußert oder erbringt.[346]

256   Im Rahmen des Möglichen wird man bei der Gestaltung auf die Wahrung des **Transparenzgebots** zu achten haben. Sehr häufig wird der Verbraucherpreisindex für Deutschland in Bezug genommen. Hierbei ist auf eine genaue Bezeichnung zu achten, da auch bundeslandbezogen entsprechende Indices und ein harmonisierter Verbraucherpreisindex ermittelt werden. Unklarheiten bei der Bezeichnung gehen jeweils zu Lasten des Verwenders der Klausel. Des weiteren sollten Regelungen für den Fall vorgesehen werden, dass der in Bezug genommene Index nicht mehr fortgeführt oder auf ein neues Basisjahr umgestellt wird.

257   **Praxistipp:** Um jedweden Zweifel im Zusammenhang mit der Wahrung der **Schriftform** auszuschließen, sollten Automatikklauseln vorsehen, dass sich die vertragliche Miete ohne Weiteres bei Erreichen der vertraglich vorgesehenen Schwellen/Zeitpunkte ändert. Um das Auflaufen hoher Zahlungsrückstände und -verzüge zu vermeiden, kann man vorsehen, dass Änderungsbeträge erst ab Zugang einer entsprechenden Mitteilung fällig und nur für einen gewissen Zeitraum rückwirkend geltend gemacht werden können.

4. Leistungsvorbehaltsklauseln

258   Leistungsvorbehaltsklauseln sind gemäß § 1 Abs. 2 PrKlG Anpassungsbestimmungen, die hinsichtlich des Ausmaßes der Änderung des geschuldeten Betrages einen **Ermessensspielraum** lassen, der es ermöglicht, die neue Höhe der Geldschuld nach Billigkeitsgrundsätzen zu bestimmen. Üblicherweise sehen entsprechende Klauseln in Mietverträgen vor, dass die Miete in zeitlich festgelegten Abschnitten oder bei gewissen Änderungen von Vergleichsgrößen (z. B. Änderung des Verbraucherpreisindex für Deutschland um mehr als 10%) geändert wird. Diese Form der Änderungsvereinbarung ist auch bei Mietverträgen mit einer kürzeren Bindungsfrist für den Vermieter als 10 Jahre zulässig.

---

[345] Palandt/*Grüneberg*, 1 PrKlG, Rdnr. 1.
[346] Vgl. zu den Zulässigkeitsvoraussetzungen nach dem PrKlG im Einzelnen Lindner-Figura/Oprée/Stellmann/*Bartholomäi* Kap. 10 Rdnr. 115 f.; *Neuhaus* Rdnr. 1150 f.

Regelmäßig wird in entsprechenden Klauseln eine „Neufestsetzung" **259**
bzw. „Anpassung" der Mieter vorgesehen. Diese Begriffe haben im Zusammenhang mit Mietänderungsklauseln jeweils **definierte Bedeutung.**

„Neufestsetzung" bedeutet, dass die Miete anzusetzen ist, die bei Ver- **260**
mietung entsprechender Räume zum Zeitpunkt der Änderung am Markt
zu erzielen ist.[347] Bei „Anpassung" der Miete sind hingegen die Äqui-
valenzvorstellungen der Vertragsparteien bei Vertragsabschluss maßgebend, so dass ein Abstand der ursprünglichen Vertragsmiete zur sei-
nerzeitigen Marktmiete sich auch bei der angepassten Miete ergeben
muss.[348]

Praxistipp: Da den meisten Marktteilnehmern die Bedeutung der Be- **261**
griffe „Neufestsetzung" und „Anpassung" nicht geläufig sind, sollte
sie zur sicheren Vermeidung der **Intransparenz** der Regelung im Vertrag erläutert werden.

Sowohl für Mieter als auch für Mieter beinhalten die Begriffe „Neu- **262**
festsetzung" und „Anpassung" nicht unerhebliche **Risiken.** Denn
weder eine massive Reduzierung der Miethöhe bei Markteinbruch,
noch eine starke Erhöhung der Miete bei anziehendem Mietniveau
sind ausgeschlossen bzw. unwahrscheinlich. Hier gilt es bei der Gestaltung bzw. Verhandlung entsprechender Regelungen jeweils Vorsorge zu treffen.

5. Rechtsfolgen eines Verstoßes gegen das PrKlG

a) Meinungsstand

Noch nicht abschließend geklärt ist das Verhältnis zwischen § 8 PrKlG **263**
und § 307 Abs. 1 BGB bei formularmäßiger Verwendung einer unzulässigen Wertsicherungsklausel.[349] Während eine gemäß § 307 Abs. 1 BGB
unangemessen benachteiligende (Wertsicherungs-)Klausel die Nichtigkeit der Regelung von Anfang[350] zur Folge hat, ordnet § 8 S. 1 PrKlG bei
einem Verstoß gegen das Preisklauselgesetz die schwebende Wirksamkeit der Regelung an. Die Unwirksamkeit einer **individualvertraglichen**
Klausel tritt erst ein, wenn der Verstoß durch ein gerichtliches Urteil
rechtskräftig festgestellt worden ist. Bis dahin auf der Grundlage der Regelung erfolgte Mietänderungen bleiben in Kraft (vgl. § 8 S. 2 PrKlG).

Ob dies auch bei formularvertraglichen Wertsicherungsklauseln gilt, **264**
ist unstritten:[351]

Teilweise[352] wird vertreten, die in § 8 PrKlG vorgesehene Rechtsfolge **265**
finde als **lex specialis** auch in dem Fall Anwendung, in dem eine AGB-

---

[347] BGH (VIII ZR 243/72) NJW 1975, 1557.
[348] BGH (VIII ZR 38/73) NJW 1974, 1235; *Lützenkirchen/Leo* AHB, A Rdnr. 332.
[349] Vgl. zum Meinungsstand *Schweitzer* ZfIR 2009, 689 (693, 694).
[350] Allg. Auffassung, vgl. Wolf/Lindacher/Pfeiffer/*Wolf* § 307 Rdnr. 344.
[351] Unentschieden Kutz in Tank/Baumgarten/*Kutz*, D Rdnr. 387 ff.
[352] Palandt/*Grüneberg*, Anh. zu § 245 § 8 PrKlG, Rdnr. 1; *Schulz* NZM 2008, 425
(427).

Charakter aufweisende Wertsicherungsklausel unangemessen benachteiligend sei.

266 Nach der **anderer Ansicht**[353] hindert § 8 PrKlG nicht die anfängliche Unwirksamkeit einer in einem gewerblichen Mietvertrag formularvertraglich gestellten Wertsicherungsklausel. Vielmehr seien insoweit die §§ 306, 307 BGB lex specialis zum PrKlG. Dies folge schon aus dem Wortlaut des § 8 PrKlG.[354] Die vorrangige Anwendung der §§ 305 ff. BGB stelle keinen Sonderfall dar. Auch sonstige, als individualvertragliche Regelungen uneingeschränkt wirksame Klauseln könnten in einem Formularvertrag auf Grund Verstoßes gegen § 307 BGB unwirksam sein. Mit einem Formularvertrag könne der Vermieter nicht wirksam die Grenzen des PrKlG überschreiten.

267 Diese Differenzierung zwischen individualvertraglichen und formularvertraglichen Regelungen überzeugt. Ein Vorrang des § 8 PrKlG führt zur der dem AGB-Recht fremden Möglichkeit der gefahrlosen Verwendung unangemessen benachteiligender bzw. unwirksamer Klauseln.

b) Rechtsfolgen der Unwirksamkeit einer Wertsicherungsklausel gemäß §§ 306, 307 BGB

268 Die Rechtsfolgen einer Unwirksamkeit einer Preisklausel nach Maßgabe des § 306 BGB wurden bisher in der Literatur kaum erörtert. Mitunter wird der **ersatzlose Entfall der Wertsicherungsklausel** und ein Rückgriff auf § 306 Abs. 3 BGB diskutiert.[355]

269 Allgemein oder speziell für den Fall der Unwirksamkeit der Wertsicherungsklauseln formulierte **Ersetzungsklauseln** sind nach allgemeinen Grundsätzen **unwirksam.**[356]

270 Gründe bei der Unwirksamkeit der Wertsicherungsklausel von den allgemeinen Grundsätzen abzuweichen sind nicht ersichtlich. Auch bei anderen Leistungen des Mieters mit Entgeltcharakter hat der **BGH**[357] bei der Unwirksamkeit entsprechender Klauseln keine Notwendigkeit gesehen den Verwender vor den gesetzlichen Folgen der Unwirksamkeit der von ihm verwandten Klausel zu schützen. Dass die **vertragliche Äquivalenz** durch den Entfall von vertraglichen Regelungen nach Maßgabe des § 306 BGB **einschneidend gestört** werden kann, habe sich der Verwender der AGB selbst zuzuschreiben. Wenn er dem Verwendungsgegner ein Übermaß an Pflichten auferlegt, trage er das Risiko der Gesamtunwirksamkeit und könne sich nicht darauf berufen, dass dadurch das vertragliche Gleichgewicht gestört wird.[358] Es wird daher im Regelfall bei dem

---

[353] *Schweitzer* ZfIR 2009, 689 (694) m.w.N.; wohl auch *Gerber* NZM 2008, 152 (154).

[354] *Gerber* NZM 2008, 152.

[355] *Kutz* in Tank/Baumgarten/Kutz, D Rdnr. 392.

[356] Vgl. hierzu unter I. Teil Rdnr. 416 ff.

[357] BGH (XII ZR 308/02) NZM 2005, 504 = NJW 2005, 2006.

[358] BGH (XII ZR 308/02) NZM 2005, 504 = NJW 2005, 2006.

ersatzlosen Entfall der Regelung verbleiben. Nur bei **langfristigen Verträgen mit einer Laufzeit von zehn oder mehr Jahren** wird man bei einer massiven Verschiebung der Äquivalenz in Anwendung der Grundsätze der **ergänzenden Vertragauslegung** im Sinne der §§ 133, 157 BGB, auf die § 306 BGB verweist, im Einzelfall eine Mietänderung erreichen können.

XXVI. Mietbeginn

1. Einführung

Die Regelungen zum Mietbeginn sind naturgemäß für den Mieter von **271** großer Bedeutung, da sein Einzug, ggf. die Geschäftseröffnung, Warenbestellung und Einstellung von Personal hiervon abhängig sein können. Der Vermieter muss bei **noch zu errichtenden oder umzubauenden Objekten** mit einer unpünktlichen Fertigstellung rechnen und kann sich zumindest im Einzelfall bei Bestandsobjekten hinsichtlich der **rechtzeitigen Räumung** und Rückgabe der Mietsache in einem vertragsgemäßen Zustand seitens des Vormieters nicht sicher sein. Diese unterschiedlichen Interessenlage findet ihren Niederschlag in den jeweils typischerweise verwandten Vertragsformularen.

2. Unverbindliche Angaben zum Übergabedatum

Klauseln, nach denen der im Vertrag genannten Mietbeginn bzw. das **272** individualvertraglich vereinbarte Übergabedatum unverbindlich oder nur „annähernd" angegeben seien, werden in der Literatur für unangemessen benachteiligend oder gegen § 305b BGB verstoßend[359] erachtet.[360]

3. Mietbeginn mit Übergabe

Klauseln, bei denen der Mietbeginn an die **zeitlich nicht näher eingegrenzte Übergabe der Mietsache** geknüpft wird, werden überwiegend **273** für unwirksam erachtet.[361] Denn hierdurch werde der Mieter im Falle einer (längere Zeit) unterbleibenden Übergabe der Mietsache rechtlos gestellt.[362] Überdies komme § 308 Nr. 1 BGB im Rahmen der Prüfung nach Maßgabe des § 307 BGB Indizwirkung zu.[363]

Vertragsklauseln, die den Mietbeginn an die Übergabe knüpfen, für **274** diese aber eine **verbindliche Zeitspanne** vorsehen, werden als wirksam

---

[359] Bub/Treier/*Bub* II Rdnr. 420; *Fritz* Rdnr. 154.
[360] v. Westphalen/*Drettmann*, Geschäftsraummiete, Rdnr. 29.
[361] Schmidt-Futterer/*Blank* § 543 Rdnr. 9; *Böttcher/Menzel* NZM 2006, 287; a. A. wohl *Wolf/Eckert/Ball* Rdnr. 209.
[362] *Böttcher/Menzel* NZM 2006, 287.
[363] *Böttcher/Menzel* NZM 2006, 287.

erachtet.[364] Jedoch ist die zulässige Größe der Zeitspanne umstritten. Teilweise werden drei Monate Spanne noch für zulässig erachtet.[365] Demgegenüber werden zum Teil maximal sechs Wochen[366] als vertretbar angesehen und auch diese Frist als zu lang erachtet.[367]

275   **Praxistipp:** Aus Sicht eines Mieters ist die Vereinbarung einer Zeitspanne dann hinnehmbar, wenn sie sich in zumindest gleicher Weise wie seine **Dispositionsnotwendigkeiten** in Bezug auf **Personaleinstellung, Warenbestellung, Werbung etc.** im zeitlichen Ablauf vom Vertragsabschluss bis zur Übergabe verkürzt. So mag es je nach Branche des Mieters angehen, wenn der Vermieter bei Vertragsschluss das Quartal der Übergabe angibt, z. B. 9 Monate vor Übergabe den Monat, 6 Monate vor Übergabe die Woche und 3 Monate vor Übergabe den Übergabetag angibt. Entsprechende Notwendigkeiten sind bei Begleitung des Mieters bei Vertragsabschluss zu erfragen und in vertragliche Bestimmungen zu gießen.

276   Klauseln, die zumindest in der **„kundenfeindlichsten Auslegung"**[368] dem Vermieter die Möglichkeit eröffnen, ohne oder mit unzureichender Ankündigungsfrist den Mietbeginn festzulegen, sind aus den vorgenannten Gründen unangemessen benachteiligend.

277   Unterschiedlich werden die **Rechtsfolgen einer Unwirksamkeit** gesehen: Teilweise wird angenommen, dass mangels wirksamer vertraglicher Regelung gemäß §§ 306, 271 BGB der Mieter sofortige Leistung verlangen kann. Bleibt die sofortige Übergabe aus, könne er nach § 543 BGB vorgehen oder Verzugsschaden geltend machen.[369] Demgegenüber wird vertreten, der Mieter könne den Mietvertrag außerordentlich kündigen, wenn er „unangemessen lange auf den Mietbeginn gewartet hat und eine zuvor von ihm gesetzte Frist fruchtlos abgelaufen ist"[370] bzw. alsbald nach Maßgabe des § 543 Abs. 2 Nr. 1 BGB vorgehen.[371]

4. Formularvertragliche Festlegung der Frist im Sinne des § 543 Abs. 3 BGB

278   Die **Nachfrist im Sinne des § 543 Abs. 3 BGB** vor außerordentlicher Kündigung im Falle der nicht rechtzeitig erfolgenden Übergabe der Mietsache soll der Vermieter als Verwender nicht auf längere Zeit als **zwei Wochen** formularvertraglich ausdehnen können.[372]

---

[364] Lindner-Figura/Oprée/Stellmann/*Zöll* Kap. 9 Rdnr. 9.
[365] Lindner-Figura/Oprée/Stellmann/*Zöll* Kap. 9 Rdnr. 9.
[366] Bub/Treier/*Bub* II. Rdnr. 420.
[367] v. Westphalen/*Drettmann*, Geschäftsraummiete, Rdnr. 32.
[368] Vgl. hierzu unter I. Teil Rdnr. 224.
[369] *Böttcher/Menzel* NZM 2006, 287.
[370] Lindner-Figura/Oprée/Stellmann/*Zöll* Kap. 9 Rdnr. 11.
[371] Schmidt-Futterer/*Blank* § 543 Rdnr. 9.
[372] v. Westphalen/*Drettmann*, Geschäftsraummiete, Rdnr. 33; *Fritz* Rdnr. 154; Bub/Treier/*Bub* II. Rdnr. 420.

5. Ausschluss der Haftung für eine nicht rechtzeitige Übergabe der Mietsache bei Vertragsbeginn

Klauseln, mit denen der Vermieter die **Haftung für die rechtzeitige** 279
Übergabe der Mietsache ausschließt oder auf **Vorsatz und grobe Fahr-**
lässigkeit beschränkt, werden als unwirksam angesehen.[373]

XXVII. Mietsicherheiten

1. Einführung

Auch wenn Gestellung von Mietsicherheiten ist in der Gewerberaum- 280
miete durchaus üblich ist, hat sich der Gesetzgeber nicht veranlasst gesehen, dies gesetzlich näher zu regeln. Anders als in der Wohnraummiete
spielt die **Barkaution** insbesondere bei wirtschaftlich bedeutenderen Verträgen nur im Ausnahmefall eine Rolle. An ihre Stelle treten alternative
Sicherungsmittel, vor allen Dingen **Bankbürgschaften**.

2. Höhe der Sicherheitsleistung

Ob in der Gewerberaumiete formularvertraglich eine Mietsicherheit in 281
Höhe von **mehr als drei Kaltmieten** vereinbart werden kann, ist umstritten. Eine einschlägige Entscheidung des BGH liegt noch nicht vor.
Das OLG Brandenburg[374] hält eine Mietsicherheitsvereinbarung von 282
7 Monatsmieten nicht für unangemessen benachteiligend. Vor dem Hintergrund der allfälligen Miet- und Nutzungsentschädigungsausfälle bei
streitigen Vertragsbeendigungen und des Sicherungszwecks der Mietsicherheit in Gestalt der Absicherung der Erfüllung der dem Mieter während und nach dem Ende der Vertragszeit obliegenden Verpflichtungen
für den Insolvenzfall, der Sicherung der weiteren Ansprüche wie Schadensersatz, Nutzungsentschädigung Mietausfallschadens bei vorzeitiger
Vertragsauflösung sowie aller Nebenansprüche und Kosten der Rechts-
verfolgung, sei eine Mietsicherheit in Höhe von sieben Monatsmieten
nicht unangemessen benachteiligend. Dem hat sich das OLG Düsseldorf[375] inhaltlich angeschlossen und eine formularvertragliche Regelung
einer Mietsicherheit in Höhe von 6 Monatsmieten passieren lassen.[376]
In der Literatur wird zum Teil eine differenzierende Auffassung ver- 283
treten. Das Sicherungsinteresse sei in der Regel bei unbefristeten Mietverhältnissen auf eine Mietsicherheit **in Höhe von drei Monatsmieten**
beschränkt. Bei langfristigen Mietverträgen könne im Einzelfall eine höhere Sicherheit in Betracht kommen, wenn die Sicherheit für den Vermieter bei Vertragsabschluss von besonderer Bedeutung war. Im Übrigen

---

[373] OLG Düsseldorf (24 U 138/92) Beck LSK 1993, 400025; v. Westphalen/
Drettmann, Geschäftsraummiete, Rdnr. 34.
[374] OLG Brandenburg (3 U 78/06) BeckRS 2006, 11112 = ZMR 2006, 853.
[375] OLG Düsseldorf (I-10 U 2/09) BeckRS 2009, 27752.
[376] Zustimmend *Wolf/Eckert/Ball* Rdnr. 779 (mindestens 6 Monatsmieten).

habe eine „typisierende Betrachtungsweise" stattzufinden, die in der Regel wohl zu einer maximalen Höhe von drei Monatsmieten führe.[377]

3. Barkaution

a) Getrennte Anlage der Mietsicherheit

284   Nach überwiegender Auffassung ist eine vom Mieter geleistete Barkaution als **offen ausgewiesenes Treuhandgeld** vom Vermögen des Vermieters getrennt und insolvenzfest anzulegen, wenn keine abweichende Vereinbarung getroffen wurde.[378]

285   Praxistipp: Um eine von Beginn an insolvenzfeste Anlage der Barkaution zu erreichen, ist es erforderlich, dass diese unmittelbar – **ohne den Umweg über das Girokonto des Vermieters** – auf ein offen ausgewiesenes Treuhand-/Kautionskonto gezahlt wird. Mieter sollten bei der Vertragsgestaltung darauf achten, dass die Barkaution nur fällig wird, wenn ein entsprechendes Konto vom Vermieter angegeben wird.

286   Formularklauseln mit einem Ausschluss der Verpflichtung der getrennten Anlage der Barkaution werden teilweise als unwirksam angesehen.[379] Demgegenüber soll die Wirksamkeit entsprechender Klauseln nach anderer Auffassung von den Umständen des Einzelfalles abhängen. Sofern die Leistung einer Sicherheit für den Mieter auch unter wirtschaftlichen Aspekten in den Hintergrund tritt, führe die fehlende Anlage auf einem Treuhandkonto und die damit einhergehende Gefährdung seines Kapitals nicht zu einer unangemessener Benachteiligung. Unwirksam seien entsprechende Klauseln jedoch, wenn sich der Vermieter zusätzlich das Recht vorbehält, seinen **Anspruch auf Zahlung einer Mietsicherheit an einen Dritten abzutreten.**[380]

287   Praxistipp: Durch die vertraglich vereinbarte Pflicht zur getrennten Anlage der Kaution wird nach der Rechtsprechung des 5. Strafsenats des BGH[381] grundsätzlich die Möglichkeit einer **Strafbarkeit im Sinne des Untreuetatbestands** eröffnet, da eine vertragliche Vermögensbetreuungspflicht geschaffen wird. Auf die hiermit einhergehenden Risiken ist jeder Vermieter in der Beratung vorsorglich hinzuweisen. Mieter werden sicherlich verstärkt darauf achten, eine entsprechende Vertragspflicht zu statuieren, um ihre Barkaution unter strafrechtlichen Schutz zu stellen.

---

[377] Linder-Figura/Oprée/Stellmann/*Moeser* Kap. 12 Rdnr. 31 f.
[378] KG (20 W 6592/98) NZM 1999, 356 = NJW-RR 1999, 738; OLG Nürnberg (13 U 2489/05) BeckRS 2008, 25184 = GuT 2006, 230; Linder-Figura/Oprée/Stellmann/*Moeser* Kap. 12 Rdnr. 25; Staudinger/*Emmerich* § 551 Rdnr. 35; MünchKommBGB/*Bieber* § 551 Rdnr. 31; a.A. Bub/Treier/*v. Martius* II Rdnr. 790; differenzierend *Neuhaus* Rdnr. 1737.
[379] *Wolf/Eckert/Ball* Rdnr. 790.
[380] v. Westphalen/*Drettmann*, Geschäftsraummiete, Rdnr. 119.
[381] BGH (5 StR 354/07) NJW 2008, 1827.

b) Ausschluss der Verzinsung der Barkaution

Wie der BGH[382] für die Praxis festgelegt hat, ist mangels abweichender **288** Vereinbarung der Vertragsparteien eine vom Mieter geleistete Barkaution entsprechend einer Anlage der Kaution auf einem **Sparkonto mit dreimonatiger Kündigungsfrist** zu verzinsen.

Ob diese Verpflichtung formularvertraglich abbedungen werden kann, **289** ist erneut streitig. In Hinblick auf die relativ geringen Beträge, die bei einer Mietsicherheit in Höhe von 3 Monatsmieten anfallen, wird teilweise eine unangemessene Benachteiligung des Mieters durch entsprechende Klauseln nicht für möglich erachtet.[383] Dem gegenüber wird darauf verwiesen, dass die Barkaution ein **Sicherungsmittel** sei und nicht dazu diene, dem Vermieter ein **zinsloses Darlehn** zu verschaffen. Der Ausschluss der Verzinsungspflicht verstoße daher gegen § 307 Abs. 2 Nr. 1 BGB.[384]

c) Mietsicherheit durch Bürgschaft

aa) Einführung

Die Bürgschaft stellt die häufigste Form der Mietsicherheit in der Ge- **290** werberaummiete dar. Die Verpflichtung zur **Gestellung einer Bürgschaft** Mietsicherheit soll auch **formularvertraglich** zulässig sein.[385]

Praxistipp: Da der **ausschließliche Gerichtsstand des § 29a ZPO** ent- **291** sprechend eines Urteils des BGH[386] nicht für Klagen gegen den Bürgen gilt, ist aus Sicht des Vermieters zu überlegen, einen Gerichtstand auch für den Ort der Mietsache zu vereinbaren, damit im Bedarfsfall nicht an zwei unterschiedlichen Orten gegen Mieter und Bürgen geklagt werden muss.

Bei der Gestaltung entsprechender Klauseln ist sehr sorgfältig vorzu- **292** gehen. Die gesicherten Forderungen sollten möglichst genau aufgezählt werden, da **Zweifel des Umfangs der Bürgschaft zu Lasten des Verwenders** gehen.[387] Zu recht wird weitergehend empfohlen, dem Mietvertrag das **Muster** der vom Mieter beizubringenden Bürgschaft **beizufügen.**[388]

Praxistipp: Aus Sicht des Vermieters ist in Hinblick auf die Ver- **293** meidung späterer **Vollstreckungsprobleme** über den in Literatur[389]

---

[382] BGH (XII ZR 77/93) NJW 1994, 3287.

[383] *Fritz* Rdnr. 164a; Bub/Treier/*Bub* II Rdnr. 443.

[384] *Sternel*, Mietrecht aktuell, II Rdnr. 228; vgl. auch Schmidt-Futterer/*Blank* § 551 Rdnr. 118.

[385] v. Westphalen/*Drettmann*, Geschäftsraummiete, Rdnr. 122; Bub/Treier/*Bub* II Rdnr. 445a; zweifelnd Linder-Figura/Oprée/Stellmann/*Moeser* Kap. 12 Rdnr. 91.

[386] BGH (X ARZ 270/03) NZM 2004, 299 = NJW 2004, 1239.

[387] Linder-Figura/Oprée/Stellmann/*Moeser* Kap. 12 Rdnr. 87; v. Westphalen/*Drettmann*, Geschäftsraummiete, Rdnr. 122.

[388] Linder-Figura/Oprée/Stellmann/*Moeser* Kap. 12 Rdnr. 90.

[389] *Fritz* Rdnr. 736.

vorgeschlagenen Vertragsgestaltungsvorschlag nachzudenken, dem Grunde nach eine Barkaution vorzusehen, die der Mieter innerhalb einer bestimmten Frist nach seiner Wahl auch in Form einer Bürgschaft erbringen kann.

bb) Ausfallbürgschaften

294   Der gewünschte Bürgschaftstyp ist zutreffend zu benennen. Aus Sicht des Vermieters sollten sog. **Ausfallbürgschaften** keine Verwendung finden, da bei dieser Form der Bürge nur in Anspruch genommen werden kann, wenn der Gläubiger gegenüber dem Hauptschuldner endgültig ausgefallen ist[390]. Daher muss zunächst der Mieter verklagt und gegen ihn die Zwangsvollstreckung durchgeführt worden sein bevor der Bürge in Anspruch genommen werden kann.[391] Sind weitere Sicherungen, wie· z. B. die Bürgschaft eines Dritten vorhanden, sind diese vorrangig in Anspruch zu nehmen[392]. Die Haftung des Ausfallbürgen entfällt bereits, wenn der Gläubiger selbst den Ausfall der Forderung durch Verletzung von Sorgfaltspflichten verursacht hat[393].

cc) Erweiterung der Bürgschaft für Forderungen des Vermieters außerhalb des Mietverhältnisses

295   Im Anschluss an eine Entscheidung des **BGH**[394] zum Bürgschaftsrecht wird in der Literatur darauf verwiesen, dass formularvertraglich nicht eine Gestellung der Bürgschaft verlangt werden kann, die **nicht mit dem Mietvertrag in Verbindung stehende Forderungen** besichert.[395]

dd) Verzicht auf die Einrede der Aufrechenbarkeit

296   Nach Auffassung des KG[396] ist in Anknüpfung an die Rechtsprechung des BGH zu formularvertraglichen Bürgschaften[397] die Verpflichtung zur Gestellung einer Bürgschaft als Mietsicherheit in Bezug auf den in der Klausel vorgesehenen Verzicht auf die Einrede der Aufrechenbarkeit unwirksam, wenn **rechtskräftig festgestellte oder unstreitige Forderungen** von dem Einredeverzicht nicht ausgenommen sind.[398] Da dies bereits für den Mieter als Hauptschuldner gelte[399], müsse dies für den Bürgen in besonderer Weise gelten.[400]

---

[390] Palandt/*Sprau*, Einf. v. § 765 BGB Rdnr. 11.
[391] Linder-Figura/Oprée/Stellmann/*Moeser*   Kap. 12   Rdnr. 111;   *Leo/Schmitz* NZM 2007, 387.
[392] BGH, NJW 1993, 2935; *Schmid/Riecke*, Mietrecht, § 551 BGB Rdnr. 36.
[393] BGH (VIII ZR 278/77), NJW 1979, 646; BGH (IX ZR 99/88), NJW 1989, 1484.
[394] BGH (XI ZR 98/01) NJW 2002, 956 = NZG 2002, 333.
[395] Linder-Figura/Oprée/Stellmann/*Moeser* Kap. 12 Rdnr. 96.
[396] KG (8 U 86/05) BeckRS 2006, 02232 = ZMR 2006, 524.
[397] BGH (IX ZR 171/00) NJW 2003, 1521 = BeckRS 2003, 30301481.
[398] So auch *Sternel*, Mietrecht aktuell, II Rdnr. 138.
[399] Vgl. hierzu BGH, (XII ZR 54/05) NZM 2007, 684 = NJW 2007, 3421.
[400] KG (8 U 86/05) BeckRS 2006, 02232 = ZMR 2006, 524.

ee) Zulässigkeit einer Bürgschaft auf erstes Anfordern

Umstritten ist, ob der Vermieter sich **formularvertraglich** die Ge-   **297**
stellung einer Bürgschaft auf erstes Anfordern wirksam ausbedingen
kann.

Durch Übernahme einer Bürgschaft auf erstes Anfordern verpflichtet   **298**
sich der Bürge, auf einfaches Verlangen des Gläubigers unter vorläufi-
gem Verzicht auf Einwendungen aus dem Hauptschuldverhältnis zu
leisten.[401] Nur bei Bestehen sogenannter **liquider Einwendungen,** also
solche, die auf einem unstreitigen Sachverhalt oder aus dem Inhalt der
Vertragsurkunden hergeleitet werden können, kann der Bürge die Zahlung verweigern.[402] Alle übrigen Einwendungen werden auf den **Rück-
forderungsprozess** verlagert und können noch nicht einmal im Nachver-
fahren im Urkundsprozess geltend gemacht werden.[403] Die Bürgschaft
auf erstes Anfordern erweist sich damit für den Vermieter als sehr
schneidiges („Erst zahlen, dann prozessieren"[404]), jedoch für den Mieter
als in Hinblick auf eine spätere Nichteinbringlichkeit einer Rückforderung besonders **gefährliches Sicherungsmittel.**

Das OLG Karlsruhe[405] geht von der **Zulässigkeit** der Vereinbarung der   **299**
Verpflichtung zur Erbringung einer **Bürgschaft auf erstes Anfordern** als
Mietsicherheit auch in AGB aus und hat folgende Bestimmung für wirk-
sam erachtet:

*„Die Kaution kann nach freier Wahl des Vermieters auch erbracht werden durch
Vorlage einer auf den Kautionsbetrag beschränkten, unwiderruflichen, unbefristeten, unbedingten und selbstschuldnerischen Bürgschaft eines Kreditinstituts.
Die Bürgschaftsurkunde ist dem Vermieter auszuhändigen. Sie hat zu enthalten
die Verpflichtung des Kreditinstituts, auf erstes Anfordern des Vermieters und
ohne Prüfung der Forderung zu leisten.*
*Der Vermieter ist berechtigt, auch während der Mietzeit Ansprüche aus dem
Mietverhältnis durch Rückgriff auf die Kaution zu befriedigen. In diesem Fall
kann er von dem Mieter verlangen, die Kaution wieder auf den ursprünglichen
Betrag aufzufüllen."*

Anders als im **Baurecht** führe die Bürgschaft auf erstes Anfordern   **300**
nicht zu einer Verlagerung des Bonitätsrisikos (= die Gefahr, nach unge-
rechtfertigter Inanspruchnahme der Bürgschaft wegen späterer Insolvenz
des Vermieters mit der Rückforderung auszufallen) auf den Mieter. Denn
die Bürgschaft ersetze lediglich die Auszahlung einer Barkaution an den
Vermieter. Im Falle einer Barkaution trage der Mieter aber bereits von
Anfang an das Risiko einer später eintretenden Zahlungsunfähigkeit des
Vermieters.[406] Da eine Barkaution üblich sei, kann nach Auffassung des

---

[401] MünchKommBGB/*Habersack* § 765 Rdnr. 98.
[402] MünchKommBGB/*Habersack* § 765 Rdnr. 103 m. w. N. der BGH – Rspr.
[403] BGH (IX ZR 141/93) NJW 1984, 380.
[404] Grooterhorst/Becker/Dreyer/Törnig/*Günther/Tschauner* § 5. G Rdnr. 51.
[405] OLG Karlsruhe (1 U 12/04) NZM 2004, 742 = BeckRS 2004, 06473.
[406] OLG Karlsruhe (1 U 12/04) NZM 2004, 742 = BeckRS 2004, 06473.

KG[407] auch formularmäßig eine Bürgschaft ausbedungen werden, in der sich der Bürge zur Zahlung auf erstes Anfordern verpflichtet, um dem Vermieter sofort liquide Mittel zuzuführen, wenn er den Bürgschaftsfall für eingetreten hält. Große Teile der Literatur haben sich dieser Auffassung angeschlossen.[408]

301   Nur vereinzelt regt sich hiergegen Widerspruch.[409] Da der Mieter als Bankunkundiger nach der Rechtsprechung eine Bürgschaft auf erste Anforderung selbst nicht wirksam formularvertraglich bestellen könne, könne er auch nicht mit AGB dazu verpflichtet werden, eine solche Bürgschaft beizubringen, da ihn dann de facto die gleichen Folgen wie bei einer Übernahme einer solchen Bürgschaft in Person träfen[410]. Dem Mieter werde damit ein Risiko zugemutet, das der Bürge trägt, der zu Unrecht in Anspruch genommen wurde und vom Vermieter keinen Ersatz erhält, weil jener **insolvent** ist.[411] Darüber hinaus seien die nicht unerheblichen Kosten einer Bürgschaft für den Mieter, die an die Stelle der für ihn positiven Verzinsung einer Barkaution treten, zu beachten.[412] Überdies sei der Begriff der „Bürgschaft auf erstes Anfordern" **intransparent** und entsprechende Klauseln daher gemäß § 307 Abs. 1 S. 2 BGB[413] unwirksam.

302   Der Rechtsprechung des KG und des OLG Karlsruhe ist nicht zu folgen. Denn bei Lichte betrachtet geht bereits die Prämisse, der Vermieter dürfe auf eine Barkaution, die durch die Bürgschaft auf erstes Anfordern ersetzt werde, jederzeit zugreifen, fehl. Denn es handelt sich um eine **Mietsicherheit** und um **kein Befriedigungsmittel**. Auf die Barkaution darf daher im laufenden Mietverhältnis nur bei rechtskräftig festgestellten, entscheidungsreifen oder unstreitigen Forderungen sowie für sofort beweisbare Ansprüche des Vermieters aus dem Mietverhältnis zugegriffen werden.[414] Kommt der Vermieter seiner Verpflichtung zur getrennten, insolvenzfesten Anlage der Barkaution nach, wird entgegen der Auffassung des OLG Karlsruhe das Insolvenzrisiko des Vermieters nicht auf den Mieter verlagert. Da der Begriff und der Inhalt einer Bürgschaft auf erstes Anfordern selbst den meisten Anwälten nicht geläufig ist, erscheint das Argument der Intransparenz überdies schlagend.

---

[407] KG (8 U 121/03) BeckRS 2003, 30 335 058.

[408] MünchKommBGB/*Kieninger* § 307 BGB Rdnr. 100; v. Westphalen/*Drettmann*, Geschäftsraummiete, Rdnr. 122; *Sternel*, Mietrecht aktuell, II Rdnr. 138; Bub/Treier/*v. Martius* III Rdnr. 826; *Neuhaus* Rdnr. 1770; *Neuhaus* GuT 2003, 163; *Kraemer* NZM 2001, 737 (740).

[409] Linder-Figura/Oprée/Stellmann/*Moeser* Kap. 12 Rdnr. 100 f.; *Fischer* NZM 2003, 497.

[410] Linder-Figura/Oprée/Stellmann/*Moeser* Kap. 12 Rdnr. 105.

[411] *Fischer* NZM 2003, 497, (499).

[412] *Fischer* NZM 2003, 497, (499).

[413] Vgl. zum Transparenzgebot oben unter I. Teil Rdnr. 372 ff.

[414] LG Mannheim (4 S 123/95) NJWE-MietR 1996, 219; LG Wuppertal (9 S 194/03), NZM 2004, 298 = NJW-RR 2004, 1309; LG Halle (2 S 121/07) NZM 2008, 685; Staudinger/Emmerich, § 551, Rdnr. 27 m.w.N.; *Kraemer* NZM 2001, 737 (741) unter Verweis auf OLG Celle (2 U 118/96) NZM 1998, 585 = ZMR 1998, 272.

Praxistipp: Geht man von der Unwirksamkeit der formularvertragli- **303** chen Verpflichtung zu Gestellung einer Bürgschaft auf erstes Anfordern aus, stellt sich die Frage nach den **Rechtsfolgen.** Fischer geht in Anlehnung an die Rechtsprechung des BGH[415] zur Vertragserfüllungsbürgschaft im Werkvertrag davon aus, dass gemäß §§ 306 Abs. 2, 133, 157 BGB im Wege der ergänzenden Vertragsauslegung[416] eine einfache Bürgschaft geschuldet sei.[417]

Eine **ergänzende Vertragsauslegung** dürfte sich vorliegend verbieten, **304** da das Gesetzesrecht in Gestalt des Vermieterpfandrechts (§§ 562f. BGB) eine Regelung des Sicherungsbedürfnisses des Vermieters enthält. Überdies käme das Ergebnis der ergänzenden Vertragsauslegung einer **geltungserhaltenden Reduktion** gleich, die die Verwendung der unwirksamen Verpflichtung zur Gestellung einer Bürgschaft auf erstes Anfordern für den Verwender risikolos werden ließe. Eine Anwendung der sog. „blue-pencil" Theorie[418] kommt nach unserer Auffassung nicht in Betracht, da ein **einheitlicher Regelungssachverhalt**[419] zu beurteilen ist.

4. Abtretung von Untermietansprüchen

Vgl. hierzu unten II. Teil Rdnr. 409.   **305**

5. Frist zur Leistung der Mietsicherheit, auflösende Bedingung für den Mietvertrag für den Fall der Nichtleistung der Mietsicherheit

Eine Klausel, nach der der Mieter **vor Übergabe** der Mietsache zur **306** Leistung der Mietsicherheit und der ersten Miete verpflichtet ist, sieht das OLG Brandenburg als zulässig an.[420]

Das KG[421] hält die formularvertragliche Vereinbarung einer **auflösen-** **307** **den Bedingung** im Fall der ausbleibenden Mietsicherheitsleistung für wirksam. Unwirksam seien jedoch entsprechende Klauseln, wenn sie den Mieter trotz Eintritt der Bedingung weiterhin zur Zahlung von Miete/ Schadensersatz verpflichten.[422]

6. Ausschluss der Haftung des Vermieters für die Rückgabe der Mietsicherheit durch den Erwerber

§ 566a BGB verpflichtet den Vermieter zur Rückgewähr einer Miet- **308** sicherheit nach **Veräußerung der Mietsache** im Sinne der §§ 566, 567a

---

415 BGH (VII ZR 502/99) NJW 2002, 3098 = BeckRS 2002, 07083.
416 Vgl. zur ergänzenden Vertragsauslegung von AGB oben unter I. Teil Rdnr. 191 ff.
417 *Fischer* NZM 2003, 497 (499, 500)
418 Vgl. hierzu oben unter I. Teil Rdnr. 429 f.
419 Vgl. hierzu oben unter I. Teil Rdnr. 440.
420 OLG Brandenburg, Urt. v. 13. 10. 2010 – 3 U 4/10.
421 KG (8 U 128/05) NZM 2007, 41 = BeckRS 2006, 08209.
422 KG (8 U 128/05) NZM 2007, 41 = BeckRS 2006, 08209.

BGB,[423] wenn der Mieter sie Beendigung des Mietverhältnisses nicht vom Erwerber erlangen kann. Schon angesichts der ggf. jahrzehntelangen „Lästigkeit" dieses Anspruchs liegen Versuche nahe, sich formularvertraglich frei zu zeichnen.

309 Dies soll nach einer Auffassung formularvertraglich nicht möglich sein.[424] Unter den Voraussetzungen, dass die Klausel eine **insolvenzfeste Anlage** der Mietsicherheit/Barkaution, einen Übergang auf den Erwerber vorsieht und durch die Regelungen zu Mietsicherheit feststeht, dass der Erwerber nicht ohne Mitwirkung des Mieters über die Sicherheit verfügen kann, wird demgegenüber von einem Teil der Literatur ein formularvertraglicher Ausschluss für zulässig erachtet.[425]

XXVIII. Mietzahlung

1. Rechtzeitigkeit der Zahlung

310 Formularvertragliche Rechtzeitigkeitsklauseln, nach denen maßgeblich für die Rechtzeitigkeit der Zahlung der Eingang auf dem Vermieterkonto ist, sind nach der Rechtsprechung des **BGH**[426] wirksam, wenn sie sich auf die Zahlung der laufenden Mieten beziehen und gegenüber Unternehmern verwandt wird. In diesem Zusammenhang ist zu beachten, dass nach der Rechtsprechung des OLG Düsseldorf[427] § 270 BGB **richtlinienkonform** dahingehend auszulegen ist, dass der Vermieter am Fälligkeitstag über den Betrag bereits verfügen kann.

2. Tilgungsbestimmungen

311 Nach weit verbreiteter Auffassung[428] soll es möglich sein, auch im Wege des Formularvertrags eine von § 366 BGB abweichende Tilgungsreihenfolge zu bestimmen. Nach der einschlägigen Rechtsprechung des **BGH** muss jedoch **aus der Klausel selbst** hervorgehen, in welcher Reihenfolge fällige Forderungen mit Zahlungen verrechnet werden. Dies darf nicht im Einzelfall dem Verwender überlassen bleiben. Dementsprechend hat der BGH[429] folgende Regelung als unwirksam angesehen:

„Befindet sich der Mieter mit Zahlungen im Rückstand, so sind Teilzahlungen nach den Bestimmungen des Vermieters ohne Rücksicht auf die Bestimmung des Mieters zu verrechnen."

---

[423] Vgl. zum Anwendungsbereich des § 566 a BGB Staudinger/*Emmerich* § 566 a Rdnr. 2.
[424] Staudinger/*Emmerich* § 566 a Rdnr. 18.
[425] MünchKommBGB/*Häublein* § 566 a Rdnr. 18; Schmidt-Futterer/*Streyl* § 566 a Rdnr. 49
[426] BGH (XII ZR 195–96) NJW 1998, 2664 = NZM 1998, 628.
[427] OLG Düsseldorf (I- 24 U 120/09) ZMR 2010, 958 = BeckRS 2010, 12222.
[428] BGH (VIII ZR 337/82) NJW 1984, 2404 = BGHZ 91, 375; *Wolf/Eckert/Ball* Rdnr. 561; v. Westphalen/*Drettmann*, Geschäftsraummiete, Rdnr. 94.
[429] BGH (VIII ZR 337/82) NJW 1984, 2404 = BGHZ 91, 375.

Regelungen, nach denen eine Verrechnung **unabhängig von der Til-** **312**
gungsbestimmung des Mieters nach Bestimmung einer AGB-Klausel
erfolgen sind ebenfalls unangemessen benachteiligend. Das OLG Düsseldorf[430] hält die Formularklausel,

„Der Vermieter kann Zahlungen nach seiner Wahl zunächst auf die bisheri-
gen Kosten und Zinsen und dann auf die ältesten Rückstände verrechnen.
Das gilt auch dann, wenn der Mieter eine anderweitige Bestimmung getroffen
hat,"

wegen Verstoßes gegen § 307 Abs. 1 BGB für unwirksam.

Der **BGH**[431] hat darauf hingewiesen, dass die Bestimmung des § 366 **313**
Abs. 2 BGB ohnehin sehr **gläubigerfreundlich** ist und scheint Verschär-
fungen in AGB eher kritisch gegenüber zu stehen.

3. Abbuchungsverfahren

Mit der Abbuchungsgenehmigung wird die Bank des Verwendungs- **314**
gegners im Ergebnis angewiesen, vom Verwender geltend gemachte
Zahlungen zu leisten. Der Mieter kann **die Belastung nicht rückgängig**
machen. Wegen der damit verbundenen Risiken werden entsprechende
Klauseln als unangemessen benachteiligend angesehen.[432]

4. Lastschriftverfahren

Anders als die Verpflichtung zur Teilnahme am Abbuchungsverfahren **315**
wird die formularvertragliche Regelung der Zahlung im Lastschriftverfahren grundsätzlich für zulässig erachtet.[433] Denn dieses Verfahren gibt
dem Verwendungsgegner die Möglichkeit, der Belastung des Kontos zu
widersprechen. Sofern das Lastschriftverfahren auch für **Betriebskosten-**
abrechnungssalden gilt, wird die Einschränkung für erforderlich gehalten, dass vor der Lastschrift eine angemessene Zeit zur Prüfung der Betriebskostenabrechnung verbleibt.

Praxistipp: Auch wenn manches dafür spricht, dass angesichts der **316**
Fälligkeit eines Betriebskostensaldos mit Eingang der formell ordnungsgemäßen Abrechnung beim Mieter,[434] ein unmittelbarer Einzug
im Rahmen des Lastschriftverfahrens formularvertraglich vereinbart
werden kann, sollten entsprechende Regelungen zumindest bis zum
Vorliegen einer einschlägigen Entscheidung des BGH auf die laufenden Miet- und Betriebskostenvorauszahlungen im Sinne des **sichers-**
ten Wegs beschränkt werden.

---

[430] OLG Düsseldorf (I-10 U 11/08) ZMR 2009, 275 = BeckRS 2008, 26055.
[431] BGH (XI ZR 155/98) NJW 1999, 2043 = BeckRS 1999, 30050331.
[432] *Horst* NZM 2011, 337 (338); v. Westphalen/*Drettmann*, Geschäftsraummiete,
Rdnr. 90; OLG Brandenburg (7/U 165/03), NZM 2004, 905 = ZMR 2004, 745
(Wohnraummiete).
[433] v. Westphalen/*Drettmann*, Geschäftsraummiete, Rdnr. 90.
[434] Vgl. : OLG Köln (1 U 40/07) GuT 2008, 31 (34) (insoweit nicht in NZM 2008,
366 abgedruckt); *Schmid*, Mietnebenkosten, Rdnr. 3328.

317   Ob auch das neue **SEPA-Lastschriftverfahren**[435] formularvertraglich wirksam vereinbart werden kann, muss der weiteren Entwicklung der Rechtsprechung überlassen bleiben.

5. Umsatzmiete

a) Einführung

318   In einer Vielzahl von **Gastronomie und Einzelhandelsverträgen** bestimmt sich die Miete ganz oder teilweise nach dem vom Mieter in der Mietsache erzielten Umsatz.[436] Üblicherweise wird die Miete ggf. flankiert von Regelungen zur **Mindest- und Höchstmiete**[437] in Höhe eines Prozentsatzes des Umsatzes des Mieters vereinbart.

319   **Praxistipp:** Eine Umsatzmiete kann in einem Mietvertrag für eine **Apotheke** nicht wirksam vereinbart werden. Denn das Apothekengesetz verbietet dies und ordnet die **Nichtigkeit** entgegenstehender Verträge an (§§ 8 S. 2, 12 Apothekengesetz).

b) Überraschungscharakter der Vereinbarung einer Umsatzmiete

320   Ob die Vereinbarung einer Umsatzmiete in einer formularvertraglichen Klausel überraschend ist, wird unterschiedlich beurteilt. Nach einem Beschluss des OLG Brandenburg[438] soll dies nicht der Fall, wenn die Regelung unter einer zutreffenden Überschrift im Vertrag niedergelegt ist.[439] Anderer Auffassung ist insoweit ein Teil der Literatur.[440] Differenzierend wird bezüglich des Überraschungscharakters auf die **Üblichkeit einer Umsatzmietvereinbarung** bezüglich der Branche des Mieters abgestellt.[441] In der Praxis dürfte sich das Problem der Überraschung in aller Regel nicht stellen, da die Parteien über die Miethöhe und damit die Umsatzmiete im Vorfeld des Vertragsabschlusses sprechen werden und damit ein Überraschungscharakter der Bestimmung entfällt.[442]

321   **Praxistipp:** Die Vereinbarung einer Umsatzmiete führt nach der Rechtsprechung des **BGH**[443] nicht zur stillschweigenden Vereinbarung einer **Betriebspflicht**. Sie ist daher gesondert aufzunehmen.

c) Inhaltliche Ausgestaltung

322   Hohe Anforderungen stellt die Formulierung einer formularvertraglichen Umsatzmietvereinbarung. Dies beginnt bereits damit, dass sich bis-

---

[435] Vgl. hierzu: *Horst*, NZM 2011, 337.

[436] Vgl. zur Umsatzmiete generell Linder-Figura/Oprée/Stellmann/*Bartholomäi* Kap. 10 Rdnr. 53 f; *Lindner-Figura* NZM 1999, 492.

[437] *Fritz* Rdnr. 94.

[438] OLG Brandenburg, Beschl. v. 23. 3. 2011 – 3 U 171/10.

[439] So auch *Neuhaus* Rdnr. 795.

[440] Schmidt-Futterer/*Eisenschmid* § 535 Rdnr. 230 m. w. N.

[441] Linder-Figura/Oprée/Stellmann/*Bartholomäi* Kap. 10 Rdnr. 56.

[442] Vgl. zu überraschenden Klauseln im Sinne des § 305c Abs. 1 BGB oben unter I. Teil Rdnr. 122 ff.

[443] BGH (VIII ZR 118/78) NJW 1979, 2351.

her keine allseits akzeptierte **Definition des Umsatzbegriffs** im Rahmen
von Umsatzmietvereinbarungen herausgebildet hat.[444] Dementsprechend
muss eine entsprechende Klausel eine einschlägige Definition enthalten,
um u. a. der Anwendung des § 305 a Abs. 2 BGB zu entgehen.

Je nach Geschäft des Mieters, insbesondere bei der Gastronomie wer- **323**
den u. U. in erheblichen Umfang **gewinnneutrale Umsätze** wie Steuern,
Trinkgelder, Pfand etc. anfallen. Wenn diese nicht bei der Formulierung
der Klausel angemessen berücksichtigt werden, droht möglicherweise
eine unangemessene Benachteiligung. Zumindest auf Seiten des Mieters
wird man bei der Festsetzung der Umsatzmiete zu überlegen haben, ob
für unterschiedliche Warengruppen von einander abweichende %-Sätze
für die Umsatzmiete festgelegt werden. Den Mieter wird man verpflichten müssen, bezüglich der Mietsache gesondert Buch zu führen und Mitteilung über die Umsätze in der Mietsache zu machen. Die Abrechnungsperiode und die zugehörigen Abrechnungsfristen sind festzulegen.
Einsichtsrechte in die Buchführung ggf. durch geeignete Dritte, wie Steu-
erberater, Wirtschaftsprüfer oder Rechtsanwälte, sind ebenfalls vorsorglich zu regeln. Eine mögliche **Gebrauchsüberlassung an Dritte** und
der Nachweise deren Umsätze sowie deren Berücksichtigung bei der Bestimmung des der Miete zugrunde zu legenden Umsatzes ist zu bedenken.

All dies unter Wahrung der Anforderungen der §§ 305 f. BGB, insbe- **324**
sondere hinreichend **transparent** zu formulieren, ist eine alles andere als
triviale Aufgabe. Auf die zum Teil vor Jahren veröffentlichten Muster-
formulierungen kann man sich sicherlich nur sehr eingeschränkt verlassen.

XXIX. Minderung

S. o. II. Teil Rdnr. 235 f. **325**

XXX. Nutzungsentschädigung

1. Einführung

Zieht der Mieter nach Ende des Vertragsverhältnisses nicht aus, hat er **326**
unter den Voraussetzungen des § 546 a BGB Anspruch auf Nutzungsentschädigung. Dieser Anspruch besteht nur für die **Dauer der Vorenthaltung** und endet damit im Zeitpunkt der Rückgabe und setzt des Weiteren
einen Rücknahmewillen des Vermieters voraus.

In der Vertragspraxis wird mitunter versucht, **weitergehende Ansprü- 327**
che zu vereinbaren.

---

[444] Vgl. zu den unterschiedlichen Ansätzen etwa Linder-Figura/Oprée/
Stellmann/*Bartholomäi* Kap. 10 Rdnr. 59; *Neuhaus* Rdnr. 800; Bub/Treier/*v. Brunn*
III Rdnr. 23; *Fritz*, Rdnr. 95.

2. Nutzungsentgelt oberhalb der zuletzt geschuldeten Miete

328   Eine formularvertragliche Regelung, nach der Mieter im Falle der Vorenthaltung der Mietsache nach Mietende eine **Nutzungsentschädigung in Höhe von 150%** der zuletzt geschuldeten Miete zu zahlen hat, ist nach Auffassung des OLG Frankfurt[445] unwirksam. Denn sie enthalte der Sache nach einen **pauschalen Schadensersatz,** bei dem dem Mieter der Nachweis des Eintritts eines geringeren Schadens abgeschnitten sei.[446]

3. Nutzungsentgelt nach Rückgabe für die Zeit bis zur Herstellung des vertraglich geschuldeten Zustands der Mietsache

329   Regelmäßig wird die Rückgabepflicht selbst dann erfüllt und eine ggf. bestehende Vorenthaltung beendet, wenn die Mietsache sich nicht in dem geschuldeten Zustand befindet. Nicht durchgeführte **Schönheitsreparaturen** oder unterbliebener **Rückbau** etc. stehen einer Rückgabe in aller Regel nicht entgegen.[447] Das OLG Düsseldorf[448] hat Klauseln, die den Mieter bis zum **Zeitpunkt der Herstellung des geschuldeten Zustands** zur Zahlung von Miete/Nutzungsentschädigung verpflichten sollen, für unwirksam erachtet. Dies beruhe schon darauf, dass der Mieter für den vertragswidrigen Zustand bei Rückgabe auch dann verantwortlich gemacht werde, wenn er diesen nicht zu vertreten habe.

4. Vertragliche Aufrechnungsverbote

330   Vgl. hierzu oben II. Teil Rdnr. 2 f.

XXXI. Pfandrecht

331   Klauseln, mit denen sich der Vermieter das Recht einräumt, zur **Ausübung des Vermieterpfandrechts** die Mietsache zu betreten, sollen unwirksam sein.[449]

XXXII. Rückgabe der Mietsache/Abwicklung des beendeten Mietverhältnisses

1. Ausschluss von Aufwendungen im Sinne des § 539 BGB

332   Der Ausschluss von Aufwendungsersatzansprüchen im Sinne des § 539 BGB wird für zulässig erachtet.[450] Denn der Vermieter müsse es in

---

[445] OLG Frankfurt, Urt. v. 28. 1. 2011 – 2 U 135/10.
[446] So auch Linder-Figura/Oprée/Stellmann/*Pietz/Leo* Kap. 16 Rdnr. 69 m. w. N.
[447] Linder-Figura/Oprée/Stellmann/*Pietz/Leo* Kap. 16 Rdnr. 84.
[448] OLG Düsseldorf (24 U 133/01) NZM 2002, 742 = BeckRS 2002, 30262132.
[449] *Fritz* Rdnr. 178.
[450] *Wolf/Eckert/Ball* Rdnr. 624; v. Westphalen/*Drettmann*, Geschäftsraummiete, Rdnr. 159.

der Hand haben, sich vor entsprechenden **finanziellen Belastungen** zu schützen.[451]

2. Befugnis zum Öffnen der Mietsache

Die im Mietvertrag enthaltene Regelung, wonach der Vermieter be- **333** rechtigt sein soll, die Räume zu öffnen, zu reinigen und in einen bezugsfertigen Zustand zu bringen, ohne dass es insoweit einer Nachfristsetzung zur Beseitigung der Mängel bedarf, ist nach Auffassung des unwirksam, da sie mit dem wesentlichen Grundgedanken der gesetzlichen Regelung, nämlich § 281 Abs. 1 BGB, von der abgewichen wird, nicht zu vereinbaren sei und den Vertragspartner des Verwenders – hier die Mieter – daher entgegen den Geboten von Treu und Glauben unangemessen benachteilige.[452]

Entsprechendes wird für Klauseln angenommen, mit denen sich der **334** Vermieter das Recht einräumt, sich nach Ende des Mietverhältnisses den **Besitz an der Mietsache** zu verschaffen.[453]

3. Endrenovierung

Vgl. hierzu unten unter II. Teil Rdnr. 373 f. **335**

4. Entschädigungsloser Verbleib von Einrichtungen in der Mietsache

Nach Maßgabe des § 539 Abs. 2 BGB ist der Mieter bei Vertragsende **336** berechtigt, **Einrichtungen**, also bewegliche Sachen, die er mit der Mietsache verbunden hat und dazu bestimmt sind, dem Zweck der Mietsache zu dienen, [454] wegzunehmen.

In der Literatur wird es teilweise für möglich erachtet, dieses Wegnah- **337** merecht formularvertraglich **entschädigungslos** auszuschließen.[455] Demgegenüber wird darauf abgestellt, dass eine Vereinbarung ohne angemessenen Ausgleich für den Mieter unwirksam sei.[456]

Sowohl der Ausschluss des Wegnahmerechts bei berechtigtem Interes- **338** se, als auch die Freizeichnung von einer Entschädigung sind unangemessen benachteiligend und unwirksam. Denn unter den Begriff der Einrichtung fallen auch wertvolle Maschinen, Kücheneinrichtungen und ggf. unersetzbare und einzigartige Prototypen, die im Extremfall Werte erreichen können, die den der vermieteten Immobilie überschreiten. Handelt es sich beim Mieter um eine unter den Schutz des § 811 Nr. 5 ZPO stehende Person, werden von den Klauseln auch **unpfändbare Gegenstände** erfasst.

---

[451] *Wolf/Eckert/Ball* Rdnr. 624.

[452] KG (8 U 38/06) NZM 2007, 356 = ZMR 2007, 113.

[453] v. Westphalen/*Drettmann*, Geschäftsraummiete, Rdnr. 149; vgl. auch *Wolf/ Eckert/Ball* Rdnr. 1088; Bub/Treier/*Bub* II Rdnr. 549.

[454] Palandt/*Weidenkaff* § 539 Rdnr. 9 m. w. N.

[455] *Fritz* Rdnr. 197; v. Westphalen/*Drettmann*, Geschäftsraummiete, Rdnr. 158.

[456] MünchKommBGB/*Bieber* § 552 Rdnr. 10; Schmidt-Futterer/*Langenberg* § 553 Rdnr. 13; Kinne/Schach/Bieber/*Kinne* § 539 Rdnr. 5.

5. Entsorgung zurückgebliebener Gegenstände

339 Die Wirksamkeit von Klauseln, mit denen sich der Vermieter das Recht vorbehält, vom Mieter **zurückgelassene Gegenstände** zu entsorgen oder zu veräußern, ist umstritten. Die Rechtsprechung ist mitunter von der Unwirksamkeit entsprechender Klauseln ausgegangen.

340 Das OLG Frankfurt[457] hat die Befugnis zur Entsorgung in der Klausel,

„Für Schäden, die durch Gegenstände, die der Mieter in die Wohnung eingebracht hat, verursacht werden, haftet der Mieter.

… Kommt ein Mieter dieser Pflicht trotz Aufforderung mit Fristsetzung und Ablehnungsandrohung nicht nach, so ist der Vermieter berechtigt, diese Gegenstände auf Kosten des Mieters abfahren zu lassen."

für unwirksam erachtet. Ein Verstoß gegen § 9 AGBG/§ 307 BGB folge schon daraus, dass der Vermieter **ohne Rücksicht auf ein Verschulden** des Mieters zur Räumung der Mietsache und zum Abfahren dort noch vorhandener Sachen des Mieters auf dessen Kosten berechtigt sein soll.

341 Das OLG Hamburg[458] hat die Bestimmung in Mietwagenbedingungen: Der Vermieter

„ist nicht zur Verwahrung von Gegenständen verpflichtet, die der Mieter bei Abgabe im Fahrzeug zurücklässt,"

als Verstoß gegen § 9 AGBG/§ 307 BGB angesehen. Sie zeichne nach der gebotenen **kundenfeindlichsten Auslegung**[459] den Verwender von jeder Verwahrpflicht frei und berechtige dazu, sich der Sachen zu entledigen. Nach Treu und Glauben bestehe an dem von dem Mieter zurückgelassenen Sachen eine Obhutspflicht des Vermieters als **Nebenpflicht aus dem Mietvertrag**. Ihm obliege insoweit die verkehrsübliche Sorgfalt, vermeidbare Schäden an den Sachen des Mieters abzuwenden.

342 In der Literatur[460] wird zum Teil die Auffassung vertreten, derartige Klauseln seien wirksam. Es sei zu beachten, dass es der Mieter sei, der eine wesentliche Vertragspflicht nur ungenügend erfülle und dem Vermieter **zusätzliche Lasten** auferlege.[461]

343 Der Rechtsprechung ist zu dahingehend zu folgen, dass entsprechende Klauseln unangemessen benachteiligend sind. Denn in der maßgeblichen kundenfeindlichsten Auslegung wären auch **wertvolle Gegenstände**, Betriebs- oder Kundengeheimnisse (z.B. Festplatten von PC's) oder aufbewahrungspflichtige Sachen erfasst.

6. Quotenabgeltungsklauseln für Schönheitsreparaturen

344 Bisher sind sog. Quotenabgeltungsklausel, die den Mieter bei Ende des Mietvertrags zur anteiligen Kostenübernahme an noch nicht fälligen

---

[457] OLG Frankfurt (1 U 41/96) NZM 1998, 150 = NJW-RR 1998, 368.
[458] OLG Hamburg (5 U 216/87) NJW-RR 1989, 881.
[459] Vgl. hierzu unter I. Teil Rdnr. 224.
[460] *Wolf/Eckert/Ball* Rdnr. 1077.
[461] Im Ergebnis zustimmend *Bub/Treier/Bub* II Rdnr. 549.

Schönheitsreparaturen verpflichten, noch relativ selten. Dies dürfte sich angesichts der schärfer gewordenen **Rechtsprechung zur Abwälzung von Schönheitsreparaturen** zukünftig ändern.[462]

Nach der Rechtsprechung des VIII. Zivilsenats des BGH ist eine Klau- **345** sel, wonach der Mieter bei Ende des Mietverhältnisses je nach dem Zeitpunkt der letzten Schönheitsreparaturen während der Mietzeit einen prozentualen Anteil an Renovierungskosten auf Grund des Kostenvoranschlags eines vom Vermieter auszuwählenden Malerfachgeschäfts zu zahlen hat, jedenfalls dann wirksam, wenn sie den Kostenvoranschlag **nicht ausdrücklich für verbindlich** erklärt, die für die Abgeltung maßgeblichen Fristen und Prozentsätze am Verhältnis zu den üblichen Renovierungsfristen ausrichtet und dem Mieter nicht untersagt, seiner anteiligen Zahlungsverpflichtung dadurch zuvorzukommen, dass er vor dem Ende des Mietverhältnisses Schönheitsreparaturen in **kostensparender Eigenarbeit** ausführt, und wenn – im Falle einer unrenoviert oder renovierungsbedürftig überlassenen Wohnung – die für die Durchführung wie für die anteilige Abgeltung der Schönheitsreparaturen maßgeblichen Fristen nicht vor dem Anfang des Mietverhältnisses zu laufen beginnen.[463]

Sofern man die **Prämisse der gleichen Schutzwürdigkeit des Gewer-** **346** **beraum- und des Wohnungsmieters** akzeptiert, spricht manches für eine Übertragung dieser Grundsätze auf die Gewerberaummiete.

> **Praxistipp:** Angesichts der **mannigfaltigen Folgeprobleme** bei der **347** Formulierung entsprechender Klauseln (welche weiche Fristen sind anzusetzen? etc.)[464] stellt sich trotz der bisherigen Rechtsprechung der bloßen Unwirksamkeit der Quotenklausel bei der Kombination von wirksamer Abwälzung der Schönheitsreparaturen mit unwirksamer Quotenklausel die Frage, ob man insbesondere bei der Gestaltung langfristiger Mietverträge das Risiko eingeht, eine sich ggf. später als unwirksam herausstellende Quotenklausel in AGB aufzunehmen.

7. Rückbauausschluss

In einer Reihe gängiger, von Mietern verwandter Formularverträge fin- **348** den sich Regelungen, nach denen der Mieter bei Vertragsende Ein- und Umbauten nicht zurückbauen muss, sondern in der Mietsache belassen kann. Da es sich bei der Rückbauverpflichtung bei höherem Aufwand um eine **Hauptleistungspflicht** handelt,[465] dürfte eine formularvertragliche Abbedingung ausscheiden.

---

[462] So auch *Langenberg*, Schönheitsreparaturen, C Rdnr. 270.

[463] Nahezu wörtliches Zitat aus BGH (VIII ZR 52/06) NZM 2006, 924 = NJW 2006, 3778.

[464] Vgl. hierzu im Einzelnen *Langenberg*, Schönheitsreparaturen, C Rdnr. 270 ff; *Schmidt*, NZM 2011, 561 f.

[465] *Lützenkirchen/Horst*, AHB, K Rdnr. 350 m. w. N.

8. Rückgabe besenrein

349   Der VIII. Zivilsenat des BGH[466] hat die Klausel,

„Unabhängig von den Verpflichtungen des Mieters, die sich aus §§ 8 bis 10 MV ergeben, sind die Mieträume bei Beendigung des Mietverhältnisses in besenreinem Zustand zurückzugeben",

dahingehend ausgelegt, dass vom Mieter lediglich **grobe Verschmutzungen** zu beseitigen sind. Dies wird man auf den Bereich der Gewerberaummiete übertragen können.

9. Rückgabe im bezugsfähigen Zustand

350   Nach Auffassung des OLG Düsseldorf[467] verpflichtet eine Klauseln, die eine Rückgabe im „bezugsfertigen Zustand" vorsieht, nicht per se zu einer Endrenovierung, da man auch in nicht frisch renovierte Räume einziehen und diese alsdann nutzen könne. Auch der BGH[468] hat eine entsprechende Klausel für wirksam erachtet. Denn diese Klausel bedeute nicht, dass der Mieter bei Auszug stets das Mietobjekt vollständig instand zu setzen hat. Vielmehr sei der Zweck der Abwälzung der Renovierungspflicht auf den Mieter erreicht und seiner Verpflichtung genügt, wenn der Vermieter nach Beendigung des Mietverhältnisses in der Lage ist, dem neuen Mieter die Räume in einem **bezugsgeeigneten und vertragsgemäßen Zustand** zu überlassen. Dazu brauchen sie **nicht neu hergerichtet** zu sein. Stehe jedoch fest, dass sich die Mieträume aufgrund natürlichen Verschleißes – bei übermäßig starker Abnutzung ohnehin – in einem zur Weitervermietung ungeeigneten Zustand befinden, so seien Schönheitsreparaturen fällig. Folglich hat der Mieter diese bei Auszug durchführen zu lassen, ohne dass es darauf ankommt, wann er zuletzt renoviert hat.

351   In der Literatur werden entsprechende Klauseln teilweise für unwirksam erachtet. Dies u. a. auf Grund der in ihnen enthaltenen **verkappten Endrenovierungsverpflichtung.**[469]

352   **Praxistipp:** Von der Verwendung des Begriffs, „Rückgabe im bezugsfähigen Zustand", ist abzuraten. Denn er ist u. a. unter dem Gesichtspunkts des **Transparenzgebots** alles andere als „unverdächtigt" und es bleibt abzuwarten, ob der BGH zukünftig auch insoweit strengere Anforderungen an die Formulierung stellt.

10. Rückgabe im vertragsgemäßen/ordnungsgemäßen Zustand

353   Enthält der Vertrag die Verpflichtung die Mietsache bei Vertragsende im „vertragsgemäßen Zustand" zurück zu geben, soll dies dahingehend

---

[466] BGH (VIII ZR 124/05) NZM 2006, 691 = NJW 2006, 2915.
[467] OLG Düsseldorf (24 U 183/01) BeckRS 2002 30264786 = ZMR 2003, 25.
[468] BGH (XII ZR 105/90) NJW 1991, 2416.
[469] *Langenberg*, Schönheitsreparaturen, C Rdnr. 229.

zu verstehen sein, dass **Verschlechterungen durch den vertragsgemäßen Gebrauch** nicht zu beseitigen sind.[470] Entsprechendes gilt für Klauseln, nach denen die Mietsache einen ordnungsgemäßen Zustand aufzuweisen hat.[471]

11. Schadensersatz wegen fehlender Durchführung von Schönheitsreparaturen, Rückbau etc. ohne Mahnung

Führt der Mieter bei Vertragsende von ihm geschuldete Schönheitsre- **354** paraturen, Rückbauarbeiten etc. nicht aus, wandelt sich in der Regel[472] der Anspruch nach dem Gesetz erst nach **Fristsetzung im Sinne des § 281 BGB** in einen Schadensersatz/Geldzahlungsanspruch um.[473] Klauseln, die den Vermieter als Verwender von einer Fristsetzung freizeichnen, werden als unwirksam angesehen.[474]

XXXIII. Rücktritt vom Vertrag

1. Überraschender Charakter

Rücktrittsrechte für den Verwender im Gewerberaummietvertrag wer- **355** den für den Regelfall der nicht kurzfristigen Anmietung ohne besondere Umstände im Einzelfall, etwa ausdrücklicher und deutlicher Hinweis im Rahmen der Vertragsverhandlung,[475] als **überraschende Klausel** gemäß § 305c Abs. 1 BGB nicht Vertragsbestandteil werden.

2. Unangemessene Benachteiligung?

Die Vereinbarung von **Rücktrittsvorbehalten** in formularvertraglichen **356** Gewerberaummietverträgen wird unabhängig hiervon grundsätzlich für möglich/zulässig gehalten.[476]

Ob eine Vereinbarung von Rücktrittsrechten auch für die **Zeit nach** **357** **Vertragsbeginn** möglich sein soll, wird unterschiedlich beantwortet.[477]

---

[470] Bub/Treier/*Bub* II Rdnr. 551.

[471] OLG Düsseldorf (24 U 183/01), BeckRS 200230264786 = ZMR 2003, 25; *Sternel*, Mietrecht aktuell, II Rdnr. 237.

[472] Vgl. Zu den Ausnahmen *Sternel*, Mietrecht aktuell, IX Rdnr. 152.

[473] Lindner-Figura/Oprée/Stellmann/*Pietz* Kap. 16 Rdnr. 133; *Langenberg*, Schönheitsreparaturen, III, 64; *Wolf/Eckert/Ball* Rdnr. 1106.

[474] Lindner-Figura/Oprée/Stellmann/*Pietz* Kap. 16 Rdnr. 133 unter Verweis auf BGH (VIII ZR 47/85) NJW 1986, 82 (zu § 326 BGB a.F.); allgemein zum Ausschluss von Fristsetzungen im Verkehr mit Unternehmern *Schäfer* in Ulmer/Brandner/Hensen § 309 Nr. 4 Rdnr. 11; PWW/*Berger* § 309 Rdnr. 25 unter Verweis auf BGH (VIII ZR 292/88) NJW 1990, 2065 (zu § 326 BGB a.F.).

[475] Vgl. zum Entfall eines objektiv überraschenden auf Grund eines eindeutigen Hinweises oben I. Teil Rdnr. 136.

[476] Lindner-Figura/Oprée/Stellmann/*Oprée* Kap. 15 Rdnr. 20; *Wolf/Eckert/Ball* Rdnr. 895; v. Westphalen/*Drettmann*, Geschäftsraummiete, Rdnr. 158.

[477] Bejahend v. Westphalen/*Drettmann*, Geschäftsraummiete, Rdnr. 147; verneinend *Wolf/Eckert/Ball* Rdnr. 895.

Keinesfalls soll es jedoch möglich sein, auf diese Weise die **Regelungen zur Kündigung zu unterlaufen**/unzulässig auszuweiten. Die Rücktrittsgründe müssten in der Klausel im Einzelnen konkretisiert sein.[478]

358   In Anknüpfung an eine Entscheidung des **BGH**[479] zu einer Sonderkonstellation (Anmietung einer Stadthalle durch eine radikale Gruppierung nebst Rücktritt der Eigengesellschaft der Stadt) wird weiterhin darauf abgestellt, dass ein formularvertraglicher Rücktrittsvorbehalt nicht auf **Umstände** gestützt werden dürfe, deren Vorliegen der Verwender bei gebotener Sorgfalt schon **vor dem Vertragsschluss** hätte erkennen und deshalb den Abschluss hätte ablehnen können.[480]

359   Bei der Bewertung vertraglicher Rücktrittsrechte kann man zunächst in Rechnung stellen, dass § 572 BGB mangels Verweisung in § 578 BGB in der Gewerberaummiete keine Geltung beansprucht und das Gesetz insoweit eine **geringere Schutzwürdigkeit des Gewerberaummieters** unterstellt. Dem gegenüber ist zu beachten, dass angesichts der Einschränkung der Möglichkeiten zur außerordentlichen Kündigung eines Zeitmietvertrags und der **wirtschaftlichen Bedeutung der Bestand von Mietverträgen** nicht durch überbordende Rücktrittsrechte ausgehöhlt werden darf. Es sind jedoch Konstellationen durchaus geläufig, die weder durch **(aufschiebende) Bedingungen**[481], noch durch (im Zweifel ohnehin unwirksame) zusätzliche formularvertragliche **Kündigungsrechte** interessengerecht bewältigt werden können.

360   So werden Immobilienentwickler immer wieder vor der Aufgabe stehen, einerseits eine angemessene Vermietungsquote einer geplanten Immobilie zu erreichen und andererseits eine u. U. noch **zweifelhafte Baugenehmigung** zu erwirken, bevor sie eine Fremdfinanzierung erhalten. Mitunter wird die Baugenehmigung nur mit wirtschaftlich beachtlichen Auflagen und Bedingungen erteilt oder eine angemessene Vermietungsquote nicht zu erreichen sein. Für derartige Fälle erscheinen Rücktrittsrechte, die ggf. dem Verwender bei Auflagen etc. noch einen gewissen Entscheidungsrahmen belassen, nicht unangemessen benachteiligend.

XXXIV. Salavatorische Klauseln

361   Vgl. hierzu oben I. Teil Rdnr. 419 ff.

XXXV. Schönheitsreparaturen

1. Einführung

362   Unter dem Begriff der Schönheitsreparaturen wird auch in der **Gewerberaummiete** das Tapezieren, Anstreichen oder Kalken der Wände und

---

[478] v. Westphalen/*Drettmann*, Geschäftsraummiete, Rdnr. 147.
[479] BGH (VIII ZR 349/85) NJW 1989, 831 = BGHZ 99, 182.
[480] *Wolf/Eckert/Ball* Rdnr. 895.
[481] Vgl. hierzu oben II. Teil Rdnr. 20 f.

Decken, das Streichen der Fußböden, Heizkörper einschließlich Heizrohre, der Innentüren sowie der Fenster und Außentüren von innen sowie die gründliche Reinigung von Teppichböden verstanden.[482]

2. Schönheitsreparaturen als Teil der Hauptleistungspflicht

Die Schönheitsreparaturen sind nach der gesetzlichen Konzeption Teil **363** der in § 535 Abs. 1 S. 2 BGB niedergelegten **Hauptleistungspflicht** des Vermieters. Als solche wären sie grundsätzlich nicht durch AGB auf den Mieter abwälzbar. Nur weil sich eine lange, bereits Verkehrssitte gewordene, abweichende Übung in der Praxis etabliert hat, hält der BGH[483] dies für zulässig.

Praxistipp: In der Literatur[484] wird mit geradezu bestechender Logik **364** diese Begründung des BGH hinterfragt: Kann eine lange Übung einen Verstoß gegen Gesetz rechtfertigen oder ist „Aufgabe der Rechtsordnung ... vielmehr allein der Schutz der durch solche **gesetzwidrigen Formularverträge** betroffenen Vertragspartner des Verwenders der Formularverträge, hier also der Mieter"?[485]
Auch wenn die von Emmerich beschworene **Rückkehr zum Gesetz** **365** im Sinne der Unzulässigkeit der formularvertraglichen Abwälzung von Schönheitsreparaturen gegenwärtig nicht der herrschenden Meinung entsprechen dürfte, stellt sich für den Berater die Frage, „Weiter so?"
Gewerberaummietverträge sind **potenziell langfristig** und die Höhe **366** der möglichen Schadenssummen bei einer unwirksamen Abwälzung von Schönheitsreparaturen anstelle der Vereinbarung einer höheren Miete etc. kaum abzuschätzen. Dies mag einen nachdenklich stimmen und zu entsprechenden Hinweisen und Alternativvorschlägen bei der Ausarbeitung von Klauselwerken veranlassen.

3. Notwendigkeit einer einschränkenden Definition?

Auf Grund der Weite des Begriffs der Schönheitsreparaturen wird in **367** der Literatur eine **Beschränkung** der Abwälzung der Schönheitsreparaturen **auf dekorative Arbeiten** (oder vielleicht genauer auf dem Mietgebrauch oder naturgemäßer Alterung beruhender Arbeiten) für die Wirksamkeit entsprechender Klauseln für erforderlich angesehen.[486]
Nach dieser Auffassung ist die Klausel, **368**

„Der Mieter trägt die Schönheitsreparaturen."

in der maßgeblichen **kundenfeindlichsten Auslegung**[487] unangemessen benachteiligend und damit unwirksam. Damit stellt diese Klausel nicht

---

[482] BGH (XII ZR 15/07) NZM 2009, 126 = NJW 2009, 510.
[483] BGH (XII ZR 308/02) NZM 2005, 504 = NJW 2005, 2006
[484] *Emmerich* NZM 2009, 16.
[485] *Emmerich* NZM 2009, 16.
[486] *Langenberg*, Schönheitsreparaturen, B Rdnr. 100.
[487] Vgl. hierzu oben unter I. Teil Rdnr. 224.

mehr den „sichersten Weg" zur Abwälzung dar, obwohl der **BGH**[488] im Jahr 2004 noch eine ähnliche Klausel für wirksam erachtet hat.

4. Schutzrichtung der BGH-Rechtsprechung

369   Bereits im Jahr 2005 hat der **BGH**[489] zu erkennen gegeben, dass er (zumindest) für den **Bereich der Schönheitsreparaturen** den Gewerberaummieter in ähnlicher Weise wie den Wohnraummieter vor belastenden Abwälzungsklauseln in AGB schützen wird. Nachdem er dies im Jahr 2008 bekräftigt hat,[490] ist insoweit von einer gefestigten Rechtsprechung auszugehen.

370   Es spricht daher viel dafür, dass die einschlägige **Rechtsprechung des VIII. Zivilsenats zu Wohnraummiete** mehr oder weniger unverändert auch Geltung für den Bereich der Gewerberaummiete beanspruchen kann.

5. Neuere Rechtsprechung des BGH und der Obergerichte zur Schönheitsreparaturproblematik

a) Starre Fristenpläne

371   Der XII. Zivilsenat des BGH hat bereits entschieden, dass **starre Fristenpläne** für die Durchführung der auf den Mieter abgewälzten Schönheitsreparaturen in der Gewerberaummiete zur Unwirksamkeit der Klausel führen.[491] Dementsprechend hat er die Klausel,

„Der Vermieter ist nicht verpflichtet, während der Mietzeit Schönheitsreparaturen des Mietgegenstands durchzuführen, da hierfür in der Miete keine Kosten kalkuliert sind.

Der Mieter verpflichtet sich, auf seine Kosten mindestens alle drei Jahre in Küche, Bad, Dusche und Toiletten und alle fünf Jahre in allen übrigen Räumen die Schönheitsreparaturen (so insbesondere das Tapezieren und Anstreichen der Wände und Decken, Streichen der Heizkörper einschließlich Heizungsrohre, der Innentüren samt Rahmen, der Einbauschränke sowie der Fenster und Außentüren von innen, Abziehen bzw. Abschleifen der Parkettfußböden und danach deren Versiegelung, Reinigung der Teppichböden) auf eigene Kosten durch Fachhandwerker ausführen zu lassen. Dem Mieter obliegt der Beweis, dass die Schönheitsreparaturen fachmännisch und innerhalb der vereinbarten Mindestfristen durchgeführt worden sind.

Endet das Mietverhältnis vor Eintritt der Verpflichtung zur Durchführung der Schönheitsreparaturen, so ist der Mieter verpflichtet, die anteiligen Kosten für die Schönheitsreparaturen auf Grund eines Kostenvorschlags eines vom Vermieter auszuwählenden Malerfachbetriebs an den Vermieter nach folgender Maßgabe zu zahlen. Wenn die Schönheitsreparaturen seit Einzug oder seit einer späteren Vornahme länger zurückliegen als:

---

[488] BGH (VIII ZR 339/03) NZM 2004, 734 = NJW 2004, 2961.
[489] BGH (XII ZR 308/02) NZM 2005, 504 = NJW 2005, 2006.
[490] BGH (XII ZR 84/06) NZM 2008, 890 = NJW 2008, 3772.
[491] BGH (XII ZR 84/06) NZM 2008, 890 = NJW 2008, 3772.

bei Küche, Bad, WC:	bei allen übrigen Räumen:
7 Monate mit 20%	*12 Monate mit 20%*
11 Monate mit 30%	*18 Monate mit 30%*
15 Monate mit 40%	*24 Monate mit 40%*
19 Monate mit 50%	*30 Monate mit 50%*
23 Monate mit 60%	*36 Monate mit 60%*
27 Monate mit 70%	*42 Monate mit 70%*
31 Monate mit 80%	*48 Monate mit 80%*
34 Monate mit 90%	*54 Monate mit 90%*

Die vorstehend genannten Fristen beginnen nicht vor dem erstmaligen Ablauf der in § 13 Nr. 3.1 MV genannten Fristen, wenn der Mietgegenstand sich beim Beginn des Mietverhältnisses in einem renovierungsbedürftigen Zustand befunden hat."

wegen Verstoßes gegen § 307 BGB als unwirksam erachtet.

Nach Auffassung des KG[492] enthält die Klausel, **372**

„Die Schönheitsreparaturen werden regelmäßig in folgenden Zeiträumen erforderlich:

In Küche, Bad, Toilette, Fluren – alle drei Jahre in allen übrigen Räumen – alle fünf Jahre -

Dabei sind die Innenanstriche der Fenster, die Anstriche der Türen, Fußleisten, Heizkörper und Heizrohre – alle fünf Jahre – vorzunehmen."

auf Grund der Verwendung des Begriffs, **„regelmäßig"**, einen starren Fristenplan und sei daher unwirksam. Hätte der Vermieter anstelle der Begriffs, **„regelmäßig"**, die Formulierung **„in der Regel"** oder **„im Allgemeinen"** gewählt, wäre für den Mieter erkennbar gewesen, dass es sich bei den genannten Fristen nur um eine Orientierungshilfe und nicht um einen starren Fristenplan handeln sollte. Dann wäre die Klausel nach Auffassung des Gerichts wirksam gewesen.[493]

b) Kombination laufende Schönheitsreparaturen und Endrenovierung

Des weiteren hat der BGH die Unwirksamkeit folgender Klauseln, mit **373** der in **Kombination laufende Schönheitsreparaturen und eine Endrenovierung** auf den Pächter/Mieter abgewälzt werden sollte, angenommen,

Pächter erkennt an, das Pachtobjekt in ordentlichem und gebrauchsfähigem/ renoviertem Zustand erhalten zu haben. Der Pächter hat das Pachtobjekt nebst Inventar pfleglich zu behandeln und auf seine Kosten dauernd instand zu setzen. Er hat stets für ausreichende Lüftung, Heizung und Reinigung aller ihm überlassenen Räume zu sorgen.

---

[492] KG (8 U 205/07) BeckRS 2008, 12030 = NZM 2008, 643 (dort ist der Klauseltext nicht wiedergegeben).
[493] KG (8 U 205/07) BeckRS 2008, 12030 = NZM 2008, 643.

Die Instandhaltung umfaßt alle Erhaltungsarbeiten und die sog. Schönheitsreparaturen. Die Schönheitsreparaturen sind vom Pächter ohne Aufforderung in angemessenen Abständen mindestens alle zwei Jahre (Toiletten und Küche jährlich) sachgemäß und fachgerecht ausführen zu lassen. Die Verpächterin ist berechtigt, den Pächter zur sachgemäßen Durchführung dieser Arbeiten anzuhalten und nach ergebnislosem Ablauf einer angemessenen Frist die erforderlichen Arbeiten auf Kosten des Pächters vornehmen zu lassen. § 17. Bei Auszug hat der Pächter das Pachtobjekt vollständig geräumt und in a) renoviertem und besenreinem ... Zustand mit sämtlichen Schlüsseln zurückzugeben. ...

da die Kombination der Abwälzung der laufenden Schönheitsreparaturen nebst der Verpflichtung zur Endrenovierung **unabhängig vom Zustand der Mietsache** unangemessen benachteiligend sei.[494]

c) Isolierte Endrenovierung

374   Der VIII. Zivilsenat des **BGH**[495] hat für die Wohnraummiete die Unwirksamkeit der Klausel,

„Die Wohnung wird in einem einwandfrei renovierten Zustand übergeben. Bei Auszug ist die Wohnung fachgerecht renoviert zurückzugeben. Die Wände sind mit Rauhfaser tapeziert und weiß gestrichen. Die Türzargen, Fensterrahmen und Heizkörper sind weiß lackiert. Teppichboden ist fachmännisch zu reinigen.“

375   angenommen, obwohl der Vertrag keine Abwälzung der laufenden Schönheitsreparaturen während der Mietzeit enthielt. Eine **Endrenovierungspflicht** des Mieters, die unabhängig ist vom Zeitpunkt der letzten Renovierung und vom Zustand der Wohnung bei seinem Auszug, benachteilige ihn auch dann unangemessen, wenn ihn während der Dauer des Mietverhältnisses keine Schönheitsreparaturverpflichtung trifft. Eine entsprechende Regelung sei bereits isoliert betrachtet unwirksam. Ein **Summierungseffekt**, der bei der Kombination der Endrenovierungsklausel mit einer – für sich genommen unbedenklichen – Verpflichtung zu laufenden Schönheitsreparaturen wegen eines Übermaßes an Renovierungspflichten zur Unwirksamkeit auch der Letztgenannten führen kann, sei für eine Unwirksamkeit keine Voraussetzung.[496]

Akzeptiert man die Prämisse der im Wesentlichen gleichen Schutzwürdigkeit von Gewerbe- und Wohnraummieter, kann man dieses Ergebnis wohl auf die Gewerberaummiete übertragen.

d) Fachhandwerkerklauseln/Bezugnahme auf die VOB

376   Nach Auffassung des OLG Düsseldorf[497] verstoßen Schönheitsreparaturklauseln, mit denen der Mieter verpflichtet wird, die Schönheitsrepa-

---

[494] BGH (XII ZR 308/02) NZM 2005, 504 = NJW 2005, 2006.
[495] BGH (VIII ZR 316/06) NZM 2007, 921 = NJW 2007, 3776.
[496] BGH (VIII ZR 316/06) NZM 2007, 921 = NJW 2007, 3776.
[497] OLG Düsseldorf (10 U 66/10) NZM 2011, 214 = NJW 2011, 1011.

raturen ausführen zu lassen, gegen § 307 BGB . Denn dem Mieter werde die Möglichkeit abgeschnitten, die **Arbeiten selbst durchzuführen**. Daher sei die Klausel,

„Der Mieter ist verpflichtet, Schönheitsreparaturen laufend auf eigene Kosten fachgerecht durchführen zu lassen, sobald der Grad der Abnutzung dies nach der Art des Gewerbebetriebes bzw. der vertraglichen Nutzung erfordert"

unwirksam.[498]

Klauseln, nach denen die Ausführung der Arbeiten **„nach den Regeln** **377** **der VOB"** zu erfolgen haben, werden mitunter ebenfalls als unwirksam angesehen.[499]

e) Farbwahlklauseln

Zumindest nach Auffassung des KG[500] verstoßen sog. Farbwahlklau- **378** seln, die dem Mieter es untersagen ohne Zustimmung des Vermieters von der **bisherigen Ausführungsart** abzuweichen, gegen § 307 BGB und sind daher unwirksam. Der Mieter werde durch die Klausel gehindert, die angemieteten Räume nach seinem Geschmack auszugestalten. Die Einschränkung wiege umso schwerer, als die Ausgestaltung von Geschäftsräumen oft Teil des Geschäftskonzepts ist. Bei Wirksamkeit der Klausel würde der mietende Unternehmer an der Verwirklichung seines **Geschäftskonzepts** und der vertraglichen Nutzung der Räume gehindert und damit in einer gegen die Gebote von Treu und Glauben verstoßenden Weise unangemessen benachteiligt.[501]

f) Weitere Klauseln

Der **BGH**[502] hat die Bestimmung in einem Wohnraummietvertrag, **379**

„Schönheitsreparaturen trägt der Mieter (vgl. § 13) einschließlich Streichen von Außenfenstern, Balkontür und Loggia".

in Verbindung mit der ergänzenden Klausel (§ 13)

„Trägt der Mieter die Schönheitsreparaturen, hat er folgende Arbeiten fachgerecht auszuführen: Tapezieren, Anstreichen der Wände und Decken, das Streichen der Fußböden, Reinigen und Abziehen und Wiederherstellung der Versiegelung von Parkett, das Streichen der Heizkörper einschließlich der Heizrohre sowie der Türen und Fenster".

für unwirksam erachtet, da sie den Mieter verpflichte, Fenster, Balkontür und Loggia auch von außen zu streichen. Dies sei jedoch unangemessen benachteiligend. Soweit es um Türen und Fenster geht, gehöre zu den Schönheitsreparaturen im Sinne dieser Bestimmung nur das Streichen der Innentüren sowie der Fenster und Außentüren von innen, nicht aber

---

[498] Vgl. BGH (VIII ZR 294/09) NZM 2010, 615 = NJW 2010, 2877 für die Wohnraummiete.
[499] *Hannemann/Wiegner* § 19 Rdnr. 102.
[500] KG (8 U 17/10) NZM 2011, 246 = NJW 2011, 1084.
[501] KG (8 U 17/10) NZM 2011, 246 = NJW 2011, 1084.
[502] BGH (VIII ZR 210/08) NZM 2009, 353 = NJW 2009, 1408.

der Außenanstrich von Türen und Fenstern. Dieser Beschränkung liege der Gedanke zu Grunde, dass eine Belastung des Mieters mit Schönheitsreparaturen nur hinsichtlich solcher Arbeiten gerechtfertigt sein könne, mit denen eine typischerweise vom Mieter verursachte Abnutzung des **dekorativen Erscheinungsbildes** innerhalb der gemieteten Wohnung beseitigt wird.[503]

380 Akzeptiert man die **Prämisse der im Wesentlichen gleichen Schutzwürdigkeit von Gewerbe- und Wohnraummieter**, kann man dieses Ergebnis wohl auf die Gewerberaummiete übertragen.

XXXVI. Schriftformklauseln

381 Zu den sog. einfachen und qualifizierten Schriftformklauseln vgl. oben I. Teil Rdnr. 90 ff.

XXXVII. Schriftformsanierungsklauseln/ Schriftformheilungsklauseln

382 Um den vielfältigen Problemen im Zusammenhang mit der **Wahrung der Schriftform**[504] zu entgehen, werden häufig sog. Schriftformsanierungs-/-heilungsklauseln verwandt. In der Oberlandesgerichtsrechtsprechung ist strittig, ob diese Klauseln wirksam sind. Das OLG Rostock[505] hat unter Verweis auf den **zwingenden Charakter des § 550 BGB** derartige Klauseln für unwirksam erachtet bzw. ist davon ausgegangen, dass sie die Vertragsparteien nicht gehindert sind, unter Berufung auf einen Schriftformmangel den Mietvertrag mit den gesetzlichen Fristen zu kündigen. Die OLG´e Köln[506] und Düsseldorf[507] sehen bei Vorhandensein einer Schriftformsanierungsklausel die Kündigung unter Berufung auf den Schriftformmangel als **treuwidrig** an. Das KG[508] hatte ebenfalls in Bezug auf einschlägige Klauseln keine Bedenken. In der Literatur ist die Frage der Wirksamkeit entsprechender Klauseln stark umstritten.[509]

383 Richtigerweise wird darauf verwiesen, dass entsprechende Klauseln gegen wichtige Grundgedanken des (insoweit zwingenden) BGB verstoßen und den **potenziellen Erwerber** schutzlos stellen.[510] Sie verstoßen damit jedenfalls gegen § 307 BGB und sind damit unwirksam.

---

[503] BGH (VIII ZR 210/08) NZM 2009, 353 = NJW 2009, 1408.

[504] Vgl. etwa: *Lindner-Figura* NZM 2007, 705.

[505] OLG Rostock (3 U 108/07) NZM 2008, 646 = NJW 2009, 445.

[506] OLG Köln (1 U 43/04) NJOZ 2006, 325 = BeckRS 2005, 12348.

[507] OLG Düsseldorf (24 U 264/03) NZM 2005, 147 = BeckRS 2004, 07075.

[508] KG (8 U 51/06) NZM 2007, 402 = NJW-RR 2007, 805.

[509] Staudinger/*Emmerich* § 550 Rdnr. 45; Schmidt-Futterer/*Lammel* § 550 Rdnr. 66; Kinne/Schach/*Bieber* § 550 Rdnr. 7; *Wichert* ZMR 2006, 257 f.; *Scheer-Hennings/ Quast* ZMR 2009, 180; *Timme/Hülk* NZM 2008, 764; Blank in Münchener Vertragshandbuch, Bd. 5, II.1, 281 a; *Streyl* NZM 2009, 261.

[510] Staudinger/*Emmerich* § 550 Rdnr. 46.

XXXVIII. Sortimentsbindung

Unter dem Begriff der Sortimentsbindung wird die Pflicht des Mieters **384** verstanden, nur für den im Mietzweck vereinbarten Geschäftstyp **üblichen Waren und Dienstleistungen** anzubieten.[511]

Nach Auffassung des BGH[512] verstößt die formularvertragliche Ver- **385** einbarung einer Sortimentsbindung eines Einzelhändlers nicht gegen § 307 BGB und ist wirksam.[513] Entsprechende Klauseln werden **nicht als überraschend** angesehen.[514]

Wie der **BGH**[515] festgestellt hat, beinhaltet der Klauselteil, **386**

„zur ausschließlichen Nutzung als: T.....-Discount einschließlich der dazugehörenden Rand- und Nebensortimente",

keine wirksame Vereinbarung einer Sortimentsbindung. Denn die Bezeichnung *„T.....-Discount"* sei keine Sortimentsbezeichnung, sondern ein Teil des **Firmennamens** der ersten Mieterin. Denkbar sei zwar, in dieser Regelung eine Beschränkung auf eine Angebotspalette zu sehen, die dem bei anderen *T.....-Discount* Filialen üblichen Sortiment entspräche. Dies setze allerdings voraus, dass sich – trotz der für Discount-Ketten typischen Einbeziehung auch branchenfremder, aber gerade besonders preisgünstiger Angebote in das jeweils aktuelle Sortiment – eine solche Begrenzung überhaupt bestimmen ließe; ferner, dass der Vermieter bei der Abrede den Willen gehabt hätte, auch bei einer Untervermietung an künftige andere Untermieter eine solche Beschränkung des Sortiments auf eine (etwaige und) gerade für die *T*-Discount Filialen typische Angebotspalette hinzunehmen. Beides könne jedoch letztlich offen bleiben. Auch wenn sich aus der Bezugnahme auf den *„T...-Discount"* auf eine vage abgrenzbare Sortimentsbeschränkung schließen ließe, so hätte diese Beschränkung eine diffuse und – nicht zuletzt durch die ausdrückliche Einbeziehung von **„Rand- und Nebensortimenten"** – auch umfänglich kaum begrenzbare Reichweite, die eine Sortimentsbindung jeglicher praktischen Bedeutung entzöge.[516]

XXXIX. Stillschweigende Verlängerung des Mietvertrags (§ 545 BGB)

§ 545 BGB sieht eine stillschweigende **Verlängerung** des Mietvertrags **387** auf **unbestimmte Zeit** vor, wenn der Mieter die Mietsache nach Ablauf

---

[511] *Bieber/Eupen* B VII. Rdnr. 3.

[512] BGH (XII ZR 131/08) NZM 2010, 361 = NJW-RR 2010, 1017, Rdnr. 14; *Sternel*, Mietrecht aktuell, VII. Rdnr. 270.

[513] Zur streitigen Frage der Beurteilung der Kombination von Betriebspflicht, enge Sortimentsbindung und Ausschluss des Konkurrenzschutzes vgl. oben II. Teil Rdnr. 42.

[514] *Bieber/Eupen* VII Rdnr. 4.

[515] BGH (XII ZR 131/08) NZM 2010, 361 = NJW-RR 2010, 1017.

[516] Nahezu wörtliches Zitat des BGH (XII ZR 131/08) NZM 2010, 361 = NJW-RR 2010, 1017.

der Mietzeit weiter nutzt und keine der Parteien innerhalb der Fristen des § 545 BGB widerspricht.

Nach der Rechtsprechung des BGH[517] kann diese Regelung formularvertraglich abbedungen werden.

388 Entsprechend einer Entscheidung des OLG Rostock[518] ist die Klausel,

„Bei Ablauf der Mietzeit findet § 545 BGB[519] für beide Vertragspartner keine Anwendung."

wirksam. Nach Auffassung des OLG Rostock muss der **Inhalt des § 545 BGB** dem Verwendungsgegner nicht erläutert werden. Ihm sei es zuzumuten, das Gesetz zusätzlich zum Vertrag zu lesen. Dies wird in der Literatur in Hinblick auf die Wahrung des **Transparenzgebots**[520] teilweise anders gesehen.[521]

389 **Praxistipp:** Bis die Frage der Wirksamkeit der **bloßen Verweisung auf Gesetzesnormen**, die ggf. durch den **EuGH** zu beantworten ist, geklärt wurde, ist bei der Gestaltung entsprechender Klauseln vorsorglich von der strengeren Auffassung auszugehen.

390 Klauseln, nach denen der Widerspruch im Sinne des § 545 BGB der **Schriftform** bedürfe, werden teilweise für unwirksam gehalten.[522]

XL. Tragfähigkeit von Decken

391 Vgl. hierzu oben unter II. Teil Rdnr. 123.

XLI. Triple-Net-Verträge

392 Unter Triple-Net-Verträgen werden Mietverträge verstanden, bei denen der Mieter neben der **Miete** sämtliche **Betriebs- und Nebenkosten** sowie die **Instandhaltung und -setzung einschließlich an „Dach und Fach"**[523] trägt. Da die vollständige Abwälzung der Kosten der Instandhaltung und -setzung der Mietsache formularvertraglich für unwirksam angesehen wird, können zumindest insoweit[524] entsprechende Verträge nicht als AGB vereinbart werden.

---

[517] BGH (VIII ZR 38/90) NJW 1991, 1750.
[518] OLG Rostock (3 U 167/05) NZM 2006, 584 = NJW 2006, 3217.
[519] Die Entscheidung des Senats bezog sich auf § 568 BGB a. F. = § 545 BGB n. F. insoweit handelt es sich nicht um wörtliches Zitat der Klausel, die dem Verfahren zu Grunde lag.
[520] Vgl. hierzu oben unter I. Teil Rdnr. 372 ff.
[521] Schmidt-Futterer/*Blank* § 545 Rdnr. 31.
[522] Schmidt-Futterer/*Blank* § 545 Rdnr. 33.
[523] Vgl. zu diesen Begriffen oben II. Teil Rdnr. 176 f.
[524] Vgl. zu den sog. „Double-Net-Verträgen" oben II. Teil Rdnr. 124.

XLII. Übergabe

1. Pünktliche Übergabe

Unter die bei der Gewerberaummiete **vertragswesentlichen Pflichten** **393** soll auch die Verpflichtung zur pünktlichen Übergabe zu fassen sein.[525] Gleichwohl wird teilweise eine diesbezügliche Beschränkung der Haftung auf **Vorsatz und grobe Fahrlässigkeit** in Formularverträgen für zulässig erachtet.[526] Nach einer differenzierenden Auffassung soll im Zusammenhang mit der verspäteten Übergabe der Mietsache die Freizeichnung für einfache Fahrlässigkeit zulässig sein, wenn dem Mieter das Recht zur außerordentlichen Kündigung nach Maßgabe des § 543 BGB verbleibt und ihm die Ansprüche gegen Dritte (Bauhandwerker, Vormieter etc.) abgetreten werden.[527]

2. Übergabe erst nach Leistung der ersten Miete

Nach einer Entscheidung des OLG Düsseldorf[528] sind Klauseln wirk- **394** sam, nach denen der Anspruch des Mieters auf Übergabe der Räume erst nach **voller Bezahlung der ersten Miete** entsteht.

3. Übergabezustand

Eine Klausel, nach der die Mieträume in **renoviertem Zustand** überge- **395** ben werden, soll unwirksam sein. Die Klausel,

„erkennt der Mieter mit der Übernahme an, daß die Mietsache in einem zu dem vertragsgemäßen Gebrauch geeigneten Zustand ist, es sei denn, es handele sich um versteckte Mängel."

wird zumindest in Teilen der Literatur unter Berufung auf eine Entscheidung des OLG Köln[529] für wirksam erachtet, da sie den **Erfüllungsanspruch** unberührt lasse.

XLIII. Umsatzmiete

S. o. II. Teil Rdnr. 318. **396**

XLIV. Umsatzsteuer

Einkünfte aus Vermietung und Verpachtung unterliegen grundsätz- **397** lich nicht der Umsatzsteuer. Unter gewissen, im Umsatzsteuerrecht gere-

---

[525] *Sternel*, Mietrecht aktuell, II Rdnr. 254; VIII Rdnr. 442.
[526] OLG Düsseldorf (24 U 95/07) NZM 2008, 893 = BeckRS 2008, 10071; *Wolf/Eckert/Ball* Rdnr. 394.
[527] *Fritz* Rdnr. 154.
[528] OLG Düsseldorf (10 U 145/00) NZM 2002, 563 = ZMR 2002, 513.
[529] OLG Köln (2 U 185/90) NJW-RR 1993, 466.

gelten Umständen[530] kann der Vermieter jedoch **zur Umsatzsteuer optieren** und auf diese Weise in den Genuss des sog. Vorsteuerabzugs für die Mietsache kommen. Er kann dann von seiner Umsatzsteuerschuld Umsatzsteuerbeträge abziehen, die er seinerseits an Dritte für Lieferungen und Leistungen im Zusammenhang mit der Mietsache zahlt.[531]

398   Der Vermieter soll sich auch **formularvertraglich** die Option zur Umsatzsteuer, etwa mit der Klausel,

„Auf Verlangen des Vermieters hat der Mieter der gewerblich … genutzten Räume neben dem Mietzins Mehrwertsteuer zu zahlen, wenn der Vermieter nach § 9 UStG für die Mehrwertsteuerpflicht optiert hat. Die Bestimmungen des Umsatzsteuergesetzes sind den Parteien bekannt."

vorbehalten können.[532]

399   Zu recht wird darauf verwiesen, dass entsprechende Regelungen, u. a. bezüglich der **Beibringung/Vorlage der Unterlagen bei den Finanzbehörden**, die diese benötigen, um die Voraussetzungen der Umsatzsteueroption zu prüfen, der Unzulässigkeit von Tätigkeiten, die den Vorsteuerabzug ausschließen, der Umsatzsteueroptionspflicht des Mieters im Fall der Untervermietung, Regelungen für den Fall der Verletzung der Pflichten des Mieters etc. zu **ergänzen** sind.[533]

XLV. Umzugsverpflichtung des Mieters

400   Vertragliche Klauseln, mit denen sich der Vermieter das Recht vorbehält, dem Mieter andere als die vereinbarten Flächen zuzuweisen und diesen verpflichten, ggf. umzuziehen, werden in Bezug auf ihre Wirksamkeit sehr zurückhaltend gesehen. Formularmäßige Abänderungsvorbehalte sollen in jedem Fall die Voraussetzungen einer einseitigen Änderung im einzelnen hinreichend konkretisieren müssen und keine Abweichungen zulassen, die zu Lasten des Mieters nicht unerheblich nachteilige Veränderungen gestatten.[534] Entsprechende Klauseln sollen des weiteren **nur für Nebenräume, z. B. Keller etc.**, nicht jedoch für die **Hauptmietflächen** zulässig sein.[535] Darüber hinaus wird man verlangen müssen, dass entsprechende Klauseln zumindest die Verpflichtung enthalten müssen, dem Mieter alle direkten und indirekten **Umzugskosten** zu erstatten.

---

[530] Vgl. hierzu Lindner-Figura/Oprée/Stellmann/*Bartholomäi* Kap. 10 Rdnr. 67 ff.
[531] *Neuhaus* Rdnr. 835.
[532] BGH (XII ZR 137/99) NZM 2001, 952 = NJW-RR 2002, 9.
[533] v. Westphalen/*Drettmann*, Geschäftsraummiete, Rdnr. 82; *Fritz* Rdnr. 187; *Sontheimer* NJW 1997, 693 (697).
[534] OLG Köln (1 U 56/89) NJW-RR 1990, 1232 (Messestandvertrag).
[535] Bub/Treier/*Bub* II Rdnr. 421; *Fritz* Rdnr. 159.

XLVI. Untermiete

1. Einführung

Das Gesetz geht in § 540 Abs. 1 S. 1 BGB davon aus, dass jedwede Ge- **401** brauchsüberlassung der Mietsache an einen Dritten nur mit Erlaubnis des Vermieters zulässig ist. Verweigert der Vermieter ohne wichtigen Grund in der Person des Mieters, kann der Mieter auch ein befristetes Mietverhältnis **außerordentlich mit den gesetzlichen Fristen kündigen** (§ 540 Abs. 1 S. 2 BGB).

Praxistipp: Der Bereich der Untermiete ist einer der wenigen im BGB, **402** der aus **Sicht des Vermieters** auch seinen Interessen angemessen geregelt ist. Es stellt sich daher bei der Vertragsgestaltung für den Vermieter immer die Frage, ob man diesen Regelungskomplex im Vertrag anspricht oder es bei den gesetzlichen Regelungen belässt. Denn es droht die Gefahr, mit weitergehenden Regelungen „schlafende Hunde" zu wecken und nach Verhandlung entsprechender Klauseln ein Minus im Vergleich zur gesetzlichen Regelung zu erlangen.

2. Ausschluss des außerordentlichen Kündigungsrechts des Mieters (§ 540 Abs. 1 S. 2 BGB)

Der BGH hat entschieden, dass die **isolierte Abbedingung des außer-** **403** **ordentlichen Kündigungsrechts** in AGB unzulässig ist und daher die Klausel,

„Untervermietung oder sonstige Gebrauchsüberlassung an Dritte darf nur mit schriftlicher Einwilligung des Vermieters erfolgen. Die Einwilligung kann widerrufen werden. Die Anwendung des § 540 BGB, Abs. 1, 2. Hauptsatz,[536] *ist ausgeschlossen."*

als unwirksam angesehen.[537] Gerade bei der Geschäftsraummiete, bei der **404** langfristige Verträge üblich sind und das Risiko für den geschäftlichen Erfolg allein der Mieter trägt, habe dessen Interesse erhebliches Gewicht, im Falle **unvorhergesehener wirtschaftlicher Entwicklungen** Verluste, die wegen einer nicht mehr sinnvollen Nutzbarkeit der Räume drohen, durch eine Untervermietung abwenden oder mindern zu können. Das Interesse des Vermieters werde in diesem Fall nach der gesetzlichen Regelung hinreichend dadurch gewahrt, dass er bei Vorliegen eines wichtigen Grundes in der Person des Untermieters die Erlaubnis versagen und seinen Mieter am Vertrage festhalten kann.[538] Hiermit sei eine Klausel die es im Ergebnis ins Belieben des Vermieters stellt wird, ob er die erforder-

---

[536] Die Entscheidung bezog noch auf § 549 BGB a. F.; insoweit ist das Zitat abgeändert.
[537] BGH (XII ZR 172/94) NJW 1995, 2034 = BGHZ 130, 50.
[538] Annähernd wörtliches Zitat BGH (XII ZR 172/94) NJW 1995, 2034 = BGHZ 130, 50.

liche Erlaubnis erteilt, nicht vereinbar. Entsprechende Regelungen seien daher unangemessen benachteiligend.

405   Bei **langfristigen Mietverträgen** soll der Ausschluss jedweder Untervermietungsmöglichkeit bei gleichzeitigem Ausschluss des Kündigungsrechts des § 540 Abs. 1 S. 2 BGB gegen § 307 BGB verstoßen,[539] bei kurz- und mittelfristigen Vermietungen jedoch nach teilweise vertretener Auffassung nicht.[540]

3. Widerrufsvorbehalt bezüglich und Form der Erlaubnis zur Untervermietung

406   Behält sich der Vermieter das Recht vor, die Erlaubnis zur Untervermietung jederzeit zu widerrufen, ist dies unangemessen benachteiligend im Sinne des § 307 BGB.[541] Der **Vorbehalt aus wichtigem Grund** wird hingegen als zulässig erachtet.[542]

Klauseln, nach denen die Erlaubnis des Vermieters der **Schriftform** bedürfen, sind nach einer Entscheidung des BGH[543] unwirksam.

4. Regelungen zur Höhe der Untermiete

407   Regelungen, mit denen die Höhe der Untermiete festgeschrieben wird, dürften gegen das **Verbot der vertikalen Preisbindung** verstoßen und damit unwirksam sein.[544]

5. Abtretung der Untermieten

408   Als (zusätzliche) **Mietsicherheit** enthalten viele Mietverträge eine (Voraus)Abtretung der Ansprüche des Mieters gegen den Untermieter auf Zahlung der Untermiete.

409   Folgt man den OLG Hamburg[545] sind Abtretungsklauseln, nach denen die Abtretung der Untermieten **in Höhe der jeweiligen Forderungen des Vermieters** aus dem Hauptmietverhältnis erfolgt, mangels hinreichender Bestimmung der abgetretenen Forderungen unwirksam.

6. Untermietzuschlag/Abschöpfung vom Mehrerlös

410   Regelungen, mit denen sich der Vermieter einen Zuschlag zur Miete für den Fall der Untervermietung einräumen lässt, werden grundsätzlich für zulässig erachtet.[546] Teilweise wird eine Regelung der Höhe des Zu-

---

[539] Lindner-Figura/Oprée/Stellmann/*Stellmann*, Kap. 18 Rdnr. 56.

[540] v. Westphalen/*Drettmann*, Geschäftsraummiete, Rdnr. 77; a. A. Lindner-Figura/Oprée/Stellmann/*Stellmann* Kap. 18 Rdnr. 56

[541] BGH (XII ZR 172/94) NJW 1995, 2034 = BGHZ 130, 50.

[542] v. Westphalen/*Drettmann*, Geschäftsraummiete, Rdnr. 78.

[543] BGH (XII ZR 172/94) NJW 1995, 2034 = BGHZ 130, 50.

[544] Lindner-Figura/Oprée/Stellmann/*Stellmann*, Kap. 18 Rdnr. 85.

[545] OLG Hamburg (4 U 98–97) NZM 1999, 806 = NJW-RR 1999, 1316.

[546] *Sternel*, Mietrecht aktuell, II Rdnr. 265; *Wolf/Eckert/Ball* Rdnr. 1287; v. Westphalen/*Drettmann*, Geschäftsraummiete, Rdnr. 77; Lindner-Figura/Oprée/Stellmann/*Stellmann* Kap. 18 Rdnr. 81 f.; Bub/Treier/*Kraemer* III Rdnr. 1037.

schlags, der **maximal 20% der Miete** betragen dürfe, für erforderlich gehalten.[547]

Auch eine formularvertragliche Regelung, nach der ein **Mehrerlös aus**   **411**
der Untervermietung im Vergleich zur Miete ganz oder teilweise dem
Vermieter zustehen soll, wird vereinzelt für zulässig erachtet.[548]

XLVII. Verjährung

1. Verlängerung der gesetzlichen Verjährungsfristen

Nach der Rechtsprechung des BGH[549] sind Regelungen wegen Versto-   **412**
ßes gegen § 307 BGB unwirksam, wenn sie dazu führen, dass der Verwendungsgegner nicht erkennen kann, wann die Verjährungsfrist (spätestens) in Lauf gesetzt wird.[550] Wird der Beginn der Verjährung etwa
durch Stundung herausgezögert, muss die Klausel als Wirksamkeitsvoraussetzung nach Auffassung des BGH[551] einen **festen Zeitpunkt** bestimmen, an dem die Verjährungsfrist spätestens in Lauf gesetzt wird.

2. Verjährung nach § 548 BGB

Ob und ggf. wie die kurze Verjährungsfrist des § 548 BGB formularver-   **413**
traglich verlängert werden kann, hat der BGH soweit erkennbar noch
nicht entschieden. In der Literatur ist diese Frage **umstritten**. Teilweise
wird eine Verlängerung auf 3 Jahre[552] bzw. 2 Jahre[553] oder ein Jahr[554] für
zulässig erachtet. Zum Teil werden formularvertragliche Verlängerungen
teilweise nur für wirksam erachtet, wenn Sie die jeweiligen Ansprüche
des Verwendungsgegners ebenfalls erfassen.[555]

Teilweise wird empfohlen, entsprechende Klauseln nicht auf die wech-   **414**
selseitigen Ansprüche im Sinne des § 548 BGB zu begrenzen, sondern auf
alle Ansprüche aus dem Mietverhältnis auszudehnen.[556]

Praxistipp: Ob mit einer generellen Verlängerung der Verjährung für   **415**
alle wechselseitigen Ansprüche aus dem Mietverhältnis tatsächlich
ein Zugewinn an Sicherheit verbunden ist, bleibt abzuwarten.[557] Sofern die Klauseln dahingehend formuliert werden, dass die Verjährung wechselseitiger Ansprüche mit Ende des Mietverhältnisses be-

---

[547] Lindner-Figura/Oprée/Stellmann/*Stellmann* Kap. 18 Rdnr. 82 f.
[548] Lindner-Figura/Oprée/Stellmann/*Stellmann* Kap. 18 Rdnr. 84.
[549] BGH (VIII ZR 313/84) NJW 1986, 1608 zur Kfz-Miete.
[550] Palandt/*Ellenberger* § 202 Rdnr. 14 m.w.N.
[551] BGH (XII ZR 245/92) NJW 1994, 1788 zur Kfz-Miete; Palandt/*Ellenberger*
§ 202 Rdnr. 14.
[552] Palandt/*Ellenberger* § 202 Rdnr. 14 m.w.N.; *Scheffler* ZMR 2008, 512 (514).
[553] *Fuder* NZM 2004, 851.
[554] Schmidt-Futterer/*Streyl* § 548 Rdnr. 62; *Hau* NZM 2006, 561 (567).
[555] *Sternel*, Mietrecht aktuell, XIII. Rdnr. 241 m.w.N; Schmidt-Futterer/*Streyl*
§ 548 Rdnr. 62; *Hau* NZM 2006, 561 (567).
[556] *Scheffler* ZMR 2008, 512, 514.
[557] Kritisch in diesem Zusammenhang a.: *Fuder* NZM 2004, 851, 852.

ginnt, dürfte die Klausel unangemessen benachteiligend sein. Denn sie erfasst auch die **Mietzahlungsansprüche**, so dass bei einem langfristigen Mietvertrag ggf. noch nach Jahrzehnten unverjährte Mietforderungen in Raum stehen können. [558]

416   Demgegenüber wird unter Hinweis auf den **Schutzweck des § 548 BGB**, zeitnah Klarheit über das Bestehen von Ansprüchen im Zusammenhang mit dem Rückgabezustand zu schaffen und Beweisschwierigkeiten vorzubeugen, eine Abweichung von § 548 BGB für den Regelfall auf Grund Verstoßes gegen § 307 BGB als unwirksam angesehen.[559]

3. Verkürzung der gesetzlichen Verjährungsfristen

417   In der Literatur werden teilweise unter Berufung auf den Rechtsgedanken des § 309 Nr. 8 lit. b BGB Klauseln für unzulässig erachtet, mit denen die Regelverjährungsfrist von 3 Jahren auf weniger als 1 Jahr verkürzt wird.[560] Ob die 10-jährige Verjährungsfrist des § 199 Abs. IV BGB formularvertraglich verkürzt werden kann, wird zumindest mit **Vorbehalten gesehen**.[561] Eine Verkürzung der Verjährungsfrist des § 548 BGB soll unangemessen benachteiligend und damit unwirksam sein.[562]

XLVIII. Verkehrssicherungspflichten

418   Die **Verkehrssicherungspflichten** im Zusammenhang mit dem Grundstück treffen nach der gesetzlichen Konzeption den Eigentümer des Grundstücks, der direkt oder indirekt den Verkehr auf dem Grundstück eröffnet.[563] Regelmäßig übertragen die **Gemeinden** zusätzlich für die öffentlichen Gehwege vor dem Grundstück die **Räum- und Streupflicht bei Schnee und Eis** auf den Grundstückseigentümer. Die Verletzung entsprechender Pflichten kann nicht nur zivilrechtliche Folgen, insbesondere in Gestalt von Schadensersatzansprüchen, sondern auch strafrechtliche Konsequenzen (etwa fahrlässige Körperverletzung durch Unterlassen) nach sich ziehen.

419   Ob die Übertragung dieser Pflichten auf den Gewerberaummieter qua AGB möglich ist, wurde von der Rechtsprechung noch nicht höchstrichterlich geklärt. Zumindest für den Bereich der Wohnraummiete ist die Rechtsprechung in vereinzelten Entscheidungen bisher von einer **formularvertraglichen Abwälzungsmöglichkeit** ausgegangen.[564] In der Literatur werden derartige Klauseln bisweilen als wirksam angesehen.[565]

---

[558] A. A. wohl *Scheffler* ZMR 2008, 512 (514).
[559] Staudinger/*Emmerich* § 548 Rdnr. 47.
[560] Lindner-Figura/Oprée/Stellmann/*Fuerst* Kap. 17 Rdnr. 75.
[561] Palandt/*Ellenberger* § 202 Rdnr. 16 m. w. N.
[562] Lindner-Figura/Oprée/Stellmann/*Fuerst* Kap. 17 Rdnr. 73; v. Westphalen/*Drettmann*, Geschäftsraummiete, Rdnr. 162.
[563] *Fritz* Rdnr. 250.
[564] OLG Frankfurt (16 U 123/87) NJW 1989, 41.
[565] Schmidt-Futterer/*Eisenschmid* § 535 Rdnr. 142.

Teilweise werden hiergegen Bedenken erhoben.[566] Eine Übertragung im **420** Rahmen einer **Hausordnung** wird mitunter als überraschende Klausel im Sinne des § 305c Abs. 1 BGB[567] angesehen.[568] Wenn und soweit den Mieter auf Grund der Eröffnung seines Geschäfts und Geschäfts- und Besucherverkehrs eine eigene Verkehrssicherungspflicht trifft, wird eine Abwälzung der den Vermieter treffenden Verpflichtungen für zulässig erachtet.[569]

Praxistipp: Angesichts der einschneidenden Folgen einer Verletzung **421** der Verkehrssicherungspflicht erscheint der Versuch der Abwälzung auch für den Vermieter nicht sinnvoll. Denn manches spricht für die Unwirksamkeit entsprechender Klauseln. Denn die **Streupflicht** besteht ggf. auch an gesetzlichen **Feiertagen und Wochenenden** und damit zu Zeiten, in denen der Gewerberaummieter nicht anwesend ist und keine eigene Verkehrssicherungspflicht hat. In diesen Zeiten kann er die Pflicht nur mit fremdem Personal bzw. Dienstleistern erfüllen. Es erscheint für beide Mietvertragsparteien daher als sinnvoll, einen Dritten als Dienstleister mit diesen Aufgaben zu beauftragen und diesen angemessen zu überwachen,[570] um auf diese Weise von der Haftung gegenüber Dritten weitestgehend befreit zu werden.

XLIX. Verlängerungsklauseln/Verlängerungsoptionen

1. Übertragung der Rechtsprechung des BGH zur Wohnraummiete?

Für die Wohnraummiete hat der VIII. Zivilsenat des **BGH**[571] für einen **422** vor der Mietrechtsreform abgeschlossenen Vertrag entscheiden, dass die Klausel,

„Wird das Mietverhältnis nicht auf den als Endtermin vorgesehenen Tag unter Einhaltung der gesetzlichen Kündigungsfrist gekündigt, so verlängert es sich jedes Mal um 5 Jahre."

nicht gegen § 307 BGB verstößt und damit wirksam ist. Erstaunlicher Weise hat sich der BGH in diesem Zusammenhang nicht mit der Frage auseinandergesetzt, ob eine derartige automatische Verlängerung unter dem Gesichtspunkt der Warnfunktion der **Schriftform langfristiger Mietverträge** gegen §§ 550, 126 BGB verstößt. U.a. aus diesem Grund verlangen das OLG Köln[572] und das OLG Frankfurt[573] für die Ausübung im

---

[566] Lindner-Figura/Oprée/Stellmann/*Wolf* Kap. 13 Rdnr. 125f.

[567] Vgl. hierzu oben I. Teil Rdnr. 122ff.

[568] Vgl. *Fritz* Rdnr. 250 unter Verweis auf Bub/Treier/*Kraemer* III Rdnr. 1085a; a.A. OLG Frankfurt (16 U 123/87) NJW 1989, 41.

[569] Lindner-Figura/Oprée/Stellmann/*Wolf* Kap. 13 Rdnr. 126.

[570] Vgl. zur Überwachungsverpflichtung BGH (VI ZR 126/07) NZM 2008, 242 = NJW 2008, 1440.

[571] BGH (VIII ZR 230/09) NZM 2010, 693 = NJW 2010, 3431.

[572] OLG Köln (22 U 105/05) NZM 2006, 464 = BeckRS 2006, 03997.

[573] OLG Frankfurt (23 U 121/97) NZM 1998, 1006.

Vertrag vorgesehener Optionen mit einem Bindungszeitraum von mehr als einem Jahr die Schriftform und lassen ein Telefax nicht genügen.

423   **Praxistipp:** Auch wenn zumindest das OLG Hamm[574] Vereinbarungen[575] für zulässig erachtet, nach denen **Optionen** mangels Widerspruch des Berechtigten **als ausgeübt gelten,** sollte man zumindest bis zu einer höchstrichterlichen Klärung dieser Frage entsprechende Klauseln vorsorglich nicht verwenden.

2. Gestaltung von Verlängerungsoptionsklauseln

424   Da das OLG Köln[576] die Auffassung vertritt, nicht nur die Vereinbarung, sondern auch die **Ausübung einer Option** bedürfe der **Schriftform** der §§ 578, 550, 126 BGB mit der Folge, dass ein Telefax zur Ausübung nicht ausreiche, sollte man die Parteien auf diese Rechtsprechung in der Klausel ausdrücklich hinweisen und klarstellen, dass dieser Hinweis **keine Verschärfung der Formvorschriften** bewirken soll. Auf diese Weise ist gewährleistet, dass die Parteien nach einer abweichenden Entscheidung des BGH die Option sicher per Telefax ausüben können.

425   In der Klausel sollte des Weiteren eine **klare Fristenregelung** für die Ausübung der Optionen sowie eine Regelung, nach der die Fortsetzung des Mietverhältnisses nach Maßgabe und den (wirtschaftlichen) Bedingungen des Mietvertrags erfolgt, enthalten sein.

L. Versicherungspflichten des Mieters

426   Es wird für wirksam erachtet, den Mieter zum Abschluss einer **Betriebshaftpflichtversicherung** und ggf. auch weiterer Versicherungen zu verpflichten.[577]

427   Teilweise wird auch die Verpflichtung des Mieters für zulässig erachtet, die **Mietsache zu versichern.**[578] Dies dürfte jedoch in Gewerberaummietverträgen in aller Regel eine **überraschende Klausel** darstellen.

LI. Vertragsstrafen

428   Nach Auffassung des BGH[579] sind Vertragsstrafenversprechen auch formularvertraglich möglich. Eine **Begrenzung auf einen Höchstbetrag** soll nicht erforderlich sein, wenn die Höhe der Vertragsstrafe von der Zeitspanne, innerhalb derer das vertragswidrige Verhalten fortgesetzt

---

[574] OLG Hamm (30 U 121/05) BeckRS 2006, 00 676.
[575] Die Bestimmung lautete: *„Das Optionsrecht gilt (als) ausgeübt, wenn die Mieterin nicht mit einer Frist von 12 Monaten zum Ende der festen Mietzeit erklärt, dass sie auf das Optionsrecht verzichte."*
[576] OLG Köln (22 U 105/05) NZM 2006, 464 = BeckRS 2006, 03 997.
[577] *Fritz* Rdnr. 191 m. w. N.
[578] *Wolf/Eckert/Ball* Rdnr. 741.
[579] BGH (XII ZR 18/00) NZM 2003, 476, 479 = NJW 2003, 2158.

wird, abhängig ist. In diesen Fällen liege eine Unwirksamkeit der Klausel
nur vor, wenn zwischen der Höhe der ausbedungenen Vertragsstrafe
und dem zugehörigen Vertragsverstoß kein angemessenes Verhältnis besteht.[580] Das **Verschuldenserfordernis** muss nach Auffassung des OLG
Rostock[581] nicht ausdrücklich in Klausel erwähnt werden. Von einer verschuldensunabhängigen Vertragsstrafe sei grundsätzlich nur dann auszugehen, wenn dies als solches ausdrücklich vorgesehen ist.

Praxistipp: Angesichts der Rechtsprechung des **BGH**[582] zu Aufrech- **429**
nungsverbotsklauseln[583] und der dort erfolgten extensiven Anwendung der **kundenfeindlichsten Auslegung**[584] sollte bei der Klauselgestaltung das Verschuldenserfordernis vorsorglich in die Klausel
aufgenommen werden.

LII. Verwirkung

Der **BGH**[585] hat aus der Klausel,   **430**

*„Auch wiederholt geübte Nachsicht gilt nicht als stillschweigende Duldung von
Vertragsverstößen und Versäumnissen; irgendwelche Rechte können daraus
nicht hergeleitet werden,"*

einen Ausschluss der Einwendung der **Verwirkung** abgeleitet. Hierbei
wird im Sachverhalt der Entscheidung nicht deutlich, ob es sich bei der
Regelung um AGB gehandelt hat.

Nach Auffassung des OLG München[586] soll die Formularvertragsklau- **431**
sel,

*„Rechte der Verpächterin insbesondere aus diesem Vertrag gehen der Verpächte-
rin auch dann nicht verloren, falls sie hiervon, obwohl dazu befugt, zunächst
keinen Gebrauch macht",*

wegen Verstoßes gegen § 307 BGB unwirksam sein. Denn die Klausel
betreffe auch das **außerordentliche Kündigungsrecht.** Es widerspreche
dem Wesen einer fristlosen Kündigung, die auf eine Unzumutbarkeit der
Fortsetzung des Mietverhältnisses gestützt wird, dass die Ausübung des
Kündigungsrechts längere Zeit hinweg in der Schwebe bleibt, da der
Verpächter durch die Nichtausübung des Kündigungsrechtes zu erkennen gebe, dass er gerade nicht von einer Unzumutbarkeit der Fortsetzung des Vertragsverhältnisses ausgeht. Darüber hinaus erhielte der
Verpächter die Möglichkeit, durch ein zeitliches unbeschränktes Berufen
auf zurückliegende Vorfälle auf den Pächter Druck auszuüben. Schließ-

---

[580] BGH (XII ZR 18/00) NZM 2003, 476, 479 = NJW 2003, 2158; vgl. auch OLG
Düsseldorf (24 U 207/06) NZM 2008, 611.
[581] OLG Rostock (3 U 118/03) NZM 2004, 460.
[582] BGH (XII ZR 54/05) NZM 2007, 684 = NJW 2007, 3421.
[583] Vgl. hierzu oben II.Teil Rdnr. 2 f.
[584] Vgl. hierzu oben unter I. Teil Rdnr. 224.
[585] BGH (XII ZR 126/00) NZM 2004, 27 = NJW-RR 2004, 12.
[586] OLG München (3 U 5169/00) NJW-RR 2002, 631 = BeckRS 2001 30164 889.

lich enthalte die Bestimmung auch insoweit eine einseitige treuwidrige Belastung des Pächters, als nur die Rechte der Verpächterin erhalten bleiben sollen, nicht aber die Rechte des Pächters.[587]

432   **Praxistipp:** Entsprechende Klauseln werden nur dann eine Wirksamkeitschance haben, wenn sie **gleichmäßig für beide Vertragsparteien** gelten. Ihre Verwendung will daher gut überlegt sein.

LIII. Vollmachtsklauseln

433   Klauseln, mit denen sich mehrere Mieter/Vermieter als Verwendungsgegner wechselseitig zur Abgabe und Entgegennahme von Willenserklärungen etc. bevollmächtigen, sollen nicht einschränkungslos zulässig sein.[588] Vielmehr müssen zumindest auf die **Vertragsbeendigung zielende Erklärungen** des Verwendungsgegners (Kündigungen, Mietaufhebungsverträge etc.) hiervon ausgenommen sein.[589]

434   Der **BGH**[590] hat dementsprechend die AGB-Bestimmung,

„Erklärungen, deren Wirkung die Mieter berührt, müssen von oder gegenüber allen Mietern abgegeben werden. Die Mieter bevollmächtigen sich jedoch gegenseitig zur Entgegennahme … solcher Erklärungen. Diese Vollmacht gilt auch für die Entgegennahme von Kündigungen, jedoch nicht für … Mietaufhebungsverträge"

als wirksam angesehen, da eine „gegenseitige Selbstentrechtung", wie sie bei Erteilung von **Abgabevollmachten** in Betracht kommen könnte, durch eine wechselseitige Empfangsvollmacht nicht zu befürchten sei.

435   Das OLG Koblenz[591] hat die Klausel,

„Willenserklärungen eines Mieters sind auch für die anderen Mieter verbindlich. Die Mieter gelten zur Vornahme und Entgegennahme solcher Erklärungen als gegenseitig bevollmächtigt."

als unwirksam angesehen. Die AGB-Klausel,

„Rechtshandlungen und Willenserklärungen eines Vermieters sind auch für die anderen Vermieter, eines Mieters auch für die anderen Mieter verbindlich."

hat das OLG Düsseldorf[592] ebenfalls nicht als wirksam anerkannt. Entsprechendes hat das OLG Frankfurt[593] für die Bestimmung,

„Mehrere Personen als Mieter bevollmächtigen sich gegenseitig zur Abgabe und Annahme von Erklärungen mit Wirkung für und gegen jede Person."

angenommen.

---

[587] Zustimmend: *Sternel*, Mietrecht aktuell, II Rdnr. 276.
[588] *Sternel*, Mietrecht aktuell, II Rdnr. 277.
[589] OLG Frankfurt (6 U 108/90) NJW-RR 1992, 396.
[590] BGH (VIII ARZ 1/97) NZM 1998, 22 = NJW 1997, 3437; zustimmend *Streyl* NZM 2011, 377, 385.
[591] OLG Koblenz (5 U 2044/98) BeckRS 1999, 30060394.
[592] OLG Düsseldorf (24 U 7/06) BeckRS 2007, 17641.
[593] OLG Frankfurt (6 U 108/90) NJW-RR 1992, 396.

Auch in diesem Zusammenhang gilt erneut, dass sich der Klauselver- **436** wender nicht auf die Unwirksamkeit seiner Klausel berufen kann.[594]

LIV. Wechsel des Vertragspartners

Noch nicht abschließend durch höchstrichterliche Rechtsprechung ge- **437** klärt ist die Frage, ob formularvertragliche Klauseln wirksam sind, mit denen sich der Verwender das Recht vorbehält, den **Vertrag auf einen Dritten** zu übertragen.

Bisher hat der **BGH**[595] lediglich für den Fall der Untervermietung **438** durch eine Gesellschaft eine Klausel für wirksam erachtet, die es dem **Untervermieter** gestattet, den Vertrag auf eine andere Gesellschaft zu übertragen.

Das OLG Düsseldorf[596] hält entsprechende Klauseln für den Regelfall **439** für unwirksam. In der unzulässigen Auswechselung des Vertragspart- ners liege jedoch eine **zulässige Abtretung** der Ansprüche aus dem Mietverhältnis als wesensgleiches Minus.

> **Praxistipp:** Man muss abwarten, ob sich diese Auffassung des OLG **440** Düsseldorf zum wesensgleichen Minus durchsetzt. Es spricht viel da- für, hierin eine grundsätzlich **geltungserhaltende Reduktion**[597] zu sehen.

Für die Auffassung des OLG Düsseldorf, nach der Übertragungsklau- **441** seln unwirksam sind, spricht einiges: Gewerberaummietverträge sind u. a. auf Grund der mit ihnen verbundenen Investitionen für beide Ver- tragsparteien regelmäßig von existenzieller Bedeutung. Die **Sonderkün- digungsrechte in § 57a ZVG bzw. § 111 InsO** erzeugen die für den Mie- ter die Notwendigkeit, auf die Bonität des Vermieters zu vertrauen. Denn eine Absicherung gegenüber den vorgenannten Kündigungsrechten über eine erstrangige **beschränkt persönliche Dienstbarkeit** ist für den Mieter zumeist nicht zu erreichen.

Häufig investieren Vermieter große Summen in vom Mieter geforderte **442** Ein- und Ausbauten. Entsprechende Investitionen werden ausschließlich im **Vertrauen auf die Wirtschaftskraft des Mieters** getätigt. Der Wert einer Immobilie hängt nicht unerheblich von dem Vertrauen in die wirt- schaftliche Leistungsfähigkeit des langfristigen Mieters ab. Vertragsüber- tragungsklauseln zu Gunsten sind in der **Due Dilligence-Prüfung** eines Käufers regelmäßig ein „k. o.-Kriterium". Denn Übertragungsrechte der Vertragsparteien öffnen **Manipulationen** Tür und Tor. Es ist leicht vor- stellbar, dass z. B. eine Einzelhandelskette alle unwirtschaftlichen, jedoch langfristig angemieteten Objekte in eine „bad company" überträgt, die

---

[594] OLG Koblenz (5 U 2044/98) BeckRS 1999, 30060394.
[595] BGH (XII ZR 171/08) NZM 2010, 705 = NJW 2010, 3708.
[596] OLG Düsseldorf (I – 24 U 71/08) BeckRS 2011, 01152 zum Mobilienrecht.
[597] Vgl. zum Verbot der geltungserhaltenden Reduktion oben unter I. Teil Rdnr. 425ff.

später u. U. insolvent wird. Vertragsübertragungsklauseln erscheinen damit für den Regelfall unangemessen benachteiligend.

LV. Werbegemeinschaften

443   Für die Praxis hat der BGH die Möglichkeit eröffnet, auch formularvertraglich die Pflicht des Mieters zu statuieren, einer Werbegemeinschaft beizutreten.[598] Entsprechende Klauseln seien insbesondere **nicht grundsätzlich überraschend**[599] oder unangemessen benachteiligend.[600] Sofern die Werbegemeinschaft nach der Klausel auch in Rechtsform einer **Gesellschaft bürgerlichen Rechts (GbR)** errichtet werden kann, ist die Klausel jedoch auf Grund der damit verbundenen Haftungsrisiken unangemessen benachteiligend.[601]

444   Weiterhin verlangt der BGH, dass die von § 535 BGB abweichende Vereinbarung der Übernahme weiterer Kosten neben der Miete in Gestalt des Werbegemeinschaftsbeitrags einer ausdrücklichen und inhaltlich bestimmten Vereinbarung bedürfe. Nur dann ist es dem Mieter möglich, sich zunächst ein grobes Bild davon zu machen, welche **zusätzliche Kosten** auf ihn zukommen können. Die Höhe der Beiträge zur Werbegemeinschaft müsse auf Grund der Vertragsklausel **bestimmbar** sein, zum Beispiel durch einen bestimmten Prozentsatz der Miete; mindestens jedoch muss eine Höchstgrenze festgeschrieben werden. Ansonsten sei das Transparenzgebot des § 307 Abs. 1 S. 2 BGB nicht gewahrt.[602]

LVI. Wettbewerbsverbote

445   Unter Wettbewerbsverbote werden Regelungen verstanden, nach denen der Mieter während und teilweise auch nach Beendigung des Mietverhältnisses in einem **zeitlich und räumlich begrenzten Umfang** kein gleichartiges Geschäft betreiben darf.

446   Derartige Regelungen werden in Hinblick auf Art. 12 GG bereits in Individualverträgen relativ streng an § 138 BGB gemessen.[603] Nach ständiger Rechtsprechung des BGH darf ein Wettbewerbsverbot den Verpflichteten in der **Berufsausübung** nicht übermäßig beschränken und damit nicht über die schützenswerten Interessen des Begünstigten hinausgehen.

---

[598] BGH (XII ZR 39/04) NZM 2006. 775 = NJW 2006, 3057.
[599] BGH (XII ZR 279/97) NZM 2000, 492, 495 = NJW 2000, 1714; (XII ZR 39/04) 2006. 775 = NJW 2006, 3057; *Bieber/Eupen* B. XII. Rdnr. 4; *Lindner-Figura* NZM 1999, 737 (739);
[600] BGH (XII ZR 39/04) NZM 2006. 775 = NJW 2006, 3057; *Bieber/Eupen* B. XII. Rdnr. 8 f.
[601] BGH (XII ZR 39/04) NZM 2006. 775 = NJW 2006, 3057.
[602] BGH (XII ZR 39/04) NZM 2006, 775 = NJW 2006, 3057.
[603] BGH (VIII ZR 262/63) NJW 1964, 2203; OLG Celle (2 U 52/00) NZM 2000, 550; OLG Stuttgart (2 U 243/85) BeckRS 1986, 30892199: *Elzer/Riecke/Elzer* § 535 Rdnr. 151.

Es darf insbesondere in örtlicher, zeitlicher und gegenständlicher Hinsicht nicht zu einer unangemessenen Beschränkung der wirtschaftlichen **Bewegungsfreiheit des Verpflichteten** führen.[604] Im Rahmen der Abwägung der Interessen soll zu Gunsten des Vermieters sein Interesse zu berücksichtigen sein, dass der frühere Mieter nicht zeitnah in der Nachbarschaft einen Konkurrenzbetrieb eröffnet.[605] Von einem derartigen Betrieb könnten erhebliche Beeinträchtigungen für die Weitervermietung des Mietgegenstands ausgehen. Ein nachvertragliches Wettbewerbsverbot werde nicht mit der tatsächlichen Weitervermietung bereits überflüssig. Ein berechtigtes Interesse des Vermieters sei bis zur Einführung und Konsolidierung des Nachmieters am Markt anzuerkennen.[606]

Demgegenüber wird jedoch darauf verwiesen, dass der Vermieter nach **447** Beendigung des Mietverhältnisses grundsätzlich nur Anspruch auf Rückgabe der vermieteten Räume in ordnungsgemäßem Zustand gemäß § 546 BGB habe, ihm jedoch nicht die **Nutzung des Geschäftswerts** eines in diesen Räumen betriebenen Geschäfts zustehe.[607] Seine Rechtsstellung und seine wirtschaftlichen Interessen rechtfertigten daher kein Wettbewerbsverbot.[608]

In der Literatur werden nachvertragliche Wettbewerbsverbote auch in **448** AGB teilweise für zulässig erachtet, wenn sie durch **berechtigte Vermieterinteressen** gerechtfertigt seien und andererseits räumlich und zeitlich so eingeschränkt sind, dass sie die unternehmerische Tätigkeit des Mieters nicht übermäßig einschränken.[609]

Das OLG Dresden[610] hat die formularvertragliche Klausel in einem **449** Zehn-Jahres-Mietvertrag,

„Vom Zeitpunkt der Abgabe des Mietangebotes bis zur Beendigung des Mietverhältnisses ist es dem Mieter untersagt, in einem Umkreis von drei Kilometern um das Einkaufszentrum herum ein gleichartiges oder ähnliches Geschäft neu zu betreiben, wie er es im Einkaufszentrum unterhält, und zwar weder direkt noch indirekt. Entsprechendes gilt für die Beteiligung an solchen Unternehmen oder eine irgendwie geartete Mitwirkung an ihrem Betrieb.",

die in Kombination mit einem formularvertraglichen Ausschluss des vertragsimmanenten Konkurrenzschutzes verwandt wurde, als unangemessen benachteiligend und gemäß § 307 BGB unwirksam angesehen. Bei einer Einschränkung der wirtschaftlichen Bewegungsfreiheit des Mieters komme der **Ausgewogenheit der Regelung** entscheidende Bedeutung

---

[604] BGH (KZR 23/77) NJW 1979, 1605 = GRUR 1979, 657 zum Wettbewerbsverbot aus einem Unternehmenskaufvertrag.

[605] OLG Celle (2 U 74/88) NJW-RR 1990, 974 = OLGZ 1990, 320; OLG Celle (2 U 52/00) NZM 2000, 550, 551; *Sternel*, Mietrecht aktuell, VII. Rdnr. 269.

[606] OLG Celle (2 U 52/00) NZM 2000, 550.

[607] OLG Stuttgart (2 U 243/85) BeckRS 1986, 30892199; a. A. OLG Celle (2 U 52/00), NZM 2000, 550.

[608] OLG Stuttgart (2 U 243/85) BeckRS 1986, 30892199.

[609] v. Westphalen/*Drettmann*, Geschäftsraummiete, Rdnr. 55.

[610] OLG Dresden (5 U 1451/05) BeckRS 2006, 02006.

zu. Eine ausgewogene Regelung sei nicht gegeben, wenn der Vermieter sich ein Wettbewerbsverbot ausbedinge, jedoch seine Verpflichtung zur Gewährung von Konkurrenzschutz ausschließe.[611] Eine zeitliche Ausdehnung auf 10 Jahre hat der Senat ebenso für unangemessen benachteiligend angesehen wie die räumliche Erstreckung auf 3 Kilometer.[612]

450   Zu Recht wird darauf verwiesen, dass für **marktbeherrschende Vermieter** – etwa denen großer Einkaufscenter – die wettbewerbsrechtlichen Grenzen zu einer Unwirksamkeit von Wettbewerbsverboten führen (können).[613]

451   **Praxistipp:** Da gute Argumente für eine unangemessene Benachteiligung im Fall der **Kombination** von formularvertraglichen Wettbewerbsverbot mit einem Ausschluss des vertragsimmanenten Konkurrenzschutz sprechen und die Unwirksamkeit ggf. beide Bestimmungen erfassen würde, spricht im Regelfall manches dafür, formularvertragliche Wettbewerbsverbote nicht aufzunehmen. Denn bei Unwirksamkeit des Ausschlusses des Konkurrenzschutzes drohen dem Verwender / Vermieter massive Nachteile.

452   Die Anordnung des Wettbewerbsverbots unter *„Sonstiges"* soll zumindest im Einzelfall überraschend sein.[614]

LVII. Wohlverhaltensklauseln

453   Das OLG Dresden[615] hat die vor allen Dingen in **Einkaufcenterverträgen** mitunter zu findenden Klauseln, nach denen der Mieter Handlungen zu unterlassen hat, die berechtigte Interessen anderer Mieter verletzen oder sich für das gesamte Einkaufszentrum abträglich auswirken könnten, einschränkend ausgelegt und betont, dass diese Klausel in Hinblick auf die Wahrung des Transparenzgebots zumindest bedenklich sind.

LVIII. Zurückbehaltungsrechte

454   Die in einem Formularvertrag enthaltene Beschränkung des Zurückbehaltungsrechts, dass es nur wegen **unstreitiger oder rechtskräftig festgestellter Forderungen** geltend gemacht werden darf, verstößt bei Verwendung gegenüber einem Unternehmer nach Auffassung des BGH[616] nicht gegen § 307 BGB.

---

[611] OLG Dresden (5 U 1451/05) BeckRS 2006, 02006.
[612] OLG Dresden (5 U 1451/05) BeckRS 2006, 02006.
[613] Lindner-Figura / Oprée / Stellmann / *Hübner/Griesbach/Fuerst* Kap. 14 Rdnr. 169.
[614] OLG Dresden (5 U 1451/05) BeckRS 2006, 02006; *Christensen* in Ulmer / Brandner/Hensen, Teil 2 (22) Rdnr. 35.
[615] OLG Dresden (5 U 489/07) NZM 2008, 131 = BeckRS 2007, 12798.
[616] BGH (XII ZR 141/91) NJW-RR 1993, 519; BGH (XII ZR 132/09) NZM 2011, 153.

Nach Auffassung des OLG Hamburg[617] soll es zulässig sein, auch die **455** Geltendmachung von Zurückbehaltungsrechten von einer **Ankündigung mit einer angemessenen Frist** abhängig gemacht werden kann.

Praxistipp: Da das OLG Hamburg verlangt hat, dass dies nicht für **456** Zurückbehaltungsrechte gelten darf, bei denen die zugrunde liegende Gegenforderung unbestritten oder rechtskräftig festgestellt ist, sollte man angesichts des Grundsatzes der **kundenfeindlichsten Auslegung**[618] und der jüngeren Rechtsprechung des **BGH**[619] zu **Minderungsausschlussklauseln** entsprechende Einschränkungen ausdrücklich in entsprechende Formularvertragsklauseln aufnehmen.

Das OLG Celle[620] hält folgende Regelung, **457**

„Der Mieter kann gegenüber Mietforderungen mit Gegenforderungen nur aufrechnen oder ein Zurückbehaltungsrecht ausüben, wenn er seine Absicht dem Vermieter mindestens einen Monat vor der Fälligkeit der Miete schriftlich angezeigt und dem Vermieter ausreichend Gelegenheit gegeben hat, etwaige Mängel zu beseitigen."

auch in AGB für wirksam.

---

[617] OLG Hamburg (4 U 229/96) NZM 1998, 264 = NJW-RR 1998, 586.
[618] Vgl. dazu oben unter I. Teil Rdnr. 224.
[619] BGH (XII ZR 62/06) NZM 2008, 609 = NJW 2008, 2497
[620] OLG Celle (2 U 118/96) NZM 1998, 585 = ZMR 1998, 272.

Nachwort

Das Recht der allgemeinen Geschäftsbedingungen ist für den Bereich der Gewerberaummiete bisher allenfalls in Ansätzen durchdrungen. Dies birgt sowohl eine große Chance, als auch erhebliche Risiken. Gewerberaummietrecht ist in aller erster Linie Wirtschaftsrecht. Aufgabe der Rechtsordnung ist es, einen rechtlichen Rahmen zu liefern, der unter Beachtung der verfassungsrechtlichen Grundwertungen ein möglichst klares, einfaches und vorhersehbares Gerüst für die Betätigung der Marktteilnehmer an die Hand gibt. Schon angesichts der hohen Hürden, die vor einer Individualvereinbarung liegen, dürften etwa 90% bis 95% der gewerberaummietrechtlichen Regelungen die im Anwendungsbereich der §§ 305 ff. BGB unterfallen.

Hier liegt die Chance, zukünftig ein in sich geschlossenes, auf wenigen nachvollziehbaren Grundsätzen beruhendes System zu errichten, das einen schnellen und sicheren Abschluss von Gewerberaummietverträgen ermöglicht. Entscheidend für die Wirtschaftsmarktteilnehmer ist insoweit weniger letzte „Einzelfallgerechtigkeit", vielmehr ist Kalkulierbarkeit und langfristige Verlässlichkeit des Rechtssystems von größter Bedeutung. So wird man beispielsweise über die materielle Gerechtigkeit der Umlagefähigkeit einer Terrorversicherung im Rahmen der Abwälzung der Betriebskosten nach Maßgabe des § 2 Nr. 1 bis 16 der Betriebskostenverordnung lange streiten können. Viel wichtiger als die Frage der materiellen Gerechtigkeit ist jedoch für den Vermieter, ob er diese Kosten sicher aus seiner Kalkulation im Wege der Umlage auf den Mieter abwälzen kann und für den Mieter umgekehrt ob er diese Kosten langfristig bei sich als Kostenfaktor einbuchen muss.

Ein relativ einfaches System der allgemeinen Geschäftsbedingungen für die Gewerberaummiete hat einen weiteren Vorteil: Ein stark ausdifferenziertes Gewerberaummietrechtssystem, das nur noch von wenigen Spezialisten sicher beherrscht wird, ist potentiell sozial ungerecht. Denn wirtschaftlich schwächere Marktteilnehmer werden es sich kaum erlauben können, Spezialisten mit Stundensätzen von 300,00 € aufwärts umfangreich beschäftigen zu können. Welche Gefahren eine unübersichtliche Gestaltung des AGB-Rechts mit sich bringt, hat Sternel (NZM 2011, 26) indirekt zum Ausdruck gebracht, indem er die Auffassung vertritt, der AGB-feste Formularmietvertrag bleibe eine Utopie.

Rechtsprechung und Literatur sollten in kritischer Auseinandersetzung miteinander um die Ausgestaltung dieser „Utopie" kämpfen und sie nicht zu Grabe tragen. Wir hoffen mit diesem Buch hierzu einen kleinen Beitrag geliefert zu haben.

Sachregister

Fette Zahlen verweisen auf die Hauptteile, magere Zahlen auf die Randnummern.